甘肃省文化资源名录

（第四十二卷）

文化类高等教育、文化艺术机构团体 I

文化类高等教育、文化艺术机构、文艺团体、
文艺表演团体、文艺场馆

总 主 编：陈 青 王福生
副总主编：马廷旭
总 校 对：刘玉顺
本卷主编：吴绍珍 马亚萍

中国书籍出版社
China Book Press

图书在版编目(CIP)数据

甘肃省文化资源名录. 第四十二卷 / 陈青, 王福生总主编; 甘肃省社会科学院编. — 北京 : 中国书籍出版社, 2018.1

ISBN 978-7-5068-6726-9

Ⅰ. ①甘… Ⅱ. ①陈… ②王… ③甘… Ⅲ. ①文化遗产—甘肃—名录 Ⅳ. ①K294.2-62

中国版本图书馆CIP数据核字(2018)第027847号

甘肃省文化资源名录　第四十二卷

陈　青　王福生　　总主编
甘肃省社会科学院　　编

责任编辑	许艳辉　卢安然
责任印制	孙马飞　马　芝
封面设计	东方美迪
出版发行	中国书籍出版社
地　　址	北京市丰台区三路居路97号(邮编：100073)
电　　话	(010)52257143(总编室)　　　(010)52257140(发行部)
电子邮箱	eo@chinabp.com.cn
经　　销	全国新华书店
印　　刷	三河市顺兴印务有限公司
开　　本	787毫米×1092毫米　1/16
字　　数	622千字
印　　张	27.75
版　　次	2018年1月第1版　2018年1月第1次印刷
书　　号	ISBN 978-7-5068-6726-9
定　　价	325.00元

版权所有　翻印必究

甘肃省文化资源普查和分类分级评估工作领导小组

组　长　　连　辑

副组长　　张广智

成　员　　俞建宁　张建昌　范　鹏　武来银　伏晓春　赵海林
　　　　　　王智平　周继尧　史志明　李宗锋　阿　布　李　堋
　　　　　　曹玉龙　陈　汉　梁文钊　陈德兴　妥建福　樊　辉
　　　　　　肖立群　王兰玲　肖学智　宋金圣　拜真忠　卢旺存
　　　　　　石生泰　柳　民　吴国生　火玉龙　车安宁　马少青
　　　　　　王福生　张智若

甘肃省文化资源普查
和分类分级评估工作领导小组办公室及下设机构

主　　　任　　范　鹏

常务副主任　　王福生

副　主　任　　李　堋　　王兰玲　　柳　民

执行副主任　　侯拓野　　马廷旭　　陈月芳　　廖士俊

成　　　员　　杨文福　　丁　禄　　田锡如　　李含荣　　路晓峰　　刘效明
　　　　　　　张建胜　　徐麟辉　　马志强　　张春锋　　梁朝阳　　方剑平
　　　　　　　黄国明　　王银军　　刘志忠　　李拾良　　王登渤　　赵艳超
　　　　　　　席浩林　　王　钢　　刘　晋　　李军林　　王景辉　　邵　斌
　　　　　　　杨彦斌　　李素芬　　李才仁加　王　旭　　王治纲

综合协调组

　　组　　长　　王灵凤
　　成　　员　　庞　巍　　马争朝　　吴绍珍　　巨　虹　　王彦翔　　唐莉萍
　　　　　　　　段翠清

普查业务组

　　组　　长　　谢增虎
　　成　　员　　马东平　　侯宗辉　　马亚萍　　戚晓萍　　魏学宏　　李　骅
　　　　　　　　买小英　　梁仲靖　　王　屹　　海　敬

技术保障组

　　组　　长　　刘玉顺
　　成　　员　　胡圣方　　王　荟　　谢宏斌　　张博文　　宋晓琴

专家联络组

　　组　　长　　郝树声　　马步升
　　成　　员　　金　蓉　　赵　敏

甘肃省文化资源名录编纂委员会

主　　任	陈　青　郝　远
副 主 任	范　鹏　彭鸿嘉　俞建宁　王福生
委　　员	朱智文　安文华　刘进军　马廷旭
	王俊莲　王　琦　陈双梅

总 主 编	陈　青　王福生
副总主编	马廷旭
总 校 对	刘玉顺
成　　员	谢增虎　马东平　侯宗辉　马亚萍　戚晓萍
	魏学宏　赵国军　谢　羽　金　蓉　买小英
	巨　虹　吴绍珍　胡圣方　李　骅　鲁雪峰
	梁仲靖　王　荟　王　屹　海　敬　段翠清
	李志鹏　尹小娟　姜　江

前 言

丝绸之路三千里，华夏文明八千年。甘肃是华夏文明的重要发祥地之一，是中华民族重要的文化资源宝库，是国务院认定的"华夏文明传承创新区"。为了保护和传承甘肃恢宏的历史与当代文化资源，使之能够汇总展示给世界，并永久流传，甘肃省从2013年4月启动了全省文化资源普查工作。在甘肃省文化资源普查和分类分级评估工作领导小组组织下，动员全省各市（州）县（区）、31个厅局及省直单位的专业人员，数十位专家学者，历时两年，完成了普查和数据录入工作。对于全省文化资源普查成果，甘肃省社会科学院又经过两年时间整理完善、分类编辑、拾遗补阙、校对编排，现在终于有了《甘肃省文化资源名录》的付梓出版。

《甘肃省文化资源名录》集中展现了甘肃历史悠久、丰富多样的文化资源。甘肃历史文化遗存位列全国前茅，民族民俗文化特色鲜明，现代文化颇具实力。伏羲文化、大地湾文化、马家窑文化、齐家文化、寺洼文化、彩陶文化、周秦早期文化、长城文化、汉简文化、三国文化、五凉文化、敦煌文化、石窟文化、黄河文化等历史文化资源积淀深厚；道教文化、西夏文化、伊斯兰文化、藏传佛教文化等民族宗教文化资源星罗棋布；大革命文化、根据地文化、长征文化、抗日文化、解放区文化等红色文化资源耀眼夺目；工业文化、科技文化、歌舞文化、大众文化等现代文化资源特色鲜明。可以说，文化资源是历代生活在甘肃的华夏儿女留给这块大地的永不磨灭的最辉煌印记。

就甘肃省文化资源的精华而言，截至2017年初，全省馆藏可移动文物为195.84万件，各类不可移动文物16895处。有世界文化遗产7处，全国重点文物保护单位131处，省级文物保护单位556处，国家级非物质文化遗产代表性项目68项。有国家级历史文化名城4座，国家级历史文化名镇7座，中国历史文化名村2座，中国传统村落36个。莫高窟、嘉峪关、伏羲庙、麦积山、炳灵寺、阳关、玉门关、锁阳城、崆峒山、拉卜楞寺、中山桥……，都是甘肃文化的历史见证；敦煌汉简、悬泉汉简、铜奔马、牛肉面、剪纸、花儿、皮影、羊皮筏子、黄河水车……，都是甘肃永恒的文化名片；腊子口、哈达铺、会师楼、南梁……，都是甘肃代表性红色文化遗产；酒泉卫星发射中心、刘家峡水电站、玉门油田、《读者》《丝路花雨》《大梦敦煌》……，都是甘肃之所以为甘肃的鲜明标志；祁连山、雪山冰川、河西走廊、大漠戈壁、高原草原、天池梅园……，都是如意甘肃的生动写照。众多的历史、自然和现代文化资源犹如满天繁星，镶嵌在广袤的甘肃大地上熠熠生辉。

《甘肃省文化资源名录》汇总甘肃省文化资源的精华，完成了打造华夏文明传承创新区的基础工作。《名录》将文化资源分为二十大类，分别是：文物；红色文化；重要历史事件与人物；重要历史文献；民族语言文字；非物质文化遗产；自然景观文化；宗教文化；文学艺术；饮食文化；建筑文化；节庆、赛事文化；文化之乡；地名文化；文化传媒；社科研究；文化类高等教育；文化艺术机构团体；文化产业；文化人才。每类文化资源按属性又分若干子分类，每个子分类都有严格的界定。同时，将文化资源级别分为省级和市州级。省级文化资源是指国务院、国家有关部委、甘肃省政府和省直部门已经明确命名、认定、管理（或委托管理）的国家级和省级文化资源，以及甘肃省文化资源普查办公室评估认定并核定公布、报送备案的文化资源。市州级文化资源是指甘肃省各市州、县级政府及其管理部门已经明确命名、认定、管理的市县文化资源，以及甘肃省文化资源普查办公室评估认定并核定公布、报送备案的市县文化资源。甘肃省内世界级文化资源（遗产）纳入省级文化资源管理范围，暂未认定级别和不需认定级别的文化资源统一纳入市州级文化资源范围。

推出《甘肃省文化资源名录》，对于推进华夏文明传承创新区建设、甘肃文化大省建设、丝绸之路黄金段建设意义深远。《名录》不仅仅记录了甘肃文化资源的种类和数量，也使甘肃文化资源的资源类别、品相级别、蕴藏情况、流布地域、传承范围和衍变情况得以准确和清晰化。通过编辑出版《甘肃省文化资源名录》，形成一个科学完整的文化资源数据库、文化资源研究的学术平台、文化资源传承保护和开发利用的指南，有助于更好地挖掘那些具有世界影响、国家价值、显著特点、唯一仅存、开发潜力巨大的代表性文化资源，为文化资源的有效保护提供科学依据，为重点文化资源找到开发的机遇并重塑生长的价值，为文化产业项目的开发利用提供可靠的参考。所以，《名录》的推出，是甘肃省文化资源普查成果面向世界迈出的第一步，是文化实力助推甘肃转型发展的坚实步伐，它为甘肃省今后对文化资源进行保护传承、专题研究、数字展示、市场开发奠定了基础。

甘肃省社会科学院

2017 年 7 月

目　录

前　言	001
一、文化类高等教育	001
（一）历史学	002
（二）社会学	008
（三）管理学	012
（四）经济学	050
（五）语言学	061
（六）法　学	068
（七）文　学	081
（八）体育学	094
（九）新闻传播学	098
（十）艺术学	107
（十一）教育学	126
（十二）电子商务学	134
二、文化艺术机构	137
（一）兰州市城关区	138
（二）兰州市七里河区	151
（三）兰州市西固区	153

（四）兰州市安宁区	156
（五）兰州市红古区	157
（六）酒泉市敦煌市	158
（七）天水市秦州区	159
（八）天水市武山县	162
（九）武威市天祝藏族自治县	163
（十）张掖市甘州区	164
（十一）张掖市山丹县	167
（十二）张掖市肃南裕固族自治县	168
（十三）平凉市崆峒区	169
（十四）庆阳市西峰区	171
（十五）庆阳市正宁县	172
（十六）庆阳市华池县	173
（十七）庆阳市合水县	174
（十八）庆阳市环县	175
（十九）定西市岷县	176
（二十）陇南市武都区	177
（二十一）陇南市成县	178
（二十二）陇南市两当县	179
（二十三）陇南市徽县	180
（二十四）陇南市文县	181
（二十五）临夏回族自治州临夏市	182
（二十六）甘南藏族自治州临潭县	183
（二十七）甘南藏族自治州迭部县	184

三、文艺团体 185

（一）兰州市城关区 186

（二）兰州市七里河区	195
（三）兰州市西固区	196
（四）兰州市安宁区	200
（五）兰州市红古区	203
（六）兰州市榆中县	204
（七）兰州市皋兰县	205
（八）酒泉市敦煌市	210
（九）酒泉市肃北蒙古族自治县	219
（十）嘉峪关市	222
（十一）天水市秦州区	225
（十二）天水市清水县	230
（十三）天水市秦安县	235
（十四）天水市武山县	241
（十五）天水市张家川回族自治县	246
（十六）武威市民勤县	248
（十七）张掖市甘州区	249
（十八）张掖市山丹县	253
（十九）张掖市临泽县	254
（二十）张掖市高台县	256
（二十一）白银市白银区	257
（二十二）平凉市崆峒区	260
（二十三）平凉市灵台县	261
（二十四）平凉市华亭县	263
（二十五）庆阳市西峰区	266
（二十六）庆阳市合水县	271
（二十七）庆阳市宁县	272
（二十八）庆阳市庆城县	273
（二十九）庆阳市镇原县	276

（三十）定西市通渭县	278
（三十一）定西市陇西县	280
（三十二）定西市渭源县	282
（三十三）定西市岷县	284
（三十四）定西市临洮县	285
（三十五）陇南市武都区	291
（三十六）陇南市成县	292
（三十七）陇南市西和县	293
（三十八）陇南市礼县	295
（三十九）陇南市文县	297
（四十）临夏回族自治州	298
（四十一）临夏回族自治州临夏市	301
（四十二）临夏回族自治州康乐县	302
（四十三）甘南藏族自治州舟曲县	304
（四十四）甘南藏族自治州卓尼县	305
（四十五）甘南藏族自治州临潭县	307

四、文艺表演团体　　309

（一）兰州市城关区	310
（二）兰州市七里河区	331
（三）兰州市西固区	332
（四）兰州市安宁区	337
（五）兰州市榆中县	340
（六）兰州市皋兰县	341
（七）酒泉市敦煌市	343
（八）酒泉市肃北蒙古族自治县	345
（九）天水市秦州区	346

（十）天水市麦积区	349
（十一）天水市秦安县	350
（十二）天水市甘谷县	351
（十三）天水市张家川回族自治县	352
（十四）武威市天祝藏族自治县	353
（十五）张掖市甘州区	354
（十六）张掖市山丹县	355
（十七）张掖市高台县	356
（十八）张掖市肃南裕固族自治县	358
（十九）白银市白银区	359
（二十）白银市平川区	361
（二十一）白银市会宁县	363
（二十二）白银市靖远县	366
（二十三）白银市景泰县	370
（二十四）平凉市崆峒区	372
（二十五）平凉市崇信县	373
（二十六）平凉市庄浪县	374
（二十七）平凉市静宁县	375
（二十八）庆阳市西峰区	376
（二十九）庆阳市华池县	378
（三十）庆阳市合水县	379
（三十一）庆阳市庆城县	380
（三十二）庆阳市镇原县	383
（三十三）庆阳市环县	384
（三十四）定西市渭源县	385
（三十五）定西市岷县	387
（三十六）定西市临洮县	388
（三十七）陇南市成县	389

（三十八）陇南市西和县	390
（三十九）陇南市康县	391
（四十）陇南市文县	392
（四十一）临夏回族自治州临夏市	393
（四十二）临夏回族自治州康乐县	394
（四十三）临夏回族自治州永靖县	395
（四十四）临夏回族自治州和政县	396
（四十五）甘南藏族自治州舟曲县	397
（四十六）甘南藏族自治州卓尼县	398
（四十七）甘南藏族自治州临潭县	399
（四十八）甘南藏族自治州迭部县	400
（四十九）甘南藏族自治州夏河县	401
（五十）甘南藏族自治州碌曲县	402
（五十一）甘南藏族自治州玛曲县	403

五、文艺场馆 　　　　　　　　　　　　　405

（一）兰州市城关区	406
（二）兰州市红古区	407
（三）酒泉市敦煌市	408
（四）酒泉市肃北蒙古族自治县	409
（五）嘉峪关市	410
（六）张掖市山丹县	411
（七）张掖市高台县	412
（八）张掖市肃南裕固族自治县	413
（九）白银市会宁县	414
（十）白银市靖远县	415
（十一）白银市景泰县	416

（十二）平凉市崆峒区	417
（十三）庆阳市西峰区	418
（十四）定西市岷县	419
（十五）陇南市西和县	420
（十六）陇南市康县	421
（十七）甘南藏族自治州玛曲县	422

后　记	423

甘肃省文化资源名录

第四十二卷 文化类高等教育、文化艺术机构团体 I

文化类高等教育

(一) 历史学
(二) 社会学
(三) 管理学
(四) 经济学
(五) 语言学
(六) 法学
(七) 文学
(八) 体育学
(九) 新闻传播学
(十) 艺术学
(十一) 教育学
(十二) 电子商务学

（一）历史学

0001 兰州大学历史学

高校名称：兰州大学

专业名称：历史学

教师力量总数：51 人

高级职称数量：31 人

本科招生规模：90 人 / 年

硕士招生规模：约 55 人 / 年

博士招生规模：12 人

学　　位：学士、硕士、博士

就业率：本科 77%，硕士 57%，博士 100%

简　介：历史学类（含历史学、世界历史、民族学、博物馆学 4 个专业），主要课程有中国通史、世界通史、历史文选、史学概论、考古学通论。新生入学后，前两年统一学习历史学类基础课和公共课，后两年学生选择具体专业。培养方式采取导师制，加强对学生学习和科研创新的指导。培养目标是具有扎实的历史学专业理论、专业知识和专业技能的史学人才和具有较强适应能力的高层次复合型以及史学高级专门人才。现有历史学基地班（国家文科基础学科人才培养基地），学生培养以厚基础、宽口径、重能力、强素质为特点，毕业生基本为研究生生源，适宜从事教学、科研、文化交流、行政管理等。

0002 河西学院历史学

高校名称：河西学院

专业名称：历史学

教师力量总数：18 人

高级职称数量：10 人

本科招生规模：100 人

硕士招生规模：6 人

学　　位：学士

就业率：64.3%

简　介：2001 年秋历史学本科专业正式招生，是该校首批六个本科专业之一，学制 4 年。授予历史学学士学位。2003 年起探索主（历史学）辅（地理学）修制的培养模式，主要课程为中国古代史、中国近代史、中华人民共和国史、世界古代史、世界近现代史、史学概论、中国地理、世界地理以及基础地理等。毕业生可以考取硕士研究生进一步深造，同时适合从事中小学历史、地理教学工作以及文博专业相关工作。现有省级重点学科"河西历史与文化"，设"河西史地与文化研究中心"。

0003 天水师范学院历史学

高校名称：天水师范学院
专业名称：历史学
教师力量总数：22 人
高级职称数量：8 人
本科招生规模：100 人
硕士招生规模：10 人
学　　位：学士、硕士
就业率：95%
简　　介：天水师范学院历史文化学院设有历史学、文物与博物馆学（博物馆学方向）2个本科专业，其中历史学为省级特色专业。主要课程有史学概论、中国古代史、中国近代史、中国现代史、世界古代史、世界近代史、世界现代史和中外文化遗产概论等。学制为四年，授予历史学学士学位。以培养具有较为扎实的历史学基础理论、良好的人文素养和语言表达能力，具有现代教育观念和教学基本能力，进行中学历史教学教研的合格教师为目标。有 4 人入选教育部新世纪人才支持计划、甘肃省宣传文化系统拔尖创新人才、"555"创新人才和甘肃省领军人才；甘肃省"飞天学者"特聘教授 1 人，享受国务院政府特殊津贴专家 1 人，天水师范学院"青蓝人才"工程 1 人。承担国家社科基金项目 7 项，教育部社科规划项目、甘肃省社科规划项目和甘肃省教育厅等科研项目 20 余项。发表论文 300 余篇，出版学术专著、合著和主编参编教材 30 余部。先后荣获全国高校人文社科优秀成果奖、甘肃省优秀教学成果奖、甘肃社科优秀成果奖、甘肃省高校社科成果奖、天水市哲学社会科学优秀成果奖等各类奖项 12 项。

0004 陇东学院历史学

高校名称：陇东学院
专业名称：历史学
教师力量总数：46 人
高级职称数量：17 人
本科招生规模：493 人
学　　位：无
就业率：69%
简　　介：以培养掌握较为深厚的历史学和相应的人文科学知识与技能，具备相应的教育理论和教育技能，能够胜任基础教育教学、科研以及社会服务工作的高层次复合型人才为目标。毕业生能胜任在旅游景区、博物馆、纪念馆、文化遗址遗迹、文物与艺术品经营单位、海关和文化、教育、文物、旅游等管理部门、研究机构从事文化遗产开发保护、文化旅游规划设计、文化遗产评估鉴定和管理等工作。

0005 陇南师范高等专科学校历史教育

高校名称：陇南师范高等专科学校
专业名称：历史教育
教师力量总数：10 人

高级职称数量：3 人

学　位：无

就业率：13%

简　介：以培养掌握历史学科基础知识和基本理论，具备良好的教师职业技能，具有奉献精神和创新实践能力，能够适应初等教育改革需要的小学社会和初中历史课教学的教师为目标。开设主要课程有中国古代史、中国近代史、中国现代史、中国当代史、世界古代史、世界近代史、世界现代史、当代国际关系、历史要籍选读、史学概论、历史教学与研究、教育学、心理学、思想道德修养与法律基础、毛泽东思想与中国特色社会主义理论体系概论、大学语文、大学英语、大学体育、计算机基础等。

0006 兰州大学中国史

高校名称：兰州大学

专业名称：中国史

教师力量总数：46 人

高级职称数量：27 人

硕士招生规模：49 人 /2014 年

博士招生规模：12 人 /2014 年

学　位：硕士、博士

就业率：博士 85.71%，硕士 65.22%/2014 年

简　介：兰州大学历史文化学院起源于 1934 年的甘肃学院文史系，1946 年国立兰州大学成立时设历史学系，2004 年 3 月改建为历史文化学院。顾颉刚先生是历史学系首届系主任。先后获批有专门史、世界史、历史文献学（含敦煌学、古文字学）、考古学及博物馆学等 8 个硕士点，设立历史学和考古学硕士点一级学科，历史学、中国史博士点一级学科，考古学和专门史博士点，其中敦煌学研究所为首批教育部人文社会科学重点研究基地、博士点、博士后科研流动站；历史文献学为国家重点学科（培育）、省级重点学科，历史文献学（敦煌学）已形成硕士、博士、博士后完整的高层次人才培养体系。历史文献学（敦煌学）、专门史、区域史等是特色学科，现为教育部历史学基础学科人才培养和科学研究基地、高等学校特色专业建设点、人才培养模式创新实验区。现有长江学者讲座教授、教育部新世纪人才、国家教学名师、全国教育系统职业道德建设标兵各 1 名。近三年在 CSSCI 刊物发表论文 196 篇，出版论著 30 余部，获得省部级奖励 11 项；承担各类科研项目 110 余项，争取到各类科研经费 680 万元；所办《敦煌学辑刊》为 CSSCI 核心期刊。毕业博士 29 名，硕士 167 名，本科生 415 名。

0007 西北民族大学中国史

高校名称：西北民族大学

专业名称：中国史

教师力量总数：4 人

高级职称数量：4 人

硕士招生规模：10 人

学　位：硕士

简　介：古藏文文献学是西北民族大学藏语言文化学院最早开设的藏语言文学专业课程，也是全国高校藏学专业中开设时间最长的课程，2012 年将古藏文文献、藏族历史、古藏文文献因明学研究、古藏文文字等研究方向纳为同一专业，称为中国史专业。获批"古藏文文献"专业硕士和博士授权点。2005 年成立了"海外文献研究所"，整理、翻译研究出版了所有海外古藏文文献影印本。藏族当代著名学者才旦夏茸大师和毛尔盖·三木旦大师先后在藏语言文化学院（当时称少数民族语言系）执教，高瑞教授编写了国内第一部《古藏文文献选编》教材（自编油印本），率先在全国实施该课程的教学研究。承担国家社科基金重大、国家民委、

甘肃省教改和西北民族大学重点课程等项目，在《中国藏学》《西藏研究》《西北民族大学学报》等杂志发表学术论文多篇，编纂《古藏文词典》，高瑞的古藏文吐蕃法制、扎西才让的吐蕃时期西域文化和万玛航青的古藏文语法等研究取得了显著成就，共培养研究生60余名。

0008 兰州大学考古学

高校名称：兰州大学
专业名称：考古学
教师力量总数：5人
高级职称数量：2人
学　位：硕士
就业率：66.67%/2014年
简　介：2008年兰州大学考古学及博物馆学取得硕士学位授权资格，考古学调整为一级学科。"考古学通论"课程被评为"甘肃省精品课程"。有教师7人，硕士生导师4人，享受国务院特殊津贴1人；博士3人，在读博士3人。宗教考古（特别是佛教考古）、美术考古、金石学与铭刻学与环境考古是特色优势方向，出版著作和教材20余部。2008—2011年编著大型图书《中国出土壁画全集》第9卷《甘肃、宁夏、新疆卷》，发表论文约百篇，自办《考古学通论》刊物，获多项国家和省级纵向及横向项目。通过与甘肃省博物馆、甘肃省文物考古研究所、陕西历史博物馆、甘肃炳灵寺文物保护研究所、甘肃大地湾文物保护研究所等机构的合作，建立了一批稳定的实习基地。与耶鲁大学、英国科学院、英国国家图书馆、京都大学、神户大学等建立良好的合作关系。

0009 兰州大学民族学

高校名称：兰州大学
专业名称：民族学
教师力量总数：22人
高级职称数量：12人
本科招生规模：25人/年
硕士招生规模：约30人/年
博士招生规模：约30人/年
学　位：学士，硕士，博士
就业率：本科66.67%，硕士70.59%，博士100%
简　介：民族学研究院现共有一级学科博士点1个、二级学科博士点5个、硕士点5个，博士后流动站1个，国家重点学科1个，省级重点学科1个。有民族学理论与方法、民族文化变迁、跨国民族与边疆安全和民族心理学4个方向。马克思主义民族理论与政策有民族理论与民族问题、民族政策与民族工作和民族关系3个方向。中国少数民族史有中国少数民族史、中国穆斯林历史与文化和中国民族关系史西北少数民族历史3个方向。民族社会学有民族社区发展、民族社会组织和民族社会与文化3个方向。藏学有藏传佛教、藏族语言与文化和藏族历史与现状3个方向。

0010 西北民族大学民族学

高校名称：西北民族大学
专业名称：民族学
教师力量总数：6 人
高级职称数量：6 人
硕士招生规模：9 人
博士招生规模：约 30 人 / 年
学　位：硕士
就业率：58.33%
简　介：2003 年民族学专业获批硕士点，2004 年招生，2005 年获一级学科硕士学位授权。2009 年被评为校级重点学科。现有 6 个研究方向，即民族地区现代化研究、民族地区可持续发展研究、民族地区法制建设研究、民族文化与旅游研究、民族教育研究、藏学。硕士点现有尹伟先、虎有泽、贡保草、贺卫光、沙景荣、王生鹏等 6 位导师均为教授，其中博士 5 位、硕士 1 位。承担国家社科基金项目、省部级科研项目多项，科研成果获省部级奖 4 项，出版著作 5 部，发表论文 60 余篇。本硕士点已培养出 60 余名毕业生，其中 2 名留学生，毕业生大部分就业于高校、社科研究单位及行政管理部门。

0011 西北民族大学中国少数民族艺术

高校名称：西北民族大学
专业名称：中国少数民族艺术
教师力量总数：14 人
高级职称数量：14 人
硕士招生规模：7 人
学　位：硕士
就业率：66.7%
简　介：中国少数民族艺术系是一级学科民族学的分学科，2000 年批准设立硕士点，2000 年招生，累积招生十四届。设置了少数民族影视艺术、宗教艺术、跨文化传播 3 个新方向，该学科启动较早，20 世纪 50 年代建校初就设立了艺术学科、民族歌舞团、民族研究所等机构，从事少数民族艺术，特别是西北地区民族艺术的搜集整理研究，论著及创作、改编作品丰硕，成果较突出，学术地位突出，特色鲜明，具有一定的学科优势。

0012 天水师范学院文物与博物馆学

高校名称：天水师范学院
专业名称：文物与博物馆学（博物馆方向）
教师力量总数：7 人
高级职称数量：4 人
本科招生规模：40 人
学　位：学士
就业率：95%
简　介：学制四年，授予历史学学士学位。设有历史学、文物与博物馆学（博物馆学方向）2 个本科专业，其中历史学专业为省级特色专业，教学·历史硕士点 1 个，主干学科有文物与博物馆学、历史学。省级教学团队 1 个，省级精品课程 1 门，校级精品课程 4 门。培养具有文物学、博物馆学的基本理论和基础知识，在文物管理机构、各类博物馆、文物考古研究机构以及海关等单位，从事文物与博物馆管理、文物与考古研究及文化遗产保护等方面的专门人才。主要课程有文物学概论、博物馆学概论、文物法规与行政管理、考古学通论、文物鉴赏基础、田野考古技术等。现有在校本科生 427 人；教师 22 人，其中教授 5 人，副教授 8 人，博士后 1 人，博士 9 人，硕士 18 人。4 人入选教育部新世纪人才支持计划、甘肃省宣传文化系统拔尖创新人才、"555" 创新人才和甘肃省领军人才，甘肃省 "飞天学者" 特聘教授 1 人，享受国务院政府特殊津贴专家 1 人，天水师范学院 "青蓝人才" 工程 1 人。承担国家社科基金 7 项，教育部社科规划、甘肃省社科规划、中国博士后科学基金、甘肃省教育厅科研项目 20 余项。发表论文 300 余篇，出版学术专著、合著、主编和参编教材 30 余部。先后荣获全国高校人文社科优秀成果奖、甘肃省优秀教学成果奖、甘肃社科优秀成果奖、甘肃省高校社科成果奖、天水市哲学社会科学优秀成果奖等各类奖项 12 项。

0013 天水师范学院文物与博物馆学

高校名称：天水师范学院
专业名称：文物与博物馆学（文物保护与修复）
教师力量总数：6 人
高级职称数量：1 人
本科招生规模：50 人
学　位：学士
就业率：95%
简　介：学制四年，授予历史学学士学位。设有化学、应用化学、化学工程与工艺、文物与博物馆学（文物保护与修复方向）4 个本科专业，其中化学专业为省级特色专业。教学・化学硕士点 1 个，主干学科有文物学、博物馆学、考古学、历史学。省级精品课程 1 门，省级实验教学示范中心 1 个。有基础实验室 1 个，实验用房 3500 平方米。资料室藏书 3 万余册，中外文期刊 100 余种。现有在校普通本科生 986 人，教师中教授 7 人，副教授 19 人，讲师 24 人；有硕士研究生导师 5 人；兼职教授 7 人；博士 16 人，硕士 21 人。培养具有文物保护与修复基础知识，有较强的操作技能，能在各级文物管理机构、博物馆从事文物保护、文物修复、考古现场文物保护的高素质复合型人才。主要课程有中国考古学通论、文物学概论、文物保护导论、无机质文物保护、有机质文物保护、文物保护材料学、现代技术与文物保护、壁画保护与修复、文物修复基础、大学化学、大学化学实验、博物馆学概论、文物保护技术实验、土遗址保护技术。承担国家级项目 8 项、省级 18 项、市科研 16 项。获省科技进步奖 3 项，省教育厅科技进步奖 3 项，教学成果奖 3 项。发表论文 400 余篇，出版专著、教材等 10 多部，发明专利 4 项。

（二）社会学

0014 兰州大学社会学

高校名称：兰州大学
专业名称：社会学
教师力量总数：17
高级职称数量：14
硕士招生规模：47 人/2014 年
博士招生规模：无
学　位：硕士
就业率：58.97%/2014 年

简　介：兰州大学社会学是甘肃省重点学科，"西北社会发展与评价研究中心"是甘肃省高等学校人文社会科学重点研究基地。现有甘肃省青年教师成才奖 2 人、宝钢教学名师奖 1 人、甘肃省领军人才 2 人、甘肃省"555"工程 1 人；形成了西部社会发展与西部社会学、网络社会学、环境社会学、人口社会学、社会政策等优势学科，建设特色学科"西部社会学"，特色学科研究团队连续两年在中国社会学会学术年会举办"西部社会学"学术论坛，均被评为"优秀论坛"。与相关机构合作进行大规模的社会经济发展调查，获得了大量基础数据资料。如参与中国科技部与挪威 FAFO 研究所合作的"中国西部社会经济发展监测"项目，其项目成果《西部人民的生活》已成为研究中国西部社会经济最权威的数据资料。兰州大学是国内社会学界最早开展网络社会研究的学术团队，发表了一系列具有广泛影响力的研究成果；同时在中国西北环境保护与公众参与政策、生态环境政策、农民工住房政策、西北宗教文化与边疆安全、社区社会组织与社区规制体系、少数民族社区等方面持续开展系统研究，在国际重要学术刊物上发表了中西方比较研究系列论文。

0015 西北民族大学社会学

高校名称：西北民族大学
专业名称：社会学
教师力量总数：3
高级职称数量：2
硕士招生规模：5 人
学　位：硕士

简　介：2000 年获准设立社会学本科专业，2003 年获准社会学专业硕士学位授权点，2008 年获准教育部社会学特色专业建设点，2011 年获准社会学一级学科授权点。现有民族社会学、文化社会学、城乡社会学三个研究方向。开设主要课程有社会学原理、社会研究方法、国外社会学学说、社区概论、民族社会学、文化社会学、城市社会学等。采用课程学习、社会调查教学相结合的培养方式，注重实地调查研究、学术实践创新。学习年限3年，总学分不少于31学分。承担国家、省部级、国外合作交流项目多项，在社会文化变迁、流动人口、生态移民、城乡民族社会、宗教研究等领域成果丰硕。

0016 西北民族大学民俗学

高校名称：西北民族大学
专业名称：民俗学
教师力量总数：3人
高级职称数量：3人
硕士招生规模：5人
学　　位：硕士
就业率：25%
简　介：民俗学含中国民间文学硕士点1990年获批，1991年招收硕士研究生，至今已培养了百余人。有少数民族口头传统与非物质文化遗产保护研究、区域民俗文化（含民间文艺）研究、甘青新人口较少民族民俗文化研究、民俗与性别研究4个研究方向。自1999—2015连续被评为甘肃省高校重点学科。在研究生培养工作中，注重交叉学科发展的教学研究，具有现实问题与学术问题相结合的课题意识，注重实地调查研究。毕业生成为诸多名校的博士生，绝大多数被高校及科研部门录用并受到好评。培养了裕固族、东乡族、土族等甘青特有民族的第一代民俗学、民间文学领域的硕士，并且先后有蒙古、日、德、意、韩、美等国及港、澳等地区留学生前来研修、进行学位论文课题研究。

0017 兰州石化职业技术学院人文社会科学

高校名称：兰州石化职业技术学院
专业名称：人文社会科学
教师力量总数：54人
高级职称数量：11人
本科招生规模：587人
学　　位：学士
简　介：兰州石化职业技术学院始于1956年，其前身为石油部和化工部直属的两所国家级重点中专（兰州石油学校、兰州化工学校）和原兰州炼油化工总厂、兰州化学工业公司的两所职工大学（兰炼职工大学、兰化职工大学）。1999年经教育部批准改制为兰州石化职业技术学院，是甘肃省第一所独立设置的高等职业技术学院。2002年12月教育部、财政部确定为国家重点建设的示范性高等职业技术院校。2004年教育部确定为数控技术应用专业和计算机应用与软件技术专业两个国家紧缺技能型人才培养基地。2006年教育部、财政部确定为28所首批国家重点建设的示范性高等职业院校之一。现设会计学、市场营销、电子商务、商务代理、经济法、工商管理、广告与装潢七个专业，下设七个教研室，一个艺术教育中心，一个心理咨询中心，并有会计实训室、电子商务实验室、礼仪训练室等实训场所。有教师54人，其中教授1人，副教授等10人，讲师及"双师型"教师33人。在校生587人，其中高职生537人，中专生50人。培养德、智、体全面发展，具有较广泛的知识面，实践动手能力强，并具有较强创新能力和创新素质，能胜任会计与财务工作及其他经济管理工作的复合型、应用型高等专门人才。主持或参与了多项社会科研项目，先后荣获中国石化总公司管理现代化成果奖、甘肃省教育厅教学成果奖、企业现代化管理成果奖等，主编或参编各类教材和专著10多部，发表学术论文约100篇。参与了多家企业的营销策划、质量体系评估、经营战略评价等活动。

0018 西北民族大学人类学

高校名称：西北民族大学
专业名称：人类学
教师力量总数：4人
高级职称数量：4人
硕士招生规模：2人
学　　位：硕士
就业率：50%
简　　介：2006年设立硕士点，2007年招收人类学硕士研究生，已经培养了三届硕士毕业生，14名研究生获得硕士学位。有文化人类学、宗教人类学、社会人类学3个研究方向。承担国家社科基金项目3项，导师组组长入选"教育部新世纪优秀人才支持计划"，获专项资助课题"纳斯尔宗教哲学思想体系的现代意义与国际影响"。

0019 甘肃政法学院社会工作

高校名称：甘肃政法学院
专业名称：社会工作
教师力量总数：11人
高级职称数量：4人
本科招生规模：70人
硕士招生规模：2015年开始招生
学　　位：学士，硕士
就业率：87.27%
简　　介：培养具有基本的社会工作理论和知识，能够熟练掌握社会工作基本技能和方法，能在民政、劳动、社会保障和卫生部门及工会、青年、妇女等社会组织及其他社会福利、服务和公益团体等机构从事社会保障、社会政策研究、社会行政管理、社区发展与管理、社会服务、评估与操作等工作的专门人才。

0020 西北民族大学社会工作

高校名称：西北民族大学
专业名称：社会工作
教师力量总数：7人
高级职称数量：1人
硕士招生规模：36人
博士招生规模：0人
学　　位：硕士
就业率：9.09%
简　　介：2007年获准设立了社会工作本科专业，2010年获准社会工作专业学位硕士点

（MSW）。有社会服务机构管理、民族社会工作、社区社会工作3个研究方向。采用课程学习、实习教学相结合的培养方式，培养社会工作专业人才。学习年限2年，总学分不少于36学分。主要课程有社会工作理论、社会研究方法、高级社会工作实务、社会工作伦理、社会政策分析等。

（三）管理学

0021 兰州商学院管理科学

高校名称：兰州商学院

专业名称：管理科学

教师力量总数：8 人

高级职称数量：3 人

本科招生规模：184 人

学　　位：学士

就业率：34.29%

简　介：培养德、智、体、美全面发展，以必要的数学、经济学、管理学和计算机应用为基础，具有扎实的管理学科的基本理论和知识，具备利用先进的管理思想、方法和技术以及数学和计算机模型对管理问题进行分析、决策和组织实施的基本能力，能够适应企事业和研究单位的不同需求的复合型、创新型高级专门人才。主要课程有经济学、管理学、统计学、会计学、财务管理、管理信息系统、管理运筹学、管理系统工程、预测方法与技术、决策理论与方法、决策支持系统、计算机程序设计、数据库应用、项目管理、运营管理、战略管理、经济管理建模技术和质量管理方法与技术等。

0022 甘肃广播电视大学兰州市分校管理学

高校名称：甘肃广播电视大学兰州市分校

专业名称：管理学

教师力量总数：2 人

高级职称数量：0 人

本科招生规模：390 人

学　　位：无

就业率：93%

简　介：由兰州市政府批准成立的市属国家公办高等院校，以远程教育为主要学习形式，进行本、专科学历教育。有白银路和畅家巷两个校区，占地总面积18亩，建筑面积8000多平方米，下属8个县区电大工作站和1个教学点，各类在校生7000多人，累计培养各类毕业生40000多人。有多媒体教室26间、计算机网络教室21间、语音实验室14间，配置计算机1300多台，链接"中央电大试题库"和20多种不同类型的教育资源子网站，自建88门选修课程的网络资源。与西安交通大学、兰州大学等全国重点高校合作办学，开设理、工、农等70多个专业。市县两级电大教职工277人，选聘教师78人，2位教师获中央电大教学创新奖，多名教师获甘肃电大教学创新奖，31位教师获中央电大、省电大表彰，多位教师被省政府、市委、市教育局评为优秀教师、十大杰出青年；教师在省部级刊物发表论文100多篇。2002年至今连续多次受到中央和省电大、省市教育厅局等各级组织的各类表彰，2010年获省校第四届"教学创新"、省校多媒体课件大赛、省校广告设计大赛和省校学生案例设计与分析大赛组织奖等多项奖项，2012年中央电大成立"国家开放大学"，兰州电大挂牌"国家开放大学（甘肃）兰州学院"。

0023 甘肃政法学院行政管理

高校名称：甘肃政法学院

专业名称：行政管理

教师力量总数：6人

高级职称数量：1人

本科招生规模：120人

硕士招生规模：0人

博士招生规模：0人

学　位：学士

就业率：54.52%

简　介：行政管理专业以各级党政机关、社会组织和企事业单位的行政管理事务为研究对象，培养适应现代社会需要的高素质行政管理专门人才。要求学生接受行政管理的系统训练，兼具管理学、政治学、经济学、法学等方面知识，具备较高的管理、经营、策划、调研、交际等能力，毕业后适合到各级党政机关、社会组织、企事业单位从事行政管理、政策研究、管理规划、外事交流、宣传策划、机关管理、人事管理、高级文秘等工作。

0024 甘肃电大合水县工作站行政管理

高校名称：甘肃电大合水县工作站

专业名称：行政管理

教师力量总数：6人

高级职称数量：1人

本科招生规模：92人

学　位：无

就业率：90%

简　介：甘肃电大合水县工作站成立于1999年，依托合水县职业中等专业学校而建，具有独立法人资格，机构独立设置，领导班子健全，工作思路清晰，措施得力，有开展开放教育的教学管理机构，人员配置符合办学要求。开设园艺、金融学、法学等本科层次专业6个，护理、小学教育等专科层次专业6个。行政管理（本科）专业开设于2010年，现有教师4人，高级职称2人，在册学员92人。

0025 甘肃电大庆阳分校宁县工作站行政管理

高校名称：甘肃电大庆阳分校宁县工作站

专业名称：行政管理

教师力量总数：3人

高级职称数量：1人

本科招生规模：84人

学　位：无

就业率：100%

简　介：2000年开设专科，2011年升为本科，县级工作站，设站长1人。

0026 康县电大工作站院行政管理

高校名称：康县电大工作站
专业名称：行政管理
教师力量总数：2人
高级职称数量：0人
专科招生规模：46人
本科招生规模：14人
学　位：无

0027 兰州大学行政管理

高校名称：兰州大学
专业名称：行政管理
教师力量总数：25人
高级职称数量：5人
本科招生规模：40人
硕士招生规模：120人
博士招生规模：12人
学　位：学士、硕士、博士
就业率：本科84%，硕士100%，博士100%
简　介：本专业致力于培养基础扎实、知识面宽，富有创新精神、科研能力强、综合素质高并具有领导才能和社会责任感的管理学学术精英。品学兼优者可免试推荐硕士研究生阶段学习。

0028 甘肃广播电视大学庆阳分校合水县工作站农村行政管理

高校名称：甘肃广播电视大学庆阳分校合水县工作站
专业名称：农村行政管理
教师力量总数：2人
高级职称数量：1人
学　位：无
就业率：90%
简　介：甘肃电大合水县工作站成立于1999年，依托合水县职业中等专业学校而建，具有独立法人资格，机构独立设置，领导班子健全，工作思路清晰，措施得力，有开展开放教育的教学管理机构，人员配置符合办学要求。开设园艺、金融学、法学等本科层次专业6个，护理、小学教育等专科层次专业6个。农村行政管理（专科）专业开设于2010年，现有教师2人，高级职称1人，在册专科学员3人。

0029 康县电大工作站农村行政管理

高校名称：康县电大工作站
专业名称：农村行政管理
教师力量总数：2 人
专科招生规模：28 人
学　位：无

0030 兰州交通大学会计学

高校名称：兰州交通大学
专业名称：会计学
教师力量总数：16 人
高级职称数量：7 人
本科招生规模：93 人 /2014 年
学　位：学士
就业率：66.94%/2014 年
简　介：培养掌握会计、审计、财务等管理学和经济学的基本理论知识；掌握会计学的定性、定量分析方法；具有分析和解决会计实务问题的基本能力；培养熟悉与会计相关的方针、政策、法规和国际会计惯例的应用型专门人才。毕业生能够在企事业单位、会计师事务所及高等院校从事会计实务、教学及科研工作。主要课程有会计学、中级财务会计、高级财务会计、成本会计、微观经济学、宏观经济学、财务管理、统计学、管理学、企业会计准则、管理会计、审计学、会计信息系统与电算会计模拟、经济法、税法与税收实务、注册会计师实务等。

0031 兰州大学会计学

高校名称：兰州大学
专业名称：会计学
教师力量总数：26 人
高级职称数量：20 人
本科招生规模：315 人
硕士招生规模：5 人
学　位：学士，硕士
就业率：93%

0032 兰州商学院陇桥学院会计学

高校名称：兰州商学院陇桥学院
专业名称：会计学
教师力量总数：14 人
高级职称数量：10 人
本科招生规模：397 人
学　位：学士
就业率：91.2% / 2013 年
简　介：四年制本科，授予管理学学士学位。下设注册会计师方向。培养具有扎实的会计理论知识，系统掌握会计实务相关技能，具有较强的工作适应能力，能在企事业单位及政府部门从事会计实务和管理工作的应用型人才。主要课程有管理学、西方经济学、统计学、会计学基础、财务管理、税法、经济法、中级财务会计、高级财务会计、管理会计、审计学、会计综合实验、计算机会计信息系统等。注册会计师方向培养具有会计和审计方面的专业理论知识和会计审计实务技能，初步具备注册会计师执业水平和能力，能够从事注册会计师审计、会计实务工作及相关经济管理工作的应用型人才。主要课程：经济法、税法、中级财务会计、高级财务会计、公司战略与风险管理、审计实务、财务管理、管理会计、会计综合实验、计算机会计信息系统等。工作适用范围为毕业生可在各类企事业单位、会计师事务所从事会计实务工作或从事教学、科研工作。本专业学生可报考会计从业资格、注册会计师执业资格、全国信息化工程师ERP应用资格等考试并取得相关证书。

0033 兰州理工大学会计学

高校名称：兰州理工大学
专业名称：会计学
教师力量总数：10人
高级职称数量：7人
本科招生规模：121人
硕士招生规模：11人
学　位：会计学
就业率：86.9%
简　介：会计学专业培养具备管理、经济、法律和会计学等方面的知识和能力，具有国际视野和创新精神的应用型高级专门人才。毕业生通过会计、审计和工商管理、经济学等方面的基本理论和基本知识的学习，受到会计方法和技巧方面的基本训练，具有分析和解决会计问题的基本能力，具备扎实的理论基础、较强的实践能力和较高的综合素质。毕业生主要面向工商业、金融业、政府、事业单位从事会计实务、财务管理、技术经济分析等方面工作。

0034 天水师范学院会计学

高校名称：天水师范学院
专业名称：会计学
教师力量总数：14人
高级职称数量：7人
本科招生规模：180人
学　位：学士
就业率：95%
简　介：天水师范学院商学院学制四年，授予管理学学士学位。设有会计学、财务管理、酒店管理、市场营销（网络营销方向）4个本科专业。主干学科有工商管理、经济学。主要课程有会计学基础、财务管理、税法、中级财务会计、成本会计、管理会计、审计学、高级财务会计、财务分析、西方经济学、管理信息系统、教育学、心理学。有省级精品课程2门，校级精品课程6门。现有在校普通本科生1157人；专任教师33人，其中教授5人，副教授12人，博士5人、硕士20人。建成会计模拟、会计电算化、电子商务和ERP手工沙盘模拟对抗等4个实验室。资料室藏书3余万册，专业学术刊物70余种。承担各级科研项目20余项，其中国家社科规划项目4项，省部级项目3项，厅（局）级项目7项。获市（厅）级以上科研奖励10余项，其中省级三等奖2项。

0035 康县电大工作站会计学

高校名称：康县电大工作站
专业名称：会计学（财务会计方向）
教师力量总数：1人
专科招生规模：2人
学　位：无

0036 甘肃工业职业技术学院会计学

高校名称：甘肃工业职业技术学院
专业名称：会计学
教师力量总数：23人
高级职称数量：11人
专科招生规模：2人
学　位：无
就业率：82.35%
简　介：培养能适应社会经济发展需要，有较高的综合素质和职业道德，具备熟练的会计专业技能，能够在各类企事业单位从事财务会计工作的高级应用型人才。主要课程：基础会计、财务会计、成本会计、财务管理、税收实务、审计实务、经济法、办公软件、会计电算化、EXCEL与财务分析、电子商务、统计基础、市场营销、企业管理、基础会计实训、会计电算化实训、会计综合实训等。学生毕业时，可获得会计电算化证、会计从业资格证等职业资格证书。就业方向为毕业生可在广大中小企业、行政事业单位、会计师事务所、税务师事务所等部门工作。

0037　酒泉职业技术学院会计学

高校名称：酒泉职业技术学院
专业名称：会计学
教师力量总数：7人
高级职称数量：2人
本科招生规模：134人
学　位：无
就业率：100%
简　介：熟悉国家的财务法规，精通会计实务操作，具有较强分析问题、解决问题和决策的能力，适应社会经济发展要求的应用型、复合型高级会计专门人才。

0038　甘肃政法学院会计学

高校名称：甘肃政法学院
专业名称：会计学
教师力量总数：7人
高级职称数量：3人
本科招生规模：60人
硕士招生规模：5人
学　位：学士、硕士
就业率：88.6%
简　介：设会计学理论研究、企业财务管理理论与实务、法务会计理论与实务等三个研究方向。现有教授3人，副教授2人，讲师4人，博士1人。以我国会计、财务管理制度改革、会计学学科的实践操作等为研究内容，以规范研究、实证研究等为主要研究方法，依托我校法学特色，法商结合，多学科、交叉是会计学专业的学科特色，尤其在法务会计、公司理财等与法学结合紧密的相关研究领域具有较为显著的特色。

0039　兰州大学会计硕士（MPAcc）

高校名称：兰州大学
专业名称：会计硕士（MPAcc）
教师力量总数：13人
高级职称数量：6人
硕士招生规模：15人
学　位：硕士
就业率：95%

0040　兰州商学院长青学院会计学

高校名称：兰州商学院长青学院
专业名称：会计学
教师力量总数：4人
高级职称数量：1人
本科招生规模：350人
学　位：学士
就业率：85%

0041　武威职业学院会计电算化

高校名称：武威职业学院
专业名称：会计电算化
教师力量总数：14人
高级职称数量：2人
学　位：无
就业率：89%

简　介：培养掌握会计电算化专业所需的基本知识和理论，具有较强的实践能力，能够运用现代技术胜任会计工作的高级应用型技术人才。主要专业课程：基础会计、初级会计实务、中级会计实务、会计岗位模拟实验、财务管理、审计基础知识、成本会计、会计电算化、会计综合模拟实验、经济法、税收基础知识、统计学原理。就业方向：主要面向各类中小型企业和事业单位，从事会计、出纳、统计、成本管理等工作。

0042 陇南师范高等专科学校会计电算化

高校名称：陇南师范高等专科学校
专业名称：会计电算化
教师力量总数：11人
高级职称数量：1人
学　位：无
就业率：12%
简　介：培养具有一定的团队管理能力和沟通能力，能够在城乡小型或微型企业单位、各类事业单位、金融及政府机构从事现代电子商务活动的技能型、复合型、创新型技术人才。开设的主要课程：商务会计基础、统计基础与实务、经济管理学、计算机网络技术、电子商务物流管理、数据库原理与应用、电子商务概论、电子商务案例分析、网页制作、淘宝基础、多媒体制作技术、经济法概论、网络营销与策划等专业课程和公共课程。

0043 兰州外语职业学院会计电算化

高校名称：兰州外语职业学院
专业名称：会计电算化
教师力量总数：12人
高级职称数量：3人
学　位：无
就业率：94.91%
简　介：培养拥护党的基本路线，适应中小企业、行政事业单位需要的德、智、体、美等方面全面发展的，具有会计业务处理能力，熟练运用计算机从事会计核算和财务管理工作的高素质技能应用型人才。主要课程有会计学基础、经济学基础、统计学基础、财务会计、成本会计、管理会计、财务管理、财务报表分析、会计电算化。就业方向为会计电算化专业，主要面向企事业单位从事基层会计核算、会计分析、会计事务管理；可从事统计、税收等方面工作；学生毕业后可在各类企事业单位、会计师事务所、资产评估事务所、会计咨询公司、税务代理公司、金融机构等单位，从事出纳、会计、审计、税收、证券、投资、评估等工作，以及从事其他相关岗位的经济管理工作。

0044 兰州外语职业学院会计与审计

高校名称：兰州外语职业学院
专业名称：会计与审计
教师力量总数：4人
高级职称数量：1人
学　位：学士
就业率：无毕业生
简　介：主要面向中小企业、商业银行、税务局、行政事业单位、社会中介机构（如会计师事务所、审计事务所）等企事业单位，培养诚实守信、遵纪守法，具备经济、管理、会计、审计等方面的专业基础知识，懂得相关法律和法规，掌握财务会计基本理论和操作技能，熟悉审计技能与方法，具有较强的实践技能，具备从事财务会计、审计实务的综合专业能力，能在生产、经营、管理和服务第一线从事出纳、会计、银行柜员和审计、稽核等工作的高素质技能型人才。主要课程有会计学基础、经济学基础、统计学基础、会计法与审计法、财务报表分析、财务管理、财务会计、成本会计、管理会计、会计与审计综合实训、审计学、财务审计、内部控制制度设计、政府审计实务。就业方向为毕业后可在企事业单位、会计师事务所、审计事务所、银行、税务局等单位从事会计核算、会计控制与管理、企业内部审计、注册会计师、审计、稽核等岗位工作。

0045 兰州商学院陇桥学院财务管理

高校名称：兰州商学院陇桥学院
专业名称：财务管理
教师力量总数：12 人
高级职称数量：7 人
本科招生规模：63 人
学　　位：学士
就业率：89.7% / 2013 年
简　　介：财务管理专业四年制本科，授予管理学学士学位。培养具有扎实的财务管理理论基础，掌握企业理财的基本技能，具有较强的工作能力，能在金融证券、企事业单位及政府部门从事财务、金融管理工作的应用型人才。主要课程有管理学、西方经济学、财务管理基础、中级财务会计、审计学、公司战略与风险管理、财务管理实务、财务综合实验、资产评估等。工作适用范围为毕业生可在企事业单位及各类经济管理机构从事理财、投资分析、财务会计等实务或从事本专业的教学、科研工作。本专业学生可报考会计从业资格、注册管理会计师、全国信息化工程师 ERP 应用资格等考试并取得相关证书。

0046 工业学院财务管理

高校名称：工业学院
专业名称：财务管理
教师力量总数：21 人
高级职称数量：10 人
本科招生规模：105 人 /2014 年
学　　位：无

0047 兰州理工大学财务管理

高校名称：兰州理工大学
专业名称：财务管理
教师力量总数：5 人
高级职称数量：2 人
本科招生规模：74 人
学　　位：无
就业率：70.2%
简　　介：财务管理专业培养具备管理、经济、法律和理财、金融等方面的知识和能力，具有国际视野和创新精神的应用型高级专门人才。毕业生通过财务、金融管理方面基本理论与基本知识的学习，接受财务、金融管理方法和技巧方面的基本训练，具有分析和解决财务、金融问题的基本能力，具备扎实的理论基础、较强的实践能力和较高的综合素质。毕业生主要面向工业经济和工业企业管理领域从事财务、金融管理、技术经济分析和经营管理等方面工作。

0048 天水师范学院财务管理

高校名称：天水师范学院
专业名称：财务管理
教师力量总数：14 人
高级职称数量：7 人
本科招生规模：60 人
学　　位：学士

就业率：95%

简　介：天水师范学院商学院学制四年，授予管理学学士学位。设有会计学、财务管理、酒店管理、市场营销（网络营销方向）4个本科专业。培养具备财务管理学及相关领域的学科知识与专业技能，能在大中型企业、金融证券企业、事业单位及国有资产管理、社会保险、保障等政府部门从事财务、金融管理工作的应用型专门人才。主干学科有工商管理、经济学。主要课程有管理学、西方经济学、管理信息系统、统计学、会计学、经济法、中级财务管理、高级财务管理、商业银行经营管理、投资学、跨国公司财务、项目评估。有省级精品课程2门，校级精品课程6门。现有在校普通本科生1157人；专任教师33人，其中教授5人，副教授12人，博士5人，硕士20人。建成会计模拟、会计电算化、电子商务和ERP手工沙盘模拟对抗等4个实验室。资料室藏书3余万册，专业学术刊物70余种。承担各级科研项目20余项，其中国家社科规划项目4项，省部级项目3项，厅（局）级项目7项。获市（厅）级以上科研奖励10余项，其中省级三等奖2项。

0049　兰州交通大学财务管理

高校名称：兰州交通大学
专业名称：财务管理
教师力量总数：16人
高级职称数量：7人
本科招生规模：60人
学　位：学士
就业率：54.55%/2014年

简　介：培养基础扎实、知识面宽、专业能力强、综合素质高的应用型财务管理专门人才。主要课程有会计学、财务会计、财务管理、高级财务管理、国际财务管理、成本核算与管理、管理会计、经济法与税法、管理学、微观经济学、宏观经济学、统计学、财政学、金融学、证券投资分析与模拟、企业财务会计准则、企业财务分析、交通运输财务活动分析等。

0050　兰州商学院陇桥学院财务管理

高校名称：兰州商学院陇桥学院
专业名称：财务管理
教师力量总数：12人
高级职称数量：7人
本科招生规模：63人
学　位：学士
就业率：89.7%/2013年

简　介：财务管理专业四年制本科，授予管理学学士学位。培养具有扎实的财务管理理论基础，掌握企业理财的基本技能，具有较强的工作能力，能在金融证券、企事业单位及政府部门从事财务、金融管理工作的应用型人才。主要课程有管理学、西方经济学、财务管理基础、中级财务会计、审计学、公司战略与风险管理、财务管理实务、财务综合实验、资产评估等。工作适用范围为企事业单位及各类经济管理机构从事理财、投资分析、财务会计或从事本专业教学科研工作。可报考会计从业资格、注册管理会计师、全国信息化工程师 ERP 应用资格等考试并取得相关证书。

0051 酒泉职业技术学院财务管理

高校名称：酒泉职业技术学院
专业名称：财务管理
教师力量总数：6 人
高级职称数量：2 人
本科招生规模：59 人
学　位：无
就业率：100%
简　介：培养掌握经济管理、理财、金融和网络信息技术等方面的知识和能力，能够用现代化技术和手段从事企事业单位、政府部门财务管理活动的高级技术应用型专门人才。

0052 兰州外语职业学院财务管理

高校名称：兰州外语职业学院
专业名称：财务管理
教师力量总数：17 人
高级职称数量：3 人
学　位：无
就业率：93.44%
简　介：培养面向各类中小企业、金融行业、中介服务机构、非营利组织的出纳、会计核算、筹资管理、投资管理、成本管理、资金管理、财务预算、财务控制、财务分析、财务咨询、税务筹划等工作岗位，适应经济发展需要，服务地方经济建设，具有诚信、敬业的良好职业道德，熟悉会计、财务管理、经济、金融、企业管理等方面的政策法规，具备基本知识和技能，熟练掌握财务预测、决策、控制、分析的程序与方法，专业能力强、上手快、综合实力强、发展后劲足的高端技能型财务管理人才。主要课程有经济学、管理学、会计学基础、财务会计、财务管理、经济法、成本会计、管理会计、纳税会计、财政与金融、财务分析、审计学、税法、会计报表分析、会计电算化。就业方向为各类中小企业、金融行业、中介服务机构、非营利组织的出纳、会计核算、筹资管理、投资管理、成本管理、资金管理、财务预算、财务控制、财务分析、财务咨询、税务筹划等工作岗位。

0053 甘肃政法学院财务管理

高校名称：甘肃政法学院
专业名称：财务管理
教师力量总数：8 人
高级职称数量：5 人
本科招生规模：60 人
学　位：学士
就业率：86.79%
简　介：培养德、智、体全面发展，具有扎实的经济学和管理学理论基础及一定的法学理论知识，具备理财和金融等方面的能力，能在工商企业、金融机构、事业单位及政府部门从事财务、金融管理等方面工作的复合型、应用型人才。

0054 兰州交通大学财务管理

高校名称：兰州交通大学
专业名称：财务管理
教师力量总数：16 人
高级职称数量：7 人
本科招生规模：60 人
学　位：学士
就业率：54.55%/2014 年
简　介：培养基础扎实、知识面宽、专业能

力强、综合素质高的应用型财务管理专门人才。培养学生掌握扎实的外语、数学、经济学、管理学和计算机等基础；掌握现代会计学与财务学的基本理论与基本方法；具有较强的实际工作能力；能在工商企业、金融和证券投资机构、事业单位及政府部门及高等院校从事财务、金融管理以及教学、科研方面工作。主要课程有会计学、财务会计、财务管理、高级财务管理、国际财务管理、成本核算与管理、管理会计、经济法与税法、管理学、微观经济学、宏观经济学、统计学、财政学、金融学、证券投资分析与模拟、企业财务会计准则、企业财务分析、交通运输财务活动分析等。

0055 兰州商学院长青学院财务管理

高校名称：兰州商学院长青学院
专业名称：财务管理
教师力量总数：2 人
本科招生规模：130 人
学　位：学士
就业率：85%

0056 兰州商学院长青学院旅游管理

高校名称：兰州商学院长青学院
专业名称：旅游管理
教师力量总数：5 人
高级职称数量：0 人
本科招生规模：70 人
学　位：学士
就业率：85%

0057 河西学院旅游管理

高校名称：河西学院
专业名称：旅游管理
教师力量总数：6 人
高级职称数量：0 人
本科招生规模：100 人
硕士招生规模：在校生 18 人，毕业 27 人
学　位：学士
就业率：68%
简　介：旅游管理本科专业，学制 4 年，授予管理学学士学位。由 2000 年的旅游管理专科专业发展而来，2004 年招生。旨在培养德、智、体、美全面发展，适应现代旅游业发展需要，具备较高的经济管理理论素养和系统的旅游管理专业知识，具有人文素养、创新意识、实践能力和社会责任，能在旅游行政管理部门、旅游企事业单位、旅游教育院校和研究机构等部门从事经营管理、策划服务和教学科研等工作的应用型、复合型人才。主干课程有旅游学概论、旅游资源学、旅游法规、旅游经济学、旅游市场营销、旅行社经营管理、饭店管理、餐饮管理、导游业务等。

0058 兰州商学院旅游管理

高校名称：兰州商学院

专业名称：旅游管理
教师力量总数：8 人
高级职称数量：4 人
本科招生规模：146 人
硕士招生规模：14 人
学　位：学士、硕士
就业率：12.73%
简　介：培养德、智、体、美全面发展，具有旅游管理专业知识和较强的旅游服务技能，适应中国旅游发展需要，能在各级旅游行政管理部门、旅游企事业单位和各服务行业及旅游院校从事旅游管理工作和教学工作的复合型、外向型专门人才及旅游管理教育人才。主要课程有管理学、微观经济学、宏观经济学、市场营销学、人力资源管理、旅游学、旅游经济学、饭店管理、旅游资源与开发、旅行社管理、导游原理与实务、会展旅游管理等。

0059　兰州商学院陇桥学院旅游管理

高校名称：兰州商学院陇桥学院
专业名称：旅游管理
教师力量总数：7 人
高级职称数量：3 人
本科招生规模：55 人
硕士招生规模：在校生 18 人，毕业 27 人
学　位：学士
就业率：91.5%
简　介：旅游管理专业为四年制本科，授予管理学学士。培养适应我国经济建设发展需要，在经管知识基础上，着重培养旅游企业经营管理、服务等方面知识技能，可在旅游管理部门、旅游企事业单位从事管理、景区规划、旅游服务或其他工作的专门人才。主要课程有管理学、旅游学、旅游市场营销、旅游经济、导游业务、旅行社管理、旅游心理学、中国旅游地理、酒店管理、旅游规划与开发、旅游业法规、前厅客房管理、旅游线路设计、会展旅游、旅游英语等。工作适用范围为毕业生可在旅游管理机构、旅行社、旅游景区、旅游交通、餐饮、星级酒店、会展等部门从事管理服务和相关教学科研工作。学生可报考导游、酒店管理师、营销师等其他资格证。

0060　兰州外语职业学院旅游管理

高校名称：兰州外语职业学院
专业名称：旅游管理
教师力量总数：13 人
高级职称数量：5 人
学　位：无
就业率：83.72%
简　介：培养具有良好的职业道德和敬业精神，掌握旅游行业导游、计调、咨询营销及行政管理基础知识与酒店服务与管理基础知识，能够从事日常接待的英语听说工作，具备一定的管理能力，能适应旅游景区、旅游企事业单位及旅游饭店发展所需的初始岗位基层技能型人才和中层管理人才。主要课程有管理学基础、会计学基础、旅游学概论、导游基础、导游业务、旅行社经营与管理、旅游社计调业务、景区服务与管理、旅游政策与法规、旅游文化、形体训练等。就业方向为从事旅游景区导游、客运、餐厅服务员、营销员、营销部经理，旅行社的计调、旅游咨询师、计调部主管、营销部主管以及旅游行政部门的基层行政等岗位。

0061　兰州职业技术学院旅游管理

高校名称：兰州职业技术学院
专业名称：旅游管理
教师力量总数：10 人
高级职称数量：7 人
学　位：无

就业率：96.25%

0062 武威职业学院旅游管理

高校名称：武威职业学院
专业名称：旅游管理
教师力量总数：6 人
高级职称数量：1 人
学　位：无
就业率：91%
简　介：旅游管理专业现开设旅游管理和酒店管理方向。旅游管理专业主要培养具有良好的职业道德和敬业精神，具备较强旅游服务技能，能够适应旅游行业包括导游、旅行社服务与管理岗、旅游产品策划与营销岗、旅游企业管理岗等服务、管理第一线需要的，德智体美全面发展的高素质高技能专门人才。主要课程有普通话应用、导游基础知识应用、旅游法规知识应用、旅游职业形象塑造、旅游心理与个性服务、旅行社服务与管理、英语导游讲解等。毕业生就业岗位主要是面向旅行社导游、计调、外联、旅行社、星级酒店等基层管理者等职业岗位人员。酒店管理方向培养德、智、体、美全面发展，爱岗敬业，全面掌握酒店服务基本技能，系统掌握酒店管理基础理论，熟悉掌握酒店、餐饮企业管理方法及运作方式，有较强开拓与创新能力的应用型专门人才。主要课程有酒店管理概论、酒店英语口语、前厅客房服务与管理、酒店服务礼仪、普通话、旅游概论、餐饮服务与管理、酒店康乐服务与管理、酒店财务会计、酒店服务心理学、菜点酒水知识、食品营养与卫生、中国饮食文化、酒店安全和人力资源管理等。毕业生就业岗位主要是酒店前厅部、餐饮部、客房部、康乐部等服务与管理岗位。

0063 西北师范大学继续教育宁县党校教学点旅游管理

高校名称：西北师范大学继续教育宁县党校教学点
专业名称：旅游管理
教师力量总数：3 人
高级职称数量：0 人
本科招生规模：6 人
学　位：无
就业率：100%
简　介：旅游管理专业学制五年，本科。2013年5月设立，共招生一届，在校学员6人。

0064 陇南师范高等专科学校旅游管理

高校名称：陇南师范高等专科学校
专业名称：旅游管理
教师力量总数：9 人
高级职称数量：2 人
学　位：无
就业率：53%
简　介：培养掌握现代旅游、酒店管理基础知识和基本理论，实践操作能力强，能从事旅游、酒店基层管理与服务的应用型人才。主要课程有旅游学概论、全国导游基础、旅游政策与法规、甘肃导游基础、导游业务、酒店前厅与客房服务、中国旅游地理、交际礼仪、普通话训练、舞蹈与形体训练、旅行社经营与管理等专业课程和公共课程。

0065 甘肃工业职业技术学院旅游管理

高校名称：甘肃工业职业技术学院
专业名称：旅游管理
教师力量总数：25 人
高级职称数量：13 人
学　　位：无
就业率：89.35%
简　介：培养德、智、体、美等方面全面发展，具有良好的职业道德，牢固掌握必需的文化科学基础知识、具备旅游管理专业知识和技能，具有人文与科学素质、创新精神和实践能力，能在各级旅游行政管理部门、旅游企业、事业单位从事旅游管理和研究的应用型高级专门人才。

0066 甘肃工业职业技术学院旅游管理

高校名称：甘肃工业职业技术学院
专业名称：旅游管理（导游方向）
教师力量总数：25 人
高级职称数量：13 人
学　　位：无
就业率：78.89%
简　介：培养拥护党的基本路线，适应旅游行业生产、建设、管理、服务第一线需要的德、智、体、美、劳全面发展的高等技术型、应用型专门人才，具备管理、外语和计算机应用等方面的知识和能力，具有较强的旅游实务操作能力、旅游管理决策能力和持续发展能力的景区（点）、旅行社行业的高级应用型服务及管理人才。

0067 甘肃工业职业技术学院旅游管理

高校名称：甘肃工业职业技术学院
专业名称：旅游管理（航空服务方向）
教师力量总数：25 人
高级职称数量：13 人
学　　位：无
就业率：88.65%
简　介：旅游管理专业航空服务方向是培养适应民航现代化建设需要，德、智、体、美全面发展，服务于民航服务与管理第一线，具备现代航空服务及管理基本理论和专业知识、安全理论知识和基本技能，具有较强的公关能力、协调能力和灵活应变能力，具有较高的政治素质及专业素质，能为顾客提供高品位、高质量的民航服务及安全保障的机场运营服务与管理的应用型、技能型人才。

0068 兰州交通大学企业管理

高校名称：兰州交通大学
专业名称：企业管理
教师力量总数：16 人
高级职称数量：8 人
硕士招生规模：9 人 /2014 年
学　　位：硕士
就业率：80%/2014 年
简　　介：企业管理为硕士二级学科授权点。主干课程有《管理经济学》《管理运筹学》《统计方法与技术》《管理信息系统与 ERP》《公司财务管理》《企业战略管理》《物流与供应链管理》《渠道与销售管理》等课程。研究方向有企业战略管理、运营管理、人力资源管理、财务与成本管理、营销管理。毕业生可在工商企业、政府管理部门以及教学科研单位从事研究和教学工作。

0069 兰州大学企业管理

高校名称：兰州大学
专业名称：企业管理
教师力量总数：26 人
高级职称数量：20 人
硕士招生规模：28 人
学　　位：硕士
就业率：95%

0070 兰州大学旅游管理

高校名称：兰州大学
专业名称：旅游管理
教师力量总数：5 人
高级职称数量：2 人
硕士招生规模：1 人
学　　位：硕士
就业率：93%

0071 兰州大学工商管理

高校名称：兰州大学
专业名称：工商管理
教师力量总数：42 人
高级职称数量：28 人
硕士招生规模：402 人 /2014 年
学　　位：硕士
就业率：89.09%/2014 年
简　　介：兰州大学工商管理现有市场营销、会计学、人力资源管理和旅游管理四个本科专业，企业管理、会计学和旅游管理三个学术型硕士专业，并招收 MBA、IMBA 及 EMBA 专业学位研究生，其中企业管理专业 1984 年获得硕士学位授予权，2006 年被评为甘肃省重点学科。有专职教师 30 人，其中硕士生导师 21 人，60% 以上具有或正在攻读博士学位，80% 以上有海外留学、访问的经历，兼职教授 28 人，校外硕导 15 人。承担国家自然科学基金项目 9 项，省部级项目 7 项；获得百篇优秀教学案例一等奖 2 项，SCI、SSCI、EI 收录的学术论文 35 篇。先后与美国、德国、荷兰等国家 10 多所院校建立了合作关系，签署了合作协议和谅解备忘录，启动了本科生和研究生的交流项目，共同合作举办硕士项目等，与英国胡弗汉顿大学合作举办本科生"3+1"学位项目，先后有 30 多名学生外出交流、访问和攻读学位。

0072 兰州商学院工商管理

高校名称：兰州商学院
专业名称：工商管理
教师力量总数：15 人
高级职称数量：8 人
本科招生规模：488 人
硕士招生规模：28 人
博士招生规模：0 人
学　　位：硕士
就业率：36.07%
简　　介：培养德、智、体全面发展，具备管理、经济、法律及营销等方面的知识和能力，能在企事业单位及政府部门从事管理以及教学、科研方面工作的高级专业人才。主要课程有管理学、经济学、管理信息系统、会计学、财务管理、市场营销学、经济法学、人力资源管理、组织行为学、质量管理学、运营管理、中小企业管理、现代企业理论、团队建设、职业生涯设计、社交礼仪、社会保障等。

0073 兰州商学院陇桥学院工商管理

高校名称：兰州商学院陇桥学院
专业名称：工商管理
教师力量总数：11 人
高级职称数量：4 人
本科招生规模：185 人
学　　位：学士
就业率：93.4%/2013 年
简　　介：工商管理为四年制本科，授予管理学学士学位。下设中小企业管理方向，培养适应社会主义市场经济需要的、自身素质全面发展的、具备从事工商经济活动与工商企业管理相关的知识和能力，能在各类工商企业、政府部门从事工商管理类专业工作的应用型人才。主要课程有管理学、经济学、统计学、经济法、企业战略管理、市场营销、运作管理、财务管理、人力资源开发与管理、投资学以及商务沟通与礼仪、团队建设与领导科学等。毕业生能在各类企事业单位从事组织管理、营销管理、人力资源管理、国际企业管理、工商企业管理等。可考取的相关资格证书有职业经理人和公共关系资格证书，社交礼仪职业资格证书等。

0074 兰州商学院长青学院工商管理

高校名称：兰州商学院长青学院
专业名称：工商管理
教师力量总数：1 人
高级职称数量：0 人
本科招生规模：80 人
学　　位：学士
就业率：84%

0075 河西学院工商管理

高校名称：河西学院
专业名称：工商管理
教师力量总数：14 人
高级职称数量：7 人
本科招生规模：120 人
学　　位：学士
就业率：76.7%
简　　介：2001 年工商管理专业升本，学制 4 年，授予管理学学士学位，是学校重点学科之一，设置市场营销、财务会计、企业管理和物流管理等 4 个方向。培养具备企业管理、经济和法律等方面的理论知识，具有从事中小企业生产运营、财务、营销等管理能力的应用型中高级管理人才。主干课程有政治经济学、微观经济学、宏观经济学、管理学、微积分、线性代数、概率论与数理统计、基础会计、市场营销学、应用统计学、管理信息系统、人力资源管理、项目管理、财务管理、经济法、电子商务。就业方向为在中小工商企业、会计师事务所、金融与证券投资机构、物流企业、经济管理职能部门从事管理、财务、营销、储运、电子商务等工作，以及事业单位和政府机构及各类管理咨询公司。

0076 兰州外语职业学院工商企业管理

高校名称：兰州外语职业学院
专业名称：工商企业管理
教师力量总数：15 人
高级职称数量：15 人
学　位：学士
就业率：94.17%
简　介：培养拥护党的基本路线，知识、能力、素质协调发展，具有较扎实的经济、管理相关理论基础知识，掌握现代工商企业管理基本理论，具备企业资源配置、运营管理、组织协调和战略咨询分析能力，具有良好的敬业精神和职业道德，适应生产、建设、管理、服务第一线需要的德、智、体、美等方面全面发展的高等技能型人才。主要课程有会计学基础,管理学基础,经济学基础,企业管理,人力资源管理,企业战略管理,财物管理,市场营销,运营管理,企业策划,管理思想史等。就业方向为在工商业企业从事生产管理、营销管理、企业物流管理、企业人力资源管理、企业策划、行政管理及财务管理等。

0077 兰州理工大学工商管理

高校名称：兰州理工大学
专业名称：工商管理
教师力量总数：11 人
高级职称数量：7 人
本科招生规模：66 人
硕士招生规模：24 人
学　位：学士、硕士
就业率：64.7%
简　介：培养具备一定工科技术知识与管理、经济、法律方面的知识和能力，具有创新精神的应用型高级专门人才。毕业生通过管理学、经济学、企业管理的理论知识及基础工科背景课程的学习，接受企业管理方法与技巧方面的基本训练，尤其是工业企业管理知识的训练，具有分析和解决企业管理问题的基本能力，具备扎实的理论基础、较强的实践能力和较高的综合素质。毕业生主要面向工业经济和工业企业管理领域从事经营管理、生产管理、质量管理等工作。

0078 康县电大工作站工商管理

高校名称：康县电大工作站
专业名称：工商管理
教师力量总数：1 人
高级职称数量：0 人
本科招生规模：1 人
学　位：无

0079 甘肃政法学院工商管理

高校名称：甘肃政法学院
专业名称：工商管理
教师力量总数：8 人
高级职称数量：3 人
本科招生规模：60 人
硕士招生规模：10 人
学　　位：学士、硕士
就业率：83.87%
简　介：培养德、智、体全面发展，适应市场经济需要，熟悉我国企业管理的有关政策法规以及国际企业管理的惯例与规则，掌握现代管理方法和技能，具有扎实的经济学和管理学理论基础及一定的法学理论知识，了解管理专业的理论前沿和发展动态，能够分析和解决实际问题，富有进取意识及开拓精神，能在各类工商企业、金融机构和政府部门从事管理、规划、咨询、科研等工作的复合型、应用型人才。

0080 兰州交通大学工商管理（MBA）

高校名称：兰州交通大学
专业名称：工商管理（MBA）
教师力量总数：42 人
高级职称数量：38 人
硕士招生规模：142 人
学　　位：硕士
就业率：无
简　介：兰州交通大学 MBA 项目 2009 年经国务院学位办批准设立，2010 年招生。培养德、智、体全面发展，适应社会主义市场经济建设和国际竞争需要，具有良好的政治素质、系统全面的工商管理知识结构、求实创新的高层次实务型高级管理人才服务的学历教育项目。设有财务与投融资管理、企业组织与战略管理、运输生产与经营管理、物流与供应链管理和交通工程项目管理五个方向。主要课程有管理经济学、管理运筹学、管理学、战略管理、营销管理、信息系统与信息资源管理、运营管理、人力资源管理、财务管理、企业组织理论与设计、企业兼并与重组、财务报表分析、税收理论与实务、投资学领导方法与艺术、组织行为学、工程项目投资与融资、供应链分析与设计等。

0081 兰州商学院房地产开发与管理

高校名称：兰州商学院
专业名称：房地产开发与管理
教师力量总数：4 人
高级职称数量：2 人
本科招生规模：60 人
学　　位：学士
就业率：54%
简　介：培养具有扎实的管理学、经济学基础知识，掌握房地产经营与管理及现代管理理论和方法，能够在房地产领域从事政府管理、项目投融资、项目评估与管理、策划营销、物业管理以及城市规划与城市管理等方面业务工作的应用型专门人才。主要课程有房地产经济学、建筑工程概论、房地产法规、房地产开发经营与管理、公共政策学、土地资源管理、城市住房与保障、城市经济学、城市规划与管理、房地产投资与分析实务、房地产项目风险管理、物业管理、房地产行政、中外住房制度比较等。

0082 甘肃林业职业技术学院经济管理

高校名称：甘肃林业职业技术学院
专业名称：经济管理（现代企业管理方向）
教师力量总数：7人
高级职称数量：3人
学　　位：学士
就业率：57.45%
简　介：经济管理专业现代企业管理方向，培养面向企业管理一线，掌握现代企业管理相关知识和技能，具备较强的企业经营管理、企业危机公关、人力资源管理、客户信息管理、连锁门店经营能力，能胜任公司行政管理、投资理财、市场开发、企业公关、人力资源管理、客户管理、门店主管等岗位工作的高端技能型专门人才。核心课程有现代企业管理（含ERP）、公司理财、市场营销、商务谈判、企业管理信息系统、人力资源管理、连锁企业门店运营与管理等。就业方向公司行政管理、投资理财、市场开发、企业公关、人力资源开发管理、客户管理、门店主管等。

0083 兰州商学院长青学院文化产业管理

高校名称：兰州商学院长青学院
专业名称：文化产业管理
教师力量总数：1人
高级职称数量：0人
本科招生规模：60人
硕士招生规模：6人
学　　位：学士
就业率：暂时没有

0084 天水师范学院文化产业管理

高校名称：天水师范学院
专业名称：文化产业管理
教师力量总数：8人
高级职称数量：3人
本科招生规模：53人
硕士招生规模：6人
学　　位：学士
就业率：95%
简　介：学制四年，授予艺术学学士学位。设有汉语言文学、戏剧影视文学、文化产业管理3个本科专业，其中汉语言文学专业为教育部高等学校特色专业，有学科教学·语文硕士点1个，主干学科有工商管理、中国语言文学、设计学。省级精品课程5门，省级优秀教学团队2个，省级重点学科1个，省级人文社科重点研究基地1个。培养具有扎实的文化产业管理基本理论和知识，能够在文化管理、新闻出版、艺术产业等文化企事业单位和部门从事数字媒体创意策划、公共文化服务、经纪和管理方面具体工作的应用型专门人才。主要课程有艺术基础、文化产业管理概论、文化产业经济学、三维实体设计、网站创意与设计等。现有在校本科生1530人，教育硕士研究生33人，外国留学生4人；专任教师59人，其中教授8人，副教授25人；博士9人、硕士30人，入选各类省级以上人才库、全国优秀教师、享受国务院政府特殊津贴专家等22余人。出版学术专著及教材41部，参编出版大型辞书及合著20多种，发表论文678篇。主持地（厅）级以上科研项目78项，其中国家社科基金项目14项，90余项科研成果获甘肃省社会科学优秀成果奖和甘肃省高校人文社会科学优秀成果奖等地（厅）级以上奖励，13项教学成果获国家图书奖、全国普通高校优秀教材一等奖和甘肃省教学成果一、二、三等奖。

0085 河西学院信息管理与信息系统

高校名称：河西学院
专业名称：信息管理与信息系统
教师力量总数：8人
高级职称数量：3人
本科招生规模：50人
学　　位：学士
就业率：91.4%
简　介：学制4年，授予管理学学士学位。培养具备现代管理学理论知识、计算机科学技术及应用能力，系统掌握信息系统分析与信息系统设计以及信息管理方面的知识和技能，能在各级管理部门、工商企业、金融机构从事信息管理及信息系统分析、设计、应用等方面的专门人才。主干课程有高等数学、管理信息系统分析与设计、数据库系统及应用、计算机网络与应用、程序设计、管理学原理、财务管理、统计学、会计学等。主要培养各级管理部门、工商企业、金融机构、科研单位从事信息管理及信息系统分析、设计、经营管理等方面的专门人才。

0086 兰州商学院陇桥学院信息管理与信息系统

高校名称：兰州商学院陇桥学院
专业名称：信息管理与信息系统
教师力量总数：15人
高级职称数量：5人
本科招生规模：56人
学　　位：学士
就业率：84.9%
简　介：信息管理与信息系统是四年制本科，授予管理学学士学位。培养具备现代管理学理论基础，计算机科学技术知识及应用技能，熟练掌握信息管理、信息系统分析与设计方法，能从事信息的管理和应用，信息系统的开发、实施和评价等工作的应用型人才。主要课程有高级程序设计语言、数据结构、操作系统、数据库原理、计算机网络、管理学、会计学、管理信息系统、大型关系型数据库、Web开发技术、信息系统设计与实现、信息安全、ERP原理及沙盘实验等。工作适用范围为各级单位和金融机构的信息中心、IT企业、信息资源开发及咨询机构从事信息管理、分析与评价和信息系统设计与开发等。可报考信息系统管理工程师、信息系统监理师、信息系统项目管理师等职业资格证书。

0087 兰州大学信息管理与信息系统

高校名称：兰州大学
专业名称：信息管理与信息系统

教师力量总数：10 人
高级职称数量：6 人
本科招生规模：85 人
硕士招生规模：2 人
学　　位：学士、硕士
就业率：90%

0088 兰州理工大学信息管理与信息系统

高校名称：兰州理工大学
专业名称：信息管理与信息系统
教师力量总数：10 人
高级职称数量：6 人
本科招生规模：33 人
硕士招生规模：11 人
学　　位：学士、硕士
就业率：92.2%
简　介：信息管理与信息系统专业培养具有现代管理学理论基础、计算机科学技术及应用能力，掌握系统思想和信息系统分析与设计方法以及信息管理等方面的知识与能力，具有国际视野和创新精神的应用型高级专门人才。毕业生通过经济、管理、数量分析方法、信息资源管理、计算机及信息系统方面的基本理论和基本知识的学习，具有信息组织、分析研究、传播与开发利用的基本能力，接受系统分析和设计方法以及信息管理方法的基本训练，具有扎实的理论基础、较强的实践能力和较高的综合素质。毕业生主要面向国家各级管理部门、工商企业、金融机构、科研单位等部门从事信息管理以及信息系统分析、设计、实施管理和评价等工作。

0089 兰州商学院长青学院信息管理与信息系统

高校名称：兰州商学院长青学院
专业名称：信息管理与信息系统
教师力量总数：7 人
高级职称数量：1 人
本科招生规模：50 人
硕士招生规模：0 人
博士招生规模：0 人
学　　位：学士
就业率：82%

0090 兰州交通大学管理科学与工程

高校名称：兰州交通大学
专业名称：管理科学与工程
教师力量总数：26 人
高级职称数量：3 人
硕士招生规模：15 人 /2014 年
博士招生规模：1 人 /2014 年
学　　位：博士
就业率：88%/2014 年
简　介：2002 年管理科学与工程学科获得甘肃省重点学科，2003 年获得硕士学位授予权。2011 年管理科学与工程学科获得一级学科博士学位授予权。现有"系统分析与决策""交通运输管理与优化""信息管理与信息系统""物流与供应链管理"等 4 个特色学科方向。承担多项国家级和省部级的科研项目，取得了一大批科研成果和科研奖励。

0091 西北民族大学管理科学与工程

高校名称：西北民族大学
专业名称：管理科学与工程
教师力量总数：24 人
高级职称数量：24 人
硕士招生规模：4 人
学　　位：硕士
简　　介：2011 年西北民族大学管理学院管理学专业"管理科学与工程"设立硕士点，2012 年 9 月招生，现只招收学术型硕士研究生，管理科学与工程属于管理学的一级学科，是以管理学理论为基础，借鉴现代经济学的理论和方法，研究管理科学问题，具有理论性和应用性的综合交叉性新兴学科。本硕士点培养具备现代管理学、经济学理论基础、计算机信息科学技术、系统思维和信息系统分析与设计方法等方面的知识与能力，能在国家各级管理部门、工商企业、金融机构、科研单位等部门从事信息管理与知识管理工作、信息系统规划分析设计与开发、应用与管理的高级复合型人才。

0092 甘肃林业职业技术学院社区管理与服务专业

高校名称：甘肃林业职业技术学院
专业名称：社区管理与服务专业
教师力量总数：30
学　　位：无
就业率：86.95%
简　　介：本专业开设课程有社区政策与法规、社区建设、社区服务、社区保障、社区规划与发展、社区行政管理和公共关系、申论、公共基础知识、行政能力测试培训等。结合"三支一扶"计划和"进社区"招考安置政策，主要培养面向民政机关、街道办事处、基层社区以及社会团体等管理一线，掌握社区工作理论知识和现代管理方法，具备较强的语言与文字表达能力、人际沟通能力、信息获取能力以及社区管理与服务问题的能力，能从事社区规划管理、社区保障建设、社会福利保障、社区物业管理等工作的高端技能型专门人才。毕业生可在政府机构及其下属的职能部门、街道、城镇等机构及有关部门从事社区信息、行政管理、物业管理和技术服务等工作，主要工作岗位有各级政府的社会及社区管理机构，街道及社区居委会的管理机构，民政及社会福利保障机构，城市社区及小区物业管理机构等。

0093 兰州大学图书情报与档案管理

高校名称：兰州大学
专业名称：图书情报与档案管理
教师力量总数：11
高级职称数量：7
硕士招生规模：1 人 /2014 年
学　　位：硕士
就业率：100%/2014 年
简　　介：1983 年建立兰州大学图书馆学系，

曾改名为图书情报学系和信息管理系，1998年与经济系、管理系合并成立了经济管理学院，2004年，经济管理学院分为经济学院和管理学院，原信息管理系改为信息管理研究所，是兰州大学管理学院下设的6个研究所之一。1987年，图书馆学系正式招收本科生，2001年获得情报学硕士点，2002年招生。设有信息资源管理与知识产权、网络计量与信息分析、信息系统工程、情报学理论与方法等4个研究方向，设有管理学综合实验室和网络计量信息分析试验室。现有萃英讲席教授1人，已毕业硕士生14人。获得国家社会科学基金项目、中国科学院资源环境科学信息中心创新基金项目、兰州大学"985工程"项目等10余项国家及省部级课题，"网络信息计量学研究"被列入"985"二期重点资助项目；"E-Scinece 环境下的科学计量与管理"被列入"985"三期建设项目。编写《信息分析》被指定为国内十余所高校核心课程教材。在《Ecological Economics》《中国图书馆学报》《图书情报知识》等学术期刊发表论文140余篇，出版著作13部，电子书5部，完成咨询和科技预见报告等十余份。

0094 兰州大学情报学

高校名称：兰州大学
专业名称：情报学
教师力量总数：11人
高级职称数量：5人
本科招生规模：0人
硕士招生规模：2人
学　　位：硕士
就业率：95%

0095 兰州交通大学工程管理

高校名称：兰州交通大学
专业名称：工程管理
教师力量总数：54人
高级职称数量：32人
硕士招生规模：50人/2014年
学　　位：硕士
就业率：100%/2014年
简　　介：工程管理硕士专业学位（Master of Engineering Management，简称MEM）培养具备良好的政治思想素质和职业道德，掌握系统的管理科学理论、现代工程管理方法以及相关工程领域的专门知识，能独立承担工程管理工作，具有计划、组织、协调和决策能力的应用型工程管理专门人才。教师54人，其中专职38人，兼职16人，38位专职教师中，博士21人、高级职称32人。聘请省内外16名企事业单位和政府部门的资深工程管理专家担任兼职教授，承担部分课程的讲授、讲座和学位论文指导任务。

0096 兰州大学政府绩效管理

高校名称：兰州大学
专业名称：政府绩效管理

教师力量总数：5 人
高级职称数量：3 人
硕士招生规模：4 人
博士招生规模：4 人
学　　位：博士
就业率：96%

就业率：75%
简　　介：培养德、智、体全面发展，具有扎实的经济学和管理学理论基础，具备一定的法学理论知识，系统掌握物流管理相关理论，能够为各类企业提供从事物流管理的复合型、应用型专门人才。

0097　兰州外语职业学院物业管理

高校名称：兰州外语职业学院
专业名称：物业管理
教师力量总数：10 人
高级职称数量：2 人
学　　位：无
就业率：91.3%
简　　介：培养拥护党的基本路线，德、智、体、美全面发展，拥有良好职业道德和职业素养，具备一定物业管理理论基础，掌握现代物业管理理念和方法，能够熟练运用物业管理与服务基本专业技能，面向大中型物业管理企业基层物业管理岗位或物业具体事务管理岗位就业的高素质技能型人才。主要课程有管理学基础、会计学基础、物业管理、合同法、房地产经纪概论、物业设备设施管理、物业管理法规、物业管理实务、社区管理、建筑材料等。就业方向为从事住宅小区的物管员、物业公司文员、物业管理公司服务品质保障督导员、物业管理企业的客户服务接待员、客户服务主管、品质保障主管、房地产估价员以及社区、村委会工作人员等工作。

0098　甘肃政法学院物流管理

高校名称：甘肃政法学院
专业名称：物流管理
教师力量总数：7 人
高级职称数量：3 人
本科招生规模：60 人
学　　位：学士

0099　兰州外语职业学院物流管理

高校名称：兰州外语职业学院
专业名称：物流管理
教师力量总数：12 人
高级职称数量：2 人
学　　位：无
就业率：98.88%
简　　介：培养身心健康，思想政治合格，具有创新意识、服务意识、团队合作精神和较强的外语口头表达能力及人际沟通能力，具有市场营销、物流管理等方面的基础理论知识和一定的物流实际操作能力，掌握物流方案的策划及各种运输、仓储、配送业务与技术，善于运用现代信息手段，能在各类商贸流通业、运输服务业等企事业部门从事一线服务与管理的高素质应用型人才。主要课程有会计学基础，管理学基础，经济学基础，现代物流概论，物流成本管理，供应链管理，货运代理实务，物流操作实务，管理思想史等。就业方向为各类物流企业从事运输管理、仓储管理、配送管理、采购与供应管理、生产与运作管理、运输组织、产品入库管理、仓储控制、采购运作、销售物流等。

0100　兰州文理学院物流管理

高校名称：兰州文理学院
专业名称：物流管理
教师力量总数：13 人
高级职称数量：10 人
学　　位：学士

就业率：43%

简　介：培养适应物流领域需要，掌握经济、经营管理，现代物流管理等方面的基本知识，具备采购、仓储、配送、运输、信息处理、物流系统规划设计等技术应用能力，能在生产、流通等行业从事物流活动、物流管理等工作的高级技术应用型专门人才。物流管理专业的毕业生可在物流企业、港口、海关、货运公司、商贸企业等就业。

0101 武威职业学院物流管理

高校名称：武威职业学院
专业名称：物流管理
教师力量总数：7 人
高级职称数量：1 人
学　位：无
就业率：87%

简　介：物流管理专业以培养掌握物流管理专业方面的基本知识、基本业务和基本技能，使学生具有应用现代信息技术进行物流管理的知识和能力。在各类商业流通企业、专业物流公司、快递等公司从事物流管理的实用性专门人才为目标。主要课程有物流学概论、计算机基础、电子商务概论、基础会计、统计学基础、商品学知识、采购与供应管理、物流企业管理、仓储与配送、运输管理、物流管理信息系统、库存管理、供应链管理、物流案例分析。就业方向为在大企业物流中心、连锁企业物流部门、第三方物流企业、仓储企业、专业物流企业、大型商业企业、物流信息企业以及其他与物流相关的事业单位从事基层管理及服务。

0102 酒泉职业技术学院物流管理

高校名称：酒泉职业技术学院
专业名称：物流管理
教师力量总数：3 人
高级职称数量：0 人
本科招生规模：63 人
学　位：无
就业率：100%

简　介：培养德、智、体、美全面发展，适应社会主义市场经济需要，掌握现代化物流管理基本理论知识，具有熟练的实际操作技能，能利用计算机进行现代物流管理并具有较好的英语交流能力的物流行业高等技术应用型专门人才。

0103 兰州商学院物流管理

高校名称：兰州商学院
专业名称：物流管理
教师力量总数：8 人
高级职称数量：3 人
本科招生规模：268 人
学　位：学士
就业率：34.78%

简　介：培养德、智、体、美全面发展，系统掌握现代物流的基本理论和基本技能，具有经济学、管理学、统计学、运输经济、商务和营销技术、计算机网络技术等基本知识，具备物流运作全过程能力，能对物流企业或企业物流活动进行业务操作、规划、营销和管理的应用型、技能型高级专门人才。主要课程有管理学、微观经济学、宏观经济学、管理运筹学、会计学、财务管理、物流管理概论、运输管理、采购与仓储管理、配送管理、第三方物流、供应链管理、物流技术与装备、物流系统规划与设计、市场营销学、运营管理、管理信息系统等。

0104 甘肃工业职业技术学院物流管理

高校名称：甘肃工业职业技术学院
专业名称：物流管理
教师力量总数：23 人
高级职称数量：11 人
学　位：学士
就业率：88.56%
简　介：培养物流管理方面的复合型高等职业技术人才，掌握经济、管理、法律及物流管理等方面的知识与技能，具有在现代物流企业、大中型工业企业、商业企业等从事物流管理工作的能力。主要课程有微观经济学、计算机应用、统计学、基础会计、财务管理、市场营销、现代物流概论、物流管理、企业物流管理、物流成本管理、物流信息管理、配送与配送中心、运输管理、仓储管理、自动知识技术、仓储与配送实训、物流综合实训等。就业方向为在大中型工业企业、商业企业、现代物流企业、快递公司、邮政系统、铁路系统、公路系统、民航公司从事运输、仓储、物流管理、报关员、报检员、理货员、仓库管理员、配送员、调度员、客户服务经理等工作。

0105 甘肃林业职业技术学院物流管理

高校名称：甘肃林业职业技术学院
专业名称：物流管理（现代物流技术方向）
教师力量总数：5 人
高级职称数量：1 人
学　位：无
就业率：2012 年开设新专业
简　介：物流管理现代物流技术方向，培养面向物流服务和基层管理一线，掌握现代物流技术相关知识和技能，具备货源组织、仓储管理、库存控制、运输配送、报关报检、信息管理等能力，能从事采购、仓储、运输、配送、货运代理、报关报检和物流信息管理等工作的高端技能型专门人才。核心课程有现代物流管理、物流 ERP、物流采购管理实务、物流仓储管理实务、物流运输管理实务、物流供应链管理、物流信息技术、国际货运代理与报关实务、配送中心管理与运作等。就业方向为在生产企业物流部门、口岸物流服务单位、流通企业、综合物流企业、物流园区和提供专门物流服务的企业从事物流管理。

0106 兰州商学院长青学院物流管理

高校名称：兰州商学院长青学院
专业名称：物流管理
教师力量总数：2 人
高级职称数量：0 人
本科招生规模：70 人

学　位：学士
就业率：84%

0107　兰州商学院陇桥学院物流管理

高校名称：兰州商学院陇桥学院
专业名称：物流管理
教师力量总数：8 人
高级职称数量：2 人
本科招生规模：109 人
学　位：学士
就业率：84.5%/2013 年
简　介：物流管理专业下设物流工程方向，培养掌握物流管理的基本理论、基本知识，具备物流管理的应用程序操作能力，能进行物流系统分析，具有物流管理的基本能力的应用型人才。主要课程有西方经济学、管理学、人力资源管理、市场营销学、财务管理、现代物流学、物流运输管理、仓储管理、配送中心运营与管理、供应链管理、第三方物流、物流设备应用与管理等。工作范围为各类流通部门从事物流系统维护以及第三方物流企业从事物流管理、业务操作和从事相关的教学科研等。本专业学生可报考助理物流管理师、物流职业经理人、初级采购师等职业资格或专业技能证书。授予学位：管理学学士。

0108　兰州商学院公共事业管理

高校名称：兰州商学院
专业名称：公共事业管理
教师力量总数：6 人
高级职称数量：2 人
本科招生规模：60 人
学　位：学士
就业率：31%
简　介：培养具有扎实的管理学、政治学基础知识，熟练掌握计算机应用技术和英语技能，特别是运用现代技术手段进行调查分析的技能，能够在企事业单位、政府部门及非政府公共部门从事公共管理（应急管理）工作的应用型专门人才和具有攻读相关学科更高学位并从事科学研究能力的学术型专门人才。主要课程有公共事业管理概论、公共管理学、公共政策学、政治学、行政管理学、公共安全管理导论、公共伦理学、电子政务、西方行政制度、社会中介与组织管理、社会保障概论、市政学、公共组织形象学、领导学、应急预案编制与演习演练、应急案例分析等。

0109　兰州大学公共管理

高校名称：兰州大学
专业名称：公共管理
教师力量总数：20 人
高级职称数量：17 人
硕士招生规模：176 人 /2014 年
博士招生规模：10 人 /2014 年
学　位：博士、硕士
就业率：博士 100%，硕士 97.12%/2014 年
简　介：1989 年毕业国内第一批行政管理本科生，2003 年设立行政管理硕士点，2006 年设立行政管理博士点和公共管理一级学科硕士点，2010 年获批公共管理一级学科博士点，2011 年国内首家自主设置"政府绩效管理"二级学科博士点。特色研究方向 5 个，即政府绩效管理、公共危机信息管理、公共决策与公共项目管理、资源环境政策与可持续发展战略、民族行政等，设有政府绩效管理、公共危机信息管理和公共项目管理 3 个实验室，自主开发建立了"中国县级政府绩效评价系统"和"中国公共危机事件案例知识库"2 个基础数据中心平台。2004 年成立全国首家中国地方政府绩效评价中心（CCLGPE）；推动成立全国政府绩效管理研究会，首创出版《中国政府绩效管理年鉴》，

主持国家自然科学基金和国家社科基金项目5项，政府委托项目20余项；举办"中美GCCM双边学术研讨会"两次，为地方政府提供了多项咨询服务。发表论文300余篇，出版著作10余部。在兰州大学"211"和"985"工程建设中，"西北地区生态文明建设中的重大公共管理问题研究"被列入"211工程"三期建设项目，"西部大开发战略下的管理创新研究"被单独列为"985工程"三期建设项目。

0110 河西学院酒店管理

高校名称：河西学院
专业名称：酒店管理
教师力量总数：6人
高级职称数量：1人
本科招生规模：40人
学　　位：学士
就业率：2013年开始招生
简　介：学制4年，授予管理学学士学位。培养德、智、体、美全面发展，专业基础扎实，具有良好的人文科学、自然科学素养以及良好职业道德，掌握本专业领域方向的理论知识，具有创新精神和较强的实践工作能力，熟练掌握现代酒店经营管理的基本知识和服务技能，从事现代酒店经营管理和接待服务的"基础实、能力强、素质高"的中高级管理专门人才。主干课程有酒店管理、酒店财务管理、酒店实务、餐饮管理与实务、食品营养与科学、前厅管理与实务、酒店管理信息系统、康乐管理与实务等。就业方向为酒店管理、酒店财务管理、酒店实务、餐饮管理与实务、食品营养与科学、前厅管理与实务、酒店管理信息系统、康乐管理与实务等。

0111 兰州商学院长青学院酒店管理

高校名称：兰州商学院长青学院
专业名称：酒店管理
教师力量总数：2人
本科招生规模：60人
学　　位：学士

0112 兰州外语职业学院酒店管理

高校名称：兰州外语职业学院
专业名称：酒店管理
教师力量总数：13人
高级职称数量：5人
学　　位：无
就业率：72.1%
简　介：培养拥护党的基本路线，具有良好的职业道德和敬业精神，掌握高星级酒店餐饮服务与管理、客房服务与管理、前厅服务与管理以及行政部门管理等基础理论和基本知识，有较强的职业素养和专业服务技能，具备一定的管理能力，能够从事日常接待的英语听、说工作，能够适应现代四星级以上酒店发展的一线岗位基层技能型人才和中高层管理人员职位要求的管理人才。主要课程有管理学基础、会计学基础、前厅服务与管理、客房服务与管理、餐饮服务与管理、财务管理、会展服务与管理、客源国概况等。就业方向为餐饮服务与管理、客房服务与管理、前厅服务与管理以及行政管理等。

0113 兰州文理学院酒店管理

高校名称：兰州文理学院

专业名称：酒店管理

教师力量总数：20 人

高级职称数量：4 人

学　位：无

就业率：55.2%

简　介：培养德、智、体、美全面发展，掌握酒店管理专业必备的基础理论和专门知识，掌握现代酒店管理与服务所需的扎实的专业基础知识，具有较高的职业技能和实际工作能力，能胜任大中型酒店前厅、客房、餐饮等第一线服务和中层管理岗位需要的、具有创新精神和较强实践能力的高等技术应用性专门人才。主要课程有管理学、酒店管理、酒店前厅服务与管理、饭店管理信息系统、酒店市场营销、酒店人力资源管理、会展服务与管理、酒店服务英语、茶艺与酒吧服务、饭店娱乐业、饭店管理等。

0114 天水师范学院酒店管理

高校名称：天水师范学院

专业名称：酒店管理

教师力量总数：13 人

高级职称数量：4 人

本科招生规模：60 人

学　位：学士

就业率：95%

简　介：天水师范学院商学院学制四年，授予管理学学士学位。设有会计学、财务管理、酒店管理、市场营销（网络营销方向）4 个本科专业，主干学科有工商管理、旅游管理，主要课程有消费者心理与行为学、市场营销学、市场调研与预测、营销策划、人力资源管理、饭店管理概论、酒店心理学、酒店前厅运转与管理、酒店客房管理、餐饮管理与实务、酒店质量管理、酒店安全管理、酒店财务管理、酒店礼仪、酒店英语、酒店服务营销、康乐服务与管理、旅游文化学、中国餐饮文化、会展设计与管理、司仪与主持。有省级精品课程 2 门，校级精品课程 6 门。现有在校普通本科生 1157 人；专任教师 33 人，其中教授 5 人，副教授 12 人，博士 5 人，硕士 20 人。建成会计模拟、会计电算化、电子商务和 ERP 手工沙盘模拟对抗等 4 个实验室。资料室藏书 3 余万册，专业学术刊物 70 余种。承担各级科研项目 20 余项，其中国家社科规划项目 4 项，省部级项目 3 项，厅（局）级项目 7 项。获市（厅）级以上科研奖励 10 余项，其中省级三等奖 2 项。

0115 甘肃工业职业技术学院酒店管理

高校名称：甘肃工业职业技术学院

专业名称：酒店管理

教师力量总数：25 人

高级职称数量：13 人

学　位：无

就业率：89.65%

简　介：培养德、智、体、美等方面全面发展，具有良好的职业道德，牢固掌握酒店业必需的文化科学基础知识和专业知识，具有一定从事现代酒店业管理和服务操作的能力，了解和熟悉国际酒店业的经营管理模式和经验，掌握计算机信息管理及在旅游宾馆、饭店管理中的应用，取得相应的专业技能资格证书，能胜任酒店业管理工作的高级应用型服务及管理人才。

0116　兰州商学院信用管理

高校名称：兰州商学院

专业名称：信用管理

教师力量总数：6人

高级职称数量：1人

本科招生规模：208人

学　位：学士

就业率：90%

0117　兰州商学院陇桥学院信用管理

高校名称：兰州商学院陇桥学院

专业名称：信用管理

教师力量总数：4人

高级职称数量：2人

本科招生规模：65人

学　位：学士

简　介：信用管理专业四年制本科，授予经济学学士学位。培养德智体全面发展，适应经济社会发展和学生个人发展要求，具有扎实的社会信用管理基础理论、基本知识，掌握信用风险管理基本技能与方法，熟悉法律法规和国际惯例，具有较高的外语和计算机运用水平，具有较强的创新意识和社会适应能力的应用型人才。主要课程有政治经济学、微观经济学、宏观经济学、财政学、金融学、会计学、统计学、经济法学、管理学、计量经济学、信用管理概论、金融市场学、商业银行管理学、信用风险管理、国际金融学、资信评估、公司理财等。毕业生可在国家政府部门、企业、中介机构、教学科研等单位从事信用政策制定、资信调查、信用评级、企业客户关系管理、风险控制等工作。本专业学生可报考会计师、信用管理师等考试。

0118　兰州大学人力资源管理

高校名称：兰州大学

专业名称：人力资源管理

教师力量总数：17人

高级职称数量：10人

本科招生规模：150人

硕士招生规模：28人

学　位：硕士、学士

就业率：90%

0119　兰州商学院陇桥学院人力资源管理

高校名称：兰州商学院陇桥学院

专业名称：人力资源管理

教师力量总数：7人

高级职称数量：5人

本科招生规模：65人

硕士招生规模：28人

学　位：学士

就业率：91.8% / 2013年

简　介：人力资源管理专业四年制本科，授予管理学学士学位。培养掌握人力资源管理的基本方法和技能，具有分析和解决人力资源管理问题的基本能力。主要课程：管理学、人力资源管理、组织行为学、招聘与配置、员工培训与开发、人才素质测评、绩效管理、薪酬管理、社会保障学、劳动经济学、劳动关系管理、工作分析与设计、职业生涯规划、心理学等。工作范围为在企、事业单位及政府部门从事人力资源管理以及教学、科研等，本专业学生可报考人力资源管理、心理咨询师等职业资格或专业技能证书。

0120 兰州商学院人力资源管理

高校名称：兰州商学院
专业名称：人力资源管理
教师力量总数：9 人
高级职称数量：6 人
本科招生规模：451 人
学　位：学士
就业率：36.44%
简　介：培养适应现代市场经济发展，具有良好的人文素养、职业素养和职业技能，专业知识系统扎实，有自觉的创新意识、国际意识、市场意识、先进管理意识、策略意识，并能适应企事业单位及政府部门人力资源管理需要的务实型人力资源管理专业人才。主要课程有管理学、经济学、财务管理、市场营销学、经济法学、人力资源管理、组织行为学、劳动经济学、人力资源规划、招聘与配置、培训与开发、考核与评价、薪酬福利制度、劳动关系管理的相关知识与技能。通过培训使学员系统掌握人力资源管理的理论知识和相关技能，胜任人力资源管理的各项工作。

0121 兰州文理学院连锁经营管理

高校名称：兰州文理学院
专业名称：连锁经营管理
教师力量总数：7 人
高级职称数量：5 人
学　位：无
简　介：培养德、智、体、美全面发展，具有现代连锁企业经营管理专业素质和连锁门店运营管理操作技术的、适应现代商业连锁经营规范化、制度化、规模化、现代化要求的连锁经营管理的高素质应用型人才。本专业毕业生要求熟悉连锁企业标准规范的购销存的业务流程，掌握连锁企业人、物、财、信息等方面管理的基本知识和技能及计算机在连锁企业管理中的应用技术及电子商务基本应用技术。毕业生主要面向各类连锁企业，包括连锁企业的营销策划、市场调研、商品采购、总部管理、门店管理、电子商务、人力资源管理、物流配送、商店理财等岗位。

0122 酒泉职业技术学院连锁经营管理

高校名称：酒泉职业技术学院
专业名称：连锁经营管理
教师力量总数：4 人
高级职称数量：1 人
本科招生规模：16 人
学　位：无
就业率：100%
简　介：培养掌握连锁经营管理专业基础理论知识和基本技能，能在连锁零售业及服务业从事一线业务管理岗位的高级应用技能型人才。

0123 兰州外语职业学院项目管理

高校名称：兰州外语职业学院
专业名称：项目管理
教师力量总数：15 人
高级职称数量：5 人
学　位：学士
就业率：81.45%

简　介：培养身心健康，思想政治合格，具有创新意识、服务意识、团队合作精神和较强的外语口头表达能力及人际沟通能力，具备在工商业企业、房地产开发企业、行政及事业单位从事项目开发、策划、管理、运作等工作，主要负责新产品导入的项目管理工作，建筑、金融或者管理咨询背景的项目管理技能型应用人才。主要课程有会计学基础、管理学基础、经济学基础、项目管理理论与实务、项目评估、财物管理、企业战略管理、工程经济学等。就业方向为在工商业企业、房地产开发企业、行政及事业单位从事项目采购管理、项目成本管理、项目人力资源管理、生产运作管理、项目策划、咨询、运作、评估、采购和组织等工作。

0124 兰州商学院劳动与社会保障

高校名称：兰州商学院
专业名称：劳动与社会保障
教师力量总数：8 人
高级职称数量：4 人
本科招生规模：60 人
学　位：学士
就业率：27%
简　介：培养具有扎实的经济学、社会学基础知识，熟悉中外劳动和社会保障理论与实务，具有运用现代技术手段和方法进行调查分析的能力，能够在各级政府劳动与社会保障部门、社区相关机构及劳动咨询与中介机构、各类社会保障基金组织等从事业务工作的应用型专门人才。主要课程有社会学概论、社会保障概论、劳动经济学、公共管理学、社会福利与社会救助、社会保障基金管理、电子政务、劳动社会学、劳动法与社会保障法、中外社会保障制度比较、人力资源管理、公共政策学等。

0125 甘肃政法学院劳动与社会保障

高校名称：甘肃政法学院
专业名称：劳动与社会保障
教师力量总数：7 人
高级职称数量：2 人
本科招生规模：60 人
硕士招生规模：0 人
博士招生规模：0 人
学　位：学士
就业率：91.67%
简　介：专业建设目标与思路立足西部，突出少数民族特色。按照教育部的学科目录分类，劳动与社会保障专业是公共管理学科下的二级学科。该院是以本科教育为主的大学，贯彻"突出重点，办出特色，立足西部，突出少数民族特色"的指导方针，力求培养"宽口径、厚基础、重能力、高素质"的人才，建立特色劳动与社会保障专业。

0126 兰州商学院陇桥学院市场营销

高校名称：兰州商学院陇桥学院
专业名称：市场营销
教师力量总数：9 人
高级职称数量：6 人
本科招生规模：59 人
学　位：学士
就业率：90.5%
简　介：市场营销四年制本科，授予管理学学士学位。本专业实行"厚基础、宽口径、重能力"的培养模式，要求学生掌握市场营销学、经济学和管理学等学科的基本理论与知识，把学生培养成具有创新能力和实践能力并能在各企事业单位从事相关工作的应用型人才。主要课程有西方经济学、管理学、市场营销学、人力资源管理、会计学、消费者行为学、广告学、推销学、公共关系学、零售学、市场预测与管理决策、金融学、财务管理、商品学、品牌管理、商务谈判、创业管理、ERP沙盘模拟实验等。工作适用范围为在各类企事业单位、政府部门等从事营销策划、广告策划、营销管理等工作，也可以从事相关的教学和科研等工作。本专业可考取的资格证书有初级营销员、高级营销员、营销经理等。

0127 兰州大学市场营销

高校名称：兰州大学
专业名称：市场营销
教师力量总数：17人
高级职称数量：10人
本科招生规模：120人
硕士招生规模：28人
学　位：学士、硕士
就业率：90%

0128 甘肃政法学院市场营销

高校名称：甘肃政法学院
专业名称：市场营销
教师力量总数：9人
高级职称数量：4人
本科招生规模：60人/届
学　位：学士
就业率：86.67%
简　介：培养德、智、体全面发展，具有扎实的经济学和管理学理论基础，具备一定的法学理论知识，能在企、事业单位及政府部门从事市场营销与管理等方面工作的复合型、应用性人才。

0129 兰州商学院长青学院市场营销

高校名称：兰州商学院长青学院
专业名称：市场营销
教师力量总数：9人
高级职称数量：4人
本科招生规模：70人
学　位：学士
就业率：83%

0130 兰州商学院陇桥学院审计学

高校名称：兰州商学院陇桥学院
专业名称：审计学
教师力量总数：10人
高级职称数量：6人
本科招生规模：127人
学　位：学士
就业率：89.7% / 2013年
简　介：审计学专业四年制本科，授予管理学学士学位。培养具有扎实的审计理论基础，系统掌握审计基本技能，具有较强的工作能力，能在国家审计机关、企事业单位内部审计机构和社会审计组织从事审计、会计和管理工作的应用型人才。主要课程有财政学、中级财务会计、审计学基础、财务审计、税法、经济法、财务管理、经济效益审计、审计综合实验、计算机会计信息系统、计算机审计等。工作适用范围为在国家审计机关、企事业单位内部审计机构和社会审计组织从事审计工作，也可在企事业单位从事会计和相关管理工作。本专业学生可报考会计从业资格、注册会计师执业资格、国际注册内部审计师、全国信息化工程师ERP应用资格等考试并取得相关证书。

0131 兰州商学院长青学院审计学

高校名称：兰州商学院长青学院
专业名称：审计学
教师力量总数：2人
本科招生规模：130人
学　位：学士
就业率：85%

0132 甘肃工业职业技术学院房地产经营与估价

高校名称：甘肃工业职业技术学院
专业名称：房地产经营与估价
教师力量总数：25 人
高级职称数量：7 人
学　位：无
就业率：85.35%
简　介：培养德、智、体全面发展，具有创新精神和实践能力，具备现代经济理论与管理思想，具有良好工程素质、较强技术岗位技能，熟悉房地产投资开发经营与估价的相关程序、政策和法规，具备房地产投资开发分析、营销策划、工程项目管理、估价、经纪代理等房地产经营与估价能力的高等应用型专业技术人才。主要课程有建筑工程制图与识图、建筑材料、房屋构造、房地产经济学、建筑施工技术、建筑工程概预算、建筑CAD、工程项目管理、房地产开发与经营、房地产营销、房地产估价、房地产经纪、房地产法规、房地产产权产籍管理、物业管理、工程施工组织与管理、房地产（建筑）认识实习、建筑工程概预算实训、房地产营销策划实训、房地产估价实训、房地产经纪实训、顶岗实习等。就业方向为房地产开发公司、房地产评估经纪、中介公司、建筑公司、物业管理公司及相关房地产管理、房地产管理、物业管理和建筑工程概预算、施工管理、估价员、商品房销售员、预算员、施工员等。

0133 兰州商学院长青学院资产评估

高校名称：兰州商学院长青学院
专业名称：资产评估
教师力量总数：3 人
高级职称数量：0 人
本科招生规模：100 人
学　位：学士

0134 兰州商学院陇桥学院资产评估

高校名称：兰州商学院陇桥学院
专业名称：资产评估
教师力量总数：6 人
高级职称数量：3 人
本科招生规模：61 人
学　位：学士
简　介：资产评估专业四年制本科，授予管理学学士学位。培养掌握资产评估基础理论知识，具备一定资产评估业务工作实践能力，能够在资产评估机构、会计师事务所从事资产评估、资产运营管理等工作的应用型人才。主要课程有西方经济学、管理学、中级财务会计、财务管理、资产评估学、管理会计、经济法、建筑工程评估基础、机电设备评估基础、工程预算、房地产评估、证券投资学等。工作适用范围为在资产评估机构、会计师事务所、金融、保险、拍卖等行业从事资产评估、资产运营管理或从事本专业的教学科研等工作。本专业学生可报考会计从业资格、注册资产评估师、全国信息化工程师 ERP 应用资格等考试并取得相关证书。

0135 甘肃机电职业技术学院电气工程

高校名称：甘肃机电职业技术学院
专业名称：电气工程
教师力量总数：32 人
高级职称数量：10 人
学　位：无

就业率：96%

简 介：电气工程系现有电气自动化技术、自动化设备应用、应用电子技术和物联网应用技术4个专业，在校学生700多人。现有专业教师32人，副教授师10人，讲师12人，高级工程师4人，工程师4人。电气工程系承担着全校所有电类理论课及实践性课程的教学任务，拥有比较完整的实践教学基地。电工、电子和机电实训是中央财政支持的实训基地。现有电工、电子、电机、电控、三电、音视频、单片机、PLC、电子工艺实训、电工实训、维修电工、电拖等十二个实验室及多处校外实训基地。1986年以来，发表论文50余篇。

0136 甘肃机电职业技术学院机械工程

高校名称：甘肃机电职业技术学院
专业名称：机械工程
教师力量总数：17人
高级职称数量：2人
学　位：无
就业率：96%

简 介：有专职教师30余名，学生1100余名。有机械制造与自动化、模具设计与制造、计算机辅助设计与制造、焊接技术与制造、工业设计等5个专业。培养德、智、体、美全面发展，具有良好的职业道德和创新精神，掌握现代机械制造及自动控制的理论知识、应用技术和操作技能，从事机械零部件制造与装配、机电设备安装与调试及维修、自动控制技术应用的高端技能型专门人才。课程有机械制图、机械制造基础、AutoCAD、公差配合与测量技术、机械设计基础、电工电子、机床电气控制技术、数控加工工艺及刀具、数控编程与操作、液压与气压传动、可编程控制器技术、Pro/E、传感器与检测技术、金工实习、毕业设计、顶岗实习等。

0137 甘肃广播电视大学天水市分校计算机

高校名称：甘肃广播电视大学天水市分校
专业名称：计算机
教师力量总数：12人
高级职称数量：2人
本科招生规模：21人
学　位：无
就业率：90%

简 介：甘肃电大天水市分校创办于1979年，2004年3月经省教育厅批准成立甘肃省津陇教育信息化培训中心，2006年5月经市教育局批准成立了天水市电子信息工程职业学校，实行"三块牌子、一套班子"的办学体制。校园占地32.1亩，建筑面积22000㎡，固定资产3000多万元。现有教师42人，其中副教授和高级讲师9人，讲师21人，有各专业外聘责任教师65人。下辖6个县级工作站，各类在校学生4195人，形成了以校本部为中心，布局合理，相对稳定，覆盖全市的现代远程教育网络体系和办学系统。学校有联网计算机279台，与中央电大、省电大及县级工作站实现了有效的网络互连，建成交互一体的远程教学平台。

0138 康县电大工作站计算机信息管理

高校名称：康县电大工作站
专业名称：计算机信息管理
教师力量总数：12人

高级职称数量：2 人

专科招生规模：3 人

学　位：无

就业率：无

0139 康县电大工作站道路桥梁工程管理与施工

高校名称：康县电大工作站

专业名称：道路桥梁工程管理与施工

教师力量总数：13 人

高级职称数量：4 人

专科招生规模：4 人

学　位：无

0140 甘肃工业职业技术学院建筑工程管理

高校名称：甘肃工业职业技术学院

专业名称：建筑工程管理

（国家重点建设专业）

教师力量总数：25 人

高级职称数量：7 人

学　位：无

就业率：85.26%

简　介：培养拥护党的基本路线，适应生产、建设、管理、服务第一线需要的德、智、体、美等全面发展的，掌握必备的专业理论知识、较强的实践技能和实际工作能力，具有良好的职业道德、创业精神和创新能力，能从事建筑工程的预（结）算、工程招投标、工程技术与管理工作的综合素质和职业能力全面，懂施工、精预算、会管理、通经济，能满足多种岗位需要的高等技术应用型专门人才。主要课程有工程制图、房屋建筑学、建筑材料与检测、建筑力学与结构、建筑施工技术、工程经济、房地产开发、建筑企业会计、工程概预算、工程量清单与计价、建筑企业经营与管理、工程造价管理、工程监理概论、工程施工组织与管理、工程项目管理、工程招投标与合同管理、工程造价管理、工程造价软件应用、建筑 CAD 制等。

0141 甘肃工业职业技术学院建筑工程管理

高校名称：甘肃工业职业技术学院

专业名称：建筑工程管理（工程质量与安全技术管理方向）

教师力量总数：25 人

高级职称数量：7 人

学　位：无

就业率：89.35%

简　介：培养适应生产、建设、管理、服务第一线需要的德、智、体、美等方面全面发展，具备建筑工程质量控制与安全管理专业必须的文化基础与专业理论知识，从事建筑工程质量管理、安全管理、施工技术与管理的高等技术应用型人才。主要课程有建筑识图、建筑构造、建筑结构、工程测量、建筑材料、建筑工程质量控制与安全管理、工程施工技术、工程概预算、工程施工组织与管理、工程项目管理、建筑工程质量检测、建筑工程事故分析、安全技术、安全检测与监控技术、事故调查与分析技术、事故急救与管理技术、建筑与安全法规等。方向为建筑工程、桥梁工程、市政工程、房地产开发、建设监理、建筑工程质量、投资、进度控制管理、施工现场安全生产与安全技术管理、风险分析与安全评价、事故分析处理等。

0142 甘肃工业职业技术学院建筑装饰工程技术

高校名称：甘肃工业职业技术学院
专业名称：建筑装饰工程技术
教师力量总数：18 人
高级职称数量：9 人
学　位：无
就业率：78.24%
简　介：建筑装饰设计专业现在校生285人，培养具有本专业相关领域工作的岗位能力和专业技能，适应装饰设计、制作设计、环境艺术设计、家具设计与开发等设计部门，从事装饰设计与制作、装饰工程施工、施工一线的技术、管理等职业岗位要求的高等技术应用型专业人才。具备较强的处理装饰工程设计、施工技术等问题的实践能力，符合社会需求，面向生产、建设和管理第一线需要的高素质技能型人才。主要课程有效果图表现技法、建筑装饰设计、建筑装饰材料、装饰施工技术、装饰制图与透视、效果图表现技法、建筑装饰设计、建筑装饰材料、家具设计、景观设计、装饰施工技术与管理、装饰工程预算、计算机辅助设计CAD、计算机辅助设计3DMX等。

0143 甘肃建筑职业技术学院工程监理

高校名称：甘肃建筑职业技术学院
专业名称：工程监理
教师力量总数：4 人
高级职称数量：1 人
学　位：无
就业率：83%
简　介：主要课程有建筑材料与实验、工程建设法规、建筑制图与识图、建筑构造、建筑力学、建设工程监理概论与实务、土力学与地基基础、建筑工程测量、建筑结构、建筑设备、AutoCAD、建筑工程事故分析与处理、施工技术、建筑施工组织与进度控制、建设工程质量控制、建筑工程计价与投资控制、建筑抗震设计、建筑工程技术资料与信息管理、建设工程招投标与合同管理、建筑工程结构检测技术、专业认识实习。就业方向为在建筑施工、监理企业和建设管理部门从事建筑施工技术与组织管理、工程计量与估价、材料供应与检测、工程质量、投资、进度安全等控制、施工技术内业档案管理、工程监理、工程招投标与合同管理等岗位的技术及管理等工作。

0144 甘肃建筑职业技术学院建筑工程技术

高校名称：甘肃建筑职业技术学院
专业名称：建筑工程技术

教师力量总数：6 人
高级职称数量：2 人
学　位：无
就业率：87%
简　介：主要课程有建筑制图与识图、建筑材料与检测、建筑构造与设计基础、建筑力学、建筑工程测量、AutoCAD、建筑结构、土力学与地基基础、建筑施工技术、建筑设备与识图、建筑工程计量与计价、建筑法规、钢结构工程施工、建筑抗震、招投标与合同管理及实务、建筑施工组织与项目管理、建筑工程监理概论与实务、工程图识读、建筑工程经济、建筑节能与环保、建筑工程检测与事故分析、PKPM 施工系列软件、建筑工程质量与安全管理、专业认识实习、预顶岗实习、综合实训、顶岗实习等。就业方向为在土建施工企业从事工程项目组织、现场施工管理、质量验收、施工安全、材料检测、技术资料及工程造价等专业岗位的业务工作。主要岗位是施工员、质量员、安全员、材料员、资料员等。

0145 甘肃机电职业技术学院现代制造工程

高校名称：甘肃机电职业技术学院
专业名称：现代制造工程
教师力量总数：26 人
高级职称数量：8 人
学　位：无
就业率：96%
简　介：现代制造工程系现有机电一体化技术、数控技术、机电设备维修与管理、数控设备应用与维护、印刷技术、风能与动力技术等六个专业。以培养学生能力为核心，在明确职业岗位对学生知识、能力、素养要求的基础上，积极推行"2.5 ＋ 0.5"工学一体化人才。有教师 26 人，其中副教授 8 人，讲师 10 人，助理讲师 8 人。师生多次组队参加全国、省、市各类技能大赛，累计有 9 名教师和 30 多名学生获得各类奖项。

（四）经济学

0146　兰州大学经济学

高校名称：兰州大学
专业名称：经济学
教师力量总数：47 人
高级职称数量：27 人
本科招生规模：109 人 / 年
硕士招生规模：110 人 / 年
博士招生规模：16 人 / 年
学　位：学士、硕士、博士
就业率：本科 65.9%，硕士 99%，博士 100%
简　介：兰州大学经济学专业起源于 1941 年 6 月的政治经济学系。现为经济学类的一级学科，理论经济学有一级学科硕士学位授权，应用经济学有一级学科博士学位授权并设有应用经济学博士后科研流动站。区域经济学是国家重点学科，2001 年开设兰州大学经济学科学研究与教学人才培养基地，2007 年批准为甘肃省省级经济学科学研究与教学人才培养基地（简称经济学基地班）。以培养经济理论基础扎实、知识宽厚、综合素质高，具备熟练的外语应用能力、经济数学运用能力、计算机操作能力和经济活动实践能力等方面的理论和实践相结合的复合型人才为目标。本专业通过理论经济学、应用经济学、经济分析方法与工具等系列课程的教学以及社会调查、毕业论文等实践环节系统、严格和规范训练，学生能够胜任在经济学各个分支学科的研究生学习、高级经济管理工作和公共管理工作。

0147　河西学院经济学

高校名称：河西学院
专业名称：经济学
教师力量总数：10 人
高级职称数量：3 人
本科招生规模：80 人
学　位：学士
就业率：66.1%
简　介：学制 4 年，授予经济学学士学位。设置课程有政治经济学、微积分（上、下）、管理学、微观经济学、经济学说史、线性代数、宏观经济学、国际贸易实务、经济法、概率论与数理统计、会计学原理、产业经济学、应用统计学、财政学、计量经济学、金融学。专业方向有商贸流通、投资理财、金融学、国际贸易。以培养具备经济学、工商企业管理等方面的基本理论知识和实践应用能力，掌握现代经济分析方法和研究方法，能适应地方经济建设特别是中小企业发展需要的应用型中高级管理人才为目标。就业方向为在批发和零售贸易业、餐饮业、仓储业、交通运输业、银行、保险公司、证券、基金公司、信托公司、资产管理公司、金融租赁、担保公司、社保基金管理中心或社保局、外贸公司、报关、船务公司等从事相关工作。

0148 兰州商学院经济学

高校名称：兰州商学院
专业名称：经济学
教师力量总数：18 人
高级职称数量：10 人
本科招生规模：在校生约 500 人
硕士招生规模：在校生 17 人
学　位：学士、硕士
就业率：85%
简　介：授予经济学学士学位。以培养具备坚实的经济学理论基础，能够熟练运用经济学理论和现代经济学分析方法解决实际问题，能在经济管理部门、政策研究部门、金融机构和企业从事经济分析、预测、规划、咨询和战略研究工作或从事本专业的教学、科研工作的高级专门人才为目标。主要课程有政治经济学、微观经济学、宏观经济学、会计学、计量经济学、国际经济学、货币银行学、财政学、经济学说史、发展经济学、企业管理、国际金融、国际贸易等。西方经济学硕士研究生专业，学制3年，授予经济学硕士学位。以培养学习和掌握马列主义、毛泽东思想、邓小平理论和"三个代表"重要思想的基本原理，坚持党的基本路线、方针和政策，热爱社会主义祖国，遵纪守法，品行端正，学风严谨，具有良好的科学素养和较强的事业心；掌握坚实的经济学基础理论、西方系统经济学专业知识，熟悉现代经济学的主要学术成果及其发展动态，对西方经济学的某些专门领域有较深入的研究，熟练掌握一门外国语，掌握现实经济分析的技能、方法和相关知识，具有借鉴和运用西方现代经济理论和方法从事经济理论研究工作、教学工作和实际运用的能力；有健康的体魄和良好的心理素质为目标。

0149 兰州商学院区域经济学

高校名称：兰州商学院
专业名称：区域经济学
教师力量总数：26 人
高级职称数量：14 人
本科招生规模：无
硕士招生规模：目前在校研究生 29 人
博士招生规模：0 人
学　位：硕士
就业率：100%
简　介：区域经济学科是该校校级重点学科。自设立以来，本学科与从事发展经济学研究的师资力量互补整合，形成"区域经济理论与欠发达地区经济开发"研究方向；在该校传统优势学科贸易经济学基础上，形成"国际贸易与区域市场"研究方向；在经济地理、城市规划教学与研究的基础上，形成"城镇化与城市经济"研究方向。从学术队伍状况看，该学科现有教授 6 人，副教授 8 人，讲师 12 人；有博士 6 人，硕士 11 人，享受政府特殊津贴者 2 人，省部级专家 2 人；有 5 位教授和副教授担任省部级学术团体常务理事以上职务。教师队伍基本上为 45 岁以下的中青年教师。近 5 年来主持或参与省部级以上课题 6 项；出版专著 4 部；发表学术论文 250 余篇，其中在核心刊物上发表论文 70 余篇；获得省部级以上科研奖 6 项。本学科已形成的三个研究方向特色鲜明，学术团队教学科研能力较强，应用前景良好，取得了一系列重要研究成果。

0150 兰州大学理论经济学

高校名称：兰州大学
专业名称：理论经济学
教师力量总数：20人
高级职称数量：9人
本科招生规模：无
硕士招生规模：2人/2014年
博士招生规模：无
学　位：硕士
就业率：100%/2014年
简　介：兰州大学1939年8月设立政治经济学系，理论经济学是一级学科，现设有政治经济学、经济史和人口、资源与环境经济学三个二级学科，其中，政治经济学、经济史专业1981年获得硕士学位授予权，人口、资源与环境经济学于1995年获硕士学位授予权，三个专业培养硕士研究生300余名。现有中国经济转型理论与实践；人口、资源、环境与可持续发展；环境评价与资源开发利用；现代产业组织理论与企业改革四大学科，涵盖了马克思主义经济学与西方经济学、中国经济发展的现实与历史、经济研究的理论与应用等领域。现有教师24人，其中，教授3人，副教授10人，博士3人，在读博士3人。

0151 兰州大学应用经济学

高校名称：兰州大学
专业名称：应用经济学
教师力量总数：29人
高级职称数量：20人
硕士招生规模：148人/2014年
博士招生规模：16人/2014年
学　位：博士、硕士
就业率：硕士94.85%，博士100%
简　介：拥有应用经济学博士后流动站、应用经济学一级学科博（硕）士学位授权、国家重点学科区域经济学、区域经济学和产业经济学两个二级学科博士点。兰州大学应用经济学科形成了以下主要特色：1.充分发挥国家重点学科的带动作用，逐步形成应用经济学学科群集，兰州大学区域经济学是国家重点学科。2.密切跟踪学科发展前沿和经济社会发展趋势，根据国家发展方略的调整和变化，结合西部地区经济社会发展中的重大问题，立足于学科优势和学科发展趋势，遵循"特、独、需"的原则，形成了比较成熟的研究方向。3.围绕中心，服务大局，持续增强应用经济学的咨询资政功能，成为国家有关西部地区社会经济发展的政策咨询重地。4.注重研究示范基地建设，先后建立了凉州循环经济研究基地、民乐生态——经济耦合系统研究基地、白龙江国家自然保护区生态经济研究基地、定西农业产业化研究基地，为应用经济学研究成果的示范推广搭建了基础平台。

0152 兰州大学政治经济学

高校名称：兰州大学
专业名称：政治经济学
教师力量总数：9 人
高级职称数量：6 人
本科招生规模：50 人
硕士招生规模：5 人
学　　位：硕士
就业率：100%

0153 兰州商学院政治经济学

高校名称：兰州商学院
专业名称：政治经济学
教师力量总数：19 人
高级职称数量：13 人
硕士招生规模：在校研究生 17 人
学　　位：硕士
就业率：100%
简　介：政治经济学教师承担着我校每年 20 多个教学班级，近 1500 多名本科生的政治经济学教学任务，大部分老师还承担我校经济管理本科专业的西方经济学、发展经济学等专业基础课和资本论选读、经济思想史等经济类专业课，以及我校硕士研究生的社会主义经济理论与实践等公共课。编写教材 4 部、相关专著 3 部，发表省级以上学术论文累计超过 80 篇，参与部级、省级和校级课题 21 项；1 人获得教育部"全国优秀教师"荣誉称号、获得国家部委奖项 1 次，省级奖励 10 项，校级荣誉 13 项。2006 年建成了政治经济学"校级精品课程"，获得 2009 年度兰州商学院"教学成果奖一等奖"和 2009 年获批建设兰州商学院"校级教学团队"，2010 年获得甘肃省教学成果奖教育厅级奖 2 项和甘肃省高校社科成果奖二等奖 2 项，甘肃省哲学社会科学奖一等奖 1 项。

0154 西北民族大学中国少数民族经济

高校名称：西北民族大学
专业名称：中国少数民族经济
教师力量总数：40 人
高级职称数量：28 人
硕士招生规模：7 人
学　　位：硕士
就业率：91.7%
简　介：经济学院前身是 1981 年成立的民族贸易系，2008 年 10 月成立经济学院。2000 年 8 月经甘肃省学位委员会审批设立"中国少数民族经济"专业硕士点，2001 年被国家民委授予部级重点学科。2002 年 9 月招收研究生。现设区域经济、可持续发展和制度经济三个研究方向。承担多项国家及省部级科研项目和横向科研项目，研究成果曾获全国和省级"五个一工程奖"、省社科成果奖、省高校社科成果奖等多项省部级奖励。学院本着"以学生为本、服务学生"的宗旨，以促进研究生发展为目的，不断开拓创新，努力培养符合现代化经济体系发展的高素质人才。

0155 兰州交通大学产业经济学

高校名称：兰州交通大学
专业名称：产业经济学
教师力量总数：21 人
高级职称数量：21 人
本科招生规模：无

硕士招生规模：6 人 /2014 年
学　位：硕士
就业率：90%/2014 年
简　介：产业经济学为硕士二级学科授权点。主要课程有中级微观经济学、现代产业经济学、计量经济学、管制经济学、制度经济学、运输经济学、服务经济发展研究、交通运输发展理论等。研究方向有产业组织理论与政策、区域发展与产业分析、运输与物流经济、服务经济。毕业生在工商企业和政府部门从事产业经济政策研究和中高层次企业经济管理实务工作。

0156　兰州商学院长青学院财政学

高校名称：兰州商学院长青学院
专业名称：财政学
教师力量总数：1 人
高级职称数量：1 人
本科招生规模：60 人
学　位：学士
就业率：85%

0157　兰州商学院财政学

高校名称：兰州商学院
专业名称：财政学
教师力量总数：10 人
高级职称数量：6 人
本科招生规模：约 120 人
硕士招生规模：约 5 人
学　位：学士
就业率：32%
简　介：培养具有扎实的经济学、管理学基础知识，具备财税、公共管理等方面的理论素养和业务能力，能够在财税部门从事业务工作的应用型专门人才和具有攻读相关专业更高学位并从事教学科研工作能力的学术型专门人才。主要课程：政府经济学、政府预算管理、中国税制、社会保障、中级财务会计、政府与非营利组织会计、财务管理、资产评估、税务代理、税收筹划、投资经济学、公共政策学、行政管理学、社会中介与组织管理等。

0158　兰州商学院陇桥学院财政学

高校名称：兰州商学院陇桥学院
专业名称：财政学
教师力量总数：6 人
高级职称数量：4 人
本科招生规模：62 人
学　位：学士
就业率：90.7%/2013 年
简　介：财政学专业是四年制本科，授予经济学学士学位。培养具备财政、税务等方面的理论知识和业务技能，能在财政、税务及其他经济管理部门和企业从事相关工作的高级专门人才。主要课程：经济学、财政学、会计学、西方财税理论与实务、财政支出学、政府预算管理学、中国税制、国有资产管理、财税信息化管理、纳税检查等。工作适用范围：毕业生可在各级财政部门，银行、保险、证券、信托等金融机构、企事业单位及国家经济管理部门从事相关业务与研究工作或从事本专业的教学、科研工作。本专业学生可报考会计从业、公务员等考试。

0159 兰州商学院财政学

高校名称：兰州商学院
专业名称：财政学
教师力量总数：10 人
高级职称数量：6 人
本科招生规模：120 人
硕士招生规模：约 5 人
学　　位：学士
就业率：32%
简　介：培养具有扎实的经济学、管理学基础知识，具备财税、公共管理等方面的理论素养和业务能力，能够在财税部门从事业务工作的应用型专业人才和具有攻读相关专业更高学位并从事教学科研工作能力的学术型专业人才。主要课程有政府经济学、政府预算管理、中国税制、社会保障、中级财务会计、政府与非营利组织会计、财务管理、资产评估、税务代理、税收筹划、投资经济学、公共政策学、行政管理学、社会中介与组织管理等。

0160 兰州商学院金融学

高校名称：兰州商学院
专业名称：金融学
教师力量总数：17 人
高级职称数量：6 人
本科招生规模：1069 人
硕士招生规模：71 人
学　　位：学士
就业率：95%

0161 兰州理工大学金融学

高校名称：兰州理工大学
专业名称：金融学
教师力量总数：4 人
高级职称数量：2 人
本科招生规模：65 人
学　　位：无
就业率：90%
简　介：培养具备在商业银行、证券、保险、信托、大中型企业等单位从事相关金融实务与专业管理工作，掌握金融学科的基本理论、基本知识，熟悉金融行业最新发展动态，具有运用经济学和金融学理论分析和解决问题的基本能力，理论基础扎实、实践能力较强、综合素质较高，具有国际视野和创新精神的应用型高级专业人才。毕业生主要面向商业银行、证券等金融机构从事相关金融实务与专业管理工作，也可到大中型企业从事筹融资管理和营运工作。

0162 兰州商学院陇桥学院金融学

高校名称：兰州商学院陇桥学院
专业名称：金融学
教师力量总数：18 人
高级职称数量：9 人
本科招生规模：229 人
学　　位：学士
就业率：86.4%/2013 年
简　介：金融学专业是四年制本科，授予经济学学士学位。下设理财和投资两个方向。培养具备金融方面的理论知识和业务技能，能在银行、证券、信托、投资、保险等金融机构及其他企业、政府管理部门等机构任职的德才兼备的高素质复合型专业人才。主要课程有经济学、金融学、财政学、会计学、国际金融、金融市场学、投资学、公司理财、金融企业风险管理、理财投资策划等。工作适用范围为银行、保险、证券、资产管理、信托和基金等金融机构、企事业单位及国家经济管理部门从事相关业务与研究等。本专业学生可报考银行从业、保险从业、证券从业、金融英语、期货从业、国家理财规划师等职业资格考试。

0163 甘肃广播电视大学庆阳分校合水工作站金融专科

高校名称：甘肃广播电视大学庆阳分校合水工作站
专业名称：金融专科
教师力量总数：2人
高级职称数量：1人
学　位：无
就业率：90%
简　介：甘肃电大合水县工作站成立于1999年，依托合水县职业中等专业学校而建，具有独立法人资格，机构独立设置，领导班子健全，工作思路清晰，措施得力，有开展开放教育的教学管理机构，人员配置符合办学要求。开设园艺、金融学、法学等本科层次专业6个，护理、小学教育等专科层次专业6个。金融（专科）专业开设于2010年，现有教师2人，高级职称1人，在册专科学员18名。

0164 甘肃广播电视大学庆阳分校合水县工作站金融本科

高校名称：甘肃广播电视大学庆阳分校合水县工作站
专业名称：金融本科
教师力量总数：3人
高级职称数量：1人
本科招生规模：23人
学　位：无
就业率：90%
简　介：甘肃电大合水县工作站成立于1999年，依托合水县职业中等专业学校而建，具有独立法人资格。金融（本科）专业开设于2010年，现有教师3人，高级职称1人，在册学员23人。

0165 康县电大工作站金融

高校名称：康县电大工作站
专业名称：金融（货币银行方向）
教师力量总数：2人
高级职称数量：0人
专科招生规模：5人
学　位：无

0166 兰州商学院金融工程

高校名称：兰州商学院
专业名称：金融工程
教师力量总数：13人
高级职称数量：5人
本科招生规模：505人
硕士招生规模：10人
学　位：学士
就业率：90%

0167 兰州商学院长青学院金融学

高校名称：兰州商学院长青学院
专业名称：金融学
教师力量总数：5人
高级职称数量：1人
本科招生规模：140人
学　位：学士
就业率：85%

0168 外语职业学院金融管理与实务

高校名称：外语职业学院
专业名称：金融管理与实务

教师力量总数：10 人
高级职称数量：4 人
学　位：学士
就业率：82.26%
简　介：培养具备系统的金融学理论知识，全面掌握金融流通领域内的专业技能，主要面向商业银行、农村信用社、村镇银行、担保公司、证券公司、保险公司等金融企业基层业务和管理岗位，服务于银行、保险公司、证券公司等从事柜台业务、客户管理、金融理财、会计核算、投资分析等工作的高技能应用型人才。主要课程有金融学概论、保险公司经营管理、商业银行信贷管理、商业银行经营管理、风险管理、证券投资学、银行会计、商业银行柜台业务管理、银行英语等。就业方向为商业银行、农村信用社、村镇银行、担保公司、证券公司、保险公司、小额信贷公司的基层管理、服务、营销以及各类中小企事业单位的会计类等。

0169 兰州商学院保险

高校名称：兰州商学院
专业名称：保险
教师力量总数：1 人
高级职称数量：0 人
本科招生规模：505 人
硕士招生规模：15 人
博士招生规模：0 人
学　位：学士
就业率：90%

0170 兰州文理学院金融与保险

高校名称：兰州文理学院
专业名称：金融与保险
教师力量总数：12 人
高级职称数量：10 人
学　位：无

就业率：54%
简　介：培养适应金融领域需要，掌握经济、金融、风险管理、证券投资等方面的基本理论知识，具备证券发行与交易，保险营销、理赔等业务的经营技能，能在证券、保险等行业从事交易活动、经营管理等工作的高级技术应用型专门人才。就业方向为柜台服务、营销、客户经理、证券业务员、保险推销员、保险理赔员、助理理财规划师等。

0171 兰州交通大学

高校名称：兰州交通大学
专业名称：国际经济与贸易
教师力量总数：18 人
高级职称数量：8 人
本科招生规模：65 人 /2014 年
学　位：学士
就业率：39.29%/2014 年
简　介：培养掌握经济学、国际经济、国际贸易等方面的基本理论与方法，能运用定量方法进行分析和研究；了解主要国家和地区的经济发展状况及其贸易政策、中国的经济政策和法规、国际经济学、国际贸易理论发展的动态；熟悉世界贸易组织的形成与发展及其协约的内容和条款的应用型高级专业人才。主要课程有政治经济学、微观经济学、宏观经济学、国际贸易、国际金融、货币银行学、财政学、会计学、统计学、经济法与税法、国际经济合作、世界贸易组织概论、外贸函电、国际结算、电子商务、国际商法、国际市场营销、世界经济、发展经济学、证券模拟等。毕业生能够在工商企业、外商投资企业、涉外经济贸易部门、外贸公司、银行、证券公司、教学科研单位和有关政府等部门从事对外贸易或与之相关的业务工作。

0172 兰州商学院陇桥学院国际经济与贸易

高校名称：兰州商学院陇桥学院
专业名称：国际经济与贸易
教师力量总数：11人
高级职称数量：4人
本科招生规模：130人
学　　位：学士
就业率：83%/2013年
简　介：国际经济与贸易专业四年制本科，授予经济学学士学位。培养具有扎实的应用经济学理论基础，系统掌握国际贸易的基本知识与技能，熟悉通行的国际贸易规则和惯例及中国对外贸易的政策法规，具有较强的计算机操作能力和交际能力的应用型人才。主要课程有微观经济学、宏观经济学、金融学、财政学、会计学、统计学、国际经济学、计量经济学、产业经济学、国际贸易理论与实务、国际金融、经贸英语等。工作适用范围为对外贸易的政府部门、综合经济管理部门、涉外经济贸易机构、行业协会、商会及从事贸易、营销、经济分析、预测、规划和经济管理国际贸易管理业务等。本专业学生可报考国际贸易业务员、外贸跟单员、报检员、外销员等职业资格或专业技能证书。

0173 甘肃政法学院国际经济与贸易

高校名称：甘肃政法学院
专业名称：国际经济与贸易
教师力量总数：8人
高级职称数量：3人
本科招生规模：60人
学　　位：学士
就业率：86.9%
简　介：培养德、智、体全面发展，具有扎实的经济学和管理学理论基础，具备一定的法学理论知识，系统掌握国际经济、国际贸易的基本理论和基本知识，了解当代国际经济贸易发展现状，熟悉通行的国际贸易规则、惯例和中国对外贸易的政策法规，在相关部门从事国际贸易和内贸营销工作的应用型、复合型人才。

0174 兰州商学院长青学院国际经济与贸易

高校名称：兰州商学院长青学院
专业名称：国际经济与贸易
教师力量总数：18人
高级职称数量：9人
本科招生规模：70人
学　　位：学士
就业率：86%

0175 兰州理工大学国际经济与贸易

高校名称：兰州理工大学
专业名称：国际经济与贸易
教师力量总数：6人
高级职称数量：5人
本科招生规模：69人

学　位：无
就业率：80%

简　介：国际经济与贸易专业培养系统掌握国际经济与贸易理论与实务操作技能，了解当代国际经济贸易的发展现状，熟悉通行的国际贸易规则和惯例，熟练地掌握一门外语，熟练地运用计算机，具备较强的国际商务操作能力、经营管理能力和市场开拓能力，具有国际视野和创新精神的高级专业人才。毕业生主要面向涉外经济部门、经济管理部门、企事业单位从事实际业务及管理等方面工作。

0176　兰州商学院陇桥学院经济与金融

高校名称：兰州商学院陇桥学院
专业名称：经济与金融
教师力量总数：24人
高级职称数量：18人
本科招生规模：129人
学　位：学士

简　介：经济与金融专业四年制本科，授予经济学学士学位。培养具有扎实的经济学和金融学理论基础知识，具备从事具体的经济与金融业务工作的能力，能够熟练地掌握计算机操作的基本技能，具有较强的实际应用能力的本科层次应用型人才。主要课程有微观经济学、宏观经济学、国际经济学、计量经济学、产业经济学、会计学、统计学、金融学、财政学、投资学、中央银行学、银行经营管理、证券投资分析等。工作适用范围为政府部门、企事业单位、证券公司、投资银行、商业银行、保险公司、各类投资基金及管理等。本专业学生可报考银行从业资格证书、证券从业资格证书、理财规划师、信用管理师等职业资格或专业技能证书。

0177　兰州商学院保险学

高校名称：兰州商学院
专业名称：保险学
教师力量总数：9人
高级职称数量：1人
本科招生规模：505人
硕士招生规模：15人
学　位：学士
就业率：90%

0178　兰州商学院陇桥学院保险学

高校名称：兰州商学院陇桥学院
专业名称：保险学
教师力量总数：5人
高级职称数量：3人
本科招生规模：50人
学　位：学士
就业率：84.4%

简　介：保险专业是四年制本科，授予经济学学士学位。培养适应我国保险业现代化、国际化发展要求，具有保险学、保险业务与管理、金融投资等方面的理论知识与业务技能，能够从事商业性保险业务的经营管理、社会保险基金运作与管理、保险监管等实际工作以及科学研究工作的高级保险人才。主要课程有经济学、金融学、保险学、会计学、统计学、管理学、国际金融、公司理财、保险投资学、财产保险、人身保险、海上保险、再保险、保险精算、保险营销学等。学生毕业后适合在保险公司、保险中介机构、保险监管部门、社会保障部门、各类金融机构和企业从事保险业务管理、保险理财规划和风险管理工作。本专业学生可报考银行从业、保险代理人、保险评估人、保险经纪人、证券从业、期货从业、金融英语、国家理财规划师等职业资格考试。

0179　兰州商学院长青学院保险学

高校名称：兰州商学院长青学院

专业名称：保险学
教师力量总数：2 人
高级职称数量：2 人
本科招生规模：60 人
学　位：学士
就业率：84%

0180 兰州商学院长青学院贸易经济

高校名称：兰州商学院长青学院
专业名称：贸易经济
教师力量总数：14 人
高级职称数量：1 人
本科招生规模：70 人
学　位：学士
就业率：86%

0181 兰州外语职业学院金融管理与实务

高校名称：兰州外语职业学院
专业名称：金融管理与实务
教师力量总数：10 人
高级职称数量：4 人
学　位：学士
就业率：89.26%

简　介：培养具备系统的金融学理论知识，全面掌握金融流通领域内的专业技能，主要面向商业银行、农村信用社、村镇银行、担保公司、证券公司、保险公司等金融企业基层业务和管理岗位，服务于银行、保险公司、证券公司等从事柜台业务、客户管理、金融理财、会计核算、投资分析等工作的高技能应用型人才。主要课程有金融学概论、保险公司经营管理、商业银行信贷管理、商业银行经营管理、风险管理、证券投资学、银行会计、商业银行柜台业务管理、银行英语等。就业方向为商业银行、农村信用社、村镇银行、担保公司、证券公司、保险公司、小额信贷公司、服务、营销以及各类中小企事业单位的会计等。

0182 兰州商学院长青学院投资学

高校名称：兰州商学院长青学院
专业名称：投资学
教师力量总数：3 人
高级职称数量：1 人
本科招生规模：65 人
学　位：学士
就业率：83%

（五）语言学

0183 兰州交通大学英语

高校名称：兰州交通大学
专业名称：英语
教师力量总数：30 人
高级职称数量：16 人
本科招生规模：56 人 /2014 年
学　位：学士
就业率：32.79%/2014 年
简　介：英语专业设立于 2000 年 6 月，以兰州交通大学办学指导思想为基础，加强英语专业人才培养，提高大学生英语实际运用能力，努力提高教学质量和办学水平。英语专业着力培养适应社会主义现代化建设需要，德智体美全面发展，知识、能力、素质协调统一，掌握扎实的英语语言文学基础，具备跨语言、跨文化交际能力的高级应用型人才。毕业生可在经贸、教育、外事、文化、新闻出版、科研、工程等部门从事翻译、研究、教学和管理工作。

0184 兰州商学院陇桥学院英语

高校名称：兰州商学院陇桥学院
专业名称：英语
教师力量总数：35 人
高级职称数量：5 人
本科招生规模：128 人
学　位：学士
就业率：85.4%
简　介：英语专业下设国际商务英语、英语教育、翻译和国际商务英语方向。以培养具有扎实英语语言基础、良好的文化素养，熟知国际贸易、国际金融、市场营销等商务知识，能从事国际贸易、企业管理、商务翻译、经贸洽谈、产品推介等工作的应用型国际"英语＋商务"人才为目标。主要课程有英语精读、英语泛读、英语听力、英语口语、英语语音、英语语法、高级英语、商务英语（BEC）、商务英语选读、商务英语函电、商务英语写作、商务英语翻译、国际贸易实务、商务谈判、国际金融、国际市场营销、第二外语等。毕业生可在外经贸、外事、旅游、教育、科研、新闻出版社等单位从事翻译、经贸洽谈、管理、教学等工作。本专业学生可报考英语专业四级、英语专业八级、剑桥国际商务英语、计算机等职业资格或专业技能证书。授予文学学士学位。

0185 河西学院英语

高校名称：河西学院
专业名称：英语
教师力量总数：62 人
高级职称数量：22 人
本科招生规模：120 人
学　位：学士
就业率：67.1%
简　介：外国语学院始建于1978年，原为张掖师专英语系，2001年招收英语教育专业本科生，毕业生1400名。学制4年，授予文学学士学位。课程有基础英语、高级英语、语法、听力、口语、英语写作、语言学导论、英国文学、美国文学等。开设英语本科专业，培养方向以英语教育为主，同时开设翻译和旅游英语两个方向，重点培养从事中小学英语教学和科研工作，能在外事、外贸、旅游、文化等部门从事与英语相关工作的应用型人才。英语语言文学为学校的重点学科，基础英语写作、阅读理解、大学英语等课程为校级精品课程，语音、英国文学、听力等9门课程为校级重点课程。先后承担各类科研项目37项，出版著作及教材21部，科研论文160余篇；1名教师被评为祁连学术带头人，1名教师被评为祁连青年骨干教师，3名教师被评为河西学院青年骨干教师；在连续三届"外教社杯"全国高校外语教学大赛（甘肃赛区）中，学院教师2人获二等奖，1人获三等奖，2人获优胜奖。在"外研社杯"（原"CCTV杯"）全国英语演讲大赛中，学院学生获甘肃赛区一等奖1名，二等奖2名，三等奖4名；2010年至2014年连续五年成功举办全国大学生英语竞赛（NECCS）初赛。

0186 甘肃政法学院英语

高校名称：甘肃政法学院
专业名称：英语
教师力量总数：19 人
高级职称数量：13 人
本科招生规模：266 人
学　位：学士
就业率：55%
简　介：2001年英语专业招收英语专业专科生，2002年面向全国招收本科生。秉承"厚德、博学、求真、笃行"的院训，按照教育部颁布的《高等学校英语专业英语教学大纲》组织教学、编写相关教材、提升教学质量，现发展为院级重点专业，在甘肃省省属院校英语专业中具有一定影响力。英语专业现有专职教师19人，其中教授4人，副教授9人，讲师6人，硕士研究生17人。

0187 兰州商学院长青学院英语

高校名称：兰州商学院长青学院
专业名称：英语
教师力量总数：19 人
高级职称数量：1 人
本科招生规模：45 人
学　位：学士
就业率：82%

0188 兰州文理学院应用英语

高校名称：兰州文理学院
专业名称：应用英语
教师力量总数：60 人
高级职称数量：12 人
学　　位：无
就业率：91%
简　　介：外语学院现有博士 2 人，硕士 44 人，副教授 12 人，讲师 39 人。学院有二十余位教师作为访问学者或硕士研究生先后留学英国、美国、加拿大、澳大利亚、俄罗斯、新西兰等国，师资队伍结构日趋国际化、年轻化、高学历化。外语学院的师资队伍是一个业务过硬、朝气蓬勃、锐意进取、开拓创新的团队。

0189 兰州外语职业学院应用英语

高校名称：兰州外语职业学院
专业名称：应用英语
教师力量总数：13 人
高级职称数量：8 人
学　　位：无
就业率：97.72%
简　　介：以培养具有较强的英语实际应用能力、沟通能力和组织协调能力，且能在外事、外贸、文化、新闻出版及旅游等部门从事英语环境下的日常翻译、涉外文秘、基层管理、旅游服务及公关接待等相关业务的应用型专门人才为目标。主要课程有精读、英语泛读、视听与口语、语法、英语写作、翻译基础、翻译理论与实践、英语国家概况、英语演讲与辩论等。毕业生就业领域为英语翻译及接待人员、涉外文秘、基层管理人员、公共游览场所服务人员及公关员等其他相关行政事务人员。

0190 兰州商学院商务英语

高校名称：兰州商学院
专业名称：商务英语
教师力量总数：87 人
高级职称数量：45 人
本科招生规模：100 人
学　　位：学士
就业率：30%
简　　介：以培养具有扎实的英语基本功、宽阔的国际视野、专门的国际商务知识与技能，掌握经济学、管理学和法学等相关学科的基本知识和理论，具备较强的跨文化交际能力与较高的人文素养，能在国际环境中熟练使用英语从事商务、经贸、管理、金融等工作的复合型、应用型商务英语专业人才为目标。实行弹性学制，一般为 4 年，可在 3—6 年内完成学业，授予文学学士学位。主要课程有语言基础课：基础英语、英语语法、英美概况、英语基础写作、高级英语、词汇学、语言学概论、英美文学、商务英语视听、商务英语口语、商务英语阅读、商务英语翻译、商务英语写作、工商导论、西方经济学、跨文化商务交流（英文）、国际金融（英文）、国际贸易（英文）、国际商法、国际商务（英文）等。

0191 兰州商学院长青学院商务英语

高校名称：兰州商学院长青学院
专业名称：商务英语
教师力量总数：19人
高级职称数量：1人
本科招生规模：40人
学　位：学士
就业率：83%

0192 兰州外语职业学院商务英语

高校名称：兰州外语职业学院
专业名称：商务英语
教师力量总数：12人
高级职称数量：5人
学　位：无
就业率：94.44%
简　介：以培养具有扎实的英语语言知识，可在商务部门、外资企业及对外交流等其他涉外企事业单位从事英语环境下的商务运作、商务交际、基层管理、接待翻译及公关服务等相关业务的应用性专门人才为目标。主要课程有商务英语、泛读、视听说、翻译、贸易实务、进出口业务(英/汉)、商务谈判(英/汉)、函电与写作、市场营销、商务活动与安排、商务礼仪等。就业方向为商务翻译人员、报关员、商务策划师及其他经济业务人员、秘书、公关员等其他行政事务人员。

0193 甘肃工业职业技术学院商务英语

高校名称：甘肃工业职业技术学院
专业名称：商务英语（学前英语教育）
教师力量总数：25人
高级职称数量：13人
学　位：无
就业率：88.35%
简　介：以培养拥护党的基本路线，适应教育国际化、全球化潮流，德、智、体、美、乐全面发展，具备深厚的英语知识和能力，同时儿童教育学、心理学知识宽厚，熟悉儿童身心发展特征，受到幼儿教育技能的基本训练，具备熟练的英语教育教学理论知识和实际教学技能，富有创新精神和实践能力，具有在托幼机构进行保育、教育和研究的基本能力，能从事幼教及其外语教学工作人员、学前教育行政人员和外事机构接待人员为目标。

0194 甘肃工业职业技术学院商务英语

高校名称：甘肃工业职业技术学院
专业名称：商务英语（涉外文秘）
教师力量总数：25人
高级职称数量：13人
学　位：无
就业率：74.56%
简　介：以培养学生德、智、体全面发展，具有良好的创新意识和职业道德，掌握商务秘书职业基本理论知识和基本操作技能，具备英语听、说、读、写、译的基本能力与技巧，胜任现代涉外企、事业单位秘书工作的高等技术应用型人才为目标。

0195 兰州外语职业学院旅游英语

高校名称：兰州外语职业学院

专业名称：旅游英语

教师力量总数：10 人

高级职称数量：3 人

学　位：无

就业率：87.50%

简　介：以培养具有良好的英语实际应用能力、沟通能力和组织协调能力，可在旅行社及其他与旅游企业相关的服务和管理部门等从事英语环境下的国际领队、导游翻译、接待服务和基层管理等相关业务的应用型专业人才为目标。主要课程有基础英语、阅读、英语视听说、客源国概况、英语应用文写作、旅游英语、导游基础、甘肃旅游资源、导游业务、旅游政策与法规等。就业方向为导游、领队、旅行社基层管理人员及公共游览场所服务人员、日常接待翻译人员、秘书及公关员等其他相关行政事务人员。

0196 甘肃工业职业技术学院旅游英语

高校名称：甘肃工业职业技术学院

专业名称：旅游英语

教师力量总数：25 人

高级职称数量：13 人

学　位：无

就业率：85.56%

简　介：以培养德、智、体、美等方面全面发展，具有良好的职业道德，牢固掌握旅游行业必需的文化科学基础知识和专业知识，具有英语听、说、读、写、译技能，旅游专业知识和组织活动能力，了解和熟悉旅行社和星级宾馆等旅游行业的经营管理模式，取得相应的专业技能资格证书，能运用英语从事导游、领队、星级宾馆及其他涉外工作的高级应用型服务及管理人才为目标。

0197 兰州交通大学法语

高校名称：兰州交通大学

专业名称：法语

教师力量总数：12 人

高级职称数量：1 人

本科招生规模：59 人 /2014 年

学　位：学士

就业率：59.32%/2014 年

简　介：兰州交通大学外国语学院法语专业是甘肃省最早开设的法语本科专业。以培养具备听、说、读、写、译等跨语言、跨文化交际能力的应用型人才。开设主要课程有基础法语、高级法语、法语口语、法语听力、法语写作、法语阅读、法汉翻译理论与实践、汉法翻译理论与实践、法语口译、法国历史、法国文学史、法国文化等。毕业生可在教育、科研、外事、经贸、新闻等部门从事教学、研究、翻译、管理等工作。

0198 兰州交通大学西班牙语

高校名称：兰州交通大学
专业名称：西班牙语
教师力量总数：11 人
本科招生规模： 28 人 /2014 年
学　位：学士
就业率：2014 年 67.74%
简　介：西班牙语专业设立于 2008 年，2009 年招生。学制四年，主要专业课程有基础西班牙语、高级西班牙语、视听说、阅读、语法、写作、汉语西班牙互译（笔译和口译）、报刊阅读、西语国家概况、西班牙文学、拉美文学等。本专业依托兰州交通大学优良的办学传统，旨在培养德、智、体、美全面发展的复合型高级西班牙语人才。毕业后能够在教育、外事、旅游、经贸等部门和涉外企业、科研院所及政府机构中从事与西班牙语相关的业务工作。

0199 兰州外语职业学院应用阿拉伯语

高校名称：兰州外语职业学院
专业名称：应用阿拉伯语
教师力量总数：8 人
高级职称数量：2 人
学　位：无
就业率：88.89%
简　介：以培养具有较强的阿拉伯语实际应用能力、沟通能力和组织协调能力，且能在外事、外贸、文化、教育、新闻出版及旅游等部门从事阿拉伯语环境下的日常翻译、接待、基层管理、基础教育、旅游服务及公关接待等相关业务的应用型专业人才为目标。主要课程有基础阿拉伯语、阿拉伯语阅读、阿拉伯语视听说、阿拉伯语语法、阿拉伯国家概况、阿拉伯语写作基础、翻译理论与实践、客源国概况、甘肃旅游资源、导游业务。就业方向为阿拉伯语接待翻译人员、阿拉伯语教学人员、阿拉伯语导游、旅行社基层管理人员及公共游览场所服务人员、秘书、公关员等其他相关行政事务人员。

0200 兰州外语职业学院应用日语

高校名称：兰州外语职业学院
专业名称：应用日语
学　位：无
就业率：88.24%
简　介：应用日语（IT 方向）以培养能熟练进行日语交际，了解日本国家及企业文化，并具有软件开发的基础理论知识，具备对日软件开发的能力和基本技能，掌握一定的外包开发所需要的语言沟通方法和技巧，能在日资企业及对日软件外包公司工作的实战性强的专业人才为目标。主要课程有基础日语、日语阅读、日语视听说、日语翻译、日文函电与写作、计算机基础、数据结构与算法基础、计算机日语专业用语翻译、软件工程实物、C 语言程序设计等。就业方向为日语接待翻译人员、日资企业文员、行政助理、技术员等相关行政事务人员。应用日语（商贸方向）以培养具有扎实的日语语言知识，能在外事、经贸、宣传、文化等涉外部门从事日语环境下的文秘、接待翻译、基层管理和公关服务等相关业务的应用型专门人才为目标。主要课程有基础日语、日语阅读、日语视听说、日语翻译、商务日语函电与写作、商务日语、国际商法、市场营销、国际贸易实务。就业方向：日语接待翻译人员、涉外文员、行政助理、公关员及从事外贸等其他相关行政事务人员。

0201 兰州交通大学葡萄牙语

高校名称：兰州交通大学
专业名称：葡萄牙语
教师力量总数：4 人
本科招生规模：31 人 /2014
学　位：学士
就业率：无
简　介：葡萄牙语专业设立于 2011 年，2012 年招生。学制四年，主要专业课程有基础葡萄牙语、高级葡萄牙语、视听说、泛读、葡语会话、语法、写作、汉语葡萄牙语互译（笔译和口译）、拉美文化、经贸葡萄牙语、巴西概况等。以培养德、智、体、美全面发展的复合型高级葡萄牙语人才为目标。毕业后能够在教育、外事、旅游、经贸等部门和涉外企业、科研院所及政府机构中从事与葡萄牙语相关的工作。

（六）法　学

0202　兰州大学法学

高校名称：兰州大学
专业名称：法学
教师力量总数：37 人
高级职称数量：25 人
硕士招生规模：225 人 / 2014 年
学　位：硕士
就业率：59.66%/2014 年
简　介：拥有法学一级硕士点，特色研究方向有环境行政法、转型中国经济法、区域环境资源法、区域经济法、法律经济学、民族法学等，已培养各类法学硕士研究生 25 届，先后招收法学研究生 500 余名，法学本科生 2500 多名。获得国家级法学精品课程 1 项、省级精品课程 2 项；甘肃省"园丁奖"、甘肃省教书育人"师德标兵"奖等多项荣誉；学科负责人和骨干教师先后受邀请给省内外有关国家机关、高等院校等举办专题法制讲座 100 余场（次）。承担国家社科基金、教育部规划、司法部、甘肃省社科规划、"211"、"985"等项目约 30 项，出版《西部环境、资源、生态法治研究》等学术专著 60 余部，发表 370 余篇专业学术论文，其中多项研究成果被包括《新华文摘》《人大复印资料》和《高校社科文摘》等引载或转载，在省内率先建立和实施了"校地联合培养高层次法律人才工程"等。

0203　兰州商学院法学

高校名称：兰州商学院
专业名称：法学
教师力量总数：42 人
高级职称数量：25 人
本科招生规模：962 人
硕士招生规模：约 12 人 / 年
学　位：学士
就业率：80%

0204　河西学院法学

高校名称：河西学院
专业名称：法学
教师力量总数：15 人
高级职称数量：4 人
本科招生规模：100 人
学　位：学士
就业率：66.3%/2014 年
简　介：学制 4 年，授予法学学士学位。主干课程有法理学、宪法学、中国法制史、刑法学、民法学、经济法学、民事诉讼法学、刑事诉讼法学、行政法与行政诉讼法学、国际法学、知识产权法学、国际经济法学、商法学等。法学教研室建有模拟法庭、案例讨论室、文科实训室、法律诊所四个实验室，河西学院法律援助工作站挂靠政法学院。以培养具有法学基本理论素养和专业基础知识，熟悉我国法律，有较高综合素质、道德品德、健全人格以及实践能力的"基础实、能力强、素质高"的应用型专业人才为目标。毕业生在律师事务所、公证机关等法律服务部门，以及公、检、法机关、仲裁机构或其他单位从事法律服务或法学教育等工作。

0205 西北民族大学法学

高校名称：西北民族大学
专业名称：法学
教师力量总数：17 人
高级职称数量：17 人
硕士招生规模：51 人
学　位：硕士
就业率：44%
简　介：西北民大法学院是法律硕士授予单位，以为法律职业部门培养具有社会主义法治理念、德才兼备、高层次的专门型、实务型法律人才为目标，培养特色是面向少数民族地区培养法律硕士人才。2010 年开始招收第一批全日制法学（即法本法硕）和非法学法律硕士生（非法本法硕），全日制法本法硕学制 2 年，全日制非法本法硕学制 3 年。法本法硕授课时间 1 年，实习 1 年；非法本法硕授课时间 2 年，实习 1 年。有导师 17 人，其中教授 5 人，博士 3 人，其余均为硕士。出版专著几十部，发表省级和国家级论文共百余篇，其中核心期刊 20 余篇，主持或参加项目有国家社科基金、国家民委、甘肃省社科规划等若干项，获省级二等奖 1 项、三等奖 2 项，获"挑战杯"甘肃省大学生课外学术科技作品竞赛优秀指导教师称号若干次。

0206 兰州商学院陇桥学院法学

高校名称：兰州商学院陇桥学院
专业名称：法学
教师力量总数：28 人
高级职称数量：8 人
本科招生规模：312 人
学　位：学士
就业率：85.3%/2013 年
简　介：四年制本科，授予法学学士学位。下设经济法方向、律师方向、行政法务方向。主要课程有法理学、中国法制史、宪法学、行政法与行政诉讼法学、民法学、刑法学、经济法学、商法学、知识产权法学、民事诉讼法学、刑事诉讼法学、国际法学、国际私法学、国际经济法学、环境资源法、劳动与社会保障法。以培养具有法学基础知识和基本技能，熟悉我国主要经济法律、法规和有关方针、政策，了解国内外法学理论发展动态及前沿信息，具备严谨的法律思维和较强的法律推理能力，能运用现行法律处理各类经济法、律师、行政法务等事务的应用型人才为目标。工作适用范围为在国家机关、企事业单位和社会团体，特别是能在立法机关、行政机关、检察机关、审判机关、仲裁机构和法律服务机构从事法律实务工作。

0207 甘肃政法学院法学

高校名称：甘肃政法学院

专业名称：法学

教师力量总数：128 人

高级职称数量：73 人

本科招生规模：500 人／届

硕士招生规模：120 人／届

学　位：学士、硕士

就业率：87.55%

简　介：法学院前身为甘肃政法学院法律系，成立于 1985 年。是甘肃省省级重点学科，下设刑事法学、行政法学、律师业务三个专业方向，有法学理论、法律史、刑法学、诉讼法学、宪法与行政法学、国际法学 6 个法学硕士学位点。承担国家级教学质量工程项目 5 项，2007 年经教育部、财政部批准为"法学特色专业"建设点；2009 年经教育部批准为"法学应用性人才培养模式创新实验区"；2012 年经教育部、中央政法委批准为全国首批卓越法律人才教育培养基地；2013 年经教育部批准为法学专业大学生校外实践教育基地建设院校；同年经教育部批准为"法学专业综合改革试点"项目单位，也是中央政法委政法干警招录体制改革试点院校。学院承担省级教学质量工程项目 3 项，有省级试验实训教学示范中心 1 个，有宪法学、刑法学、国际法学、证据法学等 4 个省级精品课程，6 个校级精品课程，2 个模拟审判法庭，1 个司法流程实验室，2009 年设置法律诊所教育课程，与省内外各法律实务部门联合共建校外实习实训基地 15 个。承担国家社科基金项目 10 项，最高人民检察院项目 1 项，教育部人文社科项目 5 项，司法部项目 1 项，出版专著 15 部，编著教材 30 余部，发表专业学术论文百余篇。

0208 兰州理工大学法学

高校名称：兰州理工大学

专业名称：法学

教师力量总数：128 人

高级职称数量：10 人

本科招生规模：7 人

学　位：学士

就业率：70.42%

简　介：本专业培养具备法律、经济、管理等方面的知识和能力，能在司法机构、政府部门、律师事务所以及企事业单位和科研院所从事法律实务以及教学、科研方面工作、具有一定工程背景的法学学科高级专门人才。毕业生掌握法学、经济学、管理学的基本原理、基本理论、基本知识；具有较强的人际沟通、语言与文字表达以及运用法学理论和方法分析问题、解决问题、处理经济社会事务的基本能力；强化法律实践能力训练，熟悉司法实务的原则及规则程序；了解本学科的理论前沿和发展动态；掌握文献检索、资料查询的基本方法，具有初步的科学研究和实际工作能力。

0209 天水师范学院法学

高校名称：天水师范学院

专业名称：法学

教师力量总数：12 人

高级职称数量：8 人

本科招生规模：63 人

学　位：学士

就业率：95%

简　介：天水师范学院政法学院（马克思主义学院）学制四年，授予法学学士学位。设有思想政治教育、法学两个本科专业，有学科教学·思政硕士点1个。以培养具有良好的法律职业道德修养，掌握系统扎实的法学专业知识，富有创新精神和较强的法律实践能力的人才为目标。主干学科有法学理论、宪法、行政法、刑法、民商法、国际法。主要课程：法理学、中国法制史、宪法学、行政法与行政诉讼法学、刑法学、刑事诉讼法学、民法学、民事诉讼法学、经济法学、商法学、知识产权法学、国际法学、国际私法学、国际经济法学、环境法、劳动与社会保障法，校级精品课程4门。现有在校普通本科生695人；专任教师45人，其中教授8人，副教授15人；博士8人、硕士32人。承担各级科研项目30余项，其中国家社科规划项目5项、省（部）级项目11项、厅（局）级项目17项。获市（厅）级以上科研奖励10余项，其中省级二等奖2项、三等奖3项。资料室藏书7余万册，专业学术刊物70余种。就业范围为在检察机关、审判机关、仲裁机构、律师事务所等机构从事法律工作。

0210 甘肃广播电视大学庆阳分校合水县工作站法学

高校名称：甘肃广播电视大学庆阳分校合水县工作站

专业名称：法学

教师力量总数：2人

高级职称数量：1人

本科招生规模：33人

就业率：90%

简　介：甘肃电大合水县工作站成立于1999年，依托合水县职业中等专业学校而建，具有独立法人资格，机构独立设置，领导班子健全，工作思路清晰，措施得力，是开展开放教育的教学管理机构，人员配置符合办学要求。开设园艺、金融学、法学等本科层次专业6个，护理、小学教育等专科层次专业6个。法学（本科）专业开设于2010年，现有教师2人，高级职称1人，在册学员33名。

0211 西北师范大学继续教育宁县党校教学点法学

高校名称：西北师范大学继续教育宁县党校教学点

专业名称：法学

教师力量总数：6人

高级职称数量：1人

本科招生规模：17人

学　位：无

就业率：100%

简　介：法学专业，学制三年，本科层次。2013年5月设立，共招生一届，在校学员17人。

0212 甘肃电大庆阳分校宁县工作站法学

高校名称：甘肃电大庆阳分校宁县工作站
专业名称：法学
教师力量总数：3 人
高级职称数量：1 人
本科招生规模：49 人
学　位：无
就业率：100%
简　介：2000年开设专科，2012年升为本科，县级工作站，设站长1人。

0213 康县电大工作站法学

高校名称：康县电大工作站
专业名称：法学
教师力量总数：2 人
高级职称数量：0 人
专科招生规模：49 人
本科招生规模：10 人
学　位：无

0214 兰州商学院法学

高校名称：兰州商学院
专业名称：法学
教师力量总数：42 人
高级职称数量：25 人
本科招生规模：共 962 人
硕士招生规模：共 36 人
学　位：硕士
就业率：80%

0215 甘肃广播电视大学兰州市分校法学

高校名称：甘肃广播电视大学兰州市分校
专业名称：法学
教师力量总数：4 人
高级职称数量：2 人
本科招生规模：898 人
学　位：无
就业率：85%
简　介：由兰州市政府批准成立的市属国家公办高等院校，以远程教育为主要学习形式，进行本、专科学历教育。有白银路和畅家巷两个校区，占地总面积18亩，建筑面积8000多平方米，下属8个县区电大工作站和1个教学点，各类在校生7000多人，累计培养各类毕业生40000多人。有多媒体教室26间、计算机网络教室21间、语音实验室14间，配置计算机1300多台，链接"中央电大试题库"和20多种不同类型的教育资源子网站，自建88门选修课程的网络资源。与西安交通大学、兰州大学等全国重点高校合作办学，开设理、工、农等70多个专业。市县两级电大教职工277人，选聘教师78人，2位教师获中央电大教学创新奖，多名教师获甘肃电大教学创新奖，31位教师获中央电大、省电大表彰，多位教师被省政府、市委、市教育局评为优秀教师、十大杰出青年；教师在省部级刊物发表论文 100 多篇。2002 年至今连续多次受到中央和省电大、省市教育厅局等各级组织的各类表彰，2010 年获省校第四届"教学创新"、省校多媒体课件大赛、省校广告设计大赛和省校学生案例设计与分析大赛组织奖等多项奖项，2012 年中央电大成立"国家开放大学"，兰州电大挂牌"国家开放大学（甘肃）兰州学院"。

0216 陇东学院法学

高校名称：陇东学院
专业名称：法学
教师力量总数：47 人
高级职称数量：14 人
本科招生规模：301 人
学　位：无
就业率：72%
简　介：培养德、智、体等方面全面发展，掌握马克思主义基本理论，具有深厚的法学专业知识功底，熟悉我国法律和党的相关政策，达到较高的外语水平，具有创新精神和较强创新能力、实践能力，能在国家机关、企事业单位和社会团体，特别是能在国家立法机关、审判机关、检察机关、司法行政机关、仲裁机构、法律服务机构和涉外活动中从事法律工作的应用型、复合型高级专业人才，同时兼顾培养能够在各中等学校从事法学教学的教师。培养具备良好的政治理论素养、思想道德素质和科学文化素质，既能在学校和科研机构从事本专业的教学、研究工作，又能在党政机关和企事业单位从事以本专业为基础的宣传、组织、管理、思想政治工作的复合型人才。

0217 兰州大学国际关系

高校名称：兰州大学
专业名称：国际关系
教师力量总数：14 人
高级职称数量：10 人
硕士招生规模：6 人
学　位：硕士
就业率：93%

0218 兰州大学政治学与行政学

高校名称：兰州大学
专业名称：政治学与行政学
教师力量总数：14 人
高级职称数量：12 人
本科招生规模：160 人
学　位：学士
就业率：90%

0219 甘肃政法学院政治学与行政学

高校名称：甘肃政法学院
专业名称：政治学与行政学
教师力量总数：42 人
高级职称数量：17 人
本科招生规模：65 人

学　位：学士

就业率：84.17%

简　介：甘肃政法学院马克思主义学院于2014年5月在行政学院和思想政治理论课教学部基础上成立，下设马克思主义中国化、思想政治教育、政治学、心理健康教育、职业生涯规划与就业指导5个教研室。学院高度重视学生的综合素质培养和职业能力训练，坚持将素质培养和职业能力训练贯穿于教学和社会实践全过程，注重培养复合型、应用型的创新人才。现有教职工38人，其中专任教师34人，专职行政和教辅人员4人，教授4人，副教授10人，讲师13人，博士8人，在读博士8人，享受国务院政府特殊津贴专家1名，省级教学名师1名，青年教师成才奖2名，省级优秀教师园丁奖1名，全国思想政治理论课有影响力教师1名，陇原首届师德先进个人1名。学院已建成省级精品课程5门，即马克思主义基本原理概论、毛泽东思想和中国特色社会主义理论体系概论、思想道德修养与法律基础、中国近现代史纲要、伦理学。下设政治学与行政学本科专业，承担全校本科生和研究生的思想政治理论课教学任务。承担国家社科基金项目3项、省部（厅）级科研课题16项，校级科研课题20项，校级教改项目6项。

0220　西北民族大学宪法学与行政法学

高校名称：西北民族大学

专业名称：宪法学与行政法学

教师力量总数：6人

高级职称数量：6人

硕士招生规模：2人

学　位：硕士

就业率：87.5%

简　介：2006年获得宪法与行政法学硕士学位授予权，2007年招生，2009年4月被确定为西北民族大学校级重点学科。现有教授2人，研究员1人，副教授3人。特色研究方向有宪法学、行政法学研究。承担国家或省部级法学研究项目10余项，获得省部级成果奖12项；在国家核心杂志等刊物发表论文多篇，出版学术专著3本。教师还担任省、市人大常委会立法顾问以及省级学术团体的常务理事或理事，积极参加法治实践和社会服务活动，注意加强与法律实务部门的协作与交流，多次参加省市级人大及政府法制机构组织的立法调研、论证和起草工作，为决策部门提供科学合理的建议与对策，多名教师为律师事务所兼职律师，形成了一支良好的双师型（法学教师+实务律师或立法顾问）队伍。

0221　兰州外语职业学院法律事务

高校名称：兰州外语职业学院

专业名称：法律事务

教师力量总数：13人

高级职称数量：4人

学　位：无

就业率：70.74%

简　介：本专业培养具备扎实的法学专业理论知识，掌握法学基本分析方法和技术，熟悉我国法律和党的相关政策，掌握文献检索、资料查询的基本方法，能在国家机关、企事业单位和其他机构从事法律工作的专业型法律职业人才。主要课程有法理学、宪法概论、民法理论与实务、刑法理论与实务、行政法理论与实务、行政诉讼法理论与实务、民事诉讼法理论与实务、刑事诉讼法理论与实务、法学案例分析、合同法、侵权责任法、法律文书、经济法、司法英语等。就业方向为基层法律服务、司法所、街道、社区（乡镇）法律服务、城乡各级法律和援助机构、律师事务所、行政以及中小企业法务工作。

0222 陇南师范高等专科学校法律事务

高校名称：陇南师范高等专科学校
专业名称：法律事务
教师力量总数：6 人
高级职称数量：1 人
就业率：34%
简　　介：培养掌握法律基础理论和基本知识，具有较强实践创新能力的基层法律初级人才。开设的主要课程有宪法学、民法学、刑法学、经济法概论、民事诉讼法学、刑事诉讼法学、行政法与行政诉讼法学、形式逻辑、证据原理与实务、法律文书写作、交际口语、书法、律师实务、思想道德修养与法律基础、毛泽东思想与中国特色社会主义理论体系概论、大学语文、大学英语、大学体育、计算机基础等。

0223 西北民族大学环境与资源保护法学

高校名称：西北民族大学
专业名称：环境与资源保护法学
教师力量总数：4 人
高级职称数量：4 人
硕士招生规模：1 人
学　　位：硕士
就业率：50%
简　　介：2003 年获批环境与资源保护法学硕士研究生点，2004 年招生。现设有生态与环境法治研究、资源与环境法治研究、能源战略与新能源研究 3 个研究方向。现有教授 3 人，副教授 1 人，其中博士 1 人，部分教师具有法律实务经验。承担国家社科规划课题 4 项、国家民委课题 2 项、甘肃省人大常委会课题 2 项；出版著作 10 余部；获得省部级奖项 10 余项；参加重大国际会议 10 余次；发表论文 100 余篇。马玉祥教授作为全国政协委员在十届一次、二次、三次全会和十届全国政协第六次常委会上提交了关于民族区域自治、民族地区经济、社会发展和实施西部大开发战略方面的提案 10 余件，并针对民族区域经济与可持续发展、西部开发促进法的立法、构建民族地区和谐社会等问题做了发言。本学科专业学者还担任省、市人大常委会的立法顾问、政府参事以及省级学术团体的常务理事或理事，积极参与了省、市人大以及政府组织的立法调研、论证、起草工作。

0224 兰州大学哲学

高校名称：兰州大学
专业名称：哲学

教师力量总数：24 人
高级职称数量：15 人
硕士招生规模：19 人 /2014 年
学　位：硕士
就业率：57.89%/2014 年
简　介：兰州大学哲学社会学院（前哲学系）哲学专业筹建于 1975 年，1978 年招收本科生，1985 年以来共建成中国哲学、外国哲学、科技哲学和马克思主义哲学 4 个硕士点，2011 年获得哲学一级学科硕士授予权。有德国哲学、现象学、先秦政治哲学、宋明理学、西方马克思主义、比较宗教学等重点研究方向，建立了兰州大学宗教文化研究中心等多个研究机构。共培养本科生 1700 余名，硕士生 240 余名。现有教师 22 人，其中教授 4 人，副教授 9 人，讲师 9 人，博士 16 人，1 人在职攻读博士学位。承担多项国际、国家及甘肃省社科基金课题，多次获得省部级奖励。主办《科学·经济·社会》刊物。

0225 兰州大学思想政治教育

高校名称：兰州大学
专业名称：思想政治教育
教师力量总数：51 人
高级职称数量：26 人
本科招生规模：450 人 / 年
硕士招生规模：43 人 / 年
博士招生规模：16 人 / 年
学　位：学士，硕士，博士
就业率：本科 50%，硕士 91%，博士 100%
简　介：设有思想政治教育博士、硕士学位授权专业。有教师 16 名，其中教授 4 人，副教授 3 人，讲师 9 人；博士生导师 3 人，硕士生导师 6 人。研究方向为思想政治教育理论与实践研究、思想政治教育方法与规律研究、社会发展与公民道德教育研究、社会工作与组织文化研究，主要承担学校本科生公共政治理论课《思想道德修养与法律基础》和研究生思想政治理论课的教学工作，做好学科建设、学术研究和人才培养等。

0226 兰州交通大学思想政治教育

高校名称：兰州交通大学
专业名称：思想政治教育
教师力量总数：28 人
高级职称数量：18 人
本科招生规模：184 人
硕士招生规模：10 人 /2014 年
学　位：硕士
就业率：50%/2014
简　介：设有思想政治教育理论、思想政治教育与管理、心理健康教育、道德教育与法制教育四个研究方向。旨在培养具有坚定的马克思主义信仰和社会主义信念，坚持四项基本原则，拥护党的基本路线，热爱祖国，遵纪守法，治学严谨，学风端正，专业基础扎实，具有较强的科研能力和实际工作能力，能够适应我国社会主义现代化建设需要的，能够承担与本学科相关的教学、科研和宣传、党政工作的马克思主义理论方面的高级专门人才。有指导教师 14 名（含外聘 1 人），其中教授 6 名，副教授 8 名。获得国家社会科学基金项目 4 项，教育部人文社会科学研究项目 3 项。

0227 兰州商学院思想政治教育

高校名称：兰州商学院
专业名称：思想政治教育
教师力量总数：13 人
高级职称数量：8 人
硕士招生规模：在校 18 人
学　位：硕士
就业率：80%

0228 河西学院思想政治教育

高校名称：河西学院
专业名称：思想政治教育
教师力量总数：26 人
高级职称数量：12 人
本科招生规模：50 人
学　位：学士
就业率：62%

0229 兰州交通大学思想政治教育

高校名称：兰州交通大学
专业名称：思想政治教育
教师力量总数：28 人
高级职称数量：18 人
本科招生规模：184 人
硕士招生规模：10 人 /2014 年
学　位：学士
就业率：62.1%
简　介：学制 4 年，授予法学学士学位。思想政治教育教研室建有实践教学指导中心和案例讨论室、文科实训室三个实验室。培养德、智、体、美全面发展，较为系统地掌握哲学、法学和政治学等相关学科基本理论知识，具备良好的人文科学、社会科学以及良好的职业道德，并能在中学从事思想政治课教学工作，在党政机关、企事业单位、社会团体中从事行政管理、党务工作和思想政治工作的具有创新精神和实践能力的"基础实、能力强、素质高"的应用型专门人才。主干课程有马克思主义哲学原理、政治经济学、中国化马克思主义理论、政治学、法理学、西方哲学史、社会学原理、思想政治教育学原理、中国哲学史、马克思主义发展史、伦理学。就业方向为中小学、行政单位、企事业单位。

0230 兰州理工大学思想政治教育

高校名称：兰州理工大学
专业名称：思想政治教育
教师力量总数：5 人
高级职称数量：5 人
硕士招生规模：10 人
学　位：硕士
就业率：55%
简　介：本学科既同哲学、法学、经济学、历史学、社会学、民族学等学科有密切的关系，又从总体上综合性地、理论联系实际地应用了马克思主义、列宁主义、毛泽东思想和邓小平理论基本原理，揭示思想政治教育发展的规律，提高社会主义建设者的马克思主义理论素养和思想觉悟。它以马克思主义基本原理为指导，研究人们思想意识形成、发展及变化的规律，其目的是培养劳动者在社会政治领域与文化领域中的思想信念、思想意识以及思想品质。在中国特色社会主义先进文化的发展中，本学科有着广阔的发展前景。本学科的研究范围涉及新时期马克思主义教育研究，思想政治教育理论与方法研究，马克思主义与当代社会思潮，当代青年思想政治教育理论与途径研究等问题。

0231 天水师范学院思想政治教育

高校名称：天水师范学院
专业名称：思想政治教育
教师力量总数：33人
高级职称数量：19人
本科招生规模：100人
硕士招生规模：8人
学　　位：学士、硕士
就业率：95%
简　　介：天水师范学院政法学院（马克思主义学院）学制四年，授予法学学士学位。设有思想政治教育、法学两个本科专业。有学科教学·思政硕士点1个，校级精品课程4门。培养掌握思想政治教育专业的基础知识和基本理论，具有现代教育教学理念，熟悉教育教学规律，具备中学教育教学的基本技能，能够在中学从事思想政治课教学和研究工作的专门人才。主干学科由马克思主义理论、政治学、教育学。主要课程有思想政治教育原理与方法、马克思主义哲学原理、马克思主义政治经济学、伦理学、当代中国政治制度、中西文化概论、法律与生活、经济与生活、政治与生活、生活与哲学、文化与生活、生命教育、中国国情概论、心理学、教育学。现有在校普通本科生695人；专任教师45人，其中教授8人，副教授15人；具有博士学位教师8人、硕士学位教师32人。承担各级科研项目30余项，其中国家社科规划项目5项、省（部）级项目11项、厅（局）级项目17项。获市（厅）级以上科研奖励10余项，其中省级二等奖2项、三等奖3项。资料室藏书7余万册，专业学术刊物70余种。

0232 西北师范大学继续教育宁县党校教学点思想政治教育

高校名称：西北师范大学继续教育宁县党校教学点
专业名称：思想政治教育
教师力量总数：8人
高级职称数量：2人
本科招生规模：140人
硕士招生规模：10人/2014年
学　　位：无
就业率：100%
简　　介：学制三年，本科层次。2011年5月设立，共招生三届，在校学员140人。

0233 陇南师范高等专科学校思想政治教育

高校名称：陇南师范高等专科学校
专业名称：思想政治教育
教师力量总数：20 人
高级职称数量：7 人
学　位：无
就业率：24%
简　介：培养德智体美全面发展，具备扎实的学科基本理论和良好的教师职业技能，具有奉献精神和创新实践能力，能够适应初等教育改革需要的小学思想品德课和初中政治课教学的教师。主要课程有马克思主义哲学、政治经济学、法学概论、逻辑学、哲学概论、中国近现代史、伦理学、教育学、心理学、毛泽东思想概论、中国特色社会主义理论体系概论、思品课教学与研究、形势与政策、大学语文、大学英语、大学体育、计算机基础等。

0234 兰州大学马克思主义理论

高校名称：兰州大学
专业名称：马克思主义理论
教师力量总数：47 人
高级职称数量：27 人
本科招生规模：无
硕士招生规模：41 人 /2014 年
博士招生规模：16 人 /2014 年
学　位：博士、硕士
就业率：博士 83.3%，硕士 76.5%/2014 年
简　介：马克思主义理论一级学科博士点，有 3 个二级学科，有马克思主义中国化专业，研究马克思主义中国化历史进程与发展规律、中国特色社会主义理论与实践问题三个方向。教育部精品课 2 门，省级精品课程 6 门；博士生导师 11 名，甘肃省学科领军人才 4 名，教学领域有全国优秀教师 1 名，省级教学名师 2 名，承担数十项国家和省部级课题；发表数百篇论文，出版学术专著 10 多部，成果分获多项省部级一至三等奖；部分成果被《新华文摘》《人大报刊复印资料》转载。

0235 兰州理工大学马克思主义基本原理

高校名称：兰州理工大学
专业名称：马克思主义基本原理
教师力量总数：10 人
高级职称数量：8 人
本科招生规模：0 人
硕士招生规模：在校 19 人
博士招生规模：0 人
学　位：硕士
就业率：80%

0236 兰州商学院马克思主义基本原理

高校名称：兰州商学院
专业名称：马克思主义基本原理
教师力量总数：15 人
高级职称数量：15 人
硕士招生规模：20 人
学　位：硕士
就业率：55%
简　介：以马克思主义基本原理为指导，研究人们思想意识形成、发展及变化的规律，其目的是培养劳动者在社会政治领域与文化

领域中的思想信念、思想意识以及思想品质。研究范围涉及新时期马克思主义教育研究，思想政治教育理论与方法研究，马克思主义与当代社会思潮，当代青年思想政治教育理论与途径研究等问题。

0237 兰州交通大学马克思主义中国化研究

高校名称：兰州交通大学
专业名称：马克思主义中国化研究
教师力量总数：20 人
高级职称数量：11 人
本科招生规模：无
硕士招生规模：5 人 /2014 年
博士招生规模：无
学　位：硕士
就业率：50%/2014 年
简　介：设有四个研究方向，即马克思主义中国化最新理论成果、当代中国马克思主义理论与实践、马克思主义中国化的历史进程和基本经验、中国化马克思主义理论教育。研究内容主要有马克思主义经典著作和基本原理，马克思主义在中国的传播、运用、丰富和发展，马克思主义中国化理论的提出和科学内涵，马克思主义中国化的历史进程和理论成果，马克思主义中国化的基本特征、基本经验和基本规律，党的十六大以来马克思主义在中国的新发展，本学科的重大理论前沿问题等方面。培养具有坚定的马克思主义信仰和社会主义信念，树立建设中国特色社会主义的共同理想，比较系统地掌握马克思主义中国化的发展进程与理论成果，具有较强的学习能力和一定的科学研究能力，能够担任与本学科相关的教学、科研和宣传、党政工作的高级人才。有指导教师 8（含外聘 2 人），其中教授 7 名，副教授 1 名。承担国家社科基金项目 3 项、教育部人文社会科学研究项目 4 项。

0238 兰州大学国际政治

高校名称：兰州大学
专业名称：国际政治
教师力量总数：14 人
高级职称数量：12 人
本科招生规模：160 人
硕士招生规模：6 人
博士招生规模：0 人
学　位：学士、硕士
就业率：90%

（七）文 学

0239 甘肃广播电视大学兰州市分校文学

高校名称：甘肃广播电视大学兰州市分校

专业名称：文学

教师力量总数：4 人

高级职称数量：2 人

本科招生规模：25 人

就业率：92%

简　介：由兰州市政府批准成立的市属国家公办高等院校，以远程教育为主要学习形式，进行本、专科学历教育。有白银路和畅家巷两个校区，占地总面积18亩，建筑面积8000多平方米，下属8个县区电大工作站和1个教学点，各类在校生7000多人，累计培养各类毕业生40000多人。有多媒体教室26间、计算机网络教室21间、语音实验室14间，配置计算机1300多台，链接"中央电大试题库"和20多种不同类型的教育资源子网站，自建88门选修课程的网络资源。与西安交通大学、兰州大学等全国重点高校合作办学，开设理、工、农等70多个专业。市县两级电大教职工277人，选聘教师78人，2位教师获中央电大教学创新奖，多名教师获甘肃电大教学创新奖，31位教师获中央电大、省电大表彰，多位教师被省政府、市委、市教育局评为优秀教师、十大杰出青年；教师在省部级刊物发表论文100多篇。2002年至今连续多次受到中央和省电大、省市教育厅局等各级组织的各类表彰，2010年获省校第四届"教学创新"、省校多媒体课件大赛、省校广告设计大赛和省校学生案例设计与分析大赛组织奖等多项奖项，2012年中央电大成立"国家开放大学"，兰州电大挂牌"国家开放大学（甘肃）兰州学院"。

0240 陇东学院文学

高校名称：陇东学院

专业名称：文学

教师力量总数：45 人

高级职称数量：17 人

本科招生规模：732 人

就业率：72%

简　介：以培养具备扎实的汉语言文学基础和良好的人文素养，熟练掌握汉语言文学基础知识，具有较强的审美能力和中文表达能力，具有初步的语言文学研究能力，能胜任基础教育的汉语言文学教学工作，能在文化、出版、传媒机构以及政府机关和企事业部门从事与汉语言文字运用相关工作的汉语言文学学科复合型人才为目标。秘书学专业培养具有扎实的汉语言文学基础知识和系统的秘书学理论，掌握现代化办公手段，具备良好的文字工作、文书档案、行政事务管理、公关活动、信息和经济管理能力，能在中等职业技术学校从事文书与秘书学教学工作及在企事业单位和党政机关从事行政秘书、电子政务商务、档案管理工作的复合型秘书人才。

0241 兰州大学汉语言文学

高校名称：兰州大学
专业名称：汉语言文学
教师力量总数：50 人
高级职称数量：29 人
本科招生规模：100 人
硕士招生规模：6 人
学　　位：学士
就业率：56.8%/2012 年

0242 兰州大学中国语言文学

高校名称：兰州大学
专业名称：中国语言文学
教师力量总数：39 人
高级职称数量：26 人
硕士招生规模：98 人 /2014 年
博士招生规模：14 人 /2014 年
学　　位：硕士、博士
就业率：博士 100%，硕士 45.36%/2014 年
简　　介：兰州大学中国语言文学学科有 80 多年的历史。邓春膏、冯国瑞等著名学者为本学科发展做出了杰出贡献。现有中国语言文学一级学科博士点和中国语言文学一级学科硕士点，设有汉语言文字学、文艺学、中国古典文献学、中国古代文学、中国现当代文学、比较文学与世界文学六个二级学科硕士学位授权点，设有中国现当代文学、中国古代文学二级学科博士点。二级学科中现当代文学学科为甘肃省省级重点建设学科。本学科特色方向与优势学科主要有文艺理论基础研究与文学人类学、汉语方言与历时语言、唐宋文学与中国古代文学文体、中国现当代文学思潮与作家作品研究等，文艺人类学、活态文化和西部文化产业研究处于较高水平；汉语方言与历时语言方向特色体现在西北方言研究、中国传统文学研究、敦煌文献语言研究等领域，在民族地区语言和甘肃方言研究方面独具优势，开拓了东干文学研究新领域，《中国文学发展史纲要》受到学界重视，《中国现当代文学通史》在编撰体例和内容上均有新突破，参编的《中国新时期文学资料汇编》在新时期文学批评研究中深具影响。

0243 兰州商学院汉语言文学

高校名称：兰州商学院
专业名称：汉语言文学
教师力量总数：27 人
高级职称数量：8 人
本科招生规模：2002—2014 年共 700 余人
学　　位：学士
就业率：33.3%
简　　介：汉语言文学专业前身是我校 20 世纪 80 年代成立的大学语文教学部，2001 年设立汉语言文学本科专业，2002 年招生，8 届共 400 多名毕业生。现有专业老师 27 名，其中教授 1 名，副教授 8 名，讲师 15 名，助教 3 名，博士研究生 7 名，硕士研究生 13 名，本科 7 名，分别从事本专业古代文学史、现当代文学史、古代汉语、现代汉语、文学理论、美学概论、外国文学、民间文学、比较文学、语言学概论等专业课程的教学科研工作。在全国各类期刊上共发表学术论文 60 多篇，出版专著 5 部，参编、主编教材 6 部。在学校组织的全校青年教师教学大赛上，本专业教师多次获得一、二等奖，在全省教学大赛获奖。

0244 兰州交通大学汉语言文学

高校名称：兰州交通大学
专业名称：汉语言文学
教师力量总数：18 人
高级职称数量：11 人
本科招生规模：55 人 /2014 年
学　　位：学士
就业率：88.66%/2013 年
简　　介：兰州交通大学文学与国际汉学院汉语言专业开设主干课程有中国古代文学、中国古代文学作品选读、中国现当代文学、中国现当代文学作品选读、现代汉语、古代汉语、基础写作、外国文学、外国文学作品选读、语言学概论等。以培养适应经济社会发展需要，专业基础知识、基本理论和基本技能过硬，具备较好的人文素养和较好语言运用能力的复合型、应用型专门人才为目标。毕业生在政府机关、教育部门、文化传媒系统及社会其他文职岗位工作。

0245 甘肃政法学院汉语言文学

高校名称：甘肃政法学院
专业名称：汉语言文学
教师力量总数：15 人
高级职称数量：9 人
本科招生规模：250 人
学　　位：学士
就业率：57%
简　　介：2001 年设立，2001 年招收文秘专业专科生，2003 年开始招收汉语言文学本科生，截至 2014 年已有两届专科生和八届本科生毕业。中文系下设文学教研室和汉语与写作教研室，现有专职教师 15 名，其中教授 1 人，副教授 8 人，讲师 6 人，在读博士 5 人，已取得硕士学位 14 人。培养以具有较宽阔的文化视野和创新能力，综合素质良好的懂法律、懂新闻、懂文秘和公共关系的高层次应用型专门人才为目标。毕业生专业基础扎实，业务能力较好，受到用人单位的欢迎。

0246 河西学院汉语言文学

高校名称：河西学院
专业名称：汉语言文学
教师力量总数：38 人
高级职称数量：23 人
本科招生规模：140 人
学　位：学士
就业率：62%
简　介：文学院创办于 1978 年，2010 年更名为汉语言文学院，现开设汉语言文学和人文教育两个本科专业，在校学生 902 人。学制 4 年，授予文学学士学位。"河西历史与文化"为省级重点学科。主要课程有中国古代文学、中国现代文学、中国当代文学、文学概论、古代汉语、现代汉语、外国文学、语言学概论等。现有专职教师 37 人，教授 7 人，副教授 12 人，讲师 16 人，助教 1 人；博士 2 人，硕士 17 人，在读博士 4 人，在读硕士 1 人；3 人获得曾宪梓高等师范院校优秀教师奖，3 人获得省级园丁奖，2 人获得甘肃省高校青年教师成才奖。2011 年，杨林昕教授负责的《写作学》课程被评为省级精品课程。在 CSSCI、中文核心期刊以及省级以上刊物发表学术论文 200 多篇，编写教材 18 部，出版专著 10 多部，完成省级科研项目 3 项。目前学院有 4 项国家社科基金在研项目，2 项教育部社科基金在研项目。就业方向为中等学校教师，报刊杂志编辑，行政、企事业单位文秘以及与汉语言文学相关的地方文化工作。

0247 兰州文理学院汉语言文学

高校名称：兰州文理学院
专业名称：汉语言文学
教师力量总数：29 人
高级职称数量：24 人
本科招生规模：120 人 /2013 年，250 人 /2014 年
学　位：学士
简　介：汉语言文学专业属于本科，学制四年，授予文学学士学位。现有专任教师 29 人，其中教授 10 人，副教授 14 人，讲师 5 人，博士 10 人（含在读），硕士 16 人。获得省级教学团队 1 个，校级教学团队 1 个，获得各类教学成果奖 8 项，获批国家社科基金项目 3 项，教育部项目 3 项，甘肃省教育厅项目 4 项，校级项目 5 项。出版专著 10 余部，发表各类学术论文 100 余篇。以培养具有良好的思想道德素质、科学文化素质，能够适应现代化建设的需要，具有现代教育理念及创新意识；掌握汉语言文学的基本理论、基础知识、基本技能，掌握现代教育技术；具有较强的汉语言文字表达能力、协调管理能力以及团队协作精神；能够在中等学校进行语文教学和教学研究的教师、教育工作者，以及能够在文化企事业单位从事语言文字工作的专门人才为目标。开设课程有文学概论、中国古代文学（含中国古代文学史、中国古代文学作品选）、中国现代文学（含中国现代文学史、中国现代文学作品选）、中国当代文学（含中国当代文学史、中国当代文学作品选）、外国文学、语言学概论、古代汉语、现代汉语、写作、教育学、心理学、美学、语文课程与教学论等。毕业生就业岗位为中小学语文教师，以及在文化、教育、出版、传媒机构以及政府机关等企事业部门从事与汉语言文字应用相关的工作。

0248 西北师范大学汉语言文学

高校名称：西北师范大学
专业名称：汉语言文学
教师力量总数：64 人
高级职称数量：51 人
本科招生规模：185 人
硕士招生规模：1111 人
博士招生规模：1111 人
学　　位：学士、硕士、博士
就业率：90%

0249 天水师范学院汉语言文学

高校名称：天水师范学院
专业名称：汉语言文学
教师力量总数：48 人
高级职称数量：24 人
本科招生规模：255 人
硕士招生规模：18 人
学　　位：学士、硕士
就业率：95%
简　　介：学制四年，授予文学学士学位。设有汉语言文学、戏剧影视文学、文化产业管理 3 个本科专业，其中汉语言文学专业为教育部高等学校特色专业。中国语言文学主要课程文学概论、中国古代文学、中国现当代文学、外国文学、语言学概论、古代汉语、现代汉语、美学原理、基础写作、语文课标解读及教材分析、文艺学专题与语文教育、诗歌鉴赏与课文例析、《论语》讲读、《人间词话》讲读。有学科教学·语文硕士点 1 个，省级精品课程 5 门，省级优秀教学团队 2 个，省级重点学科 1 个，省级人文社科重点研究基地 1 个。现有在校普通本科生 1530 人，教育硕士研究生 33 人，外国留学生 4 人；专任教师 59 人，其中教授 8 人，副教授 25 人；博士学位 9 人、硕士学位 30 人。入选各类省级以上人才库、全国优秀教师、享受国务院政府特殊津贴专家等 22 余人次。出版学术专著及教材 41 部，参编出版大型辞书及合著 20 多种，在《文艺研究》等学术刊物发表论文 678 篇。主持地（厅）级以上科研项目 78 项（其中国家社科基金项目 14 项），90 余项科研成果获甘肃省社会科学优秀成果奖和甘肃省高校人文社会科学优秀成果奖等地（厅）级以上奖励，13 项教学成果获国家图书奖、全国普通高校优秀教材一等奖和甘肃省教学成果一、二、三等奖。学生近年来在省级以上刊物发表学术论文、文艺作品和获奖的数量明显上升，应届毕业生考取 985、211 工程院校硕士研究生的数量逐年大幅提高，有多名毕业生获甘肃省"园丁奖"和全国优秀教师称号。

0250 甘肃广播电视大学天水市分校语言文学

高校名称：甘肃广播电视大学天水市分校
专业名称：汉语言文学
教师力量总数：15 人
高级职称数量：3 人
本科招生规模：108 人
就业率：90%
简　　介：甘肃电大天水市分校创办于 1979 年，2004 年 3 月经省教育厅批准成立了甘肃省津陇教育信息化培训中心，2006 年 5 月经市教育局批准成立了天水市电子信息工程职业学校，实行"三块牌子、一套班子"的办学体制。校园占地32.1亩，建筑面积22000㎡，固定资产3000多万元。现有教职工65人，专任教师42人，其中副教授和高级讲师9人，讲师21人，有各专业外聘责任教师65人。下辖6个县级工作站，各类在校学生4195人，形成了以校本部为中心，覆盖全市的现代远程教育网络体系和办学系统。学校有联网计算机279台，与中央电大、省电大及县级工作站实现了网络互连，建立了交互一体的远程教学平台，极大地提升了学校的教学现代化水平。

0251 甘肃广播电视大学庆阳分校合水县工作站语言文学

高校名称：甘肃广播电视大学庆阳分校合水县工作站
专业名称：汉语言文学
教师力量总数：4人
高级职称数量：2人
本科招生规模：45人
就业率：90%
简　介：甘肃电大合水县工作站成立于1999年，该工作站依托合水县职业中等专业学校而建。开设园艺、金融学、法学等本科层次专业6个，护理、小学教育等专科层次专业6个。汉语言文学(本科)专业开设于1999年，共培养毕业生500人左右，现有教师4人，高级职称2人，在册学员45人。

0252 甘肃电大庆阳分校宁县工作站语言文学

高校名称：甘肃电大庆阳分校宁县工作站
专业名称：汉语言文学
教师力量总数：3人
高级职称数量：1人
本科招生规模：66人
就业率：100%
简　介：2000年开设专科，2010年升为本科，县级工作站，设站长1人

0253 西北师范大学继续教育宁县党校教学点语言文学

高校名称：西北师范大学继续教育宁县党校教学点
专业名称：汉语言文学
教师力量总数：8人
高级职称数量：2人
本科招生规模：344人

学　位：无
就业率：100%
简　介：学制三年，本科。2011年5月申请设立，共招生三届，在校学员344人。

0254 康县电大工作站

高校名称：康县电大工作站
专业名称：汉语言文学
教师力量总数：3人
本科招生规模：3人

0255 西北民族大学语言学与应用语言学

高校名称：西北民族大学
专业名称：语言学与应用语言学
教师力量总数：5人
高级职称数量：5人
硕士招生规模：2人
学　位：学士、硕士、博士
简　介：最早设立专业是中国少数民族（藏）语言文学，当时属语文系，1979年4月藏语言、蒙古语言设立为少数民族语言文学系，1993年8月改设为藏语言文学系，2004年5月更名为藏语言文化学院。现有博士、硕士和学士三级学位授予权，2014年将中国少数民族语言文学专业的汉藏翻译研究方向和藏语言研究方向单独分离，设立了语言学及应用语言学专业。2003年设置中国少数民族语言文学博士学位点，设有藏族文学与藏传佛教文化研究、古藏文文献研究、敦煌藏文文献研究、藏传因明研究与藏传佛学、藏语言研究、藏文文献与佛苯文化研究等6个博士学位研究方向。中国少数民族语言文学（藏缅语族）硕士学位点于1979年招生，1981年被国务院学位委员会批准为硕士学位授予单位，设有藏族文学研究、藏族民间文学研究、藏族文学与藏传佛教文化研究等3个硕士学位研究方向，教师总数为5人，开设课程有藏语语言学通论、语音学、藏语语法研究、普通语言学、社会语言学、语言学史、汉藏翻译概论、汉藏翻译实践、翻译批评与欣赏等。

0256 西北民族大学文艺学

高校名称：西北民族大学
专业名称：文艺学
教师力量总数：3人
高级职称数量：3人
硕士招生规模：10人
学　位：硕士、博士
就业率：100%
简　介：西北民族大学中国少数民族语言文学专业，2003年批准为博士学位授权点，2004年招收博士研究生。民间文艺学是其学科方向之一，侧重少数民族民间文学特别是西北民族民间文学的研究。

0257 西北民族大学中国少数民族语言文学

高校名称：西北民族大学
专业名称：中国少数民族语言文学
教师力量总数：1人
高级职称数量：1人
博士招生规模：1人
学　位：博士
就业率：68.75%
简　介：研究少数民族民间文学形成及发展规律，以西北少数民族史诗、叙事诗及歌谣、神话、传说等为主要研究对象，同时对西北少数民族民间文学进行比较研究，对其共性及各少数民族民间文学的个性有总体把握。

0258 西北民族大学中国少数民族语言文学

高校名称：西北民族大学
专业名称：中国少数民族语言文学
教师力量总数：7人
高级职称数量：7人
硕士招生规模：8人
博士招生规模：5人
学　位：硕士、博士
就业率：90%
简　介：1979年中国少数民族语言文学（藏缅语族）硕士点招生，1981年批准为中国少数民族语言文学（藏缅语族）硕士学位授予单位。2003年批准增列为博士学位授予单位，2004年招收博士研究生。设有藏族文学研究、藏族民间文学研究与民俗文化研究、古藏文文献研究等5个研究方向。课程有藏族现当代文学研究、藏族民间文学研究、藏族古典文学概要等。现有博士生导师6人，硕士生导师14人。中国少数民族语言文学专业自1999年起连续三届被评为甘肃省重点学科；2008年被教育部评为"特色专业"建设点；2010年藏语言文学专业主干课程组被列为甘肃省高校教学团队。承担国家社科基金项目共6项，省部级社科基金项目6项，厅、局级项目多项，科研经费百余万。

0259 西北民族大学中国少数民族语言文学

高校名称：西北民族大学
专业名称：中国少数民族语言文学
教师力量总数：3人
高级职称数量：3人
硕士招生规模：5人
学　位：硕士
就业率：62.5%
简　介：文学院现设有中国少数民族语言文学硕士学位研究方向，元明清少数民族汉语文创作研究，少数民族文学理论及现当代汉文学研究，前身为2001年开设的民族文学方向。现有3名教授，其中博士后2人，硕士1人。承担各级科研项目8项，其中国家级社科项目3项，省部级项目4项，其他2项。

出版专著 10 部，其中国家 A 类出版社 8 部。在期刊发表论文 30 多篇。

0260 西北民族大学中国少数民族语言文学

高校名称：西北民族大学
专业名称：中国少数民族语言文学（古代少数民族文学研究方向）
教师力量总数：1 人
高级职称数量：1 人
博士招生规模：1 人
学　位：博士
就业率：100%
简　介：古代少数民族文学研究中国古代文学，着重研究多民族文化融合的文学现象，以深入发掘中国多元一体的文学发展规律。研究内容包括中国古代各种文体的嬗变发展、作家作品、作家群体和文学流派、文学理论批评等。

0261 西北民族大学中国少数民族语言文学

高校名称：西北民族大学
专业名称：中国少数民族语言文学（民间文艺学方向）
教师力量总数：1 人
高级职称数量：1 人
博士招生规模：1 人
学　位：博士
就业率：100%
简　介：西北民族大学中国少数民族语言文学专业，于 2003 年被国务院学位委员会批准为博士学位授权点，2004 年开始招收博士研究生。民间文艺学是其学科方向之一，侧重少数民族民间文学特别是西北民族民间文学的研究。

0262 西北民族大学中国少数民族语言文学

高校名称：西北民族大学
专业名称：中国少数民族语言文学（语音学方向）
教师力量总数：1 人
高级职称数量：1 人
博士招生规模：2 人
学　位：博士
就业率：100%
简　介：语音学以教育部和国家民委共建"中国民族语言文字信息技术重点实验室"为依

托。本学位点实验设备齐全，有单独的博士生研究室。语音学研究方向以生理学、心理学、语言学等为基础，以藏语、蒙古语、维吾尔语等语种为研究对象，研究包括语音声学分析、语音生理、言语认知理论等。建有多民族语言多模态语音数据库；汉语／民族语言语音分析平台；民族语系列声学图谱研究；民族语韵律模型研究；民族语音识别和语音合成系统研究。拥有国内先进的语音实验仪器设备，有语音分析和生理信号采集的设备、软件和数据库，如喉头仪、肌电采集器等，可同时采集人在发音时的语音、嗓音、呼吸、肌电、气流、腭位、鼻流、唇形多种生理信号，进行语音生理多模态的研究。承担国家民委重点项目"藏语安多话声学参数数据库研究"和"藏语文本规范化研究"；在研项目"少数民族语言文字信息处理共性关键技术研究与示范应用"中的4项课题、国家863项目"以中文为核心的多语言基础资源库的开发和共享"、国家自然科学基金"基于语音、嗓音和呼吸信号的藏语拉萨话韵律研究"、国家社科基金"藏文方言调查字表及辅助系统研究"和"有声语料库的维吾尔语语音声学研究"、教育部重点项目"藏语多模态的唇位、舌位可视化运动模型研究"等。

0263 西北民族大学中国少数民族语言文学

高校名称：西北民族大学

专业名称：中国少数民族语言文学（中文信息处理方向）

教师力量总数：1人

高级职称数量：1人

博士招生规模：1人

学　　位：博士

就业率：100%

简　介：2009年建立了教育部和国家民委共建的"中国民族语言文字信息技术重点实验室"。中文信息处理以汉语为核心，进行多民族语言文字信息处理研究，包括语料库建设、文本分词、信息检索、语义网络和机器翻译等。藏语信息化技术研究在国内享有盛誉，其中《藏汉双语信息处理系统》获1999年国家科技进步二等奖，《藏文视窗平台、字处理软件和藏文网站》获2001年国家科技进步二等奖，《多字体印刷藏文（混排汉英）文档识别系统》获2005年北京市科技进步三等奖，《藏汉英多功能组合软件》获2002年甘肃省高校科技进步二等奖。完成了国家863项目"民族语言版本LINUX操作系统及办公套件研发"和"基于网络媒体的藏文信息处理技术及其规范研究"、国家自然基金"藏文字型的生成与识别"、国家社科基金"藏文分词研究"、国家民委重点项目"藏语文本规范化研究"；在研项目有国家支撑项目"少数民族语言文字信息处理共性关键技术研究与示范应用"中的4项课题、国家863项目"以中文为核心的多语言基础资源库的开发和共享"、国家自然科学基金"面向Web环境下藏语社会网络分析的关键技术研究"、国家社科基金"藏文方言调查字表及辅助系统研究"等。

0264 西北民族大学古代文学

高校名称：西北民族大学
专业名称：古代文学
教师力量总数：3 人
高级职称数量：3 人
硕士招生规模：6 人
学　　位：硕士
就业率：无
简　　介：中国古代文学是中国语言文学一级学科下设的二级学科，分设先秦两汉文学、魏晋南北朝唐宋文学、元明清文学等三个方向。有教授 3 名，副教授 3 名，讲师 3 名。其中有博士学位 2 人，硕士学位 6 人。完成国家社科基金项目 1 项，在研课题有国家社科基金项目 1 项，教育部规划课题 2 项。国家社科重大项目子课题 1 项，拥有项目经费 65 万（不含配套经费）。出版著作 12 部，大型文献集成 2 种，发表论文 30 余篇，获省厅级以上奖励 5 项。

0265 兰州大学外国语言文学

高校名称：兰州大学
专业名称：外国语言文学
教师力量总数：106 人
高级职称数量：41 人
硕士招生规模：62 人 /2014 年
学　　位：硕士
就业率：45.45%/2014 年
简　　介：外国语学院前身为文学院俄文、英文系，分别设立于 1946、1947 年。英语、俄语专业于 1981、2000、2003 年先后获得英语语言文学、外国语言学及应用语言学、俄语语言文学的硕士学位授权。下设英语语言文学研究所、外国语言学及应用语言学研究所、翻译研究所、俄语语言文学研究所，学科方向欧美文学、俄语国家语言与文化、外国语言学及应用语言学、翻译理论与实践等，翻译理论与实践方向是学科建设的支柱之一，以欧美文学名著翻译为主。有 65 位教学科研人员，其中教授 11 人。英、俄语专业培养 400 多名硕士，其中多数在高等院校从事教学与研究工作。袁洪庚研究英美玄学侦探小说起步早，在此领域内发表论文 14 篇，出版教材 1 部，有关著述被权威刊物引用。张宏莉主持"原苏联国家语言现状和语言政策研究"课题，刘思率先提出中国的"实验语用学"，其英文专著《异议语用策略与权势的关系》探讨格莱斯的"合作原则"在语用与权势关系分析中的作用和不足，提出修正意见。出版译著 10 部。

0266 陇东学院外国语言文学

高校名称：陇东学院
专业名称：外国语言文学
教师力量总数：64 人
高级职称数量：51 人
本科招生规模：443 人
就业率：68%
简　介：外国语言文学分为师范类和翻译两个方向。师范类方向培养具有扎实的英语语言基础知识和语言基本能力，较熟练的英语语言运用能力、较高的文化素养，能够在中等学校从事英语教学和教学研究的教师及其他英语应用性人才；翻译方向主要培养具有较高的综合素养和良好的英汉双语运用能力，能够在科技、旅游、经贸等多个领域从事口译和笔译的专职翻译人才。

0267 甘肃广播电视大学兰州市分校外国语言学

高校名称：甘肃广播电视大学兰州市分校
专业名称：外国语言学
教师力量总数：2 人
高级职称数量：1 人
本科招生规模：9 人
学　位：无
就业率：89%
简　介：由兰州市政府批准成立的市属国家公办高等院校，以远程教育为主要学习形式，进行本、专科学历教育。有白银路和畅家巷两个校区，占地总面积18亩，建筑面积8000多平方米，下属8个县区电大工作站和1个教学点，各类在校生7000多人，累计培养各类毕业生40000多人。有多媒体教室26间、计算机网络教室21间、语音实验室14间，配置计算机1300多台，链接"中央电大试题库"和20多种不同类型的教育资源子网站，自建88门选修课程的网络资源。与西安交通大学、兰州大学等全国重点高校合作办学，开设理、工、农等70多个专业。市县两级电大教职工277人，选聘教师78人，2位教师获中央电大教学创新奖，多名教师获甘肃电大教学创新奖，31位教师获中央电大、省电大表彰，多位教师被省政府、市委、市教育局评为优秀教师、十大杰出青年；教师在省部级刊物发表论文100多篇。2002年至今连续多次受到中央和省电大、省市教育厅局等各级组织的各类表彰，2010年获省校第四届"教学创新"、省校多媒体课件大赛、省校广告设计大赛和省校学生案例设计与分析大赛组织奖等多项奖项，2012年中央电大成立"国家开放大学"，兰州电大挂牌"国家开放大学（甘肃）兰州学院"。

0268 兰州交通大学外国语言学及应用语言学

高校名称：兰州交通大学

专业名称：外国语言学及应用语言学
教师力量总数：12 人
高级职称数量：12 人
硕士招生规模：17 人 /2014 年
学　　位：硕士
就业率：55%/2014
简　　介：为外国语言文学一级学科下的二级学科硕士授权点。设有翻译理论与实践和应用语言学两个研究方向。旨在传授现代外国语言学理论及其基本研究方法，侧重将语言学理论、方法及其研究成果应用到与语言相关的各个领域，具有明显的跨学科研究特色。主要培养具有系统的语言学理论知识，具备从事本学科学术研究及专业实践能力的高级专门人才。毕业生可在教育、科研、外事、经贸、新闻等部门从事教学、研究、翻译、管理等工作。

（八）体育学

0269 陇东学院体育学
高校名称：陇东学院
专业名称：体育学
教师力量总数：36人
高级职称数量：21人
本科招生规模：454人
学　位：无
就业率：70%
简　介：培养德智体美全面发展，系统掌握体育教育专业基础理论、基本知识和基本技能，具有较强的实践能力，能从事学校体育教学、训练、竞赛工作和体育科学研究、学校体育管理、社会体育指导等工作的一专多能的复合型体育人才。

0270 河西学院体育教育
高校名称：河西学院
专业名称：体育教育
教师力量总数：40人

高级职称数量：26人
本科招生规模：125人
学　位：学士
就业率：67.6%
简　介：体育教育专业学制4年，授予教育学学士学位。现有教职工40人，副高以上26人。培养具有社会主义核心价值观，能胜任中小学体育工作，并能向多方向发展、服务地方社会经济发展，具有创新精神和实践能力的"基础实、能力强、素质高"的应用型人才。主干课程有运动解剖学、运动生理学、学校体育学、体育心理学、田径、篮球、排球、足球、武术、体操、体育保健学、健美操。就业方向为中小学体育教师、社会体育指导员、体育健身俱乐部教练等。

0271 兰州文理学院体育保健
高校名称：兰州文理学院
专业名称：体育保健

教师力量总数：19 人
高级职称数量：15 人
本科招生规模：100 人
学　位：无
就业率：96%
简　介：社会体育学院现有体育保健专业，在校生 300 余人，有教师 19 人，其中教授 3 人，副教授 12 人，讲师 4 人。以培养"复合型"人才为目标，建立了培养学生实践能力、实际操作能力为主要目的的体育健康文化实习实训实践课程教学平台，拥有一支优秀的实习实训实践课程教学团队，突出了蕴含深厚民族文化特色的敦煌拳艺文化、舞龙舞狮运动、现代体育休闲运动项目桌式足球三大特色建设，逐步形成了主修与辅修并举的多元办学格局。97% 以上的毕业生在取得毕业证的同时取得国家职业资格证，毕业生得到了用人企业和社会各界的好评。

0272 天水市体育运动学校竞技体育

高校名称：天水市体育运动学校
专业名称：竞技体育
教师力量总数：29 人
高级职称数量：5 人
学　位：无
就业率：90%
简　介：天水市体育运动学校前身为天水地区青少年业余体校，创建于 1959 年 11 月，1983 年 4 月更名为天水地区体育中学，1985 年成立天水地区体育运动学校，同年 8 月更名为天水市体育运动学校，是一所集九年制义务教育（附中部）、中等职业教育（中专部）和高等函授教育（西安体育学院、陕西理工学院函授点）为一体的全日制中等职业学校，是"省级重点体育运动学校"和"国家高水平体育后备人才基地"。现有教职工 67 人，其中专职教练员 29 人、专职文化课教师 21 人，行政后勤管理人员 9 人，工勤人员 8 人；学校开设田径、射击、摔跤、柔道、篮球、武术、跆拳道、乒乓球、自行车、足球、健美操、六人曲棍球等 12 个运动项目，有 9 个教学班（附中 3 个年级、中专 3 个年级），开设 19 门文化课。建校以来培养了 1800 多名体育工作者，向国家队、省优秀运动队输送了 300 多名优秀体育人才，向省内外高校输送了 143 名优秀运动员。代表天水市在甘肃省第八、第九、第十、第十一届运动会上均夺得金牌总数和团体总分前 2 名，在甘肃省第十二届运动会上夺得奖牌总数第四名和团体总分第 3 名的优异成绩，在甘肃省第十三届运动会上取得 55 金 39 银 28 铜，团体总分 1869 分，奖牌总数和团体总分均列全省第三名。

0273 西北民族大学民族传统体育学

高校名称：西北民族大学
专业名称：民族传统体育学
教师力量总数：51 人

高级职称数量：13 人
硕士招生规模：14 人
学　　位：硕士
就业率：100%
简　介：西北民族大学体育学院民族传统体育学硕士学位点设有民族传统体育项目研究、民族传统体育理论研究和敦煌体育考古研究3个方向。导师组导师14人。《雪域文化节》课题获甘肃省社会科学一等奖；《西北民族地区体育资源开发与利用》获甘肃省高等学校社科一等奖，《敦煌体育史料与考古研究》获甘肃省高等学校社科三等奖。出版《藏族体育》专著6部，参加了丝绸之路古代体育国际学术研讨会。

0274 天水师范学院社会体育指导与管理

高校名称：天水师范学院
专业名称：社会体育指导与管理
教师力量总数：16 人
高级职称数量：12 人
本科招生规模：55 人
学　　位：学士
就业率：95%
简　介：天水师范学院学制四年，授予教育学学士学位。有体育运动与健康学院设有体育教育、社会体育指导与管理、运动训练3个本科专业。建有国家体育总局青少年体育俱乐部、甘肃省社会体育指导员培训基地、亚洲高校健身职业人才培训基地等3个中心，有体育运动场馆7万多平方米，专业训练馆7个。有省级精品课程2门，校级精品课程4门，主干学科有体育学、公共管理。主要课程有社会体育概论、健康评价与运动处方、运动项目理论与实践等。培养具备适应社会发展需要，掌握社会体育指导与管理基础理论、知识与技能，能在社会体育活动中从事健身咨询、技术指导、组织管理等方面工作的应用型专门人才。现有在校普通本科生862人，专任教师中教授10人，副教授23人；外聘兼职教授9人；硕士以上23人。教师获国家、省（部）、市（厅、校）级科研项目立项28项，发表学术论文300余篇，其中核心28篇，出版教材、专著26部，获省高校社科成果奖、市社科成果奖12项。学生在甘肃省第一届和第二届大学生运动会分别获得3金6银4铜和1金7银10铜；在北京举办的全国大学生射击锦标赛获得3金1铜；在武汉举办的"耐克杯"全国大学生田径锦标赛获得1银2铜。

0275 天水师范学院体育教育

高校名称：天水师范学院
专业名称：体育教育
教师力量总数：21 人
高级职称数量：14 人
本科招生规模：110 人
学　　位：学士、硕士

就业率：95%

简　　介：天水师范学院学制四年，授予教育学学士学位。开设体育运动与健康学院设有体育教育、社会体育指导与管理、运动训练3个本科专业。建有国家体育总局青少年体育俱乐部、甘肃省社会体育指导员培训基地、亚洲高校健身职业人才培训基地等3个中心，有体育运动场馆7万多平方米，专业训练馆7个。有省级精品课程2门，校级精品课程4门，主干学科有体育学、公共管理。主要课程有体育学概论、运动解剖学、运动生理学、体育保健学等。培养具备适应社会发展需要，掌握社会体育指导与管理基础理论、知识与技能，能在社会体育活动中从事健身咨询、技术指导、组织管理等方面工作的应用型专门人才。现有在校普通本科生862人，专任教师中教授10人，副教授23人；外聘兼职教授9人；硕士以上23人。教师获国家、省（部）、市（厅、校）级科研项目立项28项，发表学术论文300余篇，其中核心28篇，出版教材、专著26部，获省高校社科成果奖、市社科成果奖12项。学生在甘肃省第一届和第二届大学生运动会分别获得3金6银4铜和1金7银10铜；在北京举办的全国大学生射击锦标赛获得3金1铜；在武汉举办的"耐克杯"全国大学生田径锦标赛获得1银2铜，参加"宏奥杯"全国大学生曲棍球锦标赛获女子曲棍球队比赛两连冠。

0276 陇南师范高等专科学校体育教育

高校名称：陇南师范高等专科学校
专业名称：体育教育
教师力量总数：30人
高级职称数量：6人
学　　位：学士、硕士
就业率：43%

简　　介：培养掌握体育学科基础知识和基本理论，具备良好的教师职业技能，具有奉献精神和创新实践能力，能够适应初等教育改革需要的小学和初中体育课教学的教师。主要课程有运动解剖学、运动生理学、学校体育学、体育保健学、体育绘图、田径、体操、球类、武术、健美操、体育游戏、小学体育教学与研究等专业课程及教育类课程和公共课程。

0277 兰州理工大学体育人文社会学

高校名称：兰州理工大学
专业名称：体育人文社会学
教师力量总数：7人
高级职称数量：7人
硕士招生规模：10人
学　　位：硕士
就业率：90%

简　　介：体育人文社会学硕士点以国家体育总局体育文化研究基地和丝绸之路文化研究所为依托，坚持自我发展和完善，力争为社会培养出德智体全面发展的应用型体育人才。

（九）新闻传播学

0278 兰州商学院新闻学

高校名称：兰州商学院
专业名称：新闻学
教师力量总数：16人
高级职称数量：8人
本科招生规模：120人/年
硕士招生规模：10人/年
学　位：新闻与传播专业硕士
就业率：32%/2014年
简　介：2002年开设兰州商学院新闻学专业，面向全国25个省（市）招生，2007年评为校级重点学科。专业课程设置为"两个平台""两个方向模块"。财经新闻方向模块：管理学、市场营销学、西方经济学、财经报道、媒介经营与管理、逻辑学、中外名记者及其作品赏析、传播心理学；网络新闻方向模块：计算机网络、网络新闻编辑、网页设计与制作、网络管理与维护、网络动画设计、媒介经营与管理、中外名记者及其作品赏析、传播心理学。

0279 甘肃广播电视大学兰州市分校新闻传播学

高校名称：甘肃广播电视大学兰州市分校
专业名称：新闻传播学
教师力量总数：1人
本科招生规模：2人
学　位：学士、硕士
就业率：100%
简　介：由兰州市政府批准成立的市属国家公办高等院校，以远程教育为主要学习形式，进行本、专科学历教育。有白银路和畅家巷两个校区，占地总面积18亩，建筑面积8000多平方米，下属8个县区电大工作站和1个教学点，各类在校生7000多人，累计培养各类毕业生40000多人。有多媒体教室26间、计算机网络教室21间、语音实验室14间，配置计算机1300多台，链接"中央电大试题库"和20多种不同类型的教育资源子网站，自建88门选修课程的网络资源。与西安交通大学、兰州大学等全国重点高校合作办学，开设理、工、农等70多个专业。市县两级电大教职工277人，选聘教师78人，2位教师获中央电大教学创新奖，多名教师获甘肃电大教学创新奖，31位教师获中央电大、省电大表彰，多位教师被省政府、市委、市教育局评为优秀教师、十大杰出青年；教师在省部级刊物发表论文100多篇。2002年至今连续多次受到中央和省电大、省市教育厅局等各级组织的各类表彰，2010 年获省校第四届"教学创新"、省校多媒体课件大赛、省校广告设计大赛和省校学生案例设计与分析大赛组织奖等多项奖项，2012 年中央电大成立"国家开放大学"，兰州电大挂牌"国家开放大学（甘肃）兰州学院"。

0280 甘肃政法学院新闻学

高校名称：甘肃政法学院

专业名称：新闻学

教师力量总数：13 人

高级职称数量：2 人

本科招生规模：250 人

学　位：学士

就业率：32%/2014 年

简　介：2002 年设立新闻学专业，2003 年招生，至今共计招生 12 届，现有在校学生 230 名。新闻学专业依托甘肃政法学院优势，设置了法制新闻专业方向，形成了独有的法制新闻特色。

0281 兰州大学新闻传播学

高校名称：兰州大学

专业名称：新闻传播学

教师力量总数：36 人

高级职称数量：17 人

硕士招生规模：76 人 /2014 年

学　位：硕士

就业率：74.36%/2014 年

简　介：兰州大学新闻传播学科建设起始于 1959 年兰州大学中文系新闻专业，1983 年复系，20 世纪 80 年代成立西北文化研究中心，现有新闻传播学一级学科硕士点 1 个，传播学 (1998 年) 和新闻学（2001 年）二级学科硕士点 2 个，2010 年新增新闻与传播硕士专业学位授予点，传播学为甘肃省重点学科，设有新闻学、传播学两个研究所。依托"985 工程"项目和教育部修务专项资金改扩建成 6000 平方米"新传媒教学科研实验中心"和"新闻传播多媒体数据库"等实体机构，成立了"中国西部舆情调查中心"，与复旦大学传媒与舆情调查中心建立高校合作联盟，和甘肃省委宣传部、外宣办合作展开舆情调查与分析项目，联合运作甘肃新闻网站。承担国家社科基金项目 2 项，教育部社科基金项目 10 项，国际合作项目 1 项，甘肃省社科规划项目 10 项，兰州大学"中央高校基本科研业务费专项资金"项目 18 项，横向课题 80 余项。

0282 河西学院广播电视学

高校名称：河西学院

专业名称：广播电视学

教师力量总数：8 人

高级职称数量：2 人

本科招生规模：30 人

硕士招生规模：0 人

博士招生规模：0 人

学　位：学士

就业率：72.9%

简　介：学制 4 年，授予文学学士学位。培养德、智、体、美全面发展，专业基础扎实，具有良好的人文科学、自然科学素养以及良好的职业道德，能从事新闻采访、写作、报道、编辑、摄录、制作、主持、策划、评论及媒介管理等工作，具有一定创新精神和实践能力的"基础实、能力强、素质高"的应用型人才。主干课程有传播学、新闻学概论、广播电视概论、新闻采访学、新闻写作、电视新闻学、电视节目策划与编导、媒介经营与管理、电视节目制作。就业方向为电视台、电台、报社、新闻网站、企事业单位宣传部门、电教馆、文化传播公司、数码影像制作公司等。

0283 兰州商学院网络与新媒体

高校名称：兰州商学院
专业名称：网络与新媒体
教师力量总数：16 人
高级职称数量：8 人
本科招生规模：60 人/年
学　　位：学士
就 业 率：无
简　介：学制 4 年，授予文学学士学位。培养具有新闻学、传播学知识背景，熟练掌握新媒体及网络媒体应用技能，系统掌握网络与新媒体方面的综合专业知识，通晓新闻传播政策和法规，能够胜任各种专业网站以及企业、报社、学校、机关等党政机关、企事业单位从事网络与新媒体、网络传播和网络管理等工作，具有较高的政治素质、人文素养、实践能力和创新意识的应用型、复合型新媒体传播人才。主要课程网络音视频编辑、网络音视频编辑实验、网络动画设计、网络动画设计实验、图像处理技术、图像处理技术实验、网页设计与制作、网页设计与制作实验、网络专题策划与制作、媒介经营与管理、新媒体技术、计算机 3D 技术、网络新闻编辑、中国文化概论、传播学概论、新闻学概论、计算机网络、编辑理论与实务、电子与网络出版、新闻采访与写作、新闻评论、中外新闻事业史、舆论学、新媒体理论与应用等。毕业生适合在各类专业网站、企业、报社、学校、党政机关、企事业单位从事网络与新媒体、网络传播和网络管理等工作。

0284 兰州文理学院新闻采编与制作

高校名称：兰州文理学院
专业名称：新闻采编与制作
教师力量总数：10 人
高级职称数量：1 人
本科招生规模：165 人
学　　位：无
就 业 率：87.80%
简　介：有专职教师 20 人，其中教授 3 人，副教授 7 人，博士 2 名，硕士 11 名，2 位教育部相关专业教育指导委员会委员。设有新闻学 1 个本科专业，新闻采编与制作、出版与发行、影视编导 3 个专科专业。根据 3 个专业实验教学要求，规划综合性专项实验室 8 个。设立一报一刊一站一中心一个工作室，提高学生实践操作能力，多渠道建立实践基地，力求实验、实训、实习三位一体，实现实习与就业接轨。

0285 兰州文理学院出版与发行

高校名称：兰州文理学院

专业名称：出版与发行

教师力量总数：6 人

高级职称数量：5 人

学　位：无

就业率：85%

简　介：设有新闻学 1 个本科专业，新闻采编与制作、出版与发行、影视编导 3 个专科专业。

0286 河西学院数字媒体艺术

高校名称：河西学院

专业名称：数字媒体艺术

教师力量总数：5 人

高级职称数量：1 人

本科招生规模：40 人

学　位：学士

简　介：学制 4 年，授予艺术学学士学位。专业方向为动漫和影视制作。2013 年开始招生，培养德、智、体、美全面发展，适应 21 世纪社会经济发展和社会主义现代化建设需要，热爱数字媒体传播事业，懂得数字媒体传播规律，掌握新时期党和国家传媒政策法规，富有时代特征、创新精神和实践能力的新型传媒领域的应用型、复合型专业人才。主干课程有平面、立体、色彩构成；动画原理；造型艺术基础；视听语言；数字视频非线性编辑；计算机动画；游戏软件设计；数字广告创意与设计；多媒体技术与艺术基础；虚拟现实技术；视觉传达设计；新媒体艺术。就业方向为在广播电视宣传部门、网络媒体公司、信息传播产业、文化传媒行业从事新闻宣传、影视创作、广告策划和设计、娱乐游戏和动画设计、工业产品包装设计、建筑和城市环境设计、人居环境设计以及媒介管理等工作。

0287 兰州商学院长青学院广告学

高校名称：兰州商学院长青学院

专业名称：广告学

教师力量总数：18 人

高级职称数量：1 人

本科招生规模：40 人

学　位：学士

就业率：75%

0288 兰州商学院广告学

高校名称：兰州商学院

专业名称：广告学

教师力量总数：8 人

高级职称数量：2 人

本科招生规模：112 人 / 届

学　位：学士

就业率：50.54%

简　介：实行限制弹性学制，年限 3—6 年，学生必修课理论教学学分取得 115 学分；专业选修课理论教学学分至少取得 15 学分；综合素质选修课取得 20 学分；课内理论教学累计至少取得 150 学分。教学实践环节学分为社会调查 2 学分，专业实习 2 学分，毕业实习 4 学分，毕业论文 4 学分，军训 1 学分，共计 13 学分，学生在校期间，至少取得 163

学分，方可毕业。授予文学学士学位。主要课程有传播学概论、广告学概论、广告策划与创意、广告文案写作、广告媒体研究、广告效果研究、网络广告、广告经营与管理等。以培养具有较高政治和人文素养、专业技术、实践能力和创新意识，系统掌握广告学、管理学、策划学等方面的综合专业知识，熟悉我国广告政策法规，具备广告经营管理、广告策划创意和广告设计制作等基本技能，能够胜任媒体及相关广告部门、广告公司及文化传媒等部门工作，具有创新精神和实践能力的应用型、复合型高级专门人才为目标。

0289 甘肃政法学院广告学

高校名称：甘肃政法学院
专业名称：广告学
教师力量总数：13 人
高级职称数量：1 人
本科招生规模：193 人
学　位：学士
就业率：37%
简　介：广告学专业 2009 年招生，现已招收六届学生，其中在校学生 194 人，两届毕业学生 72 人。现有教师 9 人，其中高级职称 1 人，讲师 7 人，助教 1 人。专业成立五年来，本着培养高层次、应用型广告专业人才的理念，着力打造学生具有正确政治立场和坚定政治信念，具有开拓创新意识和社会奉献精神；掌握广告学、传播学、艺术学等方面的知识；了解市场调查与市场营销、法学、商务知识、广告法律法规、公共关系学的基本知识；具备现代广告创意与制作的能力、市场分析和数据处理的能力、广告调查、媒介经营及广告效果评估等专业技能。

0290 兰州外语职业学院广告设计与制作

高校名称：兰州外语职业学院
专业名称：广告设计与制作
教师力量总数：11 人
高级职称数量：2 人
就业率：78.48%
简　介：以培养适应社会发展与地方经济建设需要，具有良好思想道德、职业道德、文化素质和心理素质，具有良好广告设计与制作实际应用能力、沟通能力和组织协调能力，可在广告设计及其他与广告专业相关的服务和管理部门从事平面视觉传播创意策划设计等相关工作的技能型人才为目标。主要课程有广告设计、包装设计、展示设计、摄影、网页设计、计算机图形设计、标志设计、字体设计与编排、CI 设计。就业领域是广告设计、CI 创意设计、平面设计、影视设计、多媒体设计（含网页设计）、墨稿制作、美工制作、印刷设计、文案策划、室内设计及图文设计等相关人员。

0291 兰州文理学院广告设计与制作

高校名称：兰州文理学院
专业名称：广告设计与制作
教师力量总数：11 人
高级职称数量：1 人
就业率：46.8%
简　介：开设课程有设计基础、图形设计、

字体设计与编排、计算机辅助设计、印刷工艺、广告摄影、广告学概论、广告策划创意学、广告设计、商品包装设计等。以培养适应地方经济建设和社会发展需要，掌握现代广告设计基本知识及理论，具备广告设计、策划、制作技能，能够胜任广告行业的设计、生产、经营一线工作需要的应用型人才为目标。通过三年在校学习，要求学生掌握现代广告设计的基本理论和方法，了解国内广告业的现状和发展趋势；掌握现代包装设计、书籍装帧设计、VI设计、广告摄影、网页设计等相关专业知识。具有较强的广告设计与实施、经营与管理、创意与策划等专业技能；具有较强的平面设计技能，能熟练运用计算机进行广告设计与制作；具备从事广告行业一线工作的设计与制作、创意与策划、经营与管理的能力。开设专业实训、综合实训、毕业设计、毕业（顶岗）实习等专业主要实践环节。毕业生主要从事广告设计师、平面设计师、电脑制图员、商场美工、广告策划师等岗位。

0292 甘肃工业职业技术学院广告设计与制作

高校名称：甘肃工业职业技术学院
专业名称：广告设计与制作
教师力量总数：18人
高级职称数量：9人
就业率：80%
简　　介：广告设计与制作专业2001年招生，2003年更名为广告设计与制作专业，毕业学生280多名。以培养学生德、智、体、美等全面发展，具有广告设计与制作基本文化知识，掌握广告设计与制作基础技能、辅助技能和核心技能；能从事广告业务管理、营销、策划、创意设计、后期执行等工作；具备较强的广告营销、客服、设计创意和制作能力为目标。校内实训室现有造型基础实训、广告设计与制作实训和创意工作室，建成多家校外实训基地。主要课程有设计基础、造型基础、版式设计、字体设计、广告策划、图形创意、计算机图形设计（Coreldraw、Photoshop、Illustotar、Flash、3dmax）、广告摄影、广告设计、广告综合实训、展示设计、商业插画、广告心理学、标志与VI设计等。教学团队总人数10人，副高级以上职称1人，研究生学历2人，"双师型"专职教师3人，兼职教师人数2人。在全国各级大赛中获得奖项13项，专利证书52项。就业方向为专业广告公司、平面设计公司、电视台、企事业单位、宣传部门等从事广告业务管理、广告宣传策划、平面设计、广告制作等工作。

0293 兰州交通大学产品设计

高校名称：兰州交通大学
专业名称：产品设计
教师力量总数：12人
高级职称数量：5人
本科招生规模：60人/年
学　　位：学士、硕士、博士
简　　介：产品设计设有工业设计研究所、产品设计工作室、模型工作室，拥有工业设计博士学位授权点、工业设计硕士学位授权点。现有专任教师12人，其中具有博士、硕士学位的教师占83%。主要课程有设计制图、材料与成型工艺、设计表达、计算机辅助设计、产品设计工程基础、产品开发与设计、产品模型制作、交通工具设计、交互设计等。毕业生掌握工业产品设计、机械电子技术、工程技术等基础理论和相关专业技术知识，具有独立从事产品造型设计、计算机辅助设计、企业形象设计、展示艺术设计、综合艺术创作等方面的能力。

0294 兰州商学院陇桥学院产品设计

高校名称：兰州商学院陇桥学院
专业名称：产品设计
教师力量总数：5 人
高级职称数量：3 人
本科招生规模：41 人
学　位：学士
简　介：产品设计专业为四年制本科，授予艺术学学士学位，可考取三维产品设计师、工业产品造型助理设计师等相关资格证书。主要课程有结构素描、设计色彩、构成基础、装饰基础、阴影透视、图形创意、人机工程学、效果图与表现、计算机辅助设计、造型材料与工艺、设计程序与方法、产品形态设计与分析、模型制作、产品设计、展示设计、工业设计概论等。以培养具备当代工业产品造型设计理论基础，具有扎实的设计基础和现代商学素养、熟悉产品设计的流程和市场需求、掌握较为先进的设计方法和设计理论前沿知识、具备良好创新意识和产品设计研发能力的应用型专门人才为目标。毕业生可在产品设计机构和科研院所从事产品外观与形态设计与研发、产品模型设计与制作等工作。

0295 兰州理工大学产品设计

高校名称：兰州理工大学
专业名称：产品设计
教师力量总数：7 人
高级职称数量：4 人
本科招生规模：45 人
硕士招生规模：6 人
学　位：学士、硕士
就业率：72.7%
简　介：本专业培养适应我国当前及未来社会发展需要，具有扎实的设计学基础理论及产品造型能力、良好的职业技能和素质、深厚的设计文化素养及宽广的设计技术基础，能在企事业单位、专业设计公司从事以产品创新、创意为重点的设计、管理、科研或教学工作，也能从事与产品设计相关的视觉传达设计、信息设计、环境设施设计或展示设计工作，成为基础理论实、专业口径宽、工程能力强、综合素质高，具有国际视野和创新精神的应用型高级专门人才。

0296 甘肃工业职业技术学院旅游工艺品设计与制作

高校名称：甘肃工业职业技术学院
专业名称：旅游工艺品设计与制作
教师力量总数：18 人
高级职称数量：9 人
就业率：85%
简　介：设置课程有素描、色彩、中国民间美术、工笔白描、雕漆工艺、传统泥塑、竹编竹雕、景泰蓝掐丝工艺、PHOTOSHOP、3DMAX、产品造型设计、工艺品包装设计等。学院地处羲皇故里具有地域文化的艺术环境优势，使学生能够学到比其他同类院校更具创意理念和现代化的制作手法。就业范围为全国各地域性旅游工艺品设计、加工制作企业，旅游产品开发、设计单位，可从事各种工艺品设计、加工、制作等。

0297 兰州交通大学视觉传达设计

高校名称：兰州交通大学
专业名称：视觉传达设计
教师力量总数：1 人
高级职称数量：5 人
本科招生规模：60 人 / 年
学　　位：学士
就业率：60%/2014 年
简　　介：视觉传达设计专业下设有现代广告战略研究所、平面设设计工作室、材料与壁画工作室。现有专任教师 9 人，其中博士、硕士占教师总数的 82%。毕业生应掌握设计学、广告学等基础理论和相关专业技术知识，具有独立从事平面设计、书籍设计、展示设计、广告策划、摄影摄像、艺术创作、广告经营与管理等方面的能力。主干课程有广告理论与策划实务、广告创意与表达、字体与版式设计、标志设计与 CIS 开发、产品包装与展示、插图与书籍设计、非线性编辑与后期特效、纪录片与影视广告创作、壁画与综合材料表现等。

0298 兰州商学院视觉传达

高校名称：兰州商学院
专业名称：视觉传达
教师力量总数：15 人
高级职称数量：5 人
本科招生规模：352 人
学　　位：学士
就业率：72.3%
简　　介：1994 年视觉传达专业招本科生，现有 17 个教学班，专业教师 15 人，其中教授、副教授 5 人，博士、硕士 13 人。艺术设计特色主要体现在设计艺术基础理论教育研究、平面设计应用研究、西部地区企业形象塑造研究、设计美学研究、当代设计艺术发展研究等方面。承担完成省部级科研课题 7 项，目前主持省部级科研课题 2 项；教师出版专著与教材 9 部；发表学术论文及设计作品 126 篇 / 件；设计和创作成果获国家与省级奖 50 余项；多项设计作品被社会采用，如国家食品企业质量安全监测中心、雪顿乳业、铁道部第一勘测设计院、三星石化总公司、中川机场等。艺术设计系视觉传达专业在校学生数百人次获得国内外设计大赛奖项，毕业生中取得国际国内设计大奖多项，其中代表性有戛纳广告节银狮奖、莫比广告奖、国际商标标志双年展全场金奖、第十一届全国美展银奖、上海双年展优秀奖等。

0299 兰州商学院陇桥学院视觉传达设计

高校名称：兰州商学院陇桥学院
专业名称：视觉传达设计
教师力量总数：18 人
高级职称数量：7 人
本科招生规模：87 人
学　位：学士
就业率：83.3%/2013 年
简　介：视觉传达设计专业四年制本科，授予艺术学学士学位。培养具备现代视觉传达设计理论及最新发展趋势，具备扎实的本学科专业知识和专业技能，具有较高的文化艺术素养及设计创新能力和实践能力，熟悉现代新科技制作手段，从事机构形象设计、包装设计及媒体艺术等的应用型专门人才。主要课程有计算机辅助设计、图形设计、编排设计、标志与机构形象设计、二维动画设计、招贴设计、广告设计、包装设计、书籍装帧设计、展示设计、视觉传达设计理论等。工作适用范围为报社、电视台等机构从事设计、栏目包装、平面设计与数字艺术处理和影视动画特效制作。本专业可考取的相关资格证书有 ace 平面设计师、ACAA 认证视频编辑师和动漫设计师等。

（十）艺术学

0300 陇东学院艺术学

高校名称：陇东学院
专业名称：艺术学
教师力量总数：64 人
高级职称数量：19 人
本科招生规模：1034 人
学　　位：无
就业率：76%
简　　介：培养适应基础教育发展需要，具有扎实专业基本理论、基本知识和基本技能，具有广博专业知识和一定科学文化素养，良好科学研究训练和专业创作训练，具有开拓创新精神和专业实践能力，符合德、智、体、美全面发展的要求，能够终身学习，可以从事各类学校美术教育、美术创作、设计生产和研究的应用型复合型专业人才。

0301 兰州商学院公共艺术

高校名称：兰州商学院
专业名称：公共艺术
教师力量总数：15 人
高级职称数量：5 人
本科招生规模：614 人
学　　位：学士
就业率：82.7%
简　　介：2005 年增设公共艺术与装饰绘画专业方向，2011 年经院系建制调整正式设立公共艺术系，现有公共艺术和环境设计两个专业，有在校生 614 名，专业教师 14 人，其中教授、副教授 5 人，具有硕士学历 11 人。教师团队中有高级室内建筑师、中国建筑学会室内设计分会 (CIID) 常务理事、中国建筑学会室内设计分会室内建筑师、甘肃省建筑装饰协会理事、中国包装协会会员、中国陶瓷工业协会会员等，部分教师获全国百名优秀室内建筑师、全国杰出设计师等称号。教师作品多次入选全国展览及设计竞赛并获奖，同时还主持了大量建筑装饰及公共空间装饰设计项目，如甘肃省博物馆改造方案设计、内蒙古太平洋大酒店、宁夏固原政府办公大楼、宁夏医科大学综合办公楼装修设计、甘肃大剧院室内饰品设计项目等重视对传统艺术的继承和发展，突出人文与设计技艺并重的人才培养特点，立足甘肃，服务西北，面向全国，培养具有扎实的造型基础、掌握环境设计技能、公共空间设计及艺术创作能力的高素质优秀人才。

0302 兰州大学音乐学

高校名称：兰州大学

专业名称：音乐学

教师力量总数：27 人

高级职称数量：6 人

硕士招生规模：5 人 /2014 年

学　　位：硕士

就业率：37.5%/2014 年

简　　介：兰州大学音乐学是硕士学位授权点，有"音乐史论研究""声乐演唱与声乐理论研究"两大专业方向，其中，"音乐史论研究"方向主要研究中国音乐史和外国音乐史，包括学习和研究音乐的起源、形成、流变、发展、社会背景、宗教、文化，以及音乐的流派、题材、体裁、风格、特点、乐器、乐律、作品、人物、年代、地域、音乐思想、音乐交流等相关问题。尤其在中国音乐史方面重点学习和研究远古、先秦至今的各个历史朝代中国传统音乐、各民族民间音乐、都市音乐、音乐教育等方面的现象和规律。重点关注我国现当代音乐文化的生存、传播、发展、创新。从音乐本体研究、音乐美学研究、音乐社会学及音乐民族学的研究角度观察和发现。"声乐演唱与声乐理论研究"主要研究美声和民族声乐，包括声乐技术的学习与研究、声乐理论的学习与研究，以及歌唱艺术审美的学习与研究。具体涉及歌唱方法、舞台表演、艺术表现、歌唱心理、歌唱美学原理、声乐艺术在国内外的产生、形成、流变与发展，尤其关注中国声乐文化艺术的教学、表演、传播与发展。兼顾民族民间音乐、地方民歌的学习了解、演唱和研究。

0303 河西学院音乐学

高校名称：河西学院

专业名称：音乐学

教师力量总数：29 人

高级职称数量：11 人

本科招生规模：80 人

学　　位：学士

就业率：60.64%

简　　介：学制 4 年，授予文学学士学位。专业方向声乐和器乐，设有理论、声乐、器乐、艺术四个教研室，现有在校学生 514 人。主干课程有声乐、器乐、音乐理论基础等。现有专职教师 25 人，其中教授 6 人，副教授 5 人，讲师 11 人，助教 4 人，具有硕士研究生学历 12 人；外聘兼职教师 9 人。获全国学校艺术教育先进单位；1 名教师获甘肃省艺术教育先进个人荣誉称号，2 名教师分别获全国青年歌手大奖赛甘肃赛区银奖和甘肃省专业声乐、器乐、舞蹈大赛金奖；5 项成果分别获敦煌文艺奖、甘肃省社科成果奖、甘肃省青年社科成果奖、甘肃省教育厅教学成果奖和甘肃省电视文艺奖；30 余人次获全国"音乐金钟奖"、"青春中国"甘肃赛区一、二、三等奖、创作奖和优秀指导教师奖；10 余人次获校级教学各类奖项。发表论文 200 余篇；出版教材、专著 9 部；发行 DVD、CD 光盘 9 张；主持国家社科基金、甘肃省社科等课题 10 余项；省级精品课程 1 门，校级精品课程 3 门，校级重点课程 9 门。学生参与校内艺术实践活动 1000 余人次；参加国家、省、市各类比赛 800 人次，获奖 500 人次；舞蹈《超越》获第九届全国校园春节晚会银奖。

乐课标解读及教材分析、戏剧编演与名作欣赏、校园文艺演出策划。师生在国家级，省、市级各类比赛中获奖 50 余次，在省级以上刊物发表学术论文 130 余篇，出版专著 10 余部。

0304 天水师范学院音乐学

高校名称：天水师范学院
专业名称：音乐学
教师力量总数：31 人
高级职称数量：9 人
本科招生规模：60 人
学　　位：学士
就业率：95%

简　介：学制四年，授予艺术学学士学位。设有音乐学、音乐表演、舞蹈学 3 个本科专业。建有现代化的音乐厅、多媒体教室、专业琴房、数码钢琴教室、专业舞蹈形体教室、MIDI 音乐制作实验室和丰富的音像图书资料室，省级精品课程 1 门。现有在校生 501 人，教职工 39 人；专任教师 34 人，其中教授 2 人，副教授 6 人，讲师 16 人，硕士 15 人。培养具有良好的职业素养、先进的教育理念、音乐专业功底扎实、熟练掌握教师职业技能，具有高尚的师德、健康的心理和健全的人格，能够从事中小学音乐教学的合格教师。主干学科：音乐学、教育学。主要课程：声乐、器乐、中外国音乐史、中外音乐名作鉴赏、合唱与指挥、歌曲写作与电脑音乐创编、多声部音乐分析与习作、钢琴伴奏与编配、音

0305 西北民族大学音乐学

高校名称：西北民族大学
专业名称：音乐学
教师力量总数：39 人
高级职称数量：39 人
本科招生规模：0 人
硕士招生规模：54 人
学　　位：硕士
就业率：58.6%

简　介：音乐为艺术学二级学科。本校音乐硕士学位点 2010 年招生，有声乐演唱、器乐演奏、作曲与作曲技术理论 3 个学科方向。导师队伍实力雄厚，有著名作曲家尚德义教授、著名音乐学家李曙明教授、资深声乐教育家赵景华教授、钢琴教育家李强教授、二胡教育家贾纪文教授等老一辈专家群体；苏燕、赛音、张栋、李英霞、李凤莲、宋乃娟、康晓丽、李玮等中年专家教授群体；著名作曲家王西麟、陆在易、王世光、刘聪，著名歌唱家迪里拜尔、马头琴演奏家齐宝力高、意大利歌唱家保罗·科尼、美国钢琴艺术家安·劳温等国内外兼职教授群体。有音乐美学、声乐演唱、钢琴、小提琴、二胡、扬琴演奏等专业方向的两届学生毕业。就业学生分布

在中央、省级艺术团体和国内外音乐学院。

0306 兰州商学院音乐表演

高校名称：兰州商学院
专业名称：音乐表演
教师力量总数：24人
高级职称数量：9人
本科招生规模：202人
学　　位：学士
就业率：58.6%
简　　介：艺术学院音乐表演系成立于2002年，现有在校学生202人，教师22人，其中教授1人，副教授8人，在读博士2人，讲师13人。培养具有音乐表演能力，能在专业文艺团体、艺术院校及广播、电影、电视等部门从事表演、教学及研究工作的高级专门人才。音乐表演专业充分利用综合性大学办学模式上的优势和相关学科的雄厚基础，加强音乐表演专业的投入，改革管理机制，增强学科力量，促进音乐表演与其他学科的联系、渗透和发展，优化配置教育资源，提高教育质量，解决学科单一的问题，充分发展学生的个性化教育和美育教育。多次在全国和省级比赛中获奖，为学校争得了荣誉。

0307 河西学院音乐表演

高校名称：河西学院
专业名称：音乐表演
教师力量总数：29人
高级职称数量：11人
本科招生规模：40人
学　　位：学士
就业率：60%
简　　介：学制4年，授予艺术学学士学位。专业方向声乐和器乐，设有理论、声乐、器乐、艺术四个教研室，现有在校学生514人。主干课程有声乐、器乐、音乐理论基础等。现有专职教师25人，其中教授6人，副教授5人，讲师11人，助教4人，具有硕士研究生学历12人；外聘兼职教师9人。获全国学校艺术教育先进单位；1名教师获甘肃省艺术教育先进个人荣誉称号，2名教师分别获全国青年歌手大奖赛甘肃赛区银奖和甘肃省专业声乐、器乐、舞蹈大赛金奖；5项成果分别获敦煌文艺奖、甘肃省社科成果奖、甘肃省青年社科成果奖、甘肃省教育厅教学成果奖和甘肃省电视文艺奖；30余人次获全国"音乐金钟奖"、"青春中国"甘肃赛区一、二、三等奖、创作奖和优秀指导教师奖；10余人次获校级教学各类奖项。发表论文200余篇；出版教材、专著9部；发行DVD、CD光盘9张；主持国家社科基金、甘肃省社科等课题10余项，省级精品课程1门，校级精品课程3门，校级重点课程9门。学生参与校内艺术实践活动1000余人次；参加国家、省、市各类比赛800人次，获奖500人次；舞蹈《超越》获第九届全国校园春节晚会银奖。

0308 兰州文理学院音乐表演

高校名称：兰州文理学院
专业名称：音乐表演
教师力量总数：37 人
高级职称数量：8 人
本科招生规模：160 人
学　位：无
就业率：44.8%
简　介：音乐表演专业（非师范类）学制四年，培养适应社会主义现代化建设需要，德、智、体、美全面发展的，具有创新精神、较强实践能力和良好职业道德，掌握音乐舞蹈表演专业必需的基本理论、专业知识、基本技能和专业应用技术能力的应用型、复合型人才。主要课程有声乐、器乐演唱或演奏、钢琴基础、合唱与指挥、舞台综合表演与实践、视唱练耳、敦煌等舞蹈类课程、音乐基本理论、电脑音乐与制作、歌曲写作、奥尔夫教学法、裕固族音乐演唱与赏析、花儿演唱与表演。毕业生可到专业院团担任演奏、演唱、创作员；可在基层企事业单位、中小学、电台、电视台、文艺出版社从事音乐表演、舞蹈表演、教学、管理及文艺编辑、节目编排策划等工作。

0309 天水师范学院音乐表演

高校名称：天水师范学院
专业名称：音乐表演
教师力量总数：31 人
高级职称数量：9 人
本科招生规模：60 人
学　位：学士
就业率：95%
简　介：学制四年，授予艺术学学士学位。设有音乐学、音乐表演、舞蹈学 3 个本科专业。建有现代化的音乐厅、多媒体教室、专业琴房、数码钢琴教室、专业舞蹈形体教室、MIDI 音乐制作实验室和丰富的音像图书资料室，省级精品课程1门。现有在校生501人，教职工39人；专任教师34人，其中教授2人，副教授6人，讲师16人，硕士15人。培养具有良好的职业素养、先进的教育理念、音乐专业功底扎实，熟练掌握教师职业技能，具有高尚的师德、健康的心理和健全的人格，能够从事中小学音乐教学的合格教师。主干学科有音乐学、教育学，主要课程：声乐、器乐、中外音乐史、中外音乐名作鉴赏、合唱与指挥、歌曲写作与电脑音乐创编、多声部音乐分析与习作、钢琴伴奏与编配、音乐课标解读及教材分析、戏剧编演与名作欣赏、校园文艺演出策划。师生在国家级、省、市级各类比赛中获奖 50 余次，在省级以上刊物发表学术论文130余篇，出版专著10余部。

0310 武威职业学院音乐表演

高校名称：武威职业学院
专业名称：音乐表演
教师力量总数：9 人

高级职称数量：1 人

学　位：无

就业率：90%

简　介：音乐表演专业培养具备音乐表演与创作的实践能力，能在艺术专业团体以及企、事业单位从事相关音乐表演、管理等方面工作的专门人才。主要专业课程有音乐理论基础、和声、歌曲作法、曲式作品分析、艺术概论、中国音乐史、西方音乐史、视唱练耳、声乐、钢琴、即兴伴奏、合唱与指挥、舞蹈、音乐欣赏、电脑音乐制作、中国民乐、西洋乐器等。就业方向在为社会艺术团体以及企、事业单位从事相关音乐表演、管理等工作。

0311 兰州文理学院音乐表演

高校名称：兰州文理学院

专业名称：音乐表演（航空乘务）

教师力量总数：20 人

高级职称数量：5 人

本科招生规模：49 人

学　位：无

简　介：培养具有从事民航运输服务及航空延伸服务行业管理与服务技能的能力，初步具有一定的客舱服务技能，设备检查等能力，具有一定的餐饮管理和服务技能；具有较强的语言表达能力、社交能力、从事外交接待能力、应变能力和创新精神；能在各大航空公司担任航空乘务、地勤、安检等工作。主要课程有专业礼仪、形体训练、管理学基础、旅游概论、乘务英语、形象设计、世界旅游地理、医疗常识与急救、客房服务与管理、餐饮服务与管理、民航旅客运输、民航货物运输、机场管理与服务、航空公司市场营销、音乐舞蹈、播音与主持等。

0312 兰州文理学院音乐表演（专科）

高校名称：兰州文理学院

专业名称：音乐表演（航空乘务）

教师力量总数：37 人

高级职称数量：17 人

学　位：无

就业率：66.7%

简　介：音乐表演专业专科有教师 37 人，其中教授 4 人，国家一级演员 1 人，副教授 6 人，高级讲师 6 人，讲师 15 人，助教 5 人。我们秉承以"质量求生存、以特色求发展、以服务求支持"的专业建设思路，"会教、会弹、会唱、会表演、会组织、会策划"是培养目标；凸显"音乐辅修舞蹈"的培养模式；坚持"音乐理论和艺术实践相结合"的教学形式；加强学生艺术实践实训的能力锻炼；以培养学生实际操作能力为主；在复合型、应用型上下功夫，使学生既能站得住讲台又能站得住舞台，为学生多渠道、多形式就业打下坚实的基础。毕业生可到专业院团担任演奏、演唱、创作员；可在基层企事业单位、中小学、电台、电视台、文艺出版社从事音乐表演、舞蹈表演、教学、管理及文艺编辑、节目编排策划等工作。

0313 兰州文理学院音乐表演

高校名称：兰州文理学院

专业名称：音乐表演（幼教师资）

教师力量总数：37 人
高级职称数量：17 人
学　位：无
就业率：50%
简　介：音乐教育幼教师资有教师 37 人，其中教授 4 人，国家一级演员 1 人，副教授 6 人，高级讲师 6 人，讲师 15 人，助教 5 人。

0314 兰州文理学院音乐表演（专科）

高校名称：兰州文理学院
专业名称：音乐表演（专科）
教师力量总数：37 人
高级职称数量：17 人
学　位：无
就业率：66.7%
简　介：音乐表演专业专科教师 37 人，其中教授 4 人，国家一级演员 1 人，副教授 6 人，高级讲师 6 人，讲师 15 人，助教 5 人。

0315 天水师范学院舞蹈学

高校名称：天水师范学院
专业名称：舞蹈学
教师力量总数：3 人
高级职称数量：0 人
本科招生规模：30 人
学　位：学士
就业率：95%
简　介：学制四年，授予艺术学学士学位。设有音乐学、音乐表演、舞蹈学 3 个本科专业。

0316 兰州外语职业学院舞蹈表演

高校名称：兰州外语职业学院
专业名称：舞蹈表演（专科）
教师力量总数：6 人
高级职称数量：2 人
学　位：无
就业率：66.7%
简　介：培养具有扎实的舞蹈表演专业基础知识和较高的专业技能，以及必要的文艺素养和良好的思想道德与职业道德素质，并能适应区域经济发展的需要，可在社会各类文化机构、专业文艺团体、艺术培训中心、群众文化艺术团体，企业及学校等单位从事舞蹈表演、编导、艺术管理及教学等相关工作的高等应用性专门人才。主要课程有中国古代舞蹈史、中国民族民间舞、芭蕾舞集训、西方芭蕾舞、素质技巧、舞蹈剧目训练、现代舞、舞蹈教学法、舞蹈创编、艺术作品欣赏。就业岗位为中小学及幼儿园舞蹈教学人员、舞蹈表演人员、民间企业团体舞蹈创编、排练、管理及宣传人员等。

0317 西北民族大学音乐与舞蹈学

高校名称：西北民族大学
专业名称：音乐与舞蹈学
教师力量总数：4 人
高级职称数量：4 人
硕士招生规模：6 人
学　位：硕士
就业率：100%
简　介：2009 年由舞蹈学院申请在中国少数民族艺术学科下设立舞蹈方向，其中包括西北民族民间舞蹈艺术和敦煌舞蹈研究，2010 年招收硕士研究生，2011 年经学校组织由音乐学院和舞蹈学院联合申报音乐与舞蹈学一级学科获批，2012 年招收首批艺术学硕士研究生，下设西北民族民间舞蹈艺术和敦煌舞蹈研究两个方向，2015年招生计划中新增加舞蹈基础理论研究方向。2014年获批舞蹈艺术硕士一级学科，下设舞蹈编导和舞蹈表演两个方向。西北民族民间舞和敦煌舞为学院重点发展学科。出版《敦煌舞教程》《回族民间舞女班教程》《裕固族民间舞教材》等系列教材，高金荣教授创作了如《千手观音》《莫高女神》《香音神礼赞》《妙音反弹》等一批舞蹈教学节目。敦煌舞蹈研究方向以精准掌握《敦煌舞教程》的教学内容为基础，深入学习敦煌古代乐舞史料，研究学习"敦煌舞教学法"，深入了解敦煌舞的形成、发展、理解教学法并完成"敦煌舞教学法"书稿。通过研究生的学习、实践、创造，力争把敦煌舞表演人才培养、敦煌舞蹈文化学术研究、教学研究和敦煌舞作品创作建成敦煌舞蹈文化基地。

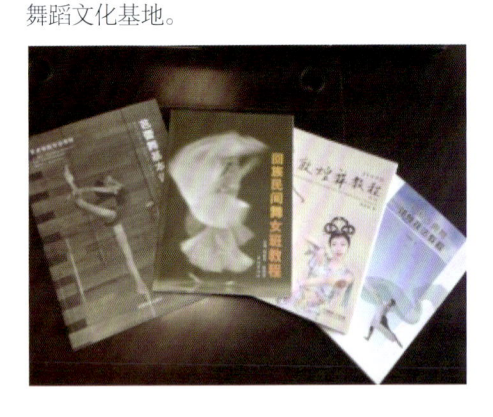

0318 西北民族大学音乐与舞蹈学

高校名称：西北民族大学

专业名称：音乐与舞蹈学

教师力量总数：18人

高级职称数量：18人

硕士招生规模：20人

学　位：硕士

就业率：33.33%

简　介：音乐与舞蹈学为艺术学二级学科。音乐学硕士学位点2002年招生，有声乐演唱、器乐演奏、音乐美学、作曲与作曲技术理论、中国音乐史、民族音乐学、乐律学七个学科方向。学生多次获得各级各类奖项。

0319 兰州文理学院音乐教育（幼教师资）

高校名称：兰州文理学院

专业名称：音乐教育（幼教师资）

教师力量总数：37人

高级职称数量：17人

学　位：无

就业率：50%/2013年

简　介：音乐教育幼教师资专业有教师37人，其中教授4人，国家一级演员1人，副教授6人，高级讲师6人，讲师15人，助教5人。培养适应社会主义现代化建设需要，德、智、体、美全面发展的，具有创新精神、较强实践能力和良好职业道德，毕业生可到中小学、幼儿园担任音乐舞蹈教师、社会儿童艺术培训机构、青少年宫、儿童之家的音乐舞蹈教师、辅导员；各地市县行政、企事业单位文化局、文化站、基层厂矿企业工会及相关部门、机构的辅导及管理者，群众文化事业单位从事群众文化普及辅导管理等工作的专门人才。

0320 陇南师范高等专科学校音乐教育

高校名称：陇南师范高等专科学校

专业名称：音乐教育

教师力量总数：24人

高级职称数量：6 人

学　位：无

就业率：58%

简　介：培养音乐学科基本理论、基础知识扎实，具备良好的教师职业技能，具有奉献精神和创新实践能力，能够适应初等教育改革需要的小学和初中音乐课教学的教师。主要课程有钢琴、声乐、乐理与视唱练耳、键盘和声、合唱与指挥、艺术概论、中外音乐简史与欣赏、儿童歌曲分析与写作、舞蹈、小学音乐教学与研究等专业课程及教育类课程和公共课程。

0321 甘肃政法学院艺术设计

高校名称：甘肃政法学院

专业名称：艺术设计

教师力量总数：28 人

高级职称数量：8 人

本科招生规模：90 人

学　位：学士

就业率：56.47%

简　介：以美术基础课、平面设计课程为基础，以环艺设计专业课为核心，培养艺术设计、制作等应用型人才的设计专业。有设计类、刑侦素描两个方向。

0322 河西学院艺术设计

高校名称：河西学院

专业名称：艺术设计

教师力量总数：5 人

高级职称数量：1 人

本科招生规模：30 人

学　位：学士

就业率：无

简　介：2013 年开始招生，学制 4 年，授予艺术学学士学位。专业教师 5 人，其中副高 1 人，博士 1 人。培养具有全面而扎实的艺术设计学科专业知识，能在视觉传达设计、公共环境艺术设计、数字艺术设计等领域从事教学和设计工作的，具备创新精神和实践能力的应用型人才。主干课程有设计素描、设计色彩、构成基础、电脑辅助设计、环境艺术设计、室内设计、敦煌美术、现代设计史、公共展示设计、景观设计。就业方向为在教育、研究、设计、出版和文博等单位从事艺术设计学教学、编辑、研究等方面的工作。

0323 酒泉职业技术学院艺术设计

高校名称：酒泉职业技术学院

专业名称：艺术设计

教师力量总数：4 人

高级职称数量：2 人

本科招生规模：2 人

学　位：无

就业率：100%

简　介：培养拥护党的基本路线，适应新闻出版、专业设计、教学、管理等领域第一线需要，具有良好的职业道德，掌握艺术设计与创作方面的基本知识，具有艺术设计与创作方面的专业技能（能力），德、智、体、美等方面全面发展的高素质技能型人才。

0324 兰州大学戏剧戏曲学

高校名称：兰州大学
专业名称：戏剧戏曲学
教师力量总数：8人
高级职称数量：3人
硕士招生规模：3人/2014年
学　位：硕士
就业率：40%/2014年
简　介：兰州大学文学院硕士研究生戏剧戏曲学专业设有戏剧戏曲研究与电影电视学两个方向。戏剧戏曲研究主要包括中西戏剧比较、中国戏剧史、戏剧理论与戏剧创作等内容，着重对不同戏剧传统以及现当代戏剧作家、作品、思潮、创作现象、创作理论等进行研究。电影电视学方向以多元的方法论视角，研究电影电视艺术，电影产业和电影电视文化现象，主要包括电影史、电影理论、电影批评、电视批评、电视栏目等内容，重点是对中外影视史、中外电影电视思潮、影视经典作品、影视创作、视觉文化、影视文化产业等问题进行研究，培养掌握电影电视艺术学基础理论和专业知识，具有影视领域科研工作能力，能从事专业理论教学工作的人才。

0325 兰州大学戏剧影视文学

高校名称：兰州大学
专业名称：戏剧影视文学
教师力量总数：50人
高级职称数量：29人
本科招生规模：30人
学　位：学士
就业率：79.31%/2013年

0326 天水师范学院戏剧影视文学

高校名称：天水师范学院
专业名称：戏剧影视文学
教师力量总数：11人
高级职称数量：5人
本科招生规模：110人
学　位：学士
就业率：95%
简　介：学制四年，授予艺术学学士学位。文学与文化传播学院设有汉语言文学、戏剧影视文学、文化产业管理3个本科专业，其中汉语言文学专业为教育部高等学校特色专业，有学科教学·语文硕士点1个，省级精品课程5门，省级优秀教学团队2个，省级重点学科1个，省级人文社科重点研究基地1个。现有在校本科生1530人，教育硕士研究生33人，外国留学生4人；专任教师59人，其中教授8人，副教授25人；博士9人，硕士30人。专任教师中入选各类省级以上人才库、全国优秀教师、享受国务院政府特殊津贴专家等22余人次。培养具备戏剧、戏曲和影视文学基本理论和专业技能，能够在戏剧、电影、电视、广播等文化艺术单位、新闻单位从事戏剧影视技术具体工作的应用型专门人才。主干学科有戏剧影视学、中国语言文学。主要课程：艺术概论、中外戏剧史、中外电影史、编剧理论与实践、影视编导基础、基础写作与影视写作、视听语言、表演导演艺术基础、摄影摄像技术、非线性编辑、数字电影摄影技术、数字音频制作、数字图像处理、三维动画制作、数字影视特技。学术专著及教材 41 部，参编出版大型辞书及合著 20 多种，发表论文 678 篇。主持地（厅）级以上科研项目 78 项，其中国家社科基金项目 14 项，90 余项科研成果获甘肃省社会科学优秀成果奖和甘肃省高校人文社会科学优秀成果奖等地（厅）级以上奖励，13 项教学成果获国家图书奖、全国普通高校优秀教材一等奖和甘肃省教学成果一、二、三等奖。

0327 兰州文理学院美术

高校名称：兰州文理学院
专业名称：美术
教师力量总数：11 人
高级职称数量：6 人
学　　位：无
就业率：41.3%
简　　介：培养掌握美术专业基本理论、基础知识、基本技能及绘画创作技能、多项实用工艺美术制作技能，服务于地方文化经济建设的综合性美术人才。主要课程有素描、色彩、设计基础、工笔重彩、写意花鸟、写意山水、油画、综合材料、装饰壁画、装饰雕塑、中国美术史、外国美术史、艺术概论等课程。开设实训课程包括：单项实训（色彩写生、中国画写生）、综合实训（装饰绘画综合实训、艺术考察）、毕业创作、毕业实习等。就业方向为文化宣传、美术普及教育、美术社会服务、企事业单位、旅游品设计开发、特色工艺品开发、装饰艺术等。

0328 西北民族大学美术

高校名称：西北民族大学
专业名称：美术
教师力量总数：15 人
高级职称数量：7 人
硕士招生规模：44 人
学　　位：硕士
就业率：37.14%
简　　介：2008 年设立美术专业，授予艺术硕士学位，下设油画、中国画、艺术设计 3 个方向，新增的艺术设计专业 2015 年只招收油画、中国画方向的研究生。学院教学在强调专业基础和实践能力训练的同时，依托本省独特的地域特色和西北丰富的民族艺术，形成门类全、科研强、特色鲜明的优势学科。美术专业研究生的培养，学院遵循艺术教育规律，树立科学发展观念和"以人为本"的教育理念，以培养学生的创造精神和实践能力为基点，培养着具有系统的专业知识和高水平的艺术创作能力和较强的艺术理解力与表现力。兰州处于陕、甘、青、宁、新五省枢纽地带，具有丰富的地域文化和民族文化资源，该院充分利用这些优势资源，借培养艺术硕士研究生的契机，为我国少数民族地区培养更多的艺术骨干人才。

0329 陇南师范高等专科学校美术教育

高校名称：陇南师范高等专科学校
专业名称：美术教育
教师力量总数：22人
高级职称数量：9人
学　　位：学士
就业率：43%
简　　介：培养掌握美术学科基础知识和基本理论，具备良好的教师职业技能，具有奉献精神和创新实践能力，能够适应初等教育改革需要的小学和初中美术课教学的教师。开设的主要课程：素描、色彩、山水、花鸟、书法、工艺与设计、中国美术作品欣赏、外国美术作品欣赏、艺术概论、素描技法理论、手工制作、教学简笔画、教学挂图与课件设计、电脑美术、小学美术教学与研究等专业课程及教育类课程和公共课程。

0330 西北民族大学美术学

高校名称：西北民族大学
专业名称：美术学
教师力量总数：23人
高级职称数量：10人
本科招生规模：0人
硕士招生规模：9人
学　　位：硕士
就业率：8.33%
简　　介：美术学院成立于1978年，美术学硕士点2003年设立，2004年招生，美术学硕士点共设油画、中国画、艺术设计3个研究方向，已培养2000余名毕业生，现有本科生549人，教师30人，供硕士研究生教学用中外文图书资料3000余册（种）。

0331 河西学院美术学

高校名称：河西学院
专业名称：美术学
教师力量总数：13人
高级职称数量：6人
本科招生规模：75人
学　　位：学士
就业率：37.1%
简　　介：美术学院在原张掖师专美术系基础上于2010年12月改为河西学院的二级学院，学制4年，授予文学学士学位，在册学生487人。专业方向为油画和中国画，开设美术学、绘画、艺术设计学3个本科专业，美术学、绘画、艺术设计、基础4个教研室。培养德、智、体、美全面发展，专业基础扎实，具有良好的人文科学、自然科学素养以及良好的职业道德，能从事中小学美术教育、教学研究和美术创作、艺术设计的具有创新精神和实践能力的"基础实、能力强、素质高"的应用型人才。主干课程有艺术概论、中国美术史、外国美术史、美术教育学、素描基础、色彩基础、版画、敦煌壁画、中国画、油画、艺术设计等。现有专任教师 26 人，其中教授 2 人、副教授 7 人、讲师 12 人；在读博士研究生 2 人，硕士 13 人，在读硕士研究生 2 人。有建筑面积约 5000 平方米的独立美术教学楼一幢，内设美术馆、专业教室、专业画室、CG 教室、专业实验室、专业工作室。发表论文 50 余篇，在研教育部艺术学课题 1 项。教师作品入选全国美展 10 余件，在各种美术展览和大赛获奖 60 多次，其中获"甘肃省敦煌文艺奖" 2 项，"金驼奖" 3 项，"甘肃省美展"一等奖 4 项。多名教师获得各级各类荣誉称号。

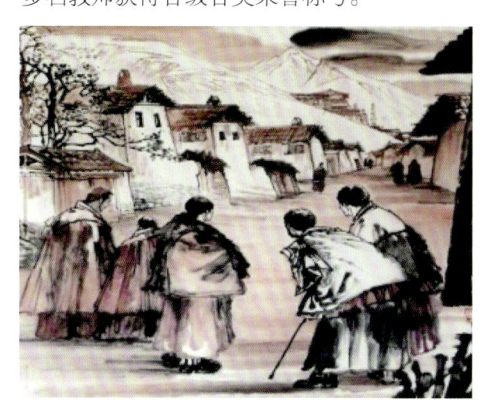

0332 兰州交通大学绘画

高校名称：兰州交通大学
专业名称：绘画
教师力量总数：11 人
高级职称数量：5 人
本科招生规模：30 人 / 年
学　　位：学士、硕士
简　　介：绘画专业拥有艺术专业硕士一级学科授权点，下设敦煌艺术研究所，现有教师 11 人，其中硕士生导师 5 人，博士、硕士占教师总数 70%。教师在国内外各项美术比赛中获奖 11 项，其中国家级奖项 7 项，省部级奖项 4 项，发表论文 30 余篇。培养学生具有高尚人文精神和艺术修养，具备系统专业知识和独立创作能力，能在各级各类学校、社会团体、文化机关从事教学、科研、创作、美术编辑以及艺术管理等工作。主干课程有素描、色彩、中外美术史、线描人物写生、工笔人物、花鸟画、山水画、书法与篆刻、中国石窟艺术概论、敦煌线描、敦煌壁画、敦煌彩塑、岩彩画、油画静物与风景、油画人物、雕塑等。

0333 兰州商学院绘画

高校名称：兰州商学院
专业名称：绘画
教师力量总数：12 人
高级职称数量：8 人
本科招生规模：158 人
学　　位：学士
就业率：47.3%
简　　介：2010 年获批"绘画"本科专业，2011 年美术系招生，现设有国画和油画两个专业方向。美术系注重培养学生全面的文化艺术修养以及扎实的专业基础，注重艺术学科中的专业交叉互补、融合发展，与学院设计专业在理论和实践上实现了更好的结合。立足西北，面向全国，培养具有创造性、综合性，掌握传统绘画理论、技巧与绘画理念的高素质优秀人才。现有教授 4 人，副教授 6 人，硕士 7 人，其中 1 人受聘于文化部中国艺术研究院研究生院承担硕士研究生的教学任务。承担国家社科基金项目 8 项、国家文物局重点科研项目 1 项、国外研究项目 2 项，发表论文 20 余篇，出版专著 15 本，教材 4 部，获得国家级奖项 3 项，省部级奖励 31 项。教师多幅作品被中国美术馆、国内外博物馆和图书馆等专业机构收藏，部分作品在全国、全省的美展中获奖，多名教师应邀在香港、台湾等地区和日本、法国、俄罗斯、西班牙等国家举办个人画展和学术邀请展等。

0334 河西学院绘画

高校名称：河西学院
专业名称：绘画
教师力量总数：13 人
高级职称数量：4 人
本科招生规模：50 人
硕士招生规模：0 人
博士招生规模：0 人
学　位：学士
就业率：78%
简　介：学制 4 年，授予文学学士学位。绘画方向教师有 13 人，其中副高以上 4 人，博士 1 人。专业方向为油画和中国画。培养德、智、体、美全面发展，专业基础扎实，具有良好的人文科学、自然科学素养以及良好的职业道德，能从事绘画创作、交流、研究工作的具有创新精神和实践能力的"基础实、能力强、素质高"的应用型人才。主干课程有艺术概论、中国美术史、外国美术史、素描、色彩、版画、敦煌壁画、中国画、油画。就业方向为造型艺术、艺术传媒交流、广告等。

0335 兰州交通大学交通环境艺术设计

高校名称：兰州交通大学
专业名称：交通环境艺术设计
教师力量总数：13 人
高级职称数量：6 人
本科招生规模：0 人
硕士招生规模：2 人 /2014 年
学　位：硕士
简　介：交通环境艺术设计是城乡规划学一级学科下属目录外二级学科。主要专业方向为交通环境工程、交通环境与环境生态、城市交通环境、自然与人文景观。主干课程有景观生态学、景观规划理论与方法、道路铺装景观研究、城市交通景观设计、城市设计概论、城市景观规划设计等。承担了国家社科基金、教育部人文社科项目及省级各类项目 20 余项；获得省部、厅局级科技成果奖多项；发表学术论文 200 余篇；出版著作、教材 30 余部；获甘肃省教学成果一等奖 1 项、甘肃省敦煌文艺奖 1 项、高校科技进步奖 1 项。毕业后能从事本学科领域的科学研究、专业技术、教学和工程建设工作。

0336 兰州交通大学工业设计

高校名称：兰州交通大学
专业名称：工业设计
教师力量总数：12 人
高级职称数量：5 人

本科招生规模：60 人 / 年

硕士招生规模：3 人 /2014

学　位：学士、硕士

简　介：工业设计专业为硕士二级学科授权点。主要专业方向为设计基础及设计理论、交通工具设计及其理论、产品数字化设计研究。培养学生能从事工业产品创新设计及相关的服务模式和商业模式设计、传播设计、人机交互设计、环境与展示设计等领域的开发、研究、策划、教育和管理工作。主干课程有产品结构设计、现代轨道交通技术基础、现代产品设计理论、人机界面与交互设计、计算机辅助设计技术、设计符号学。承担国家自然科学基金、国际合作、973、省部级及企业委托等多个项目的研究与开发，累计完成科研项目 77 项，合同经费 1300 余万元，其中包括国家级、省部级项目 22 项，企业委托项目 55 项。获 6 项国家级和省部级科技进步奖，获 6 项甘肃省教学成果奖。学术论文 550 余篇，其中，被国际三大检索收录 59 篇。出版专著、教材 28 部。

0337　兰州交通大学交通景观设计

高校名称：兰州交通大学

专业名称：交通景观设计

教师力量总数：13 人

高级职称数量：6 人

硕士招生规模：2 人 /2014 年

学　位：硕士

就业率：84%

简　介：交通景观设计是城乡规划学一级学科下属目录的二级学科，主要专业方向为交通景观规划与设计、景观园林历史与遗产保护、交通景观造型与环境色彩、交通景观工程与生态修复。培养学生从事交通景观规划设计、园林景观造型设计、交通景观与环境色彩设计、文化遗产保护等领域工作。主干课程有景观生态学、景观规划理论与方法、道路铺装景观研究、城市交通景观设计、城市设计概论、城市景观规划设计等。承担国家社科基金、教育部人文社科及省级各类项目 20 余项；获得省部、厅局级科技成果奖多项；发表学术论文 200 余篇；出版著作、教材 30 余部；获甘肃省教学成果一等奖 1 项、甘肃省敦煌文艺奖 1 项、高校科技进步奖 1 项。

0338　兰州交通大学动画

高校名称：兰州交通大学

专业名称：动画

教师力量总数：8 人

高级职称数量：2 人

本科招生规模：30 人 /2014 年

学　位：学士

就业率：55%/2014 年

简　介：下设有动画影视实验室、动画影视实训中心、摄影摄像工作室、中影集团实习基地。现有专任教师 8 人，其中博士、硕士占教师总数的 76%。培养学生掌握影视动画、影视后期、新媒体艺术等基础理论和相关专业技术知识，具备独立从事动画创作、数字出版、新媒体艺术、游戏设计、影视制作等方面的能力。主干课程有动画剧作、动画设计原理、角色设计、场景设计、运动设计、数字音频技术、影视特效、动画项目管理、多媒体与网络信息设计、工业动画、游戏设计等。

0339 兰州商学院服装设计

高校名称：兰州商学院
专业名称：服装设计
教师力量总数：2 人
高级职称数量：0 人
本科招生规模：78 人
学　位：学士
就业率：54.70%
简　介：服装与服饰设计专业，共 3 个教学班，专业教师 2 人，外请教师 6 人，硕士 1 人。服装设计专业在校学生数百人次获得国内外设计大赛奖项；毕业学生主要就职于全国各高校、研究机构、设计公司、著名企业等，毕业生中取得国际国内设计大奖多项。

0340 兰州商学院环境设计

高校名称：兰州商学院
专业名称：环境设计
教师力量总数：15 人
高级职称数量：5 人
本科招生规模：614 人
学　位：学士
就业率：89.5%
简　介：2005 年开始增设公共艺术与装饰绘画专业方向，2011 年院系调整设立公共艺术系，现设有公共艺术和环境设计两个专业。现有在校生 614 名，专业教师 14 人，其中教授、副教授 5 人，硕士 11 人。教师团队中有高级室内建筑师、中国建筑学会室内设计分会 (CIID) 常务理事、中国建筑学会室内设计分会室内建筑师、甘肃省建筑装饰协会理事、中国包装协会会员、中国陶瓷工业协会会员等，部分教师曾获全国百名优秀室内建筑师、全国杰出设计师等称号。该系教师作品多次入选全国展览及设计竞赛并获奖，同时主持大量建筑装饰及公共空间装饰设计项目，如甘肃省博物馆改造方案设计、内蒙古太平洋大酒店、宁夏固原政府办公大楼、宁夏医科大学综合办公楼装修设计、甘肃大剧院室内饰品设计等项目。

0341 兰州商学院陇桥学院环境设计

高校名称：兰州商学院陇桥学院
专业名称：环境设计
教师力量总数：16 人
高级职称数量：8 人
本科招生规模：84 人
学　位：学士
就业率：88.9%/2013 年
简　介：环境设计专业下设室内设计方向和景观设计方向。培养具有系统的专业基础理论知识，良好的环境整体意识和综合审美素质，掌握系统设计的方法与技能，具有创造性思维和综合表达的能力，能够从事室内装饰设计与施工、环境设计与创作具有创新精神和实践能力的应用型专门人才。有室内设计方向，课程有结构素描、设计色彩、建筑速写、构成基础、设计制图、效果图与表现技法、建筑设计基础、人体工程学、计算机辅助设计、室内装饰设计、观赏植物学、建筑漫游动画、植物配置与造景、建筑漫游动画、园林规划设计、景观规划设计、城市园林绿地规划设计、建筑设计理论等。工作适用范围为环境设计专业、室内设计。方向为在室内设计装修与施工行业从事室内设计与装饰、室内设计研究、景观设计与规划管理、园林设计与建筑漫游展示与策划等工作。本专业可考取的相关资格证书有室内装饰设计师、ACAA 认证视频编辑师、ACAA 平面设计师、景观设计师等。

0342　兰州商学院长青学院环境设计

高校名称：兰州商学院长青学院
专业名称：环境设计
教师力量总数：18 人
高级职称数量：1 人
本科招生规模：90 人
硕士招生规模：6 人
学　　位：学士
就业率：70%

0343　兰州交通大学环境设计

高校名称：兰州交通大学
专业名称：环境设计
教师力量总数：13 人
高级职称数量：6 人
本科招生规模：960 人 / 年
学　　位：学士
就业率：70%/2013 年
简　　介：下设旅游景观研究中心、景观设计工作室、室内设计工作室、材料与模型实验室，拥有交通环境艺术设计、交通景观设计两个硕士学位授权点。现有专任教师 11 人，其中博士、硕士占教师总数 83%。培养学生掌握设计学、规划学、园艺学、建筑学等基础理论和相关专业技术知识，具备独立从事环境设计、室内设计、家具设计、园林规划、公共艺术设计等方面的能力。主干课程：建筑基础理论、设计制图、快速表现技法、三维效果图制作、装饰材料与预算、家具与陈设、公共艺术设计、建筑构造与造型、园林工程与植物应用、室内空间设计、景观设计等。

0344　兰州理工大学环境设计

高校名称：兰州理工大学
专业名称：环境设计
教师力量总数：6 人
高级职称数量：2 人
本科招生规模：35 人
硕士招生规模：6 人
学　　位：学士、硕士
就业率：65.7%
简　　介：培养适应我国社会主义经济建设的发展需要，掌握专业基础理论、相关学科领域理论知识与专业技能，并具有创新设计实践能力，能在教育机构从事环境设计及教学、研究工作，在环境设计机构从事公共建筑室内设计、居住空间室内设计、城市环境景观与社区环境景观设计、园林设计，并具备项目策划与经营管理、教学与科研工作能力，成为基础理论实、专业口径宽、工程能力强、综合素质高，具有国际视野和创新精神的应用型高级专门人才。

0345　天水师范学院环境艺术设计

高校名称：天水师范学院
专业名称：环境艺术设计
教师力量总数：6 人
高级职称数量：1 人
本科招生规模：40 人
硕士招生规模：6 人

学　位：学士

就业率：95%

简　介：天水师范学院美术与艺术设计学院学制四年，授予艺术学学士学位。设有美术学、绘画、视觉传达设计、环境艺术设计4个本科专业。有教学·美术硕士点1个。内设美术馆，学生专业画室，教师工作室，艺术设计丝网印刷工作室，多媒体网络教室等。培养室内外装饰专业方面的人才，要求毕业生具备室内外施工图和效果图的设计与制作及综合预算的能力，能够从事园林景观设计、室内外设计与施工、会展设计、家具设计等行业的应用型人才。主干课程有建筑及环境设计方法学、人机工程学、色彩、展示、景观艺术、园林艺术等设计。现有在校普通本科生814人，教育硕士研究生17人。教职工46人，专任教师43人，其中教授6人，副教授5人，讲师27人，正在攻读博士学位教师1人；兼职教授9人；有硕士研究生导师5人，兼职导师3人。有甘肃省"555创新人才"1人、甘肃省"园丁奖"2人、甘肃省高校"青年教师成才奖"1人、曾宪梓教育基金三等奖获奖教师1人。承担国家级、省（部）级科研项目9项，发表学术论文400余篇，出版专著教材10余部。作品在省（部）级以上展览中获奖50余项，其中国家级10项，敦煌文艺奖4项，"五个一工程"奖4项。学生多次参加全国及省内美术创作及艺术设计展览比赛且成绩名列前茅。

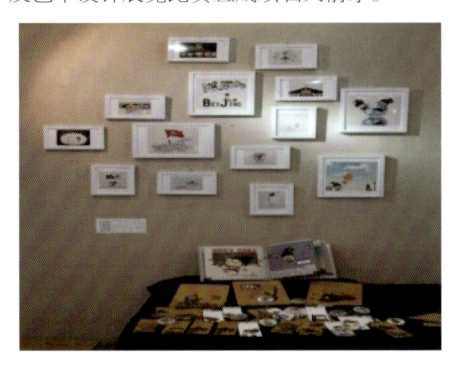

0346 甘肃林业职业技术学院环境艺术设计

高校名称：甘肃林业职业技术学院

专业名称：环境艺术设计

教师力量总数：10人

高级职称数量：8人

学　位：无

就业率：95.35%

简　介：培养具有坚实的专业理论基础和技术能力，具有环境意识和较高的文化艺术素养，掌握环境艺术设计基础理论、知识，具有一定实际应用能力，能从事城市环境规划、景观设计、室内设计等领域工作的应用型高等技术人才。主要课程：素描、色彩、三大构成、制图与透视、CAD制图、人体工程学、环境艺术设计概论、环境规划、公共环境设计、材料预算、中外建筑史、建筑设计与表达、城市绿地规划、室内装饰设计、陈设艺术设计、PHOTOSHOP、3DMAX等。工作适用范围为在城建、环保、城市绿化和工矿企事业单位、科研单位从事环境艺术设计专业领域的室内、景观、展览设计等工作。

0347 武威职业学院电脑艺术设计

高校名称：武威职业学院

专业名称：电脑艺术设计

教师力量总数：12人

高级职称数量：1人

学　位：无

就业率：85%

简　介：电脑艺术设计专业培养掌握艺术设计基本理论、基础知识与基本技能，使用电脑进行艺术设计与创作能力，具备一定的艺术赏析能力、绘画能力，能进行企业识别形象设计、平面广告设计、装饰设计等，能利用计算机软件进行艺术设计、制作、生产的专门人才。主要课程有计算机应用基础、素描、色彩、构成、设计概论、图形创意、PHOTOSHOP、CORELDRAW、Illustrator、3DSMAX 教程、标志与企业形象设计、平面广告设计、中国传统装饰与现代设计、室内外装饰设计等课程。就业方向为平面设计行业、室内外装饰设计行业的制作员、设计员、设计师、设计总监等。

0348 甘肃林业职业技术学院电脑艺术设计

高校名称：甘肃林业职业技术学院
专业名称：电脑艺术设计
教师力量总数：5 人
高级职称数量：2 人

学　位：无
就业率：75.29%

简　介：培养德、智、体全面发展，具备艺术美感和创作鉴赏能力，具备独立从事平面设计、环艺设计、网页设计以及多种艺术设计等工作能力的高级技术型应用人才。毕业生能在广告公司、综合企业、网络公司工作。要求掌握电脑艺术创作软件及艺术的基本理论和基本知识，具有艺术美感和创作鉴赏能力，能够利用多种软件工具实现不同设计项目。本专业培养目标的定位为以平面设计为主，兼顾环艺设计、网页设计的部分内容，使学生学好平面设计的同时对环艺设计、网页设计有一定程度的了解与掌握。

（十一）教育学

0349 兰州大学教育学

高校名称：兰州大学

专业名称：教育学

教师力量总数：25 人

高级职称数量：12 人

硕士招生规模：17 人 /2014 年

学　位：硕士

就业率：45.45%/2014 年

简　介：开设教育学、教育技术学教育软件与知识工程 2 个本科专业和应用心理学辅修专业，具有教育学一级学科硕士授予权，在高等教育学、教育经济与管理、课程与教学论、教育技术学四个二级学科设有硕士点。教育学一级学科拥有高等教育学、课程与教学论、教育技术学等三个二级学科，三个二级学科均以高等教育研究为特色。公共管理一级学科下属教育经济与管理，以高等教育政策与管理为特色研究方向。面向特殊人群（如流动人口子女教育研究）的教育研究和推广活动在区域内有重要影响。现有教授 8 人，兼职教授 9 人；专兼职副教授 8 人，讲师 10 人，博士生导师 1 名，硕士生导师 10 名。

0350 甘肃广播电视大学兰州市分校教育学

高校名称：甘肃广播电视大学兰州市分校

专业名称：教育学

教师力量总数：1 人

本科招生规模：99 人

学　位：无

就业率：95%

简　介：由兰州市政府批准成立的市属国家公办高等院校，以远程教育为主要学习形式，进行本、专科学历教育。

0351 陇东学院教育学

高校名称：陇东学院

专业名称：教育学

教师力量总数：31 人

高级职称数量：13 人

本科招生规模：1037 人

学　位：无

就业率：78%

简　介：学前教育培养学生具备现代幼儿教育基本理论素养和相应教育技能、能够适应现代幼儿教育事业发展需要的、能在幼儿教育机构从事保教工作的科研型教师和管理人才；能在相关培训部门、教育行政管理部门及各种儿童教育部门从事儿童教育、科研、宣传、培训工作的专门人才。小学教育分为文科和理科两个方向。文科方向培养德智体美全面发展，具有现代教育教学理念和技能，能熟练从事小学语文教学和班主任工作，同时能胜任小学其他课程的教学并能在培训、管理、科研岗位工作的复合型人才；理科方向培养德智体美全面发展，具有现代教育教学理念和技能，能熟练从事小学数学教学和班主任工作，同时能胜任小学其他课程的教学并能在培训、管理、科研岗位工作的复合型人才。

0352 定西师范高等专科学校教育学

高校名称：定西师范高等专科学校

专业名称：教育学

教师力量总数：222 人

高级职称数量：53 人

本科招生规模：本专科在校生 5400 人

硕士招生规模：0 人

博士招生规模：0 人

学　位：无

就业率：80%

简　介：定西师范高等专科学校位于定西市定临路 4 号，是教育部批准设置的普通高等专科学校。建校 29 年，校园面积 358 亩，后山绿化面积 450 亩，校舍建筑面积 11.68 万平方米，固定资产 1 亿多元，其中教学仪器设备值 1430 多万元，图书馆藏书 28 万余册。现有教职工 222 人，专任教师 196 人，其中高级职称教师 53 人，占 27.04%。研究生学历教师 31 人。先后聘请外籍教师 8 人，兼职教师 10 人。

0353 甘肃电大庆阳分校宁县工作站教育管理

高校名称：甘肃电大庆阳分校宁县工作站

专业名称：教育管理

教师力量总数：3 人

高级职称数量：1 人

本科招生规模：43 人

学　位：无

就业率：100%

简　介：2000年开设专科，2010年升为本科，县级工作站，设站长1人。

0354 康县电大工作站教育管理

高校名称：康县电大工作站
专业名称：教育管理
教师力量总数：1人
高级职称数量：0人
专科招生规模：5人
本科招生规模：7人
学　位：无

0355 河西学院教育技术学

高校名称：河西学院
专业名称：教育技术学
教师力量总数：6人
高级职称数量：1人
本科招生规模：50人
学　位：学士
就业率：95.1%

简　介：学制4年，授予教育学学士学位。培养德、智、体、美全面发展，专业基础扎实，具有良好的人文科学、自然科学素养以及良好的职业道德，能从事中小学信息技术课的教学、教育资源的设计与开发、信息传播等工作，具有创新精神和实践能力的"基础实、能力强、素质高"的应用型人才。主干课程有信息化教育概论、教育传播学、教学设计、多媒体技术基础、网络技术基础、多媒体画面艺术基础、多媒体课件制作、远程教育学。专业方向为信息技术教育、教育软件工程web与移动互联网开发等。就业方向为小学、中学、中专、技校、高中、各类培训机构、网站开发、图像和影视、网络技术等。

0356 河西学院人文教育

高校名称：河西学院
专业名称：人文教育
教师力量总数：38人
高级职称数量：23人
本科招生规模：50人
学　位：学士
就业率：73.1%

简　介：文学院创办于1978年，2010年12月由原中文系更名而来，开设汉语言文学和人文教育两个本科专业，学制4年，授予教育学学士学位。主干课程：人文地理学、社会学、法学概论、中国文学、汉语基础。特色研究为河西当代文学研究、裕固文化研究、河西方言研究、敦煌文献语言研究以及河西汉简研究等，"河西历史与文化"省级重点学科。培养德、智、体、美等全面发展、具有扎实的文史哲等人文学科专业基础理论和知识的、能胜任基础教育和中等职业学校人文学科综合课程及相关分课程教学工作的复合型、应用型人才。在校学生902人。现有专职教师37人，教授7人，副教授12人，讲师16人，助教1人；博士2人，硕士17人，在读博士4人，在读硕士1人；3人曾获得曾宪梓高等师范院校优秀教师奖，3人获得省级园丁奖，2人获得甘肃省高校青年教师成才奖。发表学术论文200多篇，编写教材18部，出版专著10多部，完成省级科研项目3项。在研项目国家社科基金4项、教育部社科基金2项。2011年，杨林昕教授的《写作学》被评为省级精品课程。

0357 西北民族大学高等教育学

高校名称：西北民族大学
专业名称：高等教育学
教师力量总数：19人
高级职称数量：7人
硕士招生规模：7人
学　位：硕士
简　介：高等教育学硕士点是西北民族大学现代教育技术学院于2011年招生新专业，设在教育学一级硕士点下，有教授32名、副教授23名、讲师11名，其中博士10名，民族教育信息化独具优势。建成蒙古语言文学国家级教学团队、藏语言文学省级教学团队，中国少数民族藏语言文学和蒙语言文学为国家级特色专业，数学与应用数学为甘肃省特色专业，省级精品课程10余门。高等教育学专业依托的现代教育技术学院下设高等教育研究室，专门从事高等教育研究，2012年开始招收高等教育学专业硕士研究生，有民族高等教育改革与发展、民族文化与教育心理学和民汉双语教育等3个研究方向。2013年将"民族文化与教育心理学"改为"大学生心理"方向。2012年招收的研究生中，已有学生承担西北民族大学研究生科研项目1项，获得西北民族大学第六届"挑战杯"课外学术科技作品大赛二等奖。

0358 陇南师范高等专科学校初等教育

高校名称：陇南师范高等专科学校
专业名称：初等教育（科学方向）
教师力量总数：11人
高级职称数量：4人
学　位：无
就业率：32%
简　介：培养知识结构全面，德智体美协调发展，综合素质和职业技能强，能够适应初等教育改革需要的小学科学课教学的教师。主要课程有化学基础、化学基础实验、物理基础、物理基础实验、生命科学、生命科学实验、地球与空间科学、自然科学技术史、小学科学教学与研究等。

0359 陇南师范高等专科学校初等教育

高校名称：陇南师范高等专科学校
专业名称：初等教育（数学方向）
教师力量总数：11人
高级职称数量：4人
学　位：无
就业率：42%
简　介：培养知识结构全面，德智体美协调发展，综合素质和职业技能强，能够适应初等教育改革需要的小学数学课教学的教师。主要课程有高等数学、初等数论、数学软件与实验、小学数学教学与研究、概率与数理统计、初等数学研究等。

0360 陇南师范高等专科学校初等教育

高校名称：陇南师范高等专科学校
专业名称：初等教育（英语方向）
教师力量总数：13人
高级职称数量：4人
学　位：无

就业率：47%

简　介：培养知识结构全面，德智体美协调发展，综合素质和职业技能强，能够适应初等教育改革需要的小学英语课教学的教师。

开设的主要课程：综合英语、英语语音、英语视听说、英语儿歌演唱、英语书写、小学英语有效教学等。

0361 陇南师范高等专科学校初等教育

高校名称：陇南师范高等专科学校

专业名称：初等教育（语文方向）

教师力量总数：14人

高级职称数量：6人

学　位：无

就业率：37%

简　介：培养知识结构全面，德智体美协调发展，综合素质和职业技能强，能够适应初等教育改革需要的小学语文课教学的教师。

开设的主要课程：现代汉语、中国古代文学、中国现当代文学作品选、外国文学作品选、写作、中国近现代史、外国文明简史、小学语文教学与研究、小学历史与社会教学研究等。

0362 河西学院小学教育

高校名称：河西学院

专业名称：小学教育

教师力量总数：25人

高级职称数量：8人

本科招生规模：90人

学　位：学士

就业率：51.1%

简　介：学制4年，授予教育学学士学位。是2010年在1999年6月教师教育学院原教育系基础上成立的，设有教育学、心理学和学前教育教研室、心理学实验室、教育科学研究所、教师职业技能训练中心、河西学院大学生心理健康教育中心以及甘肃省教育科学研究所河西学院基础教育教学研究基地等8个教学科研机构。开设有小学教育、应用心理学、学前教育3个本科专业，其中小学教育为甘肃省特色专业建设点，发展与教育心理学为省级重点培育学科。专业方向为中文、数学。培养德、智、体、美全面发展，具有创新精神和实践能力的"基础厚、专业精、技能强、素质高"的小学教师。主干课程有基础心理学、儿童发展与教育心理学、教育原理、音乐、舞蹈、美术等。有实验实训场地33间近2000平方米。现有26个教学班，在校学生1299余名，毕业生累计3400余名。现有教师36人，其中教授1人，副教授8人，讲师19人，助教3人，硕士以上33人，博士1人。承担校级以上科研项目30余项，荣获各种奖励50多项。出版专著11部，主编和参编教材18部，发表学术论文400余篇。教学成果《师专心理学教学改革与学生心理咨询的理论与实践》获国家级教学成果二等奖。就业方向为小学语文、数学教师。

0363 甘肃电大庆阳分校宁县工作站小学教育

高校名称：甘肃电大庆阳分校宁县工作站
专业名称：小学教育
教师力量总数：3 人
高级职称数量：1 人
本科招生规模：60 人
学　位：无
就业率：100%
简　介：2000 年开设专科，2008 年升为本科，县级工作站，设站长 1 人。

0364 康县电大工作站小学教育

高校名称：康县电大工作站
专业名称：小学教育
教师力量总数：5 人
高级职称数量：3 人
学　位：无

0365 甘肃广播电视大学庆阳分校合水县工作站小学教育

高校名称：甘肃广播电视大学庆阳分校合水县工作站
专业名称：小学教育
教师力量总数：25 人
高级职称数量：8 人
本科招生规模：90 人
学　位：学士
就业率：90%
简　介：甘肃电大合水县工作站成立于 1999 年，依托合水县职业中等专业学校而建，具有独立法人资格，机构独立设置，领导班子健全，工作思路清晰，措施得力，有开展开放教育的教学管理机构，人员配置符合办学要求。开设园艺、金融学、法学等本科层次专业 6 个，护理、小学教育等专科层次专业 6 个。小学教育（专科）专业开设于 2010 年，现有教师 5 人，高级职称 3 人，在册专科学员 2 人。

0366 河西学院学前教育

高校名称：河西学院
专业名称：学前教育
教师力量总数：19 人
高级职称数量：6 人
本科招生规模：180 人
硕士招生规模：无
博士招生规模：无

学　位：学士
就业率：72.1%
简　介：学制4年，授予教育学学士学位。是2010年在1999年6月教师教育学院原教育系基础上成立的，设有教育学教研室、心理学教研室、学前教育教研室、心理学实验室、教育科学研究所、教师职业技能训练中心、河西学院大学生心理健康教育中心和甘肃省教育科学研究所河西学院基础教育教学研究基地等8个教学科研机构。开设有小学教育、应用心理学、学前教育3个本科专业，就业方向为幼儿教师。

0367　武威职业学院学前教育

高校名称：武威职业学院
专业名称：学前教育
教师力量总数：14人
高级职称数量：1人
学　位：无
就业率：87%
简　介：学前教育专业（艺术教育方向）培养掌握音乐、美术、舞蹈学科基本理论、基础知识与基本技能，具备在幼儿园、小学进行音乐、美术、舞蹈教学的教师、保育员及其他教育工作者。主要专业课程：乐理、视唱、声乐、钢琴、即兴伴奏、舞蹈与形体训练、合唱指挥、和声、绘画、手工制作、幼儿歌曲创编、器乐演奏、幼儿园教育活动与实践、蒙氏教育、学前儿童卫生保健、学前儿童心理学、教育学等。就业方向：在幼儿园、小学等单位从事学前教育、管理等工作。

0368　陇南师范高等专科学校学前教育

高校名称：陇南师范高等专科学校
专业名称：学前教育
教师力量总数：42人
高级职称数量：4人
学　位：无
就业率：56%
简　介：培养全面掌握现代幼儿教育基本理论、基本知识和教育技能，能在幼儿教育机构从事保教工作的幼教专业人才。开设的主要课程：学前心理学、学前教育概论、学前卫生学、儿童文学、幼儿园游戏、幼儿园教育活动设计与组织、学前教育研究方法、学前儿童家庭教育等专业课程及教育类课程和公共课程。

0369　兰州交通大学汉语国际教育

高校名称：兰州交通大学
专业名称：汉语国际教育
教师力量总数：17人
高级职称数量：8人
本科招生规模：55人/2014年
学　位：学士
就业率：88.66%/2014年
简　介：汉语国际教育专业，适应全球经济一体化背景下对外交流形势的要求，以国内外汉语国际教育教学和跨文化交流人才需求为指向，培养掌握汉语和英语基础知识，了解中国文学、外国文化以及跨文化交流知识，具备汉语国际教育教学、汉英双语会话、跨文化交流基本能力的复合型、应用型专门人才。毕业后可在国内外各类学校从事汉语国际教育教学，亦可在国家机关、企事业单位、国内外文化传播领域从事文化交流及相关工作。主干课程有现代汉语、古代汉语、汉语国际教育案例教学、中国文化通论、世界文化史、跨文化交际概论、教育心理学、语言学概论、汉语国际教育教学概论、比较文学。

（十二）电子商务学

0370 兰州商学院陇桥学院电子商务

高校名称：兰州商学院陇桥学院
专业名称：电子商务
教师力量总数：14人
高级职称数量：5人
本科招生规模：60人
学　　位：学士
就业率：无
简　　介：电子商务四年制本科，授予管理学学士学位。培养具有利用网络开展商务活动的能力和利用计算机信息技术、现代物流方法改善企业管理方法，提高企业管理水平能力的高素质复合型应用人才。主要课程有电子商务经济学、管理学、会计学、网络金融、网络营销基础与实践、物流与供应链管理、电子商务法律概论、电子商务概论及案例分析与评估、JAVA语言、电子商务网页设计与制作、电子商务系统设计与实现、数据库应用、电子商务模拟实训等。工作适用范围：可从事网站的网页设计、网络编辑、网站内容的维护和网络营销工作，或从事电子商务项目管理、电子商务活动的策划与运作、电子商务系统开发与维护工作以及在各级学校从事电子商务教学等工作。本专业可考取电子商务师、软件设计师和系统分析师等。

0371 武威职业学院电子商务

高校名称：武威职业学院
专业名称：电子商务
教师力量总数：6人
高级职称数量：1人
学　　位：无
就业率：88%
简　　介：培养具有现代商务运作新理念，熟悉电子商务运行原则，具备电子商务项目分析、规划、管理和组织能力，掌握电子商务基本开发和应用技能，能够适应各行业电子商务应用广泛需求的实用性高等专门人才。主要专业课程：经济应用文写作、基础会计、经济学原理、统计学原理、电子商务概论、现代物流基础、商务礼仪、市场营销学、网络营销、安全保密与支付、Internet技术应用、电子商务案例、市场调查与预测、电子商务教学软件、客户关系管理、电子商务网站设计与管理、WEB信息技术与信息管理。就业方向：在企事业单位从事电子商务的策划、运营、系统维护、网络营销等工作，可在各类经济管理部门从事电子商务的相关管理工作。

0372 甘肃工业职业技术学院电子商务

高校名称：甘肃工业职业技术学院
专业名称：电子商务

教师力量总数：1 人
高级职称数量：1 人
本科招生规模：30 人
学　位：无
就业率：100%
简　介：培养具备现代商务、计算机及网络方面的专业基础知识，掌握网站设计与实现、网站运营与网络营销、网站维护与管理技能，能在中小企业从事网站建设与网络营销工作的高级应用技能型人才。

0373 酒泉职业技术学院电子商务

高校名称：酒泉职业技术学院
专业名称：电子商务
教师力量总数：23 人
高级职称数量：11 人
学　位：无
就业率：86.32%
简　介：培养德智体全面发展，系统掌握电子商务的基础知识和基本技能，能熟练运用电子商务技能和现代信息技术从事电子商务活动、电子商务网站及系统建设和安全维护工作以及电子商务管理业务的高级应用型技术人才。主要课程有电子商务概论、因特网技术及应用、市场营销学、图形图像处理、电子商务网站建设、网店运营与管理、网络营销与策划、电子商务解决方案、电子商务案例分析、电子商务与网络安全、电子商务与现代物流、网上开店实训、电子商务项目实训、网络营销与策划实训等。学生毕业时，可考取电子商务师、物流师等职业资格。就业方向为中小企业、网络公司、电子商务公司、行政事业单位、电子商务网站建设、维护管理、网络推广、营销及方案策划、网上交易、网络订单处理、网络贸易及物流管理等。

0374 甘肃林业职业技术学院电子商务

高校名称：甘肃林业职业技术学院
专业名称：电子商务
教师力量总数：5 人
高级职称数量：1 人
学　位：无
就业率：88.14%
简　介：培养系统掌握电子商务的基础知识和基本技能，熟悉各类电子商务活动的基本业务流程，能熟练运用电子商务技能和现代信息技术从事电子商务活动、电子商务网站及系统建设和安全维护工作、电子商务管理业务的高级应用型技术人才。

甘肃省文化资源名录

第四十二卷 文化类高等教育、文化艺术机构团体 I

文化艺术机构

(一) 兰州市城关区
(二) 兰州市七里河区
(三) 兰州市西固区
(四) 兰州市安宁区
(五) 兰州市红古区
(六) 酒泉市敦煌市
(七) 天水市秦州区
(八) 天水市武山县
(九) 武威市天祝藏族自治县
(十) 张掖市甘州区
(十一) 张掖市山丹县
(十二) 张掖市肃南裕固族自治县
(十三) 平凉市崆峒区
(十四) 庆阳市西峰区
(十五) 庆阳市正宁县
(十六) 庆阳市华池县
(十七) 庆阳市合水县
(十八) 庆阳市环县
(十九) 定西市岷县
(二十) 陇南市武都区
(二十一) 陇南市成县
(二十二) 陇南市两当县
(二十三) 陇南市徽县
(二十四) 陇南市文县
(二十五) 临夏回族自治州临夏市
(二十六) 甘南藏族自治州临潭县
(二十七) 甘南藏族自治州迭部县

（一）兰州市城关区

0001 兰州市文化发展研究中心

地　址：城关区庆阳路 92 号

特色研究：戏剧创作与研究，地方文化研究，文化发展理论研究。

研究人员：6 人

简　介：兰州市文化发展研究中心前身是1985 年 5 月成立的兰州市文艺创作研究中心。2007 年 12 月，根据兰机编〔2007〕220号文件《关于兰州市文化出版系统体制改革机构调整的批复》精神，兰州市文艺创作研究中心更名为兰州市文化发展研究中心。兰州市文化发展研究中心为事业性质，副县级建制，核定财政全额拨款事业编制 13 名，领导职数 3 名，其中主任 1 名，党支部书记 1 名（副县级），副主任 1 名（正科级）。隶属市文化广播影视新闻出版局管理。中心主要负责兰州市艺术创作规划的制定及艺术创作活动，组织重大题材创作项目的实施；承担地方文化发展研究任务，挖掘整理地方文化资源，创意策划重大文化发展项目，编纂出版有关出版物等重大项目的任务；承担文化产业发展动态、政策、规划、法规研究任务；组织开展文化艺术培训活动，提高兰州市文化艺术创作水平。中心自成立以来，共创作大小舞台剧、影视广播剧 400 余部，撰写并发表文艺专著、论文 240 余篇（部）。其中戏剧《三老与两小》《风流保姆》《魂系太阳河》《雪山骄子》《兰州老街》《兰州人家》《老柿子树》等，多次参加中国艺术节、中国戏剧节演出并获得"五个一工程"奖、中国曹禺戏剧奖、中国戏剧文学奖、中国人口文化奖等多种奖项。

0002 甘肃省诗文书画院

地　址：兰州市第一工人文化宫

特色研究：少数民族文学书画艺术。

研究人员：5 人

简　介：甘肃省诗文书画院成立于 2010 年，主要为弘扬我国传统少数民族文化，进行诗词、文学、书法、美术及诗书画理论研究。本院自成立以来，以"弘扬传统文化、熔铸民族精神"为宗旨，创办院刊，并多次举办各种书画培训和展览、笔会等活动，有力地促进了本地艺术家同全国各地文学艺术工作者的交流，从而提高了创作水平。本院为诗文书画艺术的传播、普及、发展，为诗人、作家、书画家相互交流而搭桥铺路，并借助这一平台，积极开展灾害救助等公益慈善事业，为祖国传统民族文化传承和发展、民族团结进步、提振中国人的精神力量、构建和谐社会做出了贡献。

0003 甘肃省文化艺术研究所

地　　址：城关区通渭路 91 号

特色研究：文化艺术研究。

研究人员：24 人

简　　介：甘肃省文化艺术研究所是甘肃省唯一的省级文化艺术综合研究机构，成立于1986年。它的前身在不同时期分别是甘肃省流行剧目修审委员会、甘肃省戏曲艺术研究会、甘肃省戏曲艺术工作室、甘肃省剧目工作室等。在多年的建设发展中，甘肃省文化艺术研究所陆续培养了一批文化艺术学科研究的专门人才，涌现出一批优秀的科研成果，完成了国家级、省部级重大科研项目《中国戏曲志·甘肃卷》《中国曲艺志·甘肃卷》《边远贫困地区文化事业可持续发展研究》《甘肃省农村实用文化人才职称评定课题研究》《甘肃产业发展研究报告》等。出版了《甘肃传统剧目整理改编汇集》42 集，出版了《甘肃传统剧目汇编》18 册，出版了"甘肃特色文化大省建设丛书"系列，有《秦音恋——王晓玲艺术人生》《陇上秦声——尚育民剧作集》《甘肃建设特色文化大省的资源和品牌研究》《跬步集——甘肃艺术科学论文选集》《骊轩探丛》《甘肃民间谚语选注》等。研究成果获得国家级、省部级奖 38 项，在推动甘肃文化建设和文化艺术科研事业的发展中，发挥了积极有效的作用，特别是在全国、全省艺术科研等重大活动中，组织参与各类理论研讨，受到国家、省上领导和业内人士的称赞和好评，为繁荣甘肃的文化艺术事业做出了积极贡献。

0004 兰州玉文化研究院

地　　址：城关区张掖路大众市场 52 号

特色研究：开展玉文化的专业研究、交流、开发和推广。

研究人员：56 人

简　　介：兰州玉文化研究院由兰州市文化局主管，是由研究玉文化、矿物学的专家和相关领域的专业研究人士以及业内人士、相关高等院校、相关专业研究单位组成的集学术性、专业性为一体的学术研究机构。本院是在遵守法律、法规和国家政策，遵守社会道德风尚的前提下，弘扬中国传统文化、团结各方人士，组织协调推进兰州玉文化机构和个体共同发展，推动中国玉文化的传承和进步。本院主要开展玉文化的专业研究、交流、开发和推广，促进玉文化对话与合作，召开玉文化研讨会，组织培训专业人才，编辑专业书刊，设立专业鉴赏评估机构，调查各地玉资源分布状况和各地玉文化遗存，并参与玉资源的保护与合理开发活动。

0005 甘肃龙文化研究院

地　　址：城关区天水北路 23 号

特色研究：龙文化研究。
研究人员：7人

0006 兰州古镇文化研究院

地　址：兰州市北滨河东路362号
特色研究：古镇文化的研究、保护、挖掘和交流。
研究人员：3人
简　介：兰州古镇文化研究院是张敏君先生发起并创办的文化研究机构。古镇集政治、经济、军事、历史、文化、科技、民俗、艺术、人物传记及民间传说于一体。该院整合、开发和利用兰州地区古镇优秀文化资源，打造兰州地区古镇文化品牌，归整古镇文化出书，为促进当地经济社会发展、建设文化强省、构建和谐社会做出了贡献。古镇古建筑和非物质文化遗产，具有珍贵的历史文化价值。代表性的文物有古民居建筑群、庙宇、祠堂、书院和非物质文化遗产等，是古镇辉煌历史的见证，又是极富开发价值的文化资源。

0007 甘肃黄河彩陶文化研究院

地　址：兰州市庆阳路348号
特色研究：彩陶的研究与鉴赏。
研究人员：5人
简　介：甘肃黄河彩陶文化研究院位于城关区南关什字世纪广场，成立于2007年10月18日，现有工作人员6名，其中高级职称以上人员有3名，法定代表人杨学成先生系兰州大学客座教授，从事彩陶文化研究十几年，他自发组织黄河流域民间收藏家、爱好者及国有研究机构人员共同探讨、研究彩陶文化。甘肃黄河彩陶文化研究院的成立弥补了国有文博研究机构的不足，充分发挥着民间团体的作用。

0008 兰州黄河古代书画研究院

地　址：城关区皋兰路249号统办2号楼
特色研究：书画创作、展览、研究和交流。
研究人员：3人

0009 兰州中华龙文化传媒中心

地　址：城关区天水北路270号
特色研究：龙文化研究和交流。
研究人员：5人
简　介：兰州中华龙文化传媒中心于2012年1月6日注册登记，3月19号文化局批准，2012年举办了大型"二月二龙抬头"祭奠活动，有三万多人参加。2012年3月8日举办了"三八妇女节"龙文化座谈会，2013年4月4日举办首届"兰州民间龙文化论坛"，2014年举办了首届耄耋书画家作品展。

0010 甘肃国画院

地　址：甘肃兰州
创建时间：2015-11-23
教职员工：5人
主要文化活动：学术创作交流，展览拍卖，人员培训。
简　介：在党的新时期文艺方针路线政策指

导下，在甘肃省文化厅、民政厅有关部门和领导的大力支持下，甘肃国画院于 2005 年 8 月在兰州正式挂牌成立，并于 2005 年 11 月顺利完成全部登记注册等各项合法手续。甘肃国画院筹建初期，得到中国美协旅游联谊中心领导的鼎力相助，使建院初期筹备工作得以顺利进行，为甘肃国画院的正式成立打下了良好的基础，并在双方共同努力下开展了多项书画展览交流活动。甘肃国画院的建院宗旨是团结省内外志同道合、德艺俱佳的书画人才为本院书画家搭建展览、交流、宣传、推介的平台和桥梁，创建一个学术氛围浓郁、宽松、团结、互助、和谐的创作环境，共同进步提高，为繁荣本省群众性文化文艺活动贡献自己的一份力量。甘肃国画院现有书画创作队伍一百余人，其中特聘全国书画名家顾问三十余人，中国美协会员和高级美术师人员达总数的 1/3 以上，初步形成了良好的创作队伍。甘肃国画院是经甘肃省文化厅、甘肃省民政厅备案审核并批准成立的全省非营利性质的学术性社会机构，具备法人资格和独立的民事承担责任，其业务主管部门为甘肃省文化厅，并在甘肃省文化厅、甘肃省民政厅的业务指导和监督管理下开展工作。

0011 甘肃省黄河书画艺术研究院

地　　址：城关区雁北路 2627 号
创建时间：2006-10-22
研究人员：5 人

主要文化活动：定西文化馆举办副院长刘静河与外地画家联合书画作品展；本院画家王德诚、秦理斌到漳县、岷县进行文化考察以及给当地群众赠送书画作品；副院长刘静河在山东聊城、菏泽举办作品展览；本院画家张宪文在广州举办画展；院长孙继刚与本院画家去岷县举办送文化进山区活动；院长孙继刚拜访我国著名书法家罗杨先生；邀请四川籍画家何学芬进行书画交流，并在白银、会宁举办国画艺术展览。

简　　介：甘肃省黄河书画艺术研究院成立于 2006 年 10 月，是一家隶属于甘肃省文化厅兼管的社会团体单位，性质为大集体法人负责制，属于非营利性文化机构。主要业务范围为书画家交流学习、办展、联谊、培训等。本院院长孙继刚，副院长李文衡、秦理斌、王得诚、刘静河、张宪文、何学斌、包海燕。另外成立了以李文衡为书记的党支部，有支部委员、院内及院外的书画师若干人，有比较健全的院务领导班子。甘肃省黄河书画艺术研究院借鉴外地书画院的成功先进经验，结合本地实际，制定《甘肃省黄河书画艺术研究院章程》。《章程》经多次修改，已经省民政厅民间社会组织管理局审查备案，为今后书画院的工作有章可循、依章办事奠定了基础。甘肃省黄河书画艺术研究院成立近十年来在有关部门的支持下，院领导积极开展工作，发挥本院的优势，先后编撰印发了《黄河艺术》20 余期，宣传书画家近百人，组织举办了"甘肃书画名家赴香港展出"、纪念毛主席在延安文艺座谈会 72 周年全国书画展。先后邀请北京、山东、河南、陕西、四川等地书画家，分批次来甘肃开展书画交流学习。在 2012 年甘肃省岷县发生泥石流自然灾害时，该院带头为灾区人民送去慰问善款。

0012 兰州汉唐风书画院

地　　址：兰州市
创建时间：2014-12-09
会员人数：3 人
主要文化活动：书画艺术交流。
简　　介：兰州市汉唐风书画院主要经营书画艺术交流等产品。作为经营书画艺术交流的企业，我们始终坚持诚信和让利于客户，坚持用自己的服务去打动客户。

0013 甘肃承德洮砚文化研究院

地　　址：甘肃兰州
创建时间：2006-12-31
研究人员：10 人
主要文化活动：洮砚的理论研究和文化交流，洮砚的鉴定、评审、评估，洮砚的技术咨询、人员培训、技术转让，洮砚的宣传、展览和推广。
简　　介：甘肃省承德洮砚文化研究院成立于 2006 年 12 月 31 日，十年来一直以弘扬民族文化，发展洮砚艺术事业为宗旨，坚持精品化、系列化、规模化的发展方向，形成集研究开发、生产加工、经营销售为一体的综合性研究机构。研究院主要活动是通过组织专家学者、研究及技术人员对洮砚文化的形成过程、雕刻工艺、表现风格以及资源的开发利用和保护进行探讨研究。邀请书画名人、砚艺爱好者来展馆参观并展出其作品，给洮砚文化研究院进行宣传展览和推广。2007 年为纪念赵朴初先生 100 周年诞辰，研究院历时五载，制作了一方精美的巨型洮砚——"千佛砚"，敬献给朴老的 100 周年诞辰。2014 年两岸企业家协会就加强两岸文化产业合作，共同打造洮砚文化产业链达成共识并签约。2014 年参加了第二十届中国兰州投资贸易洽谈会，制作了以"中国洮砚之乡——岷县"为主题的大型宣传板，对一百多方精品洮砚进行了展示，在展会现场还进行了由书法爱好者及参加展会的书法家现场书写赠送书法作品活动。组织洮砚作品及洮砚雕刻艺人于 2014 年 9 月和 10 月参加了甘肃省艺协绚丽甘肃、美在民间特色文化民族风情展及第七届甘肃省文博会，宣传和展示了洮砚作品、洮砚文化，并获得了一系列荣誉。

0014 甘肃省国际标准舞学会

地　　址：兰州南关什字民安大厦 B 塔楼 13 屋
创建时间：2001-07-21
会员人数：108 人
主要文化活动：理论研究，普及推广，人员培训。
简　　介：甘肃省国际标准舞学会成立于 2001 年 7 月 21 日，是经甘肃省民政厅批准注册，甘肃省文化厅主管的省一级专业学会，是我省唯一有合法权利从事国标舞组织管理、师资培训、教学竞赛的机构。自学会成立以来，培养了大批国标舞辅导教师和选手，成功举办了九届省锦标赛，培养的少年选手在全国比赛中屡创佳绩，多次夺得全国冠军，为全国各大艺术院校输送了大批国标舞人才，成为全国著名的国际标准舞培训基地。

0015 甘肃省易经学会

地　　址：兰州市庆阳路 230 号

特色研究：周易研究与应用，学术交流，文化项目开发。

简　　介：甘肃省易经学会成立于 2003 年 10 月，由易经文化界的学者、爱好者、企业家等组成，是具有独立法人资格的非营利性社会团体，现有个人会员 210 人，会员单位 18 个。学会自成立以来，积极开展易经文化研究，先后编纂了《周易探赜》，注解了《周易智慧》等易经专著。学会充分发挥自身优势，在积极开展国学研究的基础上，多次组织专家学者为国内外企事业单位及大专院校巡回讲授国学知识，取得了良好的社会效益。学会现有工作人员 8 人，其中专职 3 人，兼职 5 人。

0016 兰州翰墨书画院

地　　址：兰州市临夏路 5 号

创建时间：2009-06-17

教职员工：5 人

主要文化活动：书画艺术交流，书画培训。

简　　介：兰州翰墨书画院是经文化局、民政局批准许可的一所致力于美术教学的专业培训机构，开设了幼儿启蒙班、国画班、书法班、素描班、速写班、色彩班等。多年来，我院秉承"尊重天性、培养灵性、挖掘潜能、造就才能"的教学理念，培养了一批又一批的美术人才，为美术院校输送了优秀的美术高考生。理念决定品质，信心来自实力。由优秀院校的美术教育专业的研究生、本科生组成的教师队伍凸显专业化教学的实力优势，确保了翰墨美术教学的专业品质。翰墨美术培训形成了从幼儿美术到中、高考美术的系列专业美术教学体系，极力丰富和提高各层次、各年龄阶段学生的审美情趣和美术表现水准。

0017 兰州爱乐文化艺术中心

地　　址：城关区铁路西村 156 号

创建时间：2005-02-12

教职员工：20 人

主要文化活动：举办兰州"黄河岸边百架钢琴音乐会"，举办上海音乐学院钢琴演奏家周挺兰州讲学及演出活动，举办西班牙钢琴演奏家马里奥兰州讲学及演出活动。

简　　介：兰州爱乐文化艺术中心原是成立于 1995 年的兰州李玮钢琴学校，2005 年 2 月经兰州市文化局、民政局批准，注册更名为兰州爱乐文化艺术中心。多年来，兰州爱乐文化艺术中心为甘肃省培养了大批琴童，使众多青少年受到了良好的艺术教育，走进了艺术殿堂。兰州爱乐中心坚持全面的艺术培养方案，配备了全省一流的教师队伍，努力从根本上扫除学艺儿童的厌学现象，真正实现通过学习艺术树立正确人生观的教育效果。

0018 兰州伯华艺术培训中心

地　　址：兰州市城关区金昌南路 128 号

创建时间：2002-08-07

教职员工：10 人

主要文化活动：美术、书法、艺术设计培训。

简　　介：兰州伯华艺术培训中心，创办于 2002 年，是由兰州市主管部门审核批准的正规教学机构（甘兰字第 030081 号）。学校经过十三年的发展壮大，取得了丰硕的成果。学校建立起一套科学而完善的美术、书法以及少儿早教教育体系。学校师资力量雄厚，由多年从事美术、书法教学的一线高水平老师执教。

0019 兰州禾艺术培训中心

地　　址：城关区中山路 185 号

创建时间：2014-10-29

教职员工：5 人

主要文化活动：舞蹈、音乐、美术、书法培训。

简　　介：兰州禾艺术培训中心是利用非国有资产、自愿举办、从事营利性社会服务活动的社会组织。单位的宗旨是遵守宪法、法律、法规和国家政策，遵守社会道德风尚，将中心办成一个高品质、高层次、管理先进、服务到位的综合性文化艺术类培训机构。

0020 兰州尚唯美艺术培训中心

地　　址：兰州

创建时间：2014

教职员工：4 人

主要文化活动：艺术高考培训。

简　　介：兰州尚唯美艺术培训中心经兰州市文广局、兰州市民政局批准，正式成立于 2014 年。在此前已有成熟的团队致力于美术高考辅导多年，向各大院校输送大量优秀人才，也获得学生家长的好评及肯定，特别是分组教学和小班式教学更为突出。

0021 兰州金霖艺术学校

地　　址：兰州市城关区大砂坪桥 385 号

创建时间：2006-04-12

教职员工：30 人

主要文化活动：音乐美术传媒培训。

简　　介：兰州金霖艺术学校创建于 2006 年，是经兰州市文化局和兰州市民间组织管理局批准的一所专门从事艺术专业培训的全日制学校。学校坐落于兰州市城关区大砂坪生态园内，地理位置优越，周边环境安静。学校教学楼、公寓楼、食堂、超市等占地面积 4000 多平方米，校内教学设施齐备，有多媒体教室、专业舞蹈室、琴房、画室等数间，教职工 30 余人。学校设置五个专业方向，主要包括音乐、美术、舞蹈、播音与主持、广播电视编导。课程设置以甘肃省联考考试大纲为主，结合各大高校考试要求及范围精心策划编排课程。学校坚持"以人为本，质量立校，面向未来，依托城市，服务社会"的办学理念。经过多年的不断发展与提高，本科升学率高达 90% 以上，先后有数百名学生考入中国音乐学院、四川音乐学院、西安音乐学院、中国美术学院、西安美术学院、陕西师范大学、广西艺术学院、兰州大学、西北师范大学等省内外高校。学校在多年的办学过程中，汇聚了一支高水平的师资队伍，专业老师主要来自艺术院校毕业的优秀本科生、研究生及高校教师，他们具有优良的师德，扎实的专业功底，丰富的高考辅导经验，勤奋敬业，精诚团结。兰州金霖艺术学校加快转型步伐，努力建成一所优势突出、特色鲜明的名牌艺术学校，一所弘扬校园文化、倾注人文关怀的艺术学校，一所学业与健康并重、文明与快乐同行的艺术学校，一所学生满意、家长认可、社会知名的艺术学校。

0022 兰州宝韵斋艺术中心

地　址：庆阳路161号民安大厦B塔7楼
创建时间：2013-09-06
教职员工：3人
主要文化活动：少儿书法、美术培训。
简　介：兰州宝韵斋艺术中心是兰州市文广局、兰州市民政局批准注册的以书法、美术为主的专业培训机构，是中国美术学院社会美术水平考级中心甘肃考级办授权的兰州市定点考级单位。

0023 兰州格蕾思朵艺术培训中心

地　址：城关区庆阳路237号
主要文化活动：舞蹈培训。
教职员工：3人
简　介：兰州格蕾思朵艺术培训中心是兰州市文化局下属的专业艺术培训机构，是一家专门从事舞蹈教育、提高孩子自信心、培养个人气质及艺术素养的教学基地。该中心培训的优秀学员分别考入辽宁芭蕾舞团、上海戏剧学院、四川省艺校、各省市级歌舞团及艺术学校。中心培养的学生不仅考入了全国知名的舞蹈学校，而且在大赛中也取得了优异的成绩。2011年成功举办"兰州格蕾思朵艺术培训中心第一届舞蹈展演"。2012年举办"兰州格蕾思朵艺术培训中心第二届舞蹈展演"，获得甘肃省舞蹈专家以及学生和家长的一致认可，取得圆满成功。2013年6月参加"爱我中华全国舞蹈展演活动"甘肃赛区获得两金、两银、一铜的优异成绩，舞蹈《花裙子飘起来》获得全场最高分。2013年8月参加"爱我中华全国舞蹈展演活动"全国总决赛，获得一金、一铜的优异成绩。2013年评选为"兰州国际马拉松"开幕式指定演出单位。2014年举办"兰州格蕾思朵艺术培训中心第三届舞蹈展演"，2014年第二届甘肃"梅馨杯"小品艺术节协办单位。

0024 兰州海天知音艺术培训中心

地　址：兰州市雁滩路3583号
创建时间：2009-06-28
教职员工：6人
主要文化活动：开展器乐、美术、舞蹈、跆拳道、围棋等相关专业的青少年培训。
简　介：兰州海天知音艺术培训中心成立于2009年6月，是经兰州市民间组织管理局批准设立、兰州市文广局业务主管的一家综合性培训机构。中心本着"让孩子享受幸福的指引"为办学宗旨，认真做好每一位学员的教学服务工作。中心依托兰州地区丰富的教师资源开设相关培训课程。目前中心有教职员工26人，其中行政人员5人，专职教师14人，兼职教师7人。良好的硬件设施保障了中心教学培训活动的正常开展，中心占地近600平方米，拥有舞蹈练功厅一间、标准舞蹈教室两间、美术教室一间、多功能综合教室一间、独立标准琴行十间。

0025 兰州蓝精灵美术教育中心

地　　址：城关区酒泉路265号

创建时间：2014-08-08

教职员工：5人

主要文化活动：美术培训。

简　　介：本中心遵守国家法律法规，贯彻国家教育方针，遵守社会道德规范。通过培训，使参加培训的人员在艺术技能方面得到提高。蓝精灵美术教育中心本着新观念、新体制、高起点、高标准、高质量的办学思路使每一位学生都能从中受益。

0026 兰州金耳朵钢琴培训中心

地　　址：兰州市城关区南关十字民安大厦B塔1204室

创建时间：2014-10-06

教职员工：5人

主要文化活动：参加2014年全国"小音乐家"评选器乐比赛。

简　　介：兰州市金耳朵钢琴培训中心是一家经兰州市文广局、兰州市民间组织管理局审核批准的专业钢琴培训中心，场地面积约为114平方米，所有教师均为本科及以上学历。

0027 兰州元章书画艺术培训中心

地　　址：兰州市城关区永昌路215号

创建时间：2014-12-09

教职员工：5人

主要文化活动：书法、美术培训，书画交流。

简　　介：兰州元章书画艺术培训中心是融艺术创作与美术、书法培训为一体的高考培训中心，培训中心拥有一流的硬件设施、专业的管理和雄厚的师资力量，以"认真负责、严格辅导、耐心引导"的教学态度，取得了优异的成效，赢得了广大同仁和众多考生的好评。中心的宗旨是培养学员扎实的造型能力和深刻的理解能力，拓展知识面，让学员学会考试的本领，为将来的艺术发展道路奠定坚实的基础，以适应现代社会对高素质人才的需求。培训中心以中央美术学院的教学体系为基础教学，同时辅以优秀范画、书籍传授理论知识、美术鉴赏课，并定期组织参观艺术院校的重要展览，达到扩充学员知识面、开拓眼界、涉猎广泛的文化思想领域、获取更多信息、提高学生鉴赏力的教学效果。

0028 兰州斯渊美术舞蹈艺术培训学校

地　　址：兰州市段家滩704号
创建时间：2011-11-11
教职员工：6人
主要文化活动：美术、舞蹈、动漫、艺术设计类培训。
简　　介：兰州斯渊美术舞蹈艺术培训学校位于国家级文化产业示范基地——兰州创意文化产业园区内，业务主管单位是兰州市文化局。兰州斯渊美术舞蹈艺术培训学校是兰州市目前从事中小学艺术教育培训规模最大的平台之一，学校通过教学探索和经验积累，自主研发编辑出版了适合幼儿、中小学生、艺术高考生各级别的教学教材，尤其美术专业培训教学理念科学，教学态度严谨，教学方式独特，是甘肃省中小学美术教育培训行业的一支标杆。近几年来，曾有中央、省、市领导及美协、各美术院校的专家教授来学校视察和指导工作，并对学校的教学成果和设施配套给予了充分的肯定。

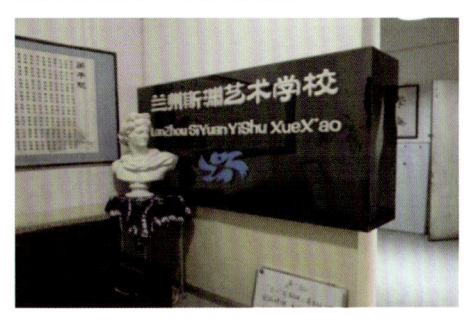

0029 兰州灰空间美术培训中心

地　　址：城关区东岗西路660号（省政府礼堂）
创建时间：2012-04-28
教职员工：6人
主要文化活动：艺术创作与研究，美术高考教学。
简　　介：兰州灰空间美术培训中心成立于2012年，教学区位于甘肃省政府礼堂院内，占地面积600平方米，画室占地面积140平方米，交通便利，属于精品教学基地。目前以美术培训为核心，拥有短期高考美术培训系统、职业美术教育系统、基础美术教育系统、设计策划系统、咨询服务系统等多个发展平台，是一家集教育培训、教育产品研发、设计策划服务等于一体的大型综合性文化传播教育中心，中心享有很高声誉。培训中心现有教职工6人，任教老师4名，团队核心人员毕业于中央美院，具有丰富的教学和应试经验，教学质量和管理水平处于甘肃省同行业领先地位。中心设有观摩课、欣赏课、写生课、临摹课、记忆训练课、名家讲座课、作业讲评课、模拟考试等一系列促进学生艺术发展的课程。为保证教学质量，限额招生，并聘请兰州市名校高考把关老师配合专业进行文化课教学，让学生两条腿齐步前行。坚持高质量教育是中心的宗旨，100%录取是中心的目标。

0030 兰州博艺舞蹈培训中心

地　　址：兰州市城关区东岗东路2704号

创建时间：2014-04-21

会员人数：4人

主要文化活动：舞蹈、少儿主持人培训。

简　介：兰州博艺舞蹈培训中心成立于2014年4月21日，是由兰州市文化局批准、兰州市民间组织管理局登记批准成立的一家主要从事舞蹈及少儿主持人培训的机构。

0031　兰州丝韵乐坊艺术培训中心

地　址：城关区南关什字世纪广场A座20楼2005室

创建时间：2014-07-22

教职员工：5人

主要文化活动：2014年9月27日邀请著名葫芦丝演奏家、教育家、作曲家李春华老师来兰州举办《李春华葫芦丝艺术讲座》；2014年10月24日同甘肃电视台、甘肃省老年大学、300多名葫芦丝爱好者在中山桥共同录制"葫芦丝快闪"活动。

0032　兰州智雅艺术学校

地　址：城关区李家湾136号

创建时间：2007-07-31

教职员工：6人

主要文化活动：音乐、舞蹈、美术、书法类艺术人才的培养。

简　介：兰州智雅艺术学校以"智以修身、雅以养德、艺立和谐、校泽桑梓"的办学理念，服务于市民。由多年一线教育工作者传教、授业、解惑，使学员拥有广博的知识，更好地立足于竞争激烈的社会。培养学员情操高雅、德艺双馨、惠及一生。推广并普及艺术，使人人都能陶醉在艺术的氛围中，共建和谐社会，和谐家庭。智雅艺校开设器乐、声乐、棋类、书法、美术、舞蹈、武术、国学及各类文化课辅导，以弘扬中国传统文化为己任，加入国外优秀文化及流行元素，向学员传授优秀多元文化。白塔映智，黄河润雅。智雅艺校背倚白塔，环于黄河，静观三百里黄河风情线，百年铁桥、碑林、龙源、水车园、明清古建群……多少名胜古迹，承载多少往事。借势于得天独厚的地理环境，让每个学员感受其中文化。艺海扬帆，德能双馨。众多一线教育工作者，让每一个学员都能找到自己的爱好所在，收获技艺，砥砺德行。

0033　兰州君晓美术培训中心

地　址：城关区临夏路沛丰大厦20楼西D座

创建时间：2008-10-18

教职员工：4人

主要文化活动：美术培训，美术交流。

简　介：兰州君晓美术培训中心成立于2008年10月，该中心学生多次获得全国少儿绘画比赛的奖项，在兰州市委宣传部、兰州市文化影视新闻广播出版局主办的少儿书画比赛中多次获奖。该中心师资情况是：陈军毕业于西北师范大学美术学院，师从韦自强教授，现为甘肃省美术家协会会员、国家三级美术师，作品多次获省级奖项；赵临晓毕业于西北师范大学美术学院，师从韦自强教授，现为甘肃省美术家协会会员、国家三级美术师。

0034 兰州宏刚美术培训中心

地　　址：城关区徐家湾兰雅亲河湾526号
创建时间：2014-04-21
教职员工：4人
主要文化活动：美术培训。
简　　介：兰州宏刚美术培训中心前身是宏刚工作室，由陈宏刚与其胞弟陈宏列先生于2014年投资创办，是经市民间组织管理局等单位批准成立的专门从事高考生美术培训的专职机构。兰州宏刚美术培训中心在2014学年高考美术生统考、校考取得优秀成绩的基础上，先后派出数名老师前往北京、杭州学习专业，并了解2015年美术高考新动向。外出学习的老师通过进修，专业技艺、教学理念方面都有了明显提高。宏刚美术培训中心陈宏刚校长认为当前是知识爆炸时代，知识、技艺更新尤为重要，它关系到学校的生存发展，关系到学生专业知识的提高和理想的实现，要求宏刚美术培训中心的教师一定要树立终身学习的理念，不断学习，不断提高。本中心成立以来，坚持明责、勤奋、诚信、协作的宗旨服务于学生，承诺于家长，先后培养学生近千名。多名培养的学生专业成绩达到中国美术学院、四川美院、鲁迅美院等专业美院的录取标准，该中心深得学生喜爱、家长认可。

0035 兰州金玉艺术培训中心

地　　址：兰州市城关区雁滩路2924号
创建时间：2014-01-08
教职员工：8人
主要文化活动：书法、美术、酷乐数学培训。
简　　介：兰州金玉艺术培训中心是经兰州市民政局批准成立的一所大型的、专业的艺术培训机构。中心位于甘肃省行政学院内，环境优雅，设施一流，教学面积近300平方米。兰州金玉艺术培训中心现有专兼职专业教师八名，有自主知识产权国家级教学专利一项、自主研发教材六种。为活跃教学气氛，该中心定期邀请书画名家开展笔会、展览、讲座等活动。

0036 兰州舞灵峰舞蹈艺术培训中心

地　　址：城关区雁滩路3207号
创建时间：2014-12-08
教职员工：3人
主要文化活动：舞蹈培训。
简　　介：兰州舞灵峰舞蹈艺术培训中心是由兰州市文化广播影视新闻出版局审核批准注册的股份制公益文化教育培训实体。学校以公共体育舞蹈、舞美教学、公益演出为发展方向，教学采用国际上先进的"1+1"教学法，在短期内使学生能很快掌握一种先进的舞蹈教学理念，并且在走向社会和工作实践中均能代表个人实力。在升学、工作的资历中会起到能文能舞的作用,更能增强学生个人自信和适应社会发展的能力。学生所学课程结束后均颁发等级结业证。

0037 兰州海鹰美术培训中心

地　址：城关区雁滩北面滩新二村
创建时间：2014-06-24
教职员工：4人
主要文化活动：美术培训。
简　介：兰州海鹰美术培训中心位于美丽的黄河南岸,为扩大办学规模是由原兰州佰渡艺术培训中心和指间美术学校合并,经兰州市文化新闻出版局、兰州民间组织管理局批准的一所初高中为一体的专业化美术培训学校。这里交通便利,距离火车站、汽车站直线距离不到8公里,周边比邻兰州文理学院、甘肃艺术学校。学校建筑面积700多平方米,环境优雅,艺术气氛浓郁。学校多年来与全国一线教学名师建立了良好的教学互换体系,增强了教学师资队伍,积累了丰富的专业教学经验,让学生更好地了解外面的教学模式。教师队伍年轻精干,认真负责,齐心协力,他们为把培训中心打造成为兰州知名的美术培训学校而努力奋斗。

（二）兰州市七里河区

0038 兰州敦煌艺术研究院

地　　址：兰州市七里河区西津西路3号

特色研究：敦煌艺术。

研究人员：50人

0039 兰州市博通艺术培训学校

地　　址：兰州市七里河区建西东路377号

创建时间：2008-03-03

教职员工：10人

主要文化活动：音乐、美术、舞蹈培训。

简　　介：博通艺术培训学校位于兰州市七里河区建西东路377号，占地面积678平方米，学校成立于2008年3月，是一所致力于音乐、美术、舞蹈的培训机构。学校秉承"实现优质教育资源共享，推进教育均衡化进程"的办学理念，充分发挥网络优势，实现资源共享。学校实行小班化教学方式，一对一辅导，能在极短的时间内提高学生艺术素质。

0040 美奏索音乐艺术培训中心

地　　址：七里河区敦煌路878号

创建时间：2011-07-07

教职员工：2人

主要文化活动：声乐、器乐培训。

简　　介：兰州美奏索音乐艺术培训中心创建于2011年，是经甘肃省民政局文化厅批示的专业性民办类培训机构。该中心拥有强大的师资阵容和优良的办学条件，始终坚持"专业、专注、专心"的办学理念，其新颖独特的教学方法和良好的教学效果得到社会各界的高度赞誉，培养的学生在历届甘肃省钢琴考级和全国及全省少儿钢琴大赛中成绩显著。该中心为广大成人、青少年儿童及幼儿提供了一个走进音乐、学习音乐、提高音乐素养的高雅殿堂。

0041 兰州启腾艺术培训中心

地　　址：兰州七里河区瓜州路159号

创建时间：2004-10-24

教职员工：3人

主要文化活动：音乐、舞蹈、美术培训。

简　　介：该中心创办于2004年，曾用名是卓艺艺术培训中心，多年来致力于舞蹈教育事业，从事舞蹈教育、舞蹈编排、舞蹈考级、承接大型演艺活动、艺术交流等项目为主。目前拥有来自全国各大艺术院校的专业优秀教师，他们具有丰富的教学经验，有着高度的责任心。该中心常年开设各类专业舞蹈培训、体育舞蹈、青少年舞蹈形体、成人舞蹈形体等专业课程。中心拥有600多平方米的教学场所，多间专业舞蹈练功厅、家长休息厅、学员接待厅，环境一流，设施先进。中心培养的学员有多名考取了甘肃省各类艺术院校及北京舞蹈学院、上海戏剧学院舞蹈系，取得了优良骄人的成绩。

0042 兰州笨鸟美术活动中心

地　　址：七里河区西津西路526号

创建时间：2006-08-25

教职员工：2人

主要文化活动：美术、舞蹈培训。

简　介：兰州笨鸟美术活动中心是2006年8月25日由兰州市文化局批准，兰州市民间组织管理局登记成立的一家主要从事美术舞蹈培训的机构，是七里河区具有正规资质的单位。该中心学生多次获得全国少儿绘画比赛大奖。近年来为各大艺术院校输送了大批优秀学子，得到了社会的一致认可和好评。

（三）兰州市西固区

0043 兰州橄榄苑艺术培训中心

地　　址：西固区商贸中心 9 楼 4 号

教职员工：2 人

主要文化活动：青少年美术培训。

简　　介：兰州橄榄苑艺术培训中心是一家以引导和熏陶青少年学习美术，培养艺术感觉，开发艺术潜能，同时还可锻炼青少年的手脑协调能力，提高青少年的审美艺术素养的美术培训机构。开设的艺术课程有国画、书法、素描、色彩、儿童简笔画、漫画、想象画。中心教师拥有多年美术授课经验，专业基础扎实，教学生动活泼。教学采用示范临摹相结合的方法对青少年进行个性化辅导，激发每个学生不同的艺术感觉，让不同年龄段的青少年学生对绘画产生兴趣，从而让青少年学生从绘画中受益并得到乐趣。

0044 兰州弗斯特艺术培训中心

地　　址：西固区公园路长业大厦

创建时间：2014-04-21

教职员工：6 人

主要文化活动：2014 年 8 月参加甘肃第十三届国标舞公开赛；2014 年 10 月参加甘肃省第五届国标舞锦标赛；2014 年 10 月 26 日组织兰州弗斯特艺术展演活动；2015 年参加甘肃省第五届国标舞锦标赛，获得优秀组织奖，在业界受到一致好评。

简　　介：该中心积极响应习近平总书记文艺座谈会议讲话精神，在广大青少年儿童中积极提倡提高艺术素养，展开文艺培训活动，取得了显著成绩。该中心所有教师均持有全国教师资格证书，长期参加全国性的教师培训学习。学员参加省级、市级演出比赛以及香港青少年国际标准舞锦标赛，并获得许多荣誉。

0045 兰州同源书法美术培训中心

地　　址：西固区长业大厦 1508 号

创建时间：2011-09-08

教职员工：4 人

主要文化活动：书法、美术培训。

简　　介：兰州同源书法美术培训中心是兰州市文化局批准、兰州市民间组织管理局注册登记的合法办学及交流的机构。拥有一流水平的师资力量和教育教学资源，教学质量可靠，在市、省及全国举行的大型正规活动中多名学生多次获得特等奖、优秀奖，老师多次获得大奖，中心多次获得优秀组织奖等，在社会上产生了广泛、积极的影响，社会口碑良好。

0046 兰州嗨皮舞蹈培训中心

地　　址：西固公园路 129 号
创建时间：2014-11-12
教职员工：3 人
主要文化活动：舞蹈培训。

简　介：兰州嗨皮舞蹈培训中心为孩子提供专业的舞蹈教育。舞蹈启蒙班、中级班、高级班、艺术团、基本功课、表演课有针对性地分别安排专业教师进行授课。教师按照正规的教学大纲进行教学，并根据每位学生自身的特点因材施教，使每个孩子在这里获得更为系统、更为专业的舞蹈教育。每学期每位教师定期举行一堂舞蹈公开课，以便家长了解孩子的学习进度，并向家长展示教学成果。学生经学习达到一定水平后，可由中心组织孩子进行一次专业的舞蹈考级，以更专业的考核方法对教学成果进行评定。每年还举办一场大型汇报演出，给孩子搭建一个展示自我的舞台。另外中心制定了严格的舞蹈升班制度，每学期结束教师对孩子进行考核，合格者顺利升入更高一级继续学习，较为突出的孩子可依程度进行跳级，更有机会被选入艺术团代表该中心参加省、市各种舞蹈比赛。

0047 兰州戈雅艺术培训中心

地　　址：西固区新安路 258 号
创建时间：2014-05-04
教职员工：10 人
主要文化活动：美术、音乐、舞蹈培训，书画交流。

简　介：兰州戈雅艺术培训中心是经兰州市民政局、文化局批准的专业培训机构[甘兰民证字第 030548 号]。培训中心师资力量雄厚，专业教师均毕业于各大专业艺术院校，教学经验丰富，专业技艺精湛，教学设备完善，采用多媒体教学。戈雅艺术培训中心开设兴趣培训、专业基础培训、艺术等级考试培训，着重培养学员造型基础及动手动脑能力，并结合各大艺术类学院校考题类型，从根本上提高学生的应试能力和自身的艺术修养。该中心自创立以来，常年组织学生参加国家教育部、省市区级各类书画比赛和考级活动，获奖学生达到 2000 人次以上，级别考试过关率 100%，辅导的学生都能在级别考试及各大比赛中取得优异成绩。

0048 兰州艺萌音乐培训中心

地　　址：西固区公园路长业大厦 15 楼 1511-1512 室
创建时间：2008-07-22
教职员工：3 人
主要文化活动：该中心在第四届兰州市社区艺术家比赛中 2 人获得二等奖，2 人获得三等奖，4 人获得优秀奖。

简　介：兰州艺萌音乐培训中心是经兰州市文化局和兰州市民间组织管理局批准成立的兰州市西固区唯一一家以钢琴专业教学为主的音乐培训机构。中心自 2008 年成立以来，始终坚持"让学生静心、让家长放心"的原则，培养了很多德艺双馨的艺术类人才。该中心学生在每年的钢琴考级中优秀率达到 95% 以上，学生在每年的国家级、省市级各类专业钢琴比赛中摘金夺银，在比赛中为中心学生争取荣誉的同时更好地锻炼了自我。中心每年定期聘请专家为学生进行专题讲座，定期举行学生音乐会，让学生在学习中得到很好的实践锻炼。

0049 西固区青少年武术培训中心

地　址：西固区庄浪东路兰玻新区 12 号
创建时间：1991-08

教职员工：5 人

主要文化活动：获得兰州市第五、六届运动会团体总分第二名的好成绩；获得台湾海峡杯全球华人武术大赛第三名的好成绩。

简　介：西固区青少年武术培训中心（中国武术段位制考试培训点），是一所传统武术内功、硬功、轻功与现代中外武术搏击相结合的专业培训中心，该中心1991年成立以来，始终以"信誉第一、拼搏求实"为宗旨，面向西固区招生，培养的学员曾多次在国内武术比赛中夺得金、银、铜奖牌。

（四）兰州市安宁区

0050 兰州铜奔马美术培训中心
地　址：甘肃省委党校（安宁区建宁路199号）
创建时间：2003-09
教职员工：5人
主要文化活动：少儿、初高中美术教育。
简　介：本中心始创于2003年，正式成立于2014年，是兰州市文化局批准成立的一所专业美术培训机构，位于甘肃省委党校院内，基础设施齐全，主要培训范围包括少儿美术培训、初高中美术高考基础培训、成人美术创作交流等。机构采用小班教学方式，师资力量雄厚（有班主任2名、专职教师5人、代课教师6人）。教育团队至今已输送多名优秀考生考入中央美术学院、中国美术学院、四川美术学院、西安美术学院等全国顶尖专业学府。

0051 兰州志峰美术培训中心
地　址：兰州市安宁区长新路41号
创建时间：2006-07-01
教职员工：4人
主要文化活动：大中小学生美术、书法培训。
简　介：兰州志峰美术培训中心创立于2006年，是一所经兰州市文化局批准，兰州市民间组织管理局注册登记（甘兰民政字030512号），专业从事美术高考教学的培训机构；全国才艺测评委员会兰州区会员单位；经多年规范管理，于2012年成立中共兰州志峰美术培训中心支部委员会；与北京、杭州等全国著名兄弟画室建立常年教学合作、艺术交流。该中心拥有强大的教学团队，师资团队由兰州各大高校优秀教师及兰州市青年画家组成的具有多年美术高考教学经验的一线教学成员组建。经多年不断发展，已成为兰州市师资合理、阵容强大、科学搭配、统筹兼顾的一所专业美术高考培训机构，倾力于为甘肃美术考生美术高考升学提供优质平台，全力打造甘肃美术培训第一品牌。该校一线教师每年都在中央美术学院、中国美术学院及北京、杭州的资深培训机构进行专业进修学习和艺术交流；并保持着与北京、杭州等全国一致的教学思路和方法体系。制定合理高效的常年教学计划，让学生在最新的考试动态和最有效的学习方法中直击联考，直达高等艺术殿堂。培训中心占地面积2000平方米，集中教学、住宿、医疗、食堂、超市为一体，封闭式准军事化管理，保证学习环境的舒适安全，免去家长的后顾之忧。多年来，该中心为全国各大美院及艺术专业院校输送了众多优秀学子，在近三年的省联考中，合格率平均保持在97%，院校上线率达80%，深得广大考生及家长的好评与信赖。

（五）兰州市红古区

0052 红古区文学艺术界联合会
地　　址：兰州市红古区平安路583号
特色研究：地方文化艺术。
研究人员：100人
简　　介：红古区文学艺术界联合会负责协调全区各类文化艺术研究和各类文化艺术机构的各种活动等事务。

0053 兰州春林美术培训中心
地　　址：红古区海石湾
创建时间：2014-03-26
教职员工：4人
主要文化活动：美术、书法培训。
简　　介：兰州春林美术培训中心是由兰州市文化局批准，兰州市民间组织管理局登记成立的一家主要从事美术、书法培训的机构，是兰州市红古区海石湾首家具有正规培训资质的单位。

（六）酒泉市敦煌市

0054 敦煌研究院

地　　址：敦煌市莫高窟

特色研究：敦煌文化。

研究人员：248 人

简　　介：敦煌研究院是敦煌学研究的科研单位，是保护敦煌石窟（莫高窟、榆林窟、西千佛洞）和其他文物的文博单位，是爱国主义教育基地，也是旅游接待单位。敦煌研究院的前身是成立于1944年的敦煌艺术研究所，新中国建立后于1950年成立敦煌文物研究所。1984年，在敦煌文物研究所的基础上扩建为敦煌研究院。敦煌研究院由院党委、院务委员会、院学术委员会分别主管院内的党务、院务、科研工作。院党委下设党委办公室，院部下设行政办公室、人事处、保卫处。学术委员会兼办科研处的工作。专业部门有石窟保护研究所、美术研究所、考古研究所、文献研究所、石窟文物保护陈列中心、信息资料中心、编辑部、摄录部、接待部等。另外，在兰州设有分院。敦煌研究院从20世纪40年代的敦煌艺术研究所创业始，经过几代人艰辛的工作，在敦煌石窟的保护和研究、敦煌艺术和敦煌文献研究、敦煌文化弘扬等方面都有辉煌的业绩。特别是八十年代以后，遵循"保护、研究、弘扬"的工作方针开创了新局面，各方面的成就令世人注目。

（七）天水市秦州区

0055 秦州区后街清真寺文物保护管理所

地　址：秦州区成纪大道 365 号

特色研究：文物保护、研究、管理、维修。

研究人员：8 人

简　介：天水市后街清真寺文物保护管理所成立于 2007 年 6 月。现有专职人员 8 名，主要宗旨是以十八大会议精神及文物保护工作的各项方针、政策作为指导思想，以保护后街清真寺文化遗产，构建和谐社会为动力，加强对少数民族文物和宗教文物的保护，弘扬民族精神，建设先进文化。加大对文物保护、管理及维修的力度，确保国家级文物的安全，为振兴天水的文化、凸显历史文化名城风貌做贡献。后街清真寺曾名西关清真寺，俗称大寺，始建于元至正三年（公元 1343 年），位于澄源巷原城东北角，占地面积一千七百三十一平方米。历经元、明、清历代数次扩建重修，形成一座具有民族风格的古建筑群，是甘肃省创立最早的伊斯兰教清真寺，主体系典型的中国古代宫殿式建筑，有元代建筑建造遗风，结构独特，宽敞明亮。2006 年 6 月 25 日国务院公布为第六批全国重点文物保护单位，成为我省唯一的一座国家级文物保护清真寺。

0056 天水市文化艺术研究所

地　址：秦州区环城西路 1 号

特色研究：艺术研究。

研究人员：5 人

简　介：天水市文化艺术研究所位于甘肃天水秦城区环城西路 1 号（邮政编码 741000），主要从事艺术研究。

0057 天水古琴研究院

地　址：秦州区山水嘉园 C 区一单元 2 楼

特色研究：古琴制作技艺研究、交流、培训，古琴教学。

研究人员：3 人

简　介：古琴即七弦琴，它是我国最为古老的民族乐器之一，流传至今已有 3000 多年的悠久历史，是中华民族器乐中的一个瑰宝。经过漫长的岁月，古琴虽然保存着其外形典雅、音域独特的风格，但其制造工艺原始，关键部件存在不科学性。传统古琴存在的弊端主要是挂弦方法原始、雁足及足池容易损坏、琴轸调弦方法落后、音准得不到保证、操缦费力费时、龙龈日久极易开胶松动错位、雁足栓弦烦琐拖沓等，以致影响了古琴优势的完全发挥，制约着古琴的普及和发展。熊尚德先生在为他人多次修复古琴时发现了这些不足，并总结出了改制的方法。熊尚德，1948年生于甘肃省天水市，擅长模型工艺、机械制图、篆刻艺术、漆艺等。他爱好广泛，自幼喜爱我国的民族音乐，经常热心于为他人修理乐器、制作古琴古筝等。2006年在陇右非物质文化遗产大展上展出了他制作的"仲尼式""尚德式""成德式"三种古琴后，引起了观赏者的极大兴趣，获得高度评价。同年7月他被甘肃省人事厅和省文化厅评定为甘肃省古琴改良研制副高级工艺技术师。2011年4月他被甘肃省工业和信息化委员会评选为"甘肃省工艺美术大师"。2014年6月26日他办理民办非企业单位登记证（民证字第01353号），从事古琴制作技艺研究交流、古琴制作技艺培训、古琴教学与培训、传统漆艺文化培训交流、传统及当代漆画设计与制作、工艺品设计、旅游纪念品研发设计。

0058 天水市秦州区易文化研究院

地　址：秦州区伏羲城2-2号
特色研究：易文化研究、交流、研讨、论证、编辑出版和宣传推广。
研究人员：18人

简　介：天水市秦州区易文化研究院成立于2009年8月6日，行政主管单位为秦州区民政局民间组织管理局，业务主管单位为秦州区文化广播影视局。该院现有成员35人，其中中国共产党党员8人、民主党派1人、执业人员6人、专家学者20人。该研究院自2009年8月6日成立以来，在该市历史文化遗产、遗迹、遗址方面，先后组织专家、学者多次对三阳川以卦台山为主的10多个遗址，甘谷县的古风台、朱圉山、古坡等为主的20多个遗址，秦安县的大地湾为主的6个遗址，清水县3个遗址，洛门的10多个遗址及街子的神农山遗址进行了调研和考察。近五年来，在科研方面该院主要研究以《伏羲文化学科体系》为主的攻关课题，已在16个领域有突破性的进展。在文化产业方面，有特色工艺品30多个系列1000多个产品、专利产品20多个。该院大力提升了天水伏羲文化传说遗址和非物质文化遗产的保护水平，并赋予文化资源新的时代内涵，加大科研转化力度，将成果在最短的时间内转化为经济，使之与当代社会相适应，与现代文明相协调，成为甘肃省特色文化产业经济不可忽视的后备军。围绕我省"一带一路""三大基地"建设的战略思路，在建设伏羲文化产业园区、推出具有伏羲文化特色的旅游工艺品以及在伏羲文化学科体系的微观课题攻关项目等方面做出世人注目的贡献。

0059 秦州区七彩阳光美术工作室

地　　址：秦州区大众南路金宇花园院内
特色研究：艺术研究、推介、交流。
教职员工：4人
简　　介：七彩阳光美术工作室创办于2006年，行政主管单位为秦州区民政局民间组织管理局，业务主管单位为秦州区文化广播影视局。工作室有完整全套的美术教学设备和丰富的影音、视频资料供学生学习之用，有专职教员4人，教学理念新颖。在激励教学体系指导下，尊重、挖掘、保护孩子已有的绘画天赋，系统教授美术知识，重点培养孩子的视觉、知觉和艺术修养，最终建立孩子美术创作的自信心。业务范围包括艺术推介、艺术交流、非学历艺术培训等。

0060 天水市秦州区星艺舞蹈中心

地　　址：秦州区安居小区中心会所
主要活动：艺舞培训、研究、传承、宣传。
教职员工：4人
简　　介：天水市秦州区星艺舞蹈中心创办于2009年，该中心有完善的舞蹈教学设备和雄厚的师资力量，教学理念新颖。在上级部门的指导下该中心教职工除认真参加学校及教研组组织的各种政治业务学习外，还认真学习新的教育理论知识，从理论上提高自己，完善自己，并虚心向其他教师学习，取人之长，补己之短，从而使自己在教育教学工作上能更快更好地适应现代化教学模式。2014年在家长和社会的大力支持下，经过同学们的刻苦努力，在甘肃省电视台少儿频道组织的少儿春晚节目中荣获"金奖"的好成绩。

（八）天水市武山县

0061 "红舞鞋"艺术活动中心

地　　址：武山县城关镇
创建时间：2007-04-04
会员人数：11 人
主要文化活动：每年参加县上组织的各种演出（如春晚、菜博会、部队慰问、公益演出等等）；参加天水市羲皇杯舞蹈大赛；参加甘肃省第三届少儿舞蹈大赛。
简　介：武山县"红舞鞋"艺术活动中心，是武山县唯一一所被县文化局、民政局认定的专业少儿舞蹈培训中心。该中心师资力量雄厚，教学设施齐全，有专业的形体室和舞蹈室，主要以训练形体和舞蹈考级为主，培养孩子的气质，帮助孩子打好舞蹈基础。"红舞鞋"艺术活动中心在开办多年来，参加了各种大型活动，曾在2007年5月天水市第二届少儿舞蹈大赛荣获二等奖，同年12月，参加天水市春晚录制，荣获优秀节目奖。2007年至2014年，应邀参加大型演出200余场次，其中2011年原创舞蹈《宝贝时装秀》在武山蔬菜博览会中赢得各界人士的一致好评，同时也被央视和百度网站收藏。2013年参加天水市羲皇杯舞蹈大赛，荣获团体一等奖、少年组一等奖、青年组金奖。2014年元月，参加甘肃省第三届少儿舞蹈比赛，荣获金奖，并在甘肃少儿频道巡回展播。该中心现被甘肃省艺校定为培训基地，被中国舞蹈家协会定为中国舞蹈考级定点单位。

（九）武威市天祝藏族自治县

0062 华锐文化艺术研究中心

地　　址：天祝县华藏寺镇文化体育局
特色研究：天祝本土藏族、土族文化研究。
研究人员：4人
简　　介：华锐文化艺术研究开发中心主要围绕文体局中心工作，对华锐民族优秀文化艺术继承、弘扬与发展，对各民族有益的文化艺术成果进行研究与借鉴，对国家和本地区文化艺术生产及发展的研究与指导，开展艺术科学基础理论研究。对民族民间文化艺术资源的普查、收集、整理、保护、研究及开发利用，建立并完善文化艺术档案管理及信息咨询服务，开展文化艺术交流和传播。在政府主管部门科学决策发挥战略规划、决策论证、信息咨询、创作指导、活动策划、人才培训等方面充分发挥智囊作用。

(十)张掖市甘州区

0063 甘州区文学艺术工作者联合会

地　址：张掖市甘州区区委党校综合楼
特色研究：文艺刊物编辑出版和文艺创作、采风、交流、展览及理论研究。
研究人员：4 人
简　介：甘州区文学艺术工作者联合会是区委区政府领导、联系文艺界的桥梁和纽带。联合会包括辖区作家协会、区摄影家协会、区书法美术家协会、区音乐家协会和区民间艺术家协会 5 个文艺团体，现有会员 712 人。
主要职责：开展文艺活动，推动广大文艺界人士贯彻党的文艺方针政策；组织创作各类文艺作品，为人民群众提供丰富的精神食粮；组织开展各类文艺活动，丰富活跃社会文化生活，配合宣传党的方针政策；及时为文艺工作者提供力所能及的服务；发展和培养文艺人才，不断发展和壮大文艺队伍。

0064 甘州区书画院党玉刚书画工作室

地　址：新乐小区 54 号楼 3 单元 102 室
创建时间：2005-07-01
教职员工：21 人
主要文化活动：主要从事中国画创作，少儿绘画、素描培训，美术中高考强化辅导等。
简　介：党玉刚 1969 年出生于甘肃张掖，1993 年毕业于张掖师专美术系，从事国画创作。2005 年创办画室，后加入甘州区政协甘州书画院，2012 年改名甘州书画院党玉刚书画工作室。党玉刚书画工作室创办 9 年来，采取精品小班化教学，培养了一批优秀的少儿书画人才，定期组织学生写生，参加全国书画考级，参加各类比赛，丰富激发学生的创造天性。其教学宗旨为：因材施教，精益求精，循序渐进，技道双修。2007 年党玉刚被河西学院聘请为书法协会指导老师，现为中国工艺美术家协会会员、甘肃省美协会员张掖美协副秘书长、甘州区美协副主席、甘州区政协委员、甘州书画院院士。2013 年被评为"全市优秀文艺工作者"和市文联美术家协会先进个人。作品《汲水图》荣获甘肃省赛区"2004 年第十届全国推新人大赛甘肃赛区"绘画二等奖和张掖选拔赛成人组美术"十佳"奖；2005 年，作品"我给爷爷点支烟"入选"纪念毛泽东 5.23 讲话"张掖美协会员展优秀奖；2006 年，作品"秋韵"荣获张掖市美协国画小展品三等奖；2007 年，荣获"祁尔康"杯张掖市首届书画摄影二等奖；

2010年，《草原盛装》在第六届中国西部大地情全国美展入选；2011年，《童年趣事》首届陇原风华甘肃省三等奖；2012年，《关怀》入选"中国河西·乌克兰当代名家美术展"；《红沙果》"辉煌三十年·喜迎十八大"——纪念《党的建设》创刊三十周年全省书画展优秀奖等。

0065 海澜古筝培训中心

地　　址：张掖市甘州区

创建时间：2013-05-01

教职员工：6人

主要文化活动：主要从事古筝的培训及其考级工作的辅导、公益性演出等。

简　　介：海澜古筝培训中心是一家面向普通人群传授古筝弹奏技艺，宣传中华传统文化的专门古筝培训中心，致力于宣传中国传统文化的精华，希望寻常百姓也可掌握高雅艺术。海澜古筝培训中心创办于2013年5月，聘请3位经验丰富的优秀专业教师，对每位学员进行针对性教学，合理安排教学计划，充分发挥古筝艺术本身的特点，激发学员对古筝的兴趣和热情，让学员在自由、积极、愉快的音乐实践中自主地感受音乐，真正做到快乐学古筝。该中心自创建后，专业教师注重打牢基本功、手型指法技艺。2014年该中心学员参加"青春风采"中国下一代艺术人力展示暨关爱留守儿童爱心义演活动、张掖分赛区古筝类大赛，获得一、二、三等奖的好成绩，并有4名学员入选甘肃省决赛，中心专业教师被中国音乐舞蹈学院评为优秀辅导教师。中心开设古筝青少年班及古筝成人班，采取一对一的授课方式，对4岁以上及不同年龄的成年人从基础指法教起，根据兴趣引导进行教学。

0066 甘州区伊斯曼艺术学校

地　　址：张掖市甘州区西环路185号

创建时间：2003-02-02

教职员工：8人

主要文化活动：主要从事音乐、体育、美术、舞蹈等项目的培训以及考级工作的配合、辅导、公益性演出等。

简　　介：张掖市甘州区伊斯曼艺术学校于2003年2月根据国务院《社会力量办学条例》的有关规定，经甘州区教委评估审查批准挂牌成立。现有教学面积600余平方米，学员300多名。学校自成立以来，先后有多名学员考入重点艺术学校，至今获得社会音乐艺术水平考级五级以上的学员已达到1000余人。各专业教师经考核也被考级委员会聘为"全国社会艺术水平考级甘肃考取优秀辅导教师"。学校被甘肃省艺术学校挂牌指定为"甘肃省艺术学校张掖市艺校培训基地"，同时也被国内最具权威的舞蹈考级机构，北京舞蹈学院考级委员会挂牌指定为"北京舞蹈学院张掖考点及培训基地"。2006年中国青少年艺术新秀展评中获全国单簧管专业金奖；2010年全国青少年才艺大赛获舞蹈组银奖；2011年获全国"小荷风采"河西赛区一等奖，同年获中韩少儿大赛舞蹈组金奖；2012年获第五届全国青少年才艺大赛金奖；2013年全国拉丁舞邀请赛民间团体赛一等奖；2014年甘肃省第三届中学生跆拳道比赛及中国中学生跆拳道联赛西北区选拔赛体育道德风尚奖及42公斤级冠军。甘州区伊斯曼艺术学校现已成为全市规模大、专业设置全、师资力量雄厚的一所艺术学校。学校通过定期举办各种文艺演出、师生音乐会、教学成果展示等活动，在活跃学生学习气氛的同时，使得各专业学员所学专业得到充分的展示，丰富了学员的舞台表演经验，提高了学员的艺术综合素质，为每位学员今后的艺术成长道路奠定了坚实的基础，为张掖市青少年音乐艺术普及做出了积极贡献。

0067 洛克音乐艺术培训中心

地　　址：张掖市甘州区北街烟草公司楼下
创建时间：2003-01-10
教职员工：6人
主要文化活动：洛克音乐艺术培训中心目前教学专业有古典吉他、民谣弹唱、电子吉他、爵士鼓、古筝、竹笛、钢琴及电子琴等。洛克音乐艺术培训中心主要负责5岁以上儿童及成人的乐器教学。每年输送部分学员参加中国音乐学员乐器等级考试，不定时参加社会公益义演活动，每年演出20场左右。

简　介：洛克音乐艺术培训中心创办于2003年，主要从事音乐教学及器乐销售。创建十余年来，赢来了学生家长及社会各界人士的认可。洛克音乐艺术培训中心是一家综合型的艺术类培训机构，主要负责5岁以上儿童及成人的乐器教学。该中心现致力于推进中国音乐事业的不断向前发展，以提高全民音乐素养、丰富全民精神生活为己任，倾力打造西北地区规模最大、实力最强的音乐培训基地。多年来，中心获得多项荣誉。"情感中国"全国青少年优秀艺术人才展评活动，获奖学员众多，"星耀华夏"全国青少年优秀人才展评活动，获奖学员也占有一定的比例。"青春风采"中国下一代艺术人才展示暨关爱留守儿童爱心义演活动甘肃分赛区，获奖学员多名。洛克音乐艺术培训中心在售后服务上始终坚持"质量好、价格低、服务至上"的宗旨，健全各个乐器的维修及上门服务。秉承"欲做事、先做人"的信念，坚守"价格合理、绝无假货、售后优秀"的承诺，传承音乐文化，推广精品乐器，共创音乐盛世的追求，树立了良好口碑。

（十一）张掖市山丹县

0068 山丹县地方文化创研室

地　址：山丹县广播电视台

特色研究：地方民俗文化的整理、搜集、研究。

研究人员：3人

简　介：山丹县地方文化创作研究室成立于2014年3月，隶属于山丹县文广新局，现有编制3人，其主要职能是协助山丹县文广局对山丹县域文化进行了深层次的搜集、挖掘、整理。现已编辑完成地方文化书籍五部。其中《五彩山丹》系列丛书、《山丹民间传奇故事》《山丹美食》由中国文联出版社出版。同时拍摄影视专题片《山丹罐罐席》《山丹炒布拉》两部，社会反应良好。《山丹民歌》《山丹民俗读本》《图说山丹》《诗画山丹》等书籍正在搜集整理当中。

（十二）张掖市肃南裕固族自治县

0069 肃南县裕固族文化研究室

地　址：肃南县红湾寺镇
特色研究：裕固族语言文字研究。
研究人员：3人
简　介：肃南县裕固族文化研究室在编人数3人，专业研究人员3人，年经费5万元，出版发行《裕固族原生态民歌》光盘、《裕固族民间文学作品选》《尧熬尔文化》书籍，与中央民大、河西学院合作开展《裕固族研究》《裕固族口头文学传承》等项目。

（十三）平凉市崆峒区

0070 平凉市民族艺术研究会

地　　址：崆峒区清真北大寺 2 号门店
特色研究：民族艺术研究。
研究人员：25 人
简　　介：崆峒区民族文化研究会主办的《平凉民族艺术》网已运作 5 年，共开设涉及文化动态、文学散文、诗词楹联、民族风情、摄影天地、艺术园地、社区文化、技法向导等 20 个栏目，共发布各类文章七百多篇、图片一千多幅。平凉民族艺术网站以弘扬民族艺术、展现民族风采为目的，以繁荣中华民族文艺、发掘民族文化、推荐民族人才、增进民族团结为宗旨。坚持正确的文艺方向，营造积极健康的舆论氛围，推介具有时代精神和民族风格的艺术作品，为民族文艺人才开设一个展示才华的窗口和与社会各界艺术家交流的平台。本网站的 5 年创建传播，为促进平凉市民族文艺事业的健康发展，配合民族企业创建现代企业文化，竭诚服务于民族艺术教育事业，培养和挖掘民族艺术人才，为建设和谐平凉、小康平凉、魅力平凉发挥着积极作用。

0071 平凉柳湖书院书画培训中心

地　　址：平凉市崆峒区柳湖书院
主要文化活动：专业书法培训。
教职员工：9 人
简　　介：柳湖书院书法培训中心是由崆峒区教育局正式批准的专业书法培训机构，也是平凉市硬笔书法家协会、崆峒区书法家协会、崆峒教育书画摄影协会的定点培训机构，中国人民大学艺术学院指定校外书法教学点、书法奖学金指定申报单位。2009 年 6 月，中国人民大学艺术学院党委书记郑晓华教授亲笔题词"书苑新蕾"，甘肃省文联副主席、书协主席马少青，国际书法家协会主席刘正成，著名书法家崔学路（《青少年书法报》原社长、总编辑）等来学校指导、授课。培训中心现有 5 个专业教学班，主讲教师 4 人，全部实行小班教学，规范管理。该中心已培养学员 2000 余人，其中数百名学员多次在省、市、全国乃至国际比赛中获奖，其作品还被收入精品集，部分获奖学生还被吸纳为书画协会会员，另有百余名学员通过全国书画等级考试资格，该教学点学员的书法作品在当地举办的书画展赛中屡屡成为获奖主体，受到当地政府有关部门的高度重视和社会上的一致好评，培训中心也曾多次被中国人民大学艺术学院评为"全国十佳教学点""优秀校外教学单位"等。

（十四）庆阳市西峰区

0072 庆阳市取名研究中心

地　　址：庆阳市西峰区东大街96号
特色研究：取名文化研究。
研究人员：2人
简　　介：庆阳市取名研究中心成立于2007年7月，自成立以来认真贯彻落实党的文化政策，遵守国家法律法规，组织工作人员学习，遵循中心章程。目前专职研究员2人，专心致力于取名文化研究，注重企业名称对企业文化及企业效益作用的研究，广泛为个人、企业等命名。研究中心已开展学术交流研讨会五次，参加人数近百人。

0073 庆阳民俗艺术研究所

地　　址：西峰区合水巷21号
特色研究：民俗文化产业开发。
研究人员：41人
简　　介：庆阳民俗艺术研究所是西峰区委、区政府于2003年成立的专门从事庆阳民俗文化艺术研究的事业性机构，隶属区文广局。研究所旨在集中艺术人才，挖掘整理庆阳民俗文化资源，继承、创新、研制出庆阳民俗文化精品，打造庆阳民俗文化品牌，引导全区农民致富奔小康，为建设陇东经济强区，文化名区服务。研究所现有所内研究员6名，所外研究员35名。研究所全方位开展文化产业开发研究工作，负责收集整理新产品史料，设计开发新产品图样，规范定型产品，培训香包生产者规范生产。先后编印了《庆阳香包民俗艺术品规范标本》《百蝶图》《西峰区特色文化产品推介书》《翘首西峰》等一批资料，录制了"庆阳香包、剪纸辅导"光盘，设计香包、刺绣、剪纸、泥塑等民俗新产品150余件。

（十五）庆阳市正宁县

0074 正宁县社会科学界联合会

地　　址：正宁县委大院一楼
特色研究：收集、整理社会科学研究信息。
研究人员：3人
简　　介：庆阳市编委庆阳市编发〔2011〕23号文件批复，成立正宁县社会科学界联合会，副科级事业单位，挂靠县委宣传部。收集、整理社会科学研究信息，整合全县社科资源，组织开展社会科学的宣传普及和智力开发、咨询服务工作。配有社科联主席1名，研究人员3名。

（十六）庆阳市华池县

0075 华池县文学艺术界联合会

地　址：华池县老城街 3 号
特色研究：文学艺术研究。
研究人员：8 人
简　介：华池县文联于 2007 年 8 月成立，隶属华池县委宣传部，是经县机构编制委员会批准设立的正科级事业单位。华池县文联维护文学艺术家和全体会员的合法权益，加强全县文学艺术创作者的队伍建设，精心组织文艺创作活动，努力打造文艺精品，为建设美丽幸福新华池提供强大精神动力和文化支撑。目前，全县共有省级以上会员 27 人，市级会员 62 人，县文联有文学、书法等会员 394 人。据不完全统计，近年来全县共有 19 件作品获全国文学、书法、美术、摄影、剪纸等奖项，51 件作品获省级文艺奖项，78 件作品获市级文艺奖项，出版文学艺术 20 余本。

（十七）庆阳市合水县

0076 合水县民俗文化研究所

地　　址：合水县文化路

特色研究：研究本县区内的民俗、民风、语言以及本土文化、文化产业。

研究人员：3 人

简　　介：合水县民俗文化研究所成立于 2006 年，隶属合水县文广局，现有研究人员 3 名。具体负责全县民俗文化产业开发的研究、设计制作、技能培训、理论研究、新产品研发及民俗工艺品、香包系列产品、民俗文化遗产保护等工作，并负责指导各民俗产业公司加工生产、外出展销及全县文化产业发展统计审报等工作。先后设计并指导制作民俗文化产品 2000 余件（香包、刺绣、剪纸、面塑等），其中代表作有刺绣百米长卷《百象图》《象兆福祉》《开国元勋》《包家寨子会议》《太白起义》《芦雁图》《松龄鹤寿》等；剪纸《百象图》；香包《风调雨顺》《岁岁平安》《吉祥平安》《吉祥合水》《十二生肖》等；堆绣《万象更新》《杨柳春风》《农耕图》；面塑《小白菜》《姜太公钓鱼》《悄悄话》《老来乐》《牧童》等。作品曾多次在展览中获金奖、银奖、优秀奖及设计奖，赢得了专家学者的一致好评，得到了广大消费者的喜爱和赞扬。多年来，组织培训民俗文化产业从业人员 2 万多人次。

（十八）庆阳市环县

0077 环县道情皮影保护中心

地　　址：环县环城镇环江大道 102 号

特色研究：非物质文化遗产保护、研究、开发等工作。

研究人员：8 人

简　　介：2003 年环县道情皮影被列为文化部保护试点项目后，县上成立了由县委书记任组长，人大、政府、政协主要领导和四大家分管领导为副组长的环县非物质文化遗产（道情皮影）保护试点领导小组。建立了例会制度和工作制度，聘请省市领导及有关部门负责人组成指导委员会，聘请国内部分专家、学者组成专家组，并从宣传、文化、教育等部门抽调 20 名有特长、有能力和爱好道情皮影艺术的同志承担抢救普查、整理研究等具体工作。2003 年 8 月，又成立了环县道情皮影艺术家协会，2008 年 1 月成功地对协会进行了换届，12 月 4 日，协会已整体加入中国木偶皮影学会。该中心下设道情音乐研究室、皮影艺术研究室、道情剧目研究室、档案资料室等四个专业工作室及一个培训学校，是我国专门从事非物质文化遗产保护工作为数不多的县级保护单位。其主要职责是：承担道情皮影及其他非物质文化遗产的田野普查及内业资料整理，编印整理道情皮影系列成果，落实道情皮影传承保护措施，完成试点年度工作任务，开展相关学术研究。保护中心成立以来，主要完成了环县道情皮影和其他非物质文化遗产的田野普查任务；整理并提交了普查成果；建立了全国较早的道情皮影数字化管理系统；征集了部分道情皮影相关实物；讨论出台了《环县道情皮影保护传承暂行规定》及其《实施细则》；确定了 80 名艺人为首批道情皮影传承人；落实了道情皮影知识乡土教材进课堂计划；积极推介道情皮影出国展演；建设了保护研究阵地；构建了协作研究框架；积极申报各级非物质文化遗产保护名录。

(十九)定西市岷县

0078 岷县文联

地　　址：岷县宣传文化中心五楼
特色研究：文化艺术研究。
研究人员：122 人
简　　介：岷县文联现有社会文化团体机构数 1 个，在编人数 3 人，专业研究人员 122 人。获得省级文艺奖项 2 项、市级 17 项，编印县刊《叠藏河》，设立了"岷州文艺奖"，组编《岷县民俗文化系列丛书》。

（二十）陇南市武都区

0079 武都区高山戏研究中心

地　址：陇南市武都区钟楼滩文广大厦
特色研究：武都高山戏戏剧理论研究。
研究人员：5人
简　介：陇南市武都区高山戏研究中心为事业单位，副科级建制，隶属区文化广播影视新闻出版局，核定领导职数1名。将原核定的区非物质文化遗产保护中心5名事业编制及实有人员一并划入区高山戏研究中心。其中心主要职责：拟定高山戏非物质文化遗产保护总体规划和分布实施计划；制定高山戏非物质文化遗产抢救保护技术标准和工作规范；组织高山戏非物质文化遗产项目的挖掘、抢救、研究、保护、整理和传承工作；负责各级项目的管理工作，跟踪检查项目实施情况；承办国家级、省级、市级、区级非物质文化遗产名录项目的申报工作；负责对全区非物质文化遗产从业人员进行指导和业务培训；建立全区非物质文化遗产保护基地和建立资料档案、实物档案、实物模型馆舍；挖掘、整理、创演优秀的高山戏作品，繁荣城乡文艺市场，做强做大高山戏文化产业。武都区已成功申报了1项国家级、4项省级、14项市级及70项区级非遗保护项目。武都区非遗以国家级非遗保护项目武都高山戏与省级非遗保护项目三仓灯戏、武都栗玉砚、角弓哑杆酒、武都木雕为重点，以市、区非遗保护项目为抓手整理了60多万字的《甘肃省陇南市非物质文化遗产资料汇编·武都卷》。国家级非遗保护项目武都高山戏专著《高山戏》与《高山戏论文集》两书的出版开启了高山戏理论研究的先河。武都非遗博物馆通过传统技艺篇、表演艺术篇、民风民俗篇等不同的篇幅运用雕刻壁画、硅胶人像、视频资料、图文说明等方式全面展现了国家、省、市、区级非遗项目的历史渊源、濒危现象与发展现况。武都非遗博物馆是武都非物质文化遗产最直观的体现。

（二十一）陇南市成县

0080 成县校外活动中心

地　址：成县城关镇北关路

教职员工：42人

主要文化活动：声乐、器乐、乒乓球、跆拳道等项目培训。

简　介：成县青少年校外流动中心是国家扶持青少年学生校外活动场所建设项目，在2004年建成运行的。校外流动中心占地面积4000平方米，建筑面积2208平方米，在编教师7人，外聘教师35人，年培训学生5000余人次。开设了声乐、器乐、乒乓球、篮球、科类、跆拳道、剑桥英语、文学阅读与写作、美术、书法等19个专业，55个班，1000余名学员。中心坚持公益性和公平性，以"一切为了孩子的发展"为宗旨。立足县城，面向乡村，以兴趣特长为基础，以艺术教育为特色，成功举办培训班32期，培训学员200余名，培养文艺骨干人才20余人。3000名学子参加实践演出，800余人通过了国家级舞蹈、声乐、器乐考级考试，300余人在国家、省、市竞赛中获奖，3名学子受到省级表彰，1名学子被评为"陇原十佳少年"。成县青少年活动中心被成县县委评为成县关心教育下一代基地，被团县委确定为青年联谊会活动基地。成县青少年校外流动中心在2013年被评为陇南市体育人才教育工作先进单位。

（二十二）陇南市两当县

0081 两当县文学艺术界联合会

地　　址：两当县老南街10号

特色研究：果老文化研究。

研究人员：5人

简　　介：两当县文联位于两当县老南街10号，现有办公用房3间，在编人员5人。两当县文联在县委的领导和协调下，组织全县文学艺术工作者开展文艺创作、文艺作品展览及交流等活动。

（二十三）陇南市徽县

0082 徽县文学艺术界联合会

地　址：徽县城关镇西街

特色研究：青泥岭文化研究。

研究人员：4人

简　介：徽县文学艺术界联合会成立于1988年9月，隶属县委宣传部，下设文学艺术工作者协会、书法美术工作者协会、戏曲艺术工作者协会、影视艺术工作者协会、民间艺术工作者协会、音乐舞蹈工作者协会。1994年10月20日，徽县文联成立青泥岭编辑部，出版季刊《青泥岭》。徽县文学艺术界联合会成立以来，为促进全县文化艺术事业发展发挥了积极作用。各协会会员逐年增加，各协会会员先后出版文学艺术作品20余部。

(二十四)陇南市文县

0083 白马人民俗文化研究与传承中心

地　　址：文县文广大厦

特色研究：开展白马人民俗文化的保护、传承、利用工作。

研究人员：6人

简　　介：千百年来，在甘肃陇南文县铁楼乡白马河流域居住着一支独特的少数民族——氐族的后裔白马人，相传他们自会说话就会唱歌，会走路就会跳舞，至今依然保留着古朴而独特的民俗文化特征。陇南市委常委、宣传部长高度重视白马人民俗文化的保护、传承、利用等工作，成立了白马人民俗文化研究与传承中心。白马文化研究与传承本着"有效保护，合理开发，限制规划"的理念，先后举办了两届中国白马人民俗文化研讨会，邀请专家学者深入实地调查研究，在文化事业上，从保护、传承、发展三个方面对白马人民俗文化进一步挖掘；在文化产业上，利用白马人独特的民族风俗特点，进行文化产业的开发。在当地政府和社会各界的共同支持下，白马民俗文化的研究对探讨中华文明源头，传承弘扬发展中华文化，推动白马人文化走向全国、走向世界的步伐起到了极大的作用。

（二十五）临夏回族自治州临夏市

0084 临夏州民族文化艺术研究所

地　　址：临夏市红园4号
特色研究：临夏州民族民间文化艺术研究。
研究人员：6人
简　介：临夏州民族文化艺术研究所成立于2011年6月11日，前身为临夏州剧目创作研究室（成立于1978年），根据临夏州编办〔2011〕40号文件更名为临夏州民族文化艺术研究所，是财政全额拨款的文化事业单位，州编委核定事业编制8名，现有7人。临夏州民族文化艺术研究所目前下设民族文艺研究部、花儿艺术研究部、办公室、信息资料中心4个部室，其中副高级职称1人，中级职称3人，初级职称2人。单位主要负责研究临夏民族民间文化艺术，挖掘、整理临夏地区原生态花儿、河州贤孝、回族宴席曲、河州说唱艺术等非物质文化遗产，创作具有代表浓郁地域特色和民族特色的文化艺术精品。

（二十六）甘南藏族自治州临潭县

0085 临潭县文学艺术界联合会

地　　址：临潭县城关镇西大街 160 号

特色研究：刺绣艺术研究。

研究人员：21 人

简　　介：临潭县文学艺术界联合会成立于 1998 年，由临潭县宣传部部长兼任主席。2008 年进行了换届选举产生了新一届文联组成人员，选出了 1 名专职主席、5 名兼职副主席。同时成立了文学协会、音乐舞蹈协会、摄影家协会、书画艺术协会、洮州刺绣产业协会，选举产生了协会负责人。现在各级会员 120 多人。文联成立后分别于 2011 年和 2013 年举办了全州范围的文学采风活动，并组织各协会会员参加了省州县的各级文艺活动，取得了良好的成绩。文联换届后先后编辑出版了 8 期《洮州文学》，其中选编本地作者创作的长篇小说《麻娘娘》一部，收集各类创作素材上百万字，编辑临潭籍文化人创作的小说、散文和诗歌集一部《大美洮州》（待出版）。文联换届后临潭本地作者海洪涛出版了诗集《中华历代名人歌》《中国穆斯林三百名人歌》等；王小忠出版诗集《甘南草原》《在小镇上》、散文集《红尘往事》等；花盛出版了诗集《一个人的路途》、散文集《岁月留痕》；葛峡峰出版了诗集《葛峡峰诗选》。

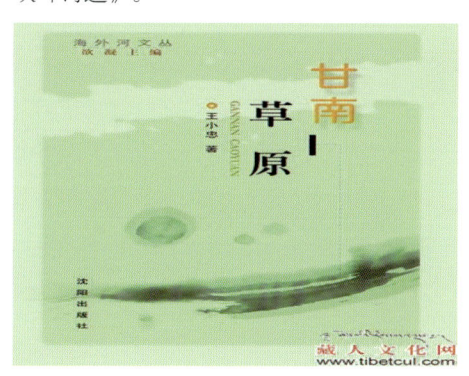

（二十七）甘南藏族自治州迭部县

0086 迭部县俄界国家级重点文物管理所

地　　址：迭部县文化馆四楼
特色研究：重点文物单位保护。
研究人员：6人
简　　介：本单位成立于2008年3月，为全额拨款事业单位，隶属迭部县文化体育广播影视局管理，负责迭部县全国重点文物保护单位（俄界会议旧址、茨日那毛主席旧居、腊子口战役旧址、然闹遗址、唐叠州故城、叠州烽火台遗址）以及公布的省、县级文物单位的保护管理工作。事业编制4名，现有职工共6人，其中所长1名、副所长1名，工作人员4名。

甘肃省文化资源名录

第四十二卷 文化类高等教育、文化艺术机构团体 I

文艺团体

（一）兰州市城关区
（二）兰州市七里河区
（三）兰州市西固区
（四）兰州市安宁区
（五）兰州市红古区
（六）兰州市榆中县
（七）兰州市皋兰县
（八）酒泉市敦煌市
（九）酒泉市肃北蒙古族自治县
（十）嘉峪关市
（十一）天水市秦州区
（十二）天水市清水县
（十三）天水市秦安县
（十四）天水市武山县
（十五）天水市张家川回族自治县
（十六）武威市民勤县
（十七）张掖市甘州区
（十八）张掖市山丹县
（十九）张掖市临泽县
（二十）张掖市高台县
（二十一）白银市白银区
（二十二）平凉市崆峒区
（二十三）平凉市灵台县
（二十四）平凉市华亭县
（二十五）庆阳市西峰区
（二十六）庆阳市合水县
（二十七）庆阳市宁县
（二十八）庆阳市庆城县
（二十九）庆阳市镇原县
（三十）定西市通渭县
（三十一）定西市陇西县
（三十二）定西市渭源县
（三十三）定西市岷县
（三十四）定西市临洮县
（三十五）陇南市武都区
（三十六）陇南市成县
（三十七）陇南市西和县
（三十八）陇南市礼县
（三十九）陇南市文县
（四十）临夏回族自治州
（四十一）临夏回族自治州临夏市
（四十二）临夏回族自治州康乐县
（四十三）甘南藏族自治州舟曲县
（四十四）甘南藏族自治州卓尼县
（四十五）甘南藏族自治州临潭县

（一）兰州市城关区

0001 甘肃省图书馆学会

地　址：城关区南滨河东路488号

创建时间：1979-06-16

会员人数：593人

主要文化活动：图书馆理论研究，学术交流咨询服务。

简　介：甘肃省图书馆学会成立于1979年6月，截至2014年底，拥有单位会员62家，个人会员593人，理事83人，常务理事31人。2012年被省民政厅评为4A级社会组织，2013年被甘肃省社科联评为标准化学会，多次被省社科联和中国图书馆学会评为"先进学会"。甘肃省图书馆学会是由甘肃省各系统图书馆工作者及相关行业或机构科技工作者自愿结合、依法登记成立的地区性、公益性、学术性、非营利性的社会组织。学会以"交流、协调、服务、发展"为办会理念，积极开展各项学术交流活动和教育培训活动，在业界树立了广泛的影响力和凝聚力，成为促进甘肃图书馆事业发展的重要力量。近年来，进行"甘肃省图书馆学会年会""西北五省（区）图书馆科学讨论会"和"中国图书馆学会年会"等不同级别的学术交流平台建设，组织举办"甘肃省图书馆学情报学学术成果评奖"活动，繁荣学术研究和促进学科建设。组织举办每年一次的"全民阅读活动"和"图书馆服务宣传周"等阅读推广活动，吸引更多的人走进图书馆、利用图书馆、彰显图书馆的社会价值。创造性地举办了以"志愿者行动——基层图书馆员培训活动"为代表的系列图书馆员教育培训，不断提升从业人员的业务能力和服务水平。本学会接受业务主管单位甘肃省文化厅、甘肃省民政厅民间组织管理局、甘肃省社会科学界联合会的业务指导和监督管理，业务上受中国图书馆学会的指导。学会挂靠甘肃省图书馆，其办事机构的党、政工作隶属甘肃省图书馆。

0002 甘肃崆峒文化研究会

地　址：兰州市

主要文化活动：研究开发，成果推广，评选交流，继承传播。

简　介：甘肃崆峒文化研究会是以教授、专家、学者和关心支持崆峒文化的单位和个人自愿组织起来具有独立法人资格的学术团体。该会成立于2006年3月，主要业务范围和任务是：积极探索崆峒文化的历史渊源，开展崆峒文化内涵、特点和影响的研究，开发崆峒文化的特色资源；广泛收集整理崆峒文学、民间文学、民俗文化和崆峒武术的资料，积极开发崆峒文化产品；积极开展崆峒旅游文化研究，推介以崆峒山旅游为中心内容的旅游事业；开展崆峒文化传统产业的开发研究，积极组织开展宣传、推介崆峒文化产业和产品的交流活动；积极组织崆峒文化的学术研究，开展丰富多样的学术研讨活动；编辑出版有关崆峒文化研究的书刊和信息资料，开展优秀学术成果的评选活动；加强同有关崆峒文化研究和一切热心崆峒文化人士的联络、交流与合作，广泛传播崆峒文化的研究成果；接受政府或有关方面委托的研究课题；研究和探讨与崆峒文化有关的中国先进文化，继承和传播崆峒和谐文化，践行社会主义文化价值观。

0003 兰州影视制作行业协会

地　　址：庆阳路92号

主要文化活动：影视制作。

简　介：兰州影视制作行业协会是经兰州市民间组织管理局批准，由在兰州地区（及省内）从事影视制作业务的各类机构、企事业单位和从业人员自愿组成的行业协作团体。协会由兰州市广播电视总台发起，具体秘书处工作由兰州广播电视传播中心承担。主要开展"策划重点影视剧的创作和摄制""甘肃非遗产品电视纪录片系列集锦招标""我眼中的他（她、它）DV征集大赛""联合从事3D制作行业制作3D影片"、组织影视剧创作论坛等多项活动。并将通过行业内部刊物《西部影视》杂志、《兰州广播电视报》、协会网站等方式开展信息交流，通过有计划的项目征集、研发、推介，以项目方式达到资源有效利用，优化配置，真正使各项合作落到实处。

0004 甘肃省《四库全书》研究会

地　　址：兰州市

创建时间：2005-07-08

会员人数：129人

主要文化活动：《四库全书》的理论研究、学术交流。

简　介：甘肃省《四库全书》研究会成立于2005年7月。研究会汇集了我省及国内文献学、历史学、文学界的知名学者，以《四库全书》编纂、《四库全书》评价、《四库全书》保护、《四库全书》比较研究为宗旨，积极开展学术交流和研究活动。目的是通过研究、发掘、弘扬祖国文化遗产，为当代社会主义现代化建设服务，力图通过各位专家的努力为《四库全书》研究搭建一个平台，把甘肃省《四库全书》研究会建设成海内外学者研究《四库全书》的重要基地，为提升我省的文化知名度，为建设特色文化大省做出应有的贡献。目前第二届理事会由74名理事组成。研究会挂靠甘肃省图书馆，办公室设在文溯阁《四库全书》藏书馆。

0005 甘肃省非物质文化遗产保护协会

地　　址：兰州市城关区通渭路91号省文化馆内

创建时间：2014-01-24

会员人数：80人

主要文化活动：保护、传承、传播、发展非物质文化遗产。

简　介：甘肃省非物质文化遗产保护协会是

甘肃省系统文化馆工作者及相关行业或机构自愿结合、依法登记成立的地区性、公益性、学术性、非营利性的社会团体。协会成立于2014年1月24日，选举产生了第一届理事会，共有80名会员分别当选协会理事、常务理事。理事、常务理事主要相关人员由相关领域专家学者、全省各市州文化广播影视新闻出版局局长、文化馆馆长、非遗中心负责人构成。甘肃省非物质文化遗产保护协会以"保护、传承、传播、发展非物质文化遗产"为办会理念，积极开展各项传承传播活动，在业界树立了广泛的影响力和凝聚力，成为促进甘肃省非物质文化遗产事业发展的重要力量。甘肃省非物质文化遗产保护工作在政府主导下取得了显著的成果。目前，甘肃省共有国家级名录项目68项，省级名录项目333项。国家级非物质文化遗产代表传承人41名，省级非物质文化遗产代表传承人450名。甘肃省非物质文化遗产保护协会将在政府的领导下，广泛团结社会力量，以保护、推动甘肃省非物质文化遗产的传承、传播与发展，继承和弘扬中华民族优秀传统文化为宗旨组织会员开展工作，带领会员在非物质文化遗产的相关培训、业务咨询、公益展览、展演等方面为甘肃省非物质文化保护、甘肃文化大省建设、华夏文明传承创新区建设作出应有贡献。

0006 甘肃省陇剧艺术研究会

地　址：兰州市城关区柏道路6号

创建时间：2014-08-14

会员人数：313人

主要文化活动：陇剧艺术研究，陇剧艺术演艺。

简　介：甘肃省陇剧艺术研究会是由甘肃省陇剧院、甘肃省艺术研究所、庆阳市黄土缘演艺公司、庆阳市艺术研究所、环县艺龙演艺公司以及省内部分大专院校从事地方戏艺术尤其是专门从事陇剧音乐及表演、导演、舞台美术、理论研究的专家自愿联合组成的具有独立法人资格的社会团体，是专门从事陇剧艺术研究并将研究成果应用于陇剧艺术生产的文化艺术社团组织，是受上级主管部门指导的研究陇剧艺术生存发展的非营利性单位。目前共有正式会员313人，其中会长1人、副会长9人、秘书长1人、常务理事33人、理事69人。该会的宗旨即通过对陇剧的认真探索、研究、整理、总结，使我省独有剧种陇剧艺术在新的历史条件下获得新的繁荣发展。该会的主管单位是甘肃省文化厅，登记管理机关是甘肃省民间组织管理局。该会现设办公室、财务室、陇剧艺术编辑部三个子部门，专兼职长期驻会工作人员5名。2014年成立以来出版《中国陇剧研究》杂志两期，期印数2000册，发送至全国相关文化团体以及全省各地文化馆（站），对宣传我省独有剧种"陇剧"产生了非常大的影响。

0007 甘肃丝绸之路协会

地　址：兰州市平凉路省委四号楼

创建时间：1992-03-01

会员人数：60 人

主要文化活动：积极开展理论研究；研究、开发、推动丝绸之路经济文化发展；对丝绸之路区域民俗、民情进行研究；合作完成丝绸之路旅游文化小镇带的建设方案；成功举办三届丝绸之路全国书画大展；组织书画家走进军营，开展书画交流，密切军民关系；多次走进企业，开展企业文化交流和建设；走进学校举办主题笔会，宣传优秀传统文化，深受师生欢迎；组织书画艺术家开展送文化下乡活动；走进武山的"双联"点进行学习考察，赠送书画作品等。

简　　介：甘肃丝绸之路协会成立于 1992 年 3 月，是中华炎黄文化研究会的团体会员单位。协会的宗旨是弘扬丝绸之路文化、促进甘肃经济发展。二十多年来，在甘肃省多位老领导的关心下，在省文化厅、省民政厅的指导支持下，协会团结带领了一大批有志于丝绸之路文化艺术研究和为振兴甘肃经济的专家、学者、艺术家、社会活动家和企业家等各界人士。协会先后成功举办了一系列极具影响力的学术文化活动。如"丝绸之路国际学术研讨会""新千年书画大展""伏羲杯书画大展""陇西李氏文化诗书画大展""盛世中华书画长卷大展"，以及经常性的文化艺术交流活动，受到社会各界广泛好评。近年来，协会组织力量编辑出版了《漫画丝绸之路》《伏羲画传》《丝绸之路大辞典》等专辑，协会主办的《丝绸之路》杂志被评为双效期刊，进入了中国期刊方阵。协会依托甘肃独特的历史地理优势，弘扬丝绸之路文化，坚持"二为"方针，立足兰州，面向全省，定期组织书画艺术下农村、下企业、下军营、下学校活动；同时集中精力每年举办一届《丝绸之路全国书画大展》。协会秉承积极进取、团结协作、尽力而为、服务社会的宗旨，不断扩大丝绸之路文化经济的宣传和影响，动员更多的海内外人士关心、支持和参与甘肃经济文化建设。

0008 甘肃西狭颂文化促进会

地　　址：城关区雁滩路 3115 号

创建时间：2006-05-20

会员人数：310 人

主要文化活动：对西狭颂文化的研究开发、继承发展、推广交流。

简　　介：甘肃西狭颂文化促进会是于 2006 年 5 月 20 日经甘肃省民政厅批准成立的民间社团组织，是全国乃至国际有学识、有影响、有志于西狭颂文化研究人士自愿结成的非营利性文化学术团体。本会宗旨是加强西狭颂文化的学术研究、挖掘整理工作，同时做好西狭颂文化精神内涵及现实意义的研究讨论，古为今用，使之在当今文化建设、精神文明建设及正风淳俗方面发挥应有作用。该会业务上接受甘肃省文化厅的指导。现有会员 310 人，会长为陈琳同志。促进会于 2007 年经省新闻出版局批准创办内部交流刊物季刊《西狭颂》，已发行 3 万多册，促进了会员的交流，进一步宣传弘扬了西狭颂文化。促进会致力于西狭颂文化的研究、发掘、宣传和弘扬工作。促进会常年开展的工作有：西狭颂景区建设研讨及建议，会刊发行质量、内容研讨，组织建设研讨、会员书画作品交流会、关于西狭景点楹联征集活动，讨论促进会总体工作安排及会员交流。

0009 甘肃省藏人文化促进会

地　　址：甘肃兰州
创建时间：2007-08-09
会员人数：108 人
主要文化活动：文化交流，调研培训，公益慈善，信息服务。

0010 甘肃省皇甫谧文化研究会

地　　址：兰州市广场南路 13 号 121 室
创建时间：2008-01-03
会员人数：78 人
主要文化活动：研究整理，保护传承，合作开发，交流服务。
简　　介：甘肃皇甫谧文化研究会是经甘肃省民政厅批准，依法于 2008 年 1 月 3 日登记成立的非政府社团组织。甘肃省皇甫谧文化研究会宗旨：全面研究世界历史文化名人、针灸鼻祖皇甫谧针灸医学、文学、史学、哲学等文化遗产。弘扬皇甫谧精神，开发皇甫谧产业，光大中国古医学遗风。让"皇甫谧针灸术"走向全世界，为全人类的健康发挥更大的作用，为弘扬中华文化做出积极贡献。研究会组织机构：会员大会是最高权力机构，会员大会闭会后由常务理事会主持日常工作。理事会下设八个职能部门：秘书处（办公室）、针灸医学工作委员会、人文历史工作委员会、评审鉴定工作委员会、国际合作部、教学培训部、编辑出版部、实业开发部。研究会工作任务：挖掘整理和保护传承皇甫谧针灸术医学遗产，承担国家有关部门及甘肃省政府部门皇甫谧文化重大课题研究及专列文化项目、组织成果鉴定等，组织会员开展国内外皇甫谧文化产业开发、研究成果推广、转化和皇甫谧针灸医学开发运用，组织并协助出版各种皇甫谧文化书籍、期刊、科普读物、影视及音像制品等信息资料，培养、发现和推荐优秀国内外皇甫谧文化研究人才，表彰奖励优秀皇甫谧学术研究成果。甘肃省皇甫谧文化研究会是一个充满活力的学术团体，愿与国内外各界同仁、社会团体、企事业单位及国际组织积极合作，共同为继承、弘扬中华优秀传统文化和发展世界针灸医学事业贡献力量。

0011 甘肃省联合国科教文组织协会

地　　址：兰州市城关区广场南路 13 号甘肃省政府办公厅统办 3 号楼
创建时间：2001-11-18
会员人数：67 人
主要文化活动：宣传教育，交流合作，科研培训，咨询服务。
简　　介：甘肃省联合国教科文组织协会成立于 2001 年，由团体会员和个人会员组成。团体会员是各级各类学校以及自愿协助教科文组织开展活动的社会团体。个人会员是在教育、科技、文化方面有重要贡献的知名人士。协会是由甘肃省民政厅批准成立的非营利性民间机构。协会主要活动是以教育、科技、文化为主题，开展推动事业发展、社会进步的宣传教育活动及科研培训活动、公益活动、咨询服务活动和教育、科技、文化方面的民间国际交流活动；创新复式教学，培训农村教师；开展遗产教育"走进校园，走进课堂，走向社区"活动；组织大、中、小学师生积极参与民间国际文化教育交流活动；搭建省际、市际、县际、校际教育交流合作平台，促进教育改革发展；参与社会公益事业，向贫困山区、灾区学校赠送图书、教具、文具等教学设备；出版文化教育专著及教辅材料，主编《西部教育》杂志；编辑出版了《参与研究型教学模式的设计与操作》《垂直互动参与式》《参与研究型》复式教学教材。甘肃省教科文组织协会会长马培芳先生主持了多个国际合作项目，先后获得教科文组织的"亚拉·罗伊·辛格奖""教育创新（文晖）奖"。

0012 甘肃省中华文化促进会

地　　址：甘肃省兰州市城关区皋兰路12号

创建时间：2007-07-26

会员人数：260人

主要文化活动：开展旨在弘扬中华文化的演出、展览、学术会议等活动；组派个人和单位应邀参加旨在促进国际文化交流的海外、境外的文化活动；制定奖励法例，奖励对发展中华文化事业有突出贡献的单位和个人以及优秀的文化作品；文化咨询与培训；创办文化类经济实体与出版物。

简　　介：甘肃省文促会是由省内热忱中华文化的个人和单位自愿结成的全省性、专业性、非营利性的社会组织。其宗旨是遵守宪法、法律、法规和国家政策，遵守社会道德风尚，弘扬中华文化，促进国际文化交流。甘肃省文促会接受业务主管单位（甘肃省文化厅）、社团登记管理机关（甘肃省民政厅）的业务指导和监督管理。近年来，甘肃省中华文化促进会成功举办和策划了一系列文化活动和文化项目，取得了一些工作成效。其主要开展活动和工作简述如下：2009年6月，在与四方拍卖公司的合作下，成功举办甘肃百位书法家作品展览和拍卖活动，成交额近10万余元；2010年3月，举办了第二届全国中青年名家百人艺术书法大展；2011年6月，召开了仓颉文化研讨会；2012年3月—至今，每周日上午定期举办"与经典同行，与健康相伴"国学公益课堂；2012年3月—12月，完成电影《刘志丹》剧本创作和拍摄立项工作。2013年2月2日—6日，举办甘肃省首届德慧智教育交流会；2014年1月20日，创办甘肃省首届少儿春节联欢晚会；2014年12月21日，举办白俄罗斯新年交响音乐会。

0013 甘肃阴平文化研究会

地　　址：兰州市城关区庆阳路

创建时间：2010-12-29

会员人数：183人

主要文化活动：阴平文化的挖掘整理、保护、传承及开发。

简　　介：甘肃阴平文化研究会于2010年5月7日经业务主管部门甘肃省文化厅（甘文厅社发〔2010〕4号文件）批复同意成立。2010年12月29日甘肃省民政厅准于登记注册（甘民复〔2010〕116号，社会团体法人登记证第62A00030062）成为由从事阴平文化挖掘研究、传承开发和诗词、书画创作的单位与个人自愿结成的非营利性的文化群众团体组织。该会接受甘肃省文化厅、民政厅的业务指导与监督管理。该会宗旨是在中国共产党的领导下，遵守国家的法律、法规和政策，坚持为社会主义、为人民服务的方向，继承和发扬中华传统文化，研究开发阴平文化遗产，为社会主义的物资文明和精神文明建设做出贡献。

0014 甘肃省硬笔书法家协会

地　址：兰州市城关区皋兰路郑家台61号
创建时间：1990-08-19
会员人数：130人
主要文化活动：学术交流，理论研究，展览培训。
简　介：甘肃省硬笔书法家协会成立于1990年8月19日，由全省硬笔书法家和硬笔书法理论研究、教育工作者组成，该协会为非营利性民间组织，现有会员130余人。二十多年来，在甘肃省文化厅、省民政厅的指导支持下，协会每年开展全省书法作品展览，同时进行硬笔书法理论研究、书法教育培训等活动。于2014年开展了甘肃—青海两省的书法作品联展，加强了同外省书法爱好者的交流与联系，得到了业内同仁的积极参与和好评。协会的宗旨是继承和发扬中华民族优秀文化传统，为促进甘肃"三个文明"建设服务；普及提高全社会文字书写水平，增进与省内外文化艺术交流，振兴发展甘肃硬笔书法事业。协会始终遵循宗旨的要求，进行书法教育理论研究，承接小学书法教育及书法培训等工作，取得了社会各界的认可。

协会坚持"二为"方针，在已有二十多年经历的基础上，认真总结经验，不断开拓创新，定期组织书画艺术下农村、下学校活动。协会将继续坚持"二为"方向和"双百"方针，积极进取、团结协作、尽力而为、服务社会，不断扩大硬笔书法的影响，加强中国传统文化的宣传，动员更多的书法爱好者关心、支持和参与甘肃省文化建设。

0015 兰州市文化馆西艺社

地　址：城关区五泉西路29号
创建时间：2006-05-01
会员人数：35人
主要文化活动：承担黄河风情文化周演出，组办春节文化庙会，送文化下乡演出。
简　介：兰州市文化馆西艺社的宗旨是为广大戏曲爱好者提供学习、培训、排练演出的平台。我们的追求目标是培养更多戏曲爱好者参与排演更多经典剧目，从而活跃丰富广大群众的文化生活。多年来在各方领导的关心指导下，培养了大批文艺骨干，在省市举办的秦腔戏曲大赛中多次获得一等奖、金奖，获得甘肃电视台大戏台年终总冠军。剧社发动文艺骨干排练新剧目，积极参加各项社会公益演出活动。如：为偏远贫困山区送文化下乡演出，积极参加城镇社区演出，黄河风情文化周演出，春节文化庙会演出，兰州市文化馆西艺社的积极作为得到相关领导的表扬和广大戏剧观众的好评。

0016 兰州文化联谊会

地　　址：城关区雁宁路415号

创建时间：1997-07-10

会员人数：500人

主要文化活动：为弘扬中华文化，推动两岸文化交流与合作，2011年承办了"辛亥百年，振兴中华——海峡两岸书画大展"活动；2012年，承办了"炎黄子孙同颂中华龙——陇台书画精品展"活动；2013年，举办了"陇台书画交流展"；2014年，为贯彻十八大精神，承办了以思想道德教育为主题的"德耀中华——海峡两岸诗书画交流展"活动，这些活动受到了两岸各方面的广泛关注和赞扬，反响强烈，影响大。中央和省市媒体、香港大公报、台湾民众日版、中华日报、旺报、联合报、经济日报等都做了大量的报道。

简　　介：兰州文化联谊会是由省内外热爱中华文化的专家、学者、文化名人、艺术家和企业家自愿组织起来的非营利性社团组织。本会宗旨是以传承、弘扬中华文化，团结海内外炎黄子孙和国际友好人士，促进海峡两岸文化交流合作，积极与世界文化、经济发展接轨，为祖国和平统一大业和实现中华民族的伟大复兴贡献才智。本会具有社会法人资格，遵守《中华人民共和国宪法》和其他相关法律法规。业务主管部门是兰州市文化广播影视新闻出版局，社团主管是兰州市民间组织管理局。该会所在地在兰州市雁宁路415号，该会任务是联合港、澳、台和海内外文化、新闻、旅游和工商团体，以此建立彼此沟通与交流合作的服务平台，发掘历史、民族和地域文化资源，积极协助地方政府发展文化产业，在组织文化交流的基础上，为开展经贸洽谈、商务展示、招商引资、专家论坛等活动牵线搭桥，并通过本会网站、文艺作品和出版物等载体，为传播丝绸之路文化、宣传兰州、宣传甘肃做贡献。

0017 兰州今古齐家文化研究院

地　　址：张掖路大众巷金城珠宝古玩城5楼

创建时间：2014-06-11

会员人数：40人

主要文化活动：推广齐家文化，促进齐家文化的传承与发展，致力于探索黄河流域史前文明的历史线索，搜集、整理相关考古文献资料，并对西北新石器文化进行深入发掘、研究、整理。于2014年9月20日举行了揭牌仪式及藏品展览，并协办了慈善拍卖会。

简　　介：齐家文化研究中心已建成占地面积近两百平方米的齐家文化特色展览馆，坐落于甘肃省兰州市中心繁华地段（兰州市艺术文化圈的中心地带、中心商圈和交通枢纽）附近——张掖路大众市场53号金城珠宝古玩城5楼。齐家文化展览馆是一个集文物保护、陈列展示和科学研究功能于一体的齐家文化专题展览馆。馆内陈列着从各地齐家文化遗址出土的玉器、陶器、骨器、石器和青铜器。著名的有三联璜、三合璧、三孔玉刀、玉琮、陶鬶、三足陶鬲、石磬鸮面陶罐、双耳连体陶罐、三耳红陶罐等。齐家文化研究目前已联合兰州大学、西北师范大学考古学与博物馆学专业，以实现为学院和社会提供学术科研、鉴赏鉴定、专业培训等多元化文化服务为发展方向，力争成为大众化、系统化、专业化、国际化的服务团体，努力为广大收藏爱好者搭建与国内外艺术品鉴赏领域著名专家共同交流座谈的桥梁。齐家文化研究中心拥有一支专、兼职相结合,院内外专家学者相结合,多学科、多层次相结合,科研、行政、教师人员相结合的科研队伍。中心研究人员的研究领域广泛涉及文学、历史学、美学、艺术学、考古学、博物馆学等方面。中心的大部分成员是省内外各级中国收藏家协会的会员,有的还在中国文物学会和文化部担任重要职务。中心的专家学者长期从事史前文化尤其是齐家文化的研究工作,已积累了丰硕的研究成果,许多研究成果在本研究领域有着相当的影响。

0018 兰州市青鸟艺术团

地　　址:城关区曹家巷1号

创建时间:1996-05-10

会员人数:12人

主要文化活动:文艺表演,艺术交流,艺术培训。

简　介:兰州市青鸟艺术团成立于1996年,是一家具有独立法人资格,以艺术教育、文化基础学习、文艺演出为主的艺术类大型文艺团体。建团多年来,以发掘培养具有艺术天赋的人才为宗旨,靠着自身扎实的艺术专业功底,本着"夯实基础、注重专长、面向全体、分类推进"的办学思想,立足于精心的专业指导和严谨的课堂教学,培养了一批批文艺人才。该团开设了高考指导冲刺班、文化课、艺术类专业课双向学习班。该艺术团近几年根据国家教育资源整合及结构调整,优选自身特长,办成了具有自己特色的艺术团体。该团以培养从事舞台演出、演唱(奏)及美术创作以及从事艺术教育的实用型人才为宗旨,靠着自身扎实的艺术专业功底,本着"夯实基础、注重专长、面向全体、分类推进"的办学指导思想,立足于精心的专业指导和严谨的课堂教学,培养了多批文艺人才。

（二）兰州市七里河区

0019 甘肃省现代摄影学会

地　　址：七里河区西津西路 3 号
创建时间：1983-01-18
会员人数：2000 余人
主要文化活动：举办展览，摄影创作，理论研究，出版会刊，影展影赛，学术交流。
简　　介：甘肃省现代摄影学会成立于 1983 年元月，为独立法人 4A 级社团，业务主管是甘肃省文化厅。现有会员 2108 人，其中中国摄影家协会会员 200 余人。学会下设组联部、展览部、创作部、宣传部、对外交流部等部门。学会有自己的会刊《现代摄影》和网站，曾出版《光影春秋》和《光影华章》等多部画册和书籍，曾配合省委宣传部、省扶贫办、省文化厅组织举办"抗震救灾众志成城大型图片展""百名摄影家看陇原""中国摄影家眼中的津巴布韦""扶贫开发在甘肃"摄影大展。

0020 甘肃西部艺苑

地　　址：兰州市七里河区小西湖东街 58 号
创建时间：2006-06-21
会员人数：26 人
主要文化活动：艺术创作，书画艺术、工艺品交流和展览。
简　　介：甘肃西部艺苑从一个简单的书法爱好交流活动发展成为现在有省内、省外知名书画家们积极参加、相互交流的一个综合性的书画、艺术交流场所，现有员工 16 人，有签约书画家 260 余人，每年积极组织策划有意义的书画活动，书画家和爱好者相互交流 300 余人／次。甘肃西部艺苑的发展对于宏扬中国传统文化作出了积极贡献。

（三）兰州市西固区

0021 古城画院
地　址：西固区中街 33 号
创建时间：1997-04-28
会员人数：34 人
主要文化活动：书法、绘画展览。
简　介：1997 年 4 月 28 日成立，下设花鸟、山水、书法及黄河古画、西画 5 个专业组，共有会员 34 人。2003 年 2 月，改设花鸟、山水、书法 3 个专业组，有会员 44 人。举办多场书法、绘画、收藏品展览。

0022 世大文化基金会
地　址：西固区柳泉乡
会员人数：15 人
主要文化活动：积极参与地方文化活动。
简　介：世大文化基金会旨在继承和发扬本乡老一代秦腔文化奠基人的精神，为弘扬正气、端正乡风设立的群众自发性捐资基金组织，以基金会的基金推动地方文化事业发展。本基金会发起人是已故老人陈世坤、陈大海，故名称为"世大"文化基金会。本基金会在乡党委、乡政府的领导下，围绕全乡经济建设和精神文明建设做出了积极贡献。

0023 书画摄影协会
地　址：西固区柳泉乡
会员人数：15 人
主要文化活动：书画、摄影创作，书画、摄影作品展览。
简　介：西固区柳泉乡书画摄影协会是柳泉乡书法、绘画、摄影爱好者的群众性团体。该协会在乡党委、乡政府领导下，在区文化部门的指导下，以各文化活动为中心开展活动。该协会坚持四项基本原则，尊重创作自由，充分发挥书画摄影爱好者的兴趣特长，发扬不同风格、不同流派的创作作风开展创作活动，同时不断地发现和培养新人，该协会为全乡精神文明建设和丰富人民精神文化生活做出了一定贡献。

0024 碑林协会
地　址：西固区柳泉乡
会员人数：15 人
主要文化活动：碑林石刻。
简　介：柳泉乡碑林协会是柳泉乡文化发展过程中的一项重要成果，不仅代表着柳泉乡文化事业近年来的发展水平，同时说明了柳泉乡党委及乡政府对于文化事业的重视。该协会近年来以研究书法篆刻为主要内容，着力于推广柳泉乡本土艺术家的艺术作品。

0025 百合书画社
地　址：西固区幸福小区
创建时间：1980-08-01

会员人数：30 人

主要文化活动：举办业余书画展，相互交流书画心得。

简　介：百合书画社即兰州炼油化工总厂职工业余书画社，1980 年 8 月建立，有成员 30 人，其中有中国美术家协会、中国版画家协会会员各 1 人，中国美术家协会甘肃分会会员 7 人，兰州职工美术协会会员 16 人，甘肃省书法家协会会员 5 人。

0026 兰州石化公司离退休管理二处书画协会

地　　址：西固区山丹街 975 号

创建时间：1996-06-28

会员人数：54 人

主要文化活动：进行书画创作，组织书画展览。

简　介：协会每年举办 2—3 次书画展，面向社区，为离退休职工服务。会员每月集体活动两次，常年坚持。会员中有 7 人为公司书协会员，3 人为兰州市书法（美术）家协会会员，4 人为甘肃省书法（美术）家协会会员。多次参加公司、中石油、省市组织的书画展并获得奖项，还有一些作品参加了韩国、日本组织的书画展。

0027 兰州石化银龄书画协会

地　　址：西固区山丹街

创建时间：1996-06-28

会员人数：54 人

主要文化活动：十多年来深入车间、工地、部队、学校、社区，弘扬先进文化，得到企业和社会的肯定和赞许。银龄书画协会曾连续 15 届参加中石油书画展览和省市文化艺术节的展览。先后自办展览 26 次，个人展览 15 次，笔友会 25 次。

简　介：兰州石化公司离退休职工管理一处银龄书画协会成立于 1996 年 6 月 28 日，当时为兰州炼油化工总厂离退休职工服务中心，有会员 30 余人。2000 年 7 月 3 日第二届年会改组会长苗仁榜，副会长史玉印、周义德，秘书长马效林，会员 33 人。2007 年 6 月 20 日第三届年会改组会长马效林，会员 35 人。2012 年 1 月 5 日第四届年会改组至今，会长马效林，副会长马宗周、付春生，会员 54 人。人员主要由国家级、省级、市级会员构成。开展和参与的主要活动有：1996 年 9 月 28 日举办"霍云风书法作品展"；1998 年 9 月 28 日举办"首届离退休职工书画作品展"；1999 年 9 月 26 日举办"第二届离退休职工书画作品展"；2000 年 9 月 28 日举办"新千禧年离退休职工书画作品展"；2007 年 5 月 20 日举办肖敏书画作品展；2008 年 5 月 20 日组织 20 人书画作品展；2010 年上海世博会孙元吉国画入展，中国石油馆、国家图书馆收藏的《中华民间文化记忆——书画卷》、马效林书法作品入刊，兰州市书法家协会举办的书法展赵金忠、聂夏兰作品入展；2014 年中央电视台书画频道第四届迎春书画展播，马效林书法作品入展并获得网络评选优秀奖，兰州市书法家协会"汉简临帖展"入展并获优秀奖。

0028 西固区摄影家协会

地　　址：西固区福利西路 428 号

创建时间：1990-07-12

会员人数：110 人

主要文化活动：大型摄影艺术展览。

简　介：1990 年 7 月成立，主席、副主席、秘书长各一人，协会有会员 100 余人，多次举办大型摄影艺术展览，并有多幅摄影艺术作品获奖。

0029 兰州石化老年大学

地　　址：西固区先锋路

创建时间：2002-04-16

会员人数：3000 人

主要文化活动：老年大学一贯秉承"增长知识、丰富生活、陶冶情操、服务石化"的办学宗旨，坚持实施"教、学、乐、为"相结合的教学方针，以"德、智、体、美"全面发展为目标，以保持中老年和谐稳定为己任，为老同志提供了一套好其所学、学其所乐、乐其所为的健康生活新模式。

简　　介：离退休职工管理一处老年大学的前身是兰州炼油化工总厂（简称兰炼）老年大学，成立于2002年4月。建校以来，在公司(总厂)的重视支持下，在离退休职工管理一处党委及校委会的直接领导下，学校从无到有，从小到大，不断发展壮大，自觉肩负起企业的"社会责任和政治责任"。紧跟时代步伐，积极开拓创新，与时俱进，在加快改善办学条件的同时，针对老年人的特点，推行人性化灵活办学。坚持以人为本，重服务、求质量，充分体现本人意愿，尊重个人喜好，自愿选择学习专业，凝心聚力，为离退休职工修身养性、快乐生活、和谐稳定、安度晚年提供服务，为中老年人的教育、学习、娱乐提供服务平台。老年大学为非学历教育，学制以二、三年制长期班为主，同时辅以一年以下短期班相结合的学制。课程设置遵循社会、企业需要与学院需要相结合的原则，具体以专业课为主，其他课为辅。体现和突出中老年教育的特点，因地制宜，分层施教，达到终身学习的目的。建校至今，共培训学员3000多人次。老年大学将在石化公司的关心和支持下，在一处党委和校委会的领导下，不断总结经验，完善教学设施，改善办学条件，强化管理服务职能，多学制、多层次、多功能办学，使老年大学真正成为老年人"学习的校园、交友的乐园、温馨的家园"，成为中国石油建设发展、文明传承的一支新队伍。

0030 离退休一处第二活动中心

地　　址：西固区先锋路

创建时间：2007-09-20

会员人数：1200 人

主要文化活动：开设有棋牌、麻将、台球、乒乓球、羽毛球、舞蹈、阅览、器乐等老年活动项目。

简　　介：离退休一处第二活动中心创建于2007年9月20日，现有员工6人，其中主任1人，管理人员3人，操作服务人员3人。第二活动中心主要负责幸福小区1200余名退休职工的日常管理工作。中心有幸福小区活动站，建筑面积1800平方米，二层框架，二楼及一楼东侧为老年活动场所，280平方米地下室作为库房。开设有棋牌、麻将、台球、乒乓球、羽毛球、舞蹈、阅览、器乐等老年活动项目，每天接待约300人次。

0031 寺儿沟武术传习所

地　　址：西固柳泉乡

会员人数：15 人

主要文化活动：寺儿沟武术传习所由传承人刘金祖负责，带徒15人左右，每周在石化广场进行训练活动。

场地面积：20 平方米

文艺创作作品：寺儿沟武术。

简　介：寺儿沟武术在兰州武术界被称为四门拳，因为刘金祖为寺儿沟人，在本地带徒传艺，进行项目申报时采用了简便而通俗的叫法。四门拳可以追溯的历史大约200年，属于少林拳派，在山东和少林寺已没有清晰而确切的四门拳套路和打法，也就是说四门拳的根在山东，当年由一个叫王德成的武师落户兰州，落地开花，到刘金祖已传四代。四门拳在兰州代代真传演练，已自成一体，独具特色。

（四）兰州市安宁区

0032 安宁区桃源诗词书画学会
地　　址：安宁区刘家堡
创建时间：1991-07-31
会员人数：38 人
主要文化活动：诗词书画理论研究，作品交流；弘扬传统文化艺术，活跃中老年人的业余文化生活，促进地方文化建设。
简　　介：学会成立于1991年，创始人是马乐庸、冯冶先生。马先生曾经是甘肃省诗词学会常务理事，曾经出版有《乐庸诗抄》《对霞居吟草》等诗集。马先生曾经是《甘肃诗词》主编、《陇风》总编，曾经出版有《冯冶诗选》、词作《沁园春》《学人吟》获中华诗词李杜杯赛优秀奖。学会成立之初名为《桃园诗词联楹学会》，最初有会员十人，后来参加人数逐年增多，刘学忠、朱树本、袁明权、李延禄、达延文、刘有魁、李平均等和一些书画爱好者也加入其中。学会于90年代末更名为"桃园诗词书画学会"。学会成立以来出版有《桃花会桃花诗》集；待出版的有《桃源好安宁》（暂定名）。最初学会每年出版两期《桃源诗书画刊》，近十年每年出版一期，至今已有29期。学会每月活动两次（每月10号为诗词活动，20号为书画活动）。一些80多岁高龄的老会员仍积极参加各项活动，真正实现了老有所为、老有所乐的目的。

0033 火电公司健身队
地　　址：安宁区银安路230号
创建时间：2003-08-02
会员人数：32 人
主要文化活动：该队自成立以来，经常参加省、市、区组织的各项活动，队中有几名队员曾参加省、市、全国及国际武术比赛，获得金、银、铜及全能第一的好成绩。早在2004年"兰州市夕阳美"比赛中就获得第二名的好成绩。2014年9月参加了兰州市"安利杯奇武飞扬"比赛中获得8.95分的好成绩。
简　　介：该队成立于2003年，现有队员32人，年龄最大的71岁，最小的8岁半。该队自成立以来，经常参加省、市、区组织的各项活动，队中有几名队员曾参加省、市、全国及国际武术比赛，获得金、银、铜及全能第一的好成绩。从首届"兰州国际马拉松"开始，每届都在主会场表演，得到了有关领导及群众的好评。

0034 兰州鼓子协会

地　　址：兰州市安宁区枣林村20号
创建时间：1988-02-01
会员人数：50人

主要文化活动：2004年参加了在西北师范大学敦煌艺术学院音乐厅举办的《中国传统音乐学会》，并开展了"兰州鼓子"专题演唱活动；2006年9月1日组织参加了兰州市群众艺术馆、兰州市非物质文化遗产保护中心在黄河风情文化周期间举办了"兰州鼓子"的演唱会；2012年5月安宁区文化馆组织安宁区兰州鼓子协会参加"甘肃文化——文化名人走进兰州理工大学"活动；2012年7月安宁区兰州鼓子协会接待中国音乐学院博士考察团一行，广泛开展了交流、演唱活动；2013年1月19日参加兰州电视台"中华西北游、出发在兰州"栏目组专题录制工作；2014年4月24日，安宁区文化馆开展了"兰州鼓子进高校"活动，组织安宁区兰州鼓子艺人们走进兰州大学，让兰州大学国际文化交流学院的留学生现场感受中国传统文化的魅力。

简　　介：兰州鼓子又名兰州鼓子词，简称"鼓子"，是流行于兰州地区的一种民间曲艺形式。"鼓"是指音乐伴奏中的主要乐器——三弦，也是音乐的统称，而"词"是诸多曲牌中非常严谨的格律体，不同曲牌有不同词的格律，它的句式有五字、六字、七字、八字、十一字；从声腔上讲，可分为平调、鼓子、越调三种，平调腔多为单支的小令和大曲；鼓子腔由鼓子头加若干曲牌再加鼓子尾连缀而成；越调腔也是由越调加若干曲牌再加越尾联套而成的。兰州鼓子有南腔，也有北腔，与单弦清音、郿鄠曲子等都有着不可分割的血缘关系。传统的鼓子词有1000多个段子，内容取材广泛，形式多样。传统曲目内容大致有三类：一是赞美贺颂之词；二是咏物写景之词；三是叙述民间故事和历史故事。曲牌的收集，目前已达100多种，这些曲牌各有其特点，或悲壮苍凉，或喜悦和平，或抒情轻舒，或热烈紧张，不仅擅长表现各种生离死别之情，还善于表现各种英雄气概，真是千啼百啭，各显其能。兰州鼓子在兰州地区曾经是家喻户晓，人人皆知的文化娱乐形式，所以能弹会唱者甚多。如遇喜庆节日，请客宴会，不论在农村的家庭院落，还是集镇的茶肆酒楼，老兰州人聚集在一起弹唱，每当唱到高潮之时，他们便一人演唱而众人帮腔显得气氛十分热闹。安宁区是兰州鼓子重要演唱和传承区域之一。目前安宁区兰州鼓子保护工作得到了各方的充分肯定，为兰州鼓子的传承和保护起到了重要作用。

0035 枫叶舞蹈健身队

地　　址：安宁区
创建时间：2008-03-08
会员人数：30人

主要文化活动：舞蹈排练活动，参加舞蹈表演。

简　　介：枫叶舞蹈健身队成立于2008年3月8日，现共有30人。会员最小的48岁，最大的65岁，平均年龄56岁。在第十四届甘肃省中老年文艺会演中获二等奖；荣获幸福绽放最美安宁庆"五一广场舞比赛"二等奖；获康桥国际首届"社区文化节广场舞大赛"三等奖；获兰州市"美丽兰州亚太杯广场舞大赛"四等奖；获安宁区美丽绽放舞蹈大赛一等奖。

0036 桃林路健身队

地　　址：安宁区刘家堡
创建时间：1993-08-01
会员人数：50 人
主要文化活动：参加甘肃省农民文艺表演节目中"和睦家庭"获优秀奖；参加甘肃省妇女联合会、甘肃省体育节目演出中"功夫扇"获三等奖；参加甘肃省老体协表演中"洗衣歌"获二等奖。

简　介：桃林健身队自1993年"三八"妇女节成立以来由队长达文林、教练李国香的带动下，积极响应国家提出的全民健身号召，自编自演广场舞、藏族舞、锅庄舞、健身操等等。队员的年龄最大73岁，最小52岁，人数40多人，在省、市、区、街道举办活动中多次获得表彰奖励。

（五）兰州市红古区

0037 红古区矿区街道陶瓷收藏协会
地　　址：红古区矿区街道文化站
创建时间：2013-10-17
会员人数：50 人
主要文化活动：陶瓷收藏。

0038 红古区奇石古玩协会
地　　址：红古乡旋子村
创建时间：2006-06-16
会员人数：50 人
主要文化活动：奇石古玩收藏。

0039 红古区红古乡刺绣协会
地　　址：红古乡文化站
创建时间：2013-10-17
会员人数：50 人
主要文化活动：刺绣艺术交流传承。

0040 红古区海石湾镇舞蹈协会
地　　址：海石湾镇文化站
创建时间：2013-10-17
会员人数：50 人
主要文化活动：舞蹈艺术交流。

0041 红古区平安镇书法协会
地　　址：平安镇文化站
创建时间：2013-10-17
会员人数：50 人
主要文化活动：书法艺术交流。

0042 红古区窑街街道花儿协会
地　　址：窑街街道文化站
创建时间：2013-10-17
会员人数：50 人
主要文化活动：花儿艺术交流和传承。

0043 红古区花庄镇秦腔协会
地　　址：花庄镇文化站
创建时间：2013-10-17
会员人数：50 人
主要文化活动：秦腔艺术交流和传承。

0044 红古区下窑街道作家协会
地　　址：下窑街道文化站
创建时间：2013-10-17
会员人数：50 人
主要文化活动：写作交流。

（六）兰州市榆中县

0045 榆中县兰山兰州鼓子协会

地　　址：榆中县和平镇路口村
创建时间：2008-05-01
会员人数：56 人
主要文化活动：弹唱鼓子曲。

简　介：榆中县兰山兰州鼓子协会成立于2008年5月1日。兰山鼓子爱好者有40多人。中心由七人组成，负责人有魏孔荣、牟丕礼、牟丕德，委员有王荣贵、张铭贵、冯俊明、田国成。近年来兰山一带弹唱鼓子曲频繁，三五人、七八人不定，相约今日在你家、改日到他家，弹唱论艺。娱乐中心成立以后，提高了兰山人民弹唱鼓子曲的影响力，兰州鼓子在农村文化建设中发挥着不可低估的作用。弹唱兰州鼓子主要乐器有三弦、扬琴、二胡、板胡、笛子、月琴、琵琶、梆子、小铃、箫等，乐器不全单调无味，只有乐器配全，一人演唱，众声应和，仿佛天籁之音，摄人三魂。

（七）兰州市皋兰县

0046 水阜乡彬草村兰州鼓子协会

地　　址：水阜乡彬草村村委会

创建时间：1985-01-22

会员人数：37 人

主要文化活动：2005 年 2 月，参加兰州市首届文化庙会五泉山专场演出；2009 年 6 月，参加兰州市"2009 文化遗产日"非物质文化遗产宣传展示活动；2009 年 6 月，兰州金城关非物质文化遗产博览园演出；2010 年 7 月，兰州黄河风情线水车博览园演出。

简　　介：水阜乡彬草村兰州鼓子协会成立于 1985 年 1 月，是一个纯民间艺术团体。协会自成立以来，秉承弘扬传统文化，传承民间艺术历史使命。利用农闲时间集中在文化站或农家院落开展兰州鼓子的演唱、作词作曲及其他研究工作，并积极参加省市县组织的各类文化娱乐活动和文艺演出活动。经过几十年的发展，彬草村兰州鼓子协会共有会员 42 人，随着会员队伍不断壮大，协会在丰富农民文化生活的同时继承了悠久的兰州鼓子历史文化，为兰州鼓子的传播和发展做出了积极贡献。

0047 皋兰县书画协会

地　　址：皋兰县老干部活动中心

创建时间：1999-05-27

会员人数：260 人

主要文化活动：参加每年组织的甘肃省诗书画联谊会，参加人数 30 人；参加每年组织的兰州市书法家协会主题展览，参加人数 15 人；参加皋兰县每年举办的主题书画摄影展览活动，参加人数 150 人；2013 年，举办王云义书画作品展，张海悟、张斌谦书法汇报展，王久忠书法作品展。

简　　介：皋兰县书画协会，成立于 1999 年 5 月，现有注册会员 260 人，是县内书画爱好者自发组织的业余文艺社团，具有完整的组织机构和管理章程。协会成立以来，始终坚持"组织文化信息交流和研讨、加强书画艺术理论的学习和提高、培养和造就书画艺术人才、促进我县两个文明建设"的宗旨，致力于繁荣我县群众文化事业，组织开展并参加了省、市、县级多项文化活动。协会会员发扬"继承传统、锐意创新"的精神，面向社会，积极为群众文化事业服务。该协会在县文联、文化艺术发展局指导下开展活动。近年来，协会成功举办了一系列群众性文化活动，积极参加各类书画活动，得到了相关部门认可和社会各界的一致好评。协会取得的荣誉有：2008年，甘肃省诗书画联谊会主题展一、二、三等奖各1名，优秀奖8名；2012年，兰州市第四届农民艺术节优秀奖8名；2012年，兰州市文化联谊会优秀奖3名。

0048　皋兰县太平鼓协会

地　　址：皋兰县石洞镇北辰路131号
创建时间：2011-03-06
会员人数：85人
主要文化活动：参加全国性大型活动50余场，组织参加省内的商业及公益活动600余场，全县各类大型文化活动（春节社火调演、艺术节、庙会等）。
简　　介：皋兰县太平鼓协会成立于2011年，现有理事20人，会员65人。协会宗旨是宣传和指导开展群众性的太平鼓文化活动，加强我县太平鼓文化人才后备力量的培训，全面提高我县太平鼓表演技艺水平。协会本着为进一步繁荣全县文化体育事业，传承、提升、弘扬太平鼓这一宝贵的非物质文化遗产，建设和谐文化皋兰，调动广大太平鼓爱好者的积极性，实现自我教育、自我管理、自我发展的目标，为广大太平鼓爱好者搭建了一个施展才华、技艺交流的平台。协会自成立以来已参加全国性大型活动50余场，组织参加省内的商业及公益活动600余场，由会员执教给厂矿企业培训的成人太平鼓队100余支，中小学生太平鼓队10余支，各界均给予很高评价。其中2011年10月参加第三届国际非物质文化遗产节获"太阳神鸟金奖"；2011年兰州永宏太平鼓文化旅游产业发展有限公司研发的旅游产品组合《鼓舞太平》，参加中国旅游商品大赛获银奖（甘肃省第一名）；2012年研发的旅游产品组合《黄河鼓韵》参加中国旅游商品大赛获银奖（甘肃省第一名）；2013年5月参加第四届国际非物质文化遗产节获"太阳神鸟金奖"；2013年8月参加新疆建设兵团西北五省锣鼓邀请赛表演。

0049　皋兰县梨园秦腔协会

地　　址：皋兰县什川镇文化站
创建时间：2009-12-26
会员人数：50人
主要文化活动：举办2010年春节专场演出、"五一"专场演出；举办2011年什川之春旅游节专场演出；举办2012年春节专场演出；2012年4月19日—24日，与皋兰县金鹰秦腔协会联袂"一村一品"文艺展演；举办2012年5月19日咸辉副省长来什川文化调研专场演出。
简　　介：什川镇秦腔协会成立于2009年12月26日，是在什川镇政府关怀和支持下成立的民间艺术团体。秦腔艺术在什川源远流长，20世纪初什川就有一些秦腔爱好者上兰州学艺，三十年代有十几位名艺人在本地新建的戏楼上演戏，深受乡亲们赞扬。四十年代达到鼎盛。什川秦腔艺人不但在本地常演戏，还应邀到榆中几个乡演戏。1958年什川成立了秦剧团，演戏水平不断提高。什川秦腔协会是在秦剧团的基础上成立的，有会员46人（男32人，女14人），年龄最大的74岁，最小的31岁。什川秦腔协会为传承秦腔艺术，发展什川文化事业做出了贡献。

0050 什川镇梨乡艺术健身协会

地　　址：皋兰县什川镇上车村

创建时间：2004-05-06

会员人数：52人

主要文化活动：参加2010年皋兰县老年迪斯科大赛；参加2010年皋兰县首届农民艺术节；2011年受兰州电视台邀请，参加达人秀节目录制。

简　　介：什川镇梨乡艺术健身协会最早于2004年5月由上车村村民自发成立，于2012年申请注册并逐步规范完善。协会设会长一名，副会长两名，理事五名，会员52人（其中老年人30人、中青年妇女22人）。梨乡艺术健身协会以上车村文化活动室为依托，以繁荣农村文艺、增强农民体质、提高健康水平、丰富和活跃人民群众文化体育生活、着力打造"一村一品"群众性文化精品为目的，以弘扬社会新风尚，传播社会正能量，推进上车村精神文明建设为宗旨，利用农闲时节团结和带领广大文化艺术及健身爱好者积极开展活动。协会先后自编自演的文艺作品有健身舞《唐古拉风暴》、舞蹈《走进新时代》《开门红》《梨花仙子》《西部放歌》《鸿雁》等，快板书《夸什川》、小品《夸什川》《生男生女都一样》。其中健身舞《唐古拉风暴》获得2010年皋兰县老年迪斯科大赛优秀奖；舞蹈《梨花仙子》、小品《夸什川》共同获得皋兰县首届农民艺术节二等奖。另外，协会部分会员才艺突出，曾受兰州电视台邀请参加达人秀节目录制。

0051 皋兰县兰州鼓子艺术协会

地　　址：皋兰县石洞镇北辰路168号

创建时间：2009-03-06

会员人数：50人

主要文化活动：1991年，水阜乡鼓子协会参加由兰州市文化局举办的兰州市群众文艺调演；1994年，皋兰县组织兰州鼓子演唱队参加了由国家文化部在兰州举办的第四届中国艺术节黄河文化展示会；1996年10月，由县文化体育局组织鼓子演唱队，参加了兰州市文化局举办的文艺调演；2000年6月，皋兰县组织鼓子演唱队，代表兰州市参加中国甘肃敦煌百年黄河风情旅游节；2001年6月，由文化馆辅导，西电管理处组织演唱的《劈山引水造良田》参加兰州市水电系统庆贺建党80周年文艺调演；2006年创作的作品《千里陇原跨骏马》参加了甘肃省首届农民文艺演出；新创兰州鼓子《歌唱政府抓禁毒》《金城巨变民心顺》《创业英雄赞》《抗震赞歌》等。在2009年6月参加了"文化遗产日"非物质文化遗产宣传展示活动。2009年7月，《金城巨变民心顺》《创业英雄赞》参加在向祖国致敬——兰州市农民文艺汇演；同年八月，参加第四届甘肃省群星艺术节曲艺小品比赛；2010年，参加中共兰州市委、兰州市人民政府主办的第三届兰州市农民艺术节文艺汇演《创业英雄赞》；2013年，由蔡宁祯、杨静琴新创的《鼓子新韵唱国风》参加中共兰州市委、兰州市人民政府主办的第四届兰州市农民艺术节文艺汇演。

简　介：皋兰县兰州鼓子艺术协会成立于2009年3月，现有会员50人，是县内鼓子爱好者自发组织的业余文艺社团，具有完整的组织机构和管理章程。协会自成立以来，在县文联、文化艺术发展局指导下，始终坚持"弘扬传统鼓子艺术，活跃县域群众文化生活"的宗旨，致力于繁荣我县群众文化事业，组织开展并参加了省、市、县级多项文化活动。协会会员发扬"传承、弘扬、创新"的精神，面向社会，积极为群众文化事业服务。近年来，协会成功举办了一系列群众性文化活动，积极参加各类兰州鼓子比赛和展演活动，得到了相关部门的认可和社会各界的一致好评。

0052　皋兰县金鹰秦腔协会

地　址：皋兰县石洞镇北辰路168号

创建时间：2008-12-02

会员人数：285人

主要文化活动：参加了省广电总局《大戏台》栏目戏迷争霸赛、黄河风情线文化周、兰州庙会2012年元旦兰州市群众文化艺术周等活动。

简　介：皋兰县金鹰秦腔协会，成立于2008年12月，现有注册人员285人，是县内秦腔爱好者自发组织的业余文艺社团，具有完整组织机构和管理章程。协会成立以来，始终坚持"弘扬传统秦腔艺术，活跃县域群众文化生活"的宗旨，致力于繁荣我县群众文化事业，组织开展并参加了省、市、县级多项文化活动。协会会员发扬"奉献、友爱、互助、进步"的精神，面向社会，积极为群众文化事业服务。协会取得的荣誉有2009年荣获省广电总台《大戏台》栏目戏迷争霸赛周冠军11个，月冠军7个，季冠军4个，优秀奖23个，总决赛4、5、8各一名。2012年，兰州市群众文化艺术展演荣获第三名。

0053　什川镇兰州鼓子协会

地　址：皋兰县什川镇文化站

创建时间：2002-02-01

会员人数：55人

主要文化活动：自2003年每年参加兰州文化馆举办的春节庙会，每年接受兰州市各大院校的邀请，参加演出及研究活动；2005年参加兰州市"非遗保护成果展"活动；2006年受中华文化资源库的邀请，协会会长魏周全赴京参加兰州鼓子的表演、现场录音工作；2007年至2009年参加兰州市非遗保护中心举办的"兰州鼓子保护成果展"。

简　介：什川镇兰州鼓子协会成立于2002年2月，是一个集四村为一体的纯民间艺术团体，兰州鼓子在什川镇传承150多年。2002年申请民政局注册艺术团成立以来，弘扬传统文化，传承民间艺术。协会利用农闲时间集聚文化站、农家院落、开展鼓子演唱。通过几代人的不懈努力，目前艺术团共有成员四十余人，其中年龄最大的八十五岁，最小的四十岁，男38人，女4人。什川镇兰州鼓子协会的成立为兰州鼓子传播做出了积极的贡献。

（八）酒泉市敦煌市

0054 敦煌奇石宝玉石协会

地　　址：敦煌市杨家桥乡
创建时间：2012-08-07
会员人数：63 人
主要文化活动：组织开展"党河、雅丹捡石头""大漠戈壁探险""徒步旅行""赏石、鉴石培训"等活动；建成了以敦煌玉为主的"敦煌大风堂"敦煌风砺玉基地，开发研究敦煌玉；邀请新疆、四川、云南、广西、内蒙古及省内等地奇石协会的成员，在敦煌举办 6 次奇石、玉器文化交流活动。
简　　介：敦煌市奇石宝玉石协会是 2012 年在原奇石协会和宝玉石协会的基础上合并而成的。组建初期，就组织召开了会长办公会议，分析了当前的市场形势、发展前景、市场的特殊性及制约宝玉石市场发展的不利因素等，并明确了分工和各自的任务。大家普遍认为，随着国家和政府职能的转变，协会的作用逐渐提高，服务空间逐步扩大。协会是政府和会员之间的桥梁和纽带，不仅要为政府服务，也要为当地的文化繁荣服务。目前，敦煌有奇石、玉石经营铺面摊点 130 多家，从业人员 300 多人，业余爱好者 2300 多人，主要分布在杨家桥奇石村、商业一条街等商业繁华区、各旅游景点和家庭展馆等。2012 年奇石宝玉石文化产业销售额达 2400 多万元，2013 年销售额达到了 3000 多万元。

2013 年，我们在市委、市政府的领导下和社会各界的大力支持下，坚持社会主义先进文化的前进方向，坚持观赏石文化事业和观赏石文化产业两手抓，加强观赏石理论建设、组织建设及知名品牌的推介。

0055 敦煌书法家协会

地　　址：敦煌市杨家桥乡月牙泉
创建时间：2007-03-28
会员人数：79 人
主要文化活动：参加了市上举办的"一节一会"第六届葡萄节书画展；充分利用名家来敦煌旅游、采风、观光之机，邀请他们举办讲座、笔会；组织学员学习交流，提高技艺。
简　　介：敦煌市书法家协会现有会员 79 人，现任主席边振国，副主席姜生治、徐永平、杨海潮、贺生荣、傅有宏，秘书长李建荣。自 2007 年 3 月敦煌市第四次文代会以后，敦煌市书法家协会进行了换届选举，新的协会班子加强自身建设，在市文联的领导下，坚持"二为"方向和"双百"方针，服务全市工作大局，开展了许多有重大影响的书艺展览活动、送书法下基层活动，成绩突出，效果鲜明。一是重大展览活动多，壮大了书法艺术队伍。主要有敦煌市首届书法展、首届硬笔书法展、TCL杯书法展、环保杯书法展、河南新乡·敦煌书画联展、边振国同志书法展、每年的葡萄文化节书画展等。出版的作品集有《TCL杯作品集》《新乡·敦煌联展作品集》《硬笔书法作品集》《瀚海拾贝——首届书海集》。二是深入开展书法"五走进"活动（即送书法进学校、进乡镇、进企业、进机关、进军营），活跃了城乡群众的文化生活，提高了敦煌旅游的文化品位。每年开展送书法走进活动10余次，送书法作品3000余幅。春节开展送春联活动。2012年敦煌市书法家协会被中国书法家协会评为"全国送书法下基层"先进集体。三是利用敦煌书法吸引书法名家讲学、培训，提高了书协会员的书艺水平。选派十几名会员参加中国书协西部高研班和省书协创作培训班。学员学习后书艺提高很快，上了台阶。

0056 敦煌民间艺术家协会

地　　址：敦煌市杨家桥乡
创建时间：2013-04-01
会员人数：15人
主要文化活动：完成《敦煌民间手艺》一书，该书图文并茂，全面记录了敦煌旧时的民间手艺，将为敦煌民间的手艺提供重要的史料；组织会员调研敦煌民间文化旅游产品的现状一次，并配合旅游局制做了《敦煌文化旅游商品目录》；召开"敦煌民间文艺如何促进敦煌文化城建设"的专题研讨会两次；组织部分会员和肃北、阿克塞少数民族进行民间文艺活动交流两次。

简　　介：敦煌市民间艺术家协会成立于2013年，现有会员15人，现任主席李德峰，副主席王建书、陈全喜，秘书长许多林。本协会以最广泛地团结民间文艺家和民间文艺工作者为己任，并采取多种形式，组织和推动民间文艺家和民间文艺工作者学习马列主义、毛泽东思想和邓小平理论，学习"三个代表"重要思想，学习党的方针、政策，学习科学文化知识，努力提高会员队伍的思想文化素质和业务水平。进行民间文艺改革，积极进行规划、组织和指导民间文艺工作及作品的搜集、整理、研究和传播，丰富民间文艺理论，繁荣民间文艺事业。本会积极培养民间文艺人才，重视、支持群众性民间文艺活动的开展，并以多种形式加强与群众性民间文艺活动的联系，促进民间文艺的普及与提高。本会负责组织全市各种形式的民间文学笔会、民间文艺表演、民俗研究、民间传说故事征集及比赛评奖活动、挖掘抢救民间文艺遗产、民间文化理论研究、出版民间文艺报刊，对成绩优秀的民间文艺家和重要的民间文学艺术成果，以及在工作中有突出成绩的德艺双馨的民间文艺人才给予奖励和表彰。积极开展和促进国际民间艺术交流，扩大友好往来。促进和加强与台、港、澳地区民间艺术团体的联系交流，为弘扬中华民族优秀民间文化艺术，完成祖国统一大业贡献力量。本会依法维护会员的合法权益，包括维护会员的著作权、名誉权及其他合法权

0057 敦煌民间工艺美术品协会

地　址：敦煌市杨家桥乡

创建时间：2013-07-28

会员人数：49 人

主要文化活动：开展民间工艺美术作品的开发、制作，形成敦煌旅游独具特色的商品一条街。其中会员主要制作的敦煌木版画，成为敦煌旅游的品牌产品。

简　介：敦煌市民间工艺美术品协会是按照甘肃省委宣传部文件通知要求，于2013年7月组建成立的，涵盖了我市板画雕刻、葫芦雕刻、金属雕刻、剪纸、敦煌彩塑、工艺骆驼、鼻烟壶内画沙瓶画等各种工艺品门类。协会现任主席申洪杰，副主席邢延君、鲁勤学、王佳林、于子健、齐鸿芬，秘书长王佳林。该协会的成立在一定程度上改善了当前我市劳动密集型文化产业不成体系、不成规模、分散存在的现状。协会定期组织协会成员进行内部交流；定期举办活动展示会员优秀作品，从中筛选出观赏性、学术性俱佳的艺术作品，为以后参加全市、全省、全国范围内的各类民间工艺美术大赛作准备；争取资金，在协会内部成立研究小组，用于新品的研发广播。并实现内部推广；利用网络、电视、报刊等宣传资源，加大对工艺品创新成果的宣传；通过参加省内外展示、贸易于一体的作品展览会，争取相当数量的工艺品订单，在协会内部形成产业链，进一步辐射、带动周边劳动力，使文化产品逐步向文化产业转变，使文化产品走上产业化、企业化道路。

0058 敦煌作家协会

地　址：敦煌市杨家桥乡

创建时间：2008-08-08

会员人数：33 人

主要文化活动：组织参与了全市双联征文、莫高窟杯网络征文、首届敦煌夜市美文及摄影征文、"拍党河风情·赞党河风情"征文及"走进安南坝"笔会；参加敦煌"冷梦文学与人生"文学讲座、敦煌诗歌研讨会、酒泉作家高级研讨班、"走进安南坝"采风等活动；开设专栏阵地，展示创作新篇，在《敦煌文化旅游》开设"敦煌文学·校园版"和"敦煌文学·综合版"，集中展示作协会员、文学新人和师生作品，为作协会员创作搭建平台；参与了全市"十大民间名小吃"评选、"敦煌美食节"宣传、敦煌夜市宣传的组稿工作，撰写散文10篇、诗歌20余首，深受好评。

简　介：敦煌作家协会现有会员33人，主席李茂锦，副主席边振虎、方健荣、刘学智。近年来，市作协积极组织广大会员在全国及各级报刊杂志发表诗歌、散文、小说100余篇首，出版专著10余本。作协主席李茂锦出版了《古人咏敦煌》《阳关内外》诗歌散文集，作协副主席方健荣先后主编出版了《敦煌印象》《大美敦煌》《敦煌花雨》等全国名家敦煌美文，张自智创作的广播剧本《石油师长》受到省委宣传部的重点资助。理事郑宝生出版了《灵动飞天》、作协会员汪楠出版诗词集《敦煌抒怀》，特别是身残志坚的会员侯全福以常人难以想象的毅力，坚持17年，前后写出了6部书稿，其中《敦煌食谱》一书得以正式出版。近年来市作协先后发起主办了敦煌风情城杯、沙洲夜市杯、党河杯、全市庆祝建党90周年阳关诗会、杏花春韵文学笔会、我爱敦煌风情线楹联征集等有奖征文及联谊活动10余次，先后成功接待了甘肃、山东、陕西、四川、北京、广东作协的著名作家和诗人50余人次，有力加强了文学的对外交流与沟通。还邀请著名诗歌评论家谢冕、朱先树，著名诗人林莽、高平等在敦煌进行文学讲座，使作协会员深受教益。

0059 敦煌新闻工作者协会

地　　址：敦煌市杨家桥乡

创建时间：2010-11-01

会员人数：25人

主要文化活动：结合新闻单位开展的"走转改"活动，积极鼓励和组织协会会员走基层、接地气、转作风、改文风，全年组织开展三次连续性的"走基层看亮点"活动。

简　　介：新闻工作者协会是从原新闻摄影家协会中分离出来，成立的一个新的协会。会员主要以敦煌电视台和广播电台的新闻采编人员为主。2013年，新闻工作者协会依托两台所属的广播、电视、报纸、网络和手机报等传媒资源和宣传平台，紧紧围绕市十五届二次党代会确定的"转型跨越、富民强市"的发展主题和"一抓四融合"的工作思路，以提高业务素质，提升节目质量，扩大对外宣效果，打造创优精品为重点，整合资源，发挥优势，凝聚市属新闻媒体和协会会员的智慧和力量，加大市委、市政府中心工作和敦煌文化旅游首位产业的宣传力度，为创建敦煌国家级文化产业示范园区提供强大的精神动力，为加快敦煌国际文化旅游名城建设营造浓厚的舆论氛围。

0060 敦煌收藏家协会

地　　址：敦煌市杨家桥乡

创建时间：2008-08-20

会员人数：27人

主要文化活动：2013年邀请国内外书画家及全国各大美术院校师生来我市交流、创作、写生、采风；邀请四川彭州画院画家一行12人，在敦煌自然博物馆举行画展；8月份全国各地收藏家来敦煌进行学术交流。

简　　介：敦煌市收藏家协会成立于2008年，现有会员27人，现任主席为周海军，副主席韩茂、方新林、张克发，秘书长苗春友。该协会出版会刊或相应的学术资料，在全国有影响的图书报刊上发表相关学术文章。定期对会员藏品进行展览、交流，鼓励和支持会员参加市外的藏品展示和学术交流活动。

积极展开与市外收藏组织及收藏家的学术交流和藏品展览，加强友好往来。依法展开经营性活动和有偿服务活动，培育、引导和发展收藏市场。经常向政府及有关部门反映文物保护等方面的情况，协助我市文物管理部门加强对我市文物的抢救和保护工作。

0061 敦煌戏剧曲艺家协会

地　　址：敦煌市杨家桥乡

创建时间：2007-04-09

会员人数：42人

主要文化活动：举办了"百花迎春"迎新年戏剧晚会；配合有关单位组织了"送文化下乡"文艺辅导、节目编排及文艺演出；参加了"飞天先锋在行动，科学发展促跨越"广场文艺演出和联村联户文艺节目展演活动。

简　　介：敦煌市戏剧曲艺家协会现有会员42人，现任主席张钟声，副主席工翠霞、张涵、赵霞、王应战，秘书长赵霞（兼）。该协会举办了"百花迎春"迎新年戏剧晚会；集合了市戏剧演唱的部分骨干、精英，在"好家家"儿童培养中心的大力支持下，精心编排了一台以戏剧为主要内容的"百花迎春"戏剧晚会，展示了戏剧的魅力；按照市上要求，配合有关单位组织了"送文化下乡"文艺辅导、节目编排及文艺演出；承办了春节广场戏剧公演活动，春节期间，分别在风情城、体育场演出了14场传统戏剧，演出的折子戏《四进士》《辕门斩子》等深受观众好评；参加了"飞天先锋在行动，科学发展促跨越"广场文艺演出和联村联户文艺节目展演活动；会员张爱萍代表敦煌戏曲爱好者，参加了酒泉市精品文艺展演，演唱的戏剧联唱《抬花轿》展示了敦煌业余文艺爱好者的风采，受到了广泛好评；副主席王应战在做好参加《敦煌神女》旅游文艺演出的同时，组织演出秦腔等戏剧节目60余场；理事韩永芳带领梨园自乐班到全市40多个行政村开展司法宣传演唱活动，所到之处不但宣传了司法知识，而且普及了传统戏剧演唱。

0062 敦煌摄影家协会

地　　址：敦煌市杨家桥乡

创建时间：2008-08-06

会员人数：50人

主要文化活动：配合市委宣传部和旅游局完成"朝圣敦煌·走进台湾"摄影展照片征集扩印制作工作；征集作品参加第五届敦煌国际葡萄节书画摄影展；征集作品参加四川成都"朝圣敦煌·敦煌壁画临摹摄影展"；配合团市委、教育局完成"大美敦煌·青春印象"全市青少年摄影大赛；与市旅游局、阳关镇政府、阳关博物馆举办"大美阳关，百人摄影"骑自行车探险旅游活动；与敦煌山庄举办"魅力敦煌·锦绣山庄"摄影大赛并在敦煌山庄设立敦煌市摄影家协会创作交流基地；与河道管理局联合举办"拍党河风情·看魅力敦煌"摄影大赛及"赞党河风情"有奖征文活动；配合市委组织部完成规划杯"飞天先锋"摄影大赛；配合市总工会完成"职工风采·时代先锋"摄影征文大赛；配合市双联办开展联村联户、为民富民书画摄影比赛；与敦煌电视台举办"人防杯"美丽敦煌优秀摄影作品大奖赛；与敦煌市场管理局开展"星光夜市"摄影征文活动。

简　介：敦煌市摄影家协会现有会员50余人，现任主席康锦虎，副主席孙志军、周海军、范吉孝，秘书长赵红云。协会做好对敦煌市摄影工作的指导、联络、协调和服务工作，努力为广大会员创造更多学习、创作和交流的条件，加强摄影队伍的团结，不断提高会员的业务水平。有组织、有计划地开展摄影采风、创作活动，组织摄影作品的展览、出版和交流，丰富会员的创作生活。积极开展摄影理论的研究和评论工作，重视创作经验的总结，逐步培养和造就一支高水平的摄影理论队伍，促进我市摄影艺术事业的健康发展。广泛开展各类影展活动，加强同省内外、国内外摄影团体的艺术交流活动，博采众长，不断提高本市摄影家的摄影水平，提高本协会的知名度，为宣传和介绍敦煌的秀美景色和灿烂文化再立新功。

0063 敦煌美术家协会

地　址：敦煌市杨家桥乡
创建时间：2008-06-10
会员人数：104人
主要文化活动：举办了"2013年敦煌美协迎五一绘画作品展""第五届中国·敦煌（国际）葡萄文化节葡萄文化书画摄影展""朝圣敦煌——敦煌美协绘画作品展""朝圣敦煌——敦煌壁画临摹展"。

简　介：敦煌市美术家协会主要成就：2009年举办"中国敦煌第二届书画奇石展"；2010年举办四川彭州"寻梦古风——敦煌壁画艺术作品展"；应邀在天津举办"天津·敦煌美术书法摄影作品交流展"；2011年举办敦煌市美协年度画展；应邀在上海壹号美术馆举办"震撼上海——敦煌实力派画家临摹敦煌壁画展"；"河南新乡·甘肃敦煌书画联展"；2012年在西湖公馆举行"西湖自然保护区书画联展"；在甘肃省博物馆举办"朝圣敦煌——敦煌市美术作品展"；举办2013年"敦煌美协迎五一会员绘画作品展""敦煌市2014迎新年美术作品展"等。协会办的大型画展主要有首届"朝圣敦煌"全国美术大展。

0064 敦煌集邮协会

地　址：敦煌市杨家桥乡
创建时间：2010-06-01
会员人数：76人
主要文化活动：开展以集邮进校园为活动目标的集邮活动；以"弘扬集邮文化"为主题的集邮知识普及活动。

简　介：敦煌市集邮协会现有会员76人，

现任主席王石平，副主席蒋爱东，秘书长刘文杰。本协会指导敦煌各企事业单位集邮组织的工作；普及集邮知识，提高集邮水平，宣传正确的集邮目的，帮助各单位组建基层邮协组织，倡导高尚的集邮道德；举办全市性的集邮展览和集邮活动，指导、赞助各基层邮协的集邮展览和集邮活动，并积极组织参加全省、全国邮协组织的集邮展览和集邮学术研讨活动；组织会员进行集邮学术研究活动，不断提高会员的集邮知识水平，加强与外地集邮组织交流与合作；积极向有关方面反映会员的意见和要求，维护会员的合法权益；及时报道全市集邮动态，总结交流集邮经验；积极培养集邮骨干，重视集邮人才的发现。

0065 敦煌舞蹈家协会

地　　址：敦煌市杨家桥乡
创建时间：2013-07-29
会员人数：85人
主要文化活动：2013年，举办了"2013新年文艺晚会""助力华夏文明传承创新区建设"专场文艺演出、"鸣沙赏月"专场文艺晚会，组织会员协助参与了第四届中国民族声乐敦煌奖赛事；2014年，圆满举办了敦煌市文学艺术界联合会"2014年新年联谊会"，成功参与举办了敦煌市全国第四届健身秧歌培训班及敦煌市全国第四届健身秧歌大赛。
简　　介：敦煌市音乐舞蹈家协会的前身是敦煌市戏剧曲艺舞蹈家协会，2013年成立新的音乐舞蹈家协会，现有会员85人，现任主席张慧杰，副主席高桂莲、秦臻、李彬、李凤玲、梁萍、雄兵、吕菊玲、王尚义、刘瑾，秘书长刘雅静。协会自成立以来，加强管理，凝聚力不断增强，先后4次召开协会理事会会议，进一步完善和健全了组织机构，提升理事会成员素质，进行了明确分工，责任到人，做到事务有人管理，活动有人安排。同时，加强了与兄弟协会的沟通和联系，吸收全市范围内优秀的音乐工作者和对音乐事业执着的爱好者加入协会，会员人数达85人，协会力量不断壮大。协会开展的主要文化活动有：新年伊始，协会举办了"2013年新年文艺晚会"，演职人员近60人，市上相关领导及近400名市民群众到场观看；2013年年初举办了第五届音乐家协会联谊会，全体会员参加了活动；2013年6月12日，协会举办了"助力华夏文明传承创新区建设"专场文艺演出，在风情城重新搭建舞台，组装音响、灯光，组织精兵强将精心编排节目进行了专场文艺演出；在旅游旺季，每月的农历十四、十五、十六，协会在鸣沙山月牙泉为市民游客举办"鸣沙赏月"专场文艺晚会，让游客在观看美景的同时，享受精神文化大餐；2013年农历八月十五，协会精心编排文艺节目在雕塑园为国家、省、市领导进行了专场文艺演出；2013年10月，协会组织会员协助参与了第四届中国民族声乐敦煌奖赛事；2013年参与举办了敦煌市全国第四届健身秧歌培训班及敦煌市全国第四届健身秧歌大赛；2013年12月24日，在太阳大酒店北大厅协会圆满举办了敦煌市文学艺术界联合会暨2014年新年联谊会，协会会员不计报酬、无私奉献、精心策划了一台文艺晚会，获得了在场领导及观众的高度赞扬。协会全体会员共同努力，在各自的工作岗位上发挥着音乐艺术人才的作用。

0066 敦煌音乐家协会

地　　址：敦煌市杨家桥乡

创建时间：2008-08-06

会员人数：61人

主要文化活动：积极配合做好"音乐敦煌"建设工作，协助接待词曲作者、舞蹈编导来敦煌采风，为我市创作出更好的音乐舞蹈艺术作品服务。

简　　介：敦煌音乐家协会坚持"为人民服务，为社会主义服务""百花齐放，百家争鸣"的方针，在敦煌市文联的领导下开展工作，会员由在敦煌热爱音乐的艺术人才组成。协会主要开展的工作是：1.坚持贴近生活、贴近群众、贴近实际，解放思想，不断创新，组织会员深入生活，创作题材、体裁、风格多样的音乐作品。2.加强理论研究，遵循艺术规律，举办各类采风、讲座、交流、观摩、比赛活动，帮助会员拓宽视野、提高素养，培养音乐人才，认真地向省以上音协推荐会员。3.积极开展民间音乐的调查研究，做好收集整理工作。4.关心、参与国民音乐教育，积极组织会员参加音乐普及工作，开展社会性的音乐活动，丰富人民的音乐文化生活，努力提高国民音乐素质。5.积极参加中国音乐家协会、甘肃省音乐家协会组织的各项活动，加强与国内外音乐团体和音乐家之间的交流和合作。

0067 敦煌市硬笔书法家协会

地　　址：敦煌市杨家桥乡

创建时间：2013-09-28

会员人数：57人

主要文化活动：成功举办了"泽祖拉"杯全市硬笔书法大赛；开展了敦煌硬笔书法进校园、进村组活动；举办了纪念毛泽东同志诞辰120周年"红色经典"书法展。

简　　介：敦煌市硬笔书法家协会成立于2013年9月，协会的成立得到了中国硬笔书法家协会主席张华庆同志的大力支持和推动。张华庆主席在发来的贺电中说："敦煌的硬笔写本的书写年代自前汉至元代，延续一千三百余年，为我国硬笔书法史补上了重要的一笔。敦煌竹锥笔的出土，为中国古代硬笔的使用增添了实物证据。此次敦煌市硬笔书法家协会的成立必将对推动敦煌地区硬笔书法事业发展、为社会主义事业的繁荣作出贡献。"协会现任主席吴勇，副主席夏万明、杨海红、杨海潮、吴建彪、米志文，秘书长夏万明（兼）。敦煌市硬笔书法家协会是在中国共产党领导下的群众性艺术团体，在敦煌市文联的领导下开展工作，会员由热爱敦煌硬笔书法艺术的市内人员组成。敦煌市硬笔书法家协会坚持马列主义、毛泽东思想、邓小平理论、"三个代表"重要思想和科学发展观，贯彻"百花齐放，百家争鸣"的方针，推广研究、继承和发展敦煌硬笔书法，普及和加强硬笔书法教育提高全民族尤其是青少年汉字书写水平，为繁荣敦煌硬笔书法事业作出积极贡献。协会成功举办了"泽祖拉"杯全市硬笔书法大赛；开展了敦煌硬笔书法进校园、进村组活动；举办了纪念毛泽东同志诞辰120周年"红色经典"书法展。

（九）酒泉市肃北蒙古族自治县

0068 马头琴与呼麦协会

地　址：肃北县人民公园

创建时间：2012-12-15

会员人数：22人

主要文化活动：弘扬和传承民族文化，专业教学和培训，学术交流，为热爱马头琴与呼麦艺术的社会各界人士搭建发挥才艺的平台，丰富各界人士的业余生活。

简　介：肃北县乌兰牧骑青年马头琴演员钦布乐格于2010年组建登记肃北县马头琴与呼麦协会。协会确定"以社会主义核心价值体系为主线，以弘扬马头琴呼麦文化艺术为主题，以干部群众文化生活和文化素养为切入点，以开展培训排练交流和参与社会公益活动为着力点，为马头琴与呼麦文化艺术爱好者搭建学习交流提高的平台，积极参与各项社会公益事业，弘扬和传承民族优秀传统文化，为建设团结进步、和谐稳定、文明幸福的新牧农村做出应有的贡献。在县委、政府和相关部门的关心支持和全体会员的共同努力下，该协会组织不断完备，规划更加合理，经费有了保障，活动有了阵地，制度日趋健全，特色鲜明浓厚，工作成效显著。协会成立以来，充分发挥其传承发展优秀传统文化的作用，使马头琴和呼麦艺术在人口较少的肃北县蓬勃发展，演奏队伍不断壮大，演奏水平日益提高，演奏风格呈现多样化，形成了一定的规模和浓厚的艺术氛围，以其鲜明的特色和良好的声誉，受到社会各界人士的好评。达到了弘扬优秀传统民族文化、培养特色文化人才、为新牧农村文化建设服务的目的。

0069 蒙古长调协会

地　址：肃北县

创建时间：2014-04-02

会员人数：40人

主要文化活动：以鲜明的游牧文化特征和独特的演唱形式讲述着蒙古民族对历史文化、人文习俗、道德、哲学和艺术的感悟，培训音乐人才。

简　介：蒙古族长调蒙古语称"乌日图都"，意即长歌，它的特点为字少腔长，高亢悠远，舒缓自由，宜于叙事，又长于抒情。歌词一般为上、下各两句，内容绝大多数是描写草原、骏马、骆驼、牛羊、蓝天、白云、江河、湖泊等。蒙古族长调以鲜明的游牧文化特征和独特的演唱形式讲述着蒙古民族对历史文化、人文习俗、道德、哲学和艺术的感悟，所以被称为"草原音乐活化石"。为弘扬本土蒙古族原生态音乐，培养更多音乐人才，进一步推动蒙古族民歌及原生态音乐的创新、推广和传唱。2014年4月在党城湾镇巴音社区成立了雪山蒙古族长调协会，现有会员40余人。雪山蒙古族长调培训由雪山蒙古族长调传承人、民族民间文化协会会长巴图孟克亲自授课，采取一对一教学方式，每周授课一次。

0070 肃北县体育总会

地　址：文化体育局二楼
创建时间：2012-12-29
会员人数：40人
主要文化活动：贯彻实施全民健身计划，大力促进体育社会化。受县文化体育局委托，承办或联办全县体育比赛，加强与体育工作者、关心支持健身事业的社会各界人士和各类体育组织的联系，了解情况，交流经验，指导工作。

0071 肃北县戈壁琦舟驼业协会

地　址：肃北县县政府一楼翻译室
创建时间：2011-12-01
会员人数：26人
主要文化活动：为全县骆驼产业、骆驼文化旅游的持续发展做好分类指导工作；组织全县性质的骆驼赛会，优良品种的培育和利用；骆驼产业新产品、新技术、新工艺的开发、应用、推广培训；组织骆驼文化旅游活动；推广和普及畜牧业知识，开展骆驼文化展览，编辑发行骆驼音像资料；指导、支持分协会工作；组织开展产业培训、养驼者评优等工作。

0072 肃北县旭日干马业协会

地　址：肃北县环保局办公楼
创建时间：2013-12-29
会员人数：43人
主要文化活动：开展全县马产业、马文化经济技术协作、信息交流等活动；开展马匹展览、赛马、马术竞技等。

0073 肃北雪山蒙古族服饰暨刺绣协会

地　址：肃北县
创建时间：2014-08-04
会员人数：20人
主要文化活动：蒙古族服饰刺绣。
简　介：2014年8月4日肃北雪山蒙古族服饰暨刺绣协会正式成立，8月8日晚，该县举行了雪山蒙古族服饰暨刺绣协会成立揭牌仪式。在长期的历史发展过程中，肃北蒙古族形成了以适应雪域高原特色的蒙古族服饰文化。其服饰与肃北独具魅力的蒙古民族风情，源远流长的历史文化，雄奇瑰丽的雪山草原，风光旖旎的湿地冰川和谐统一，被誉为"雪山蒙古人服饰"。2008年2月，其服饰制作技艺被列入国家级非遗项目，得到保护传承，成为古丝绸之路经济带上一颗璀璨夺目的雪域草原明珠。肃北雪山蒙古族服饰暨刺绣协会的成立，将进一步挖掘、弘扬、展示炫丽多彩的雪山蒙古族服饰文化，加大肃北雪山蒙古族传统服饰、刺绣文化的对外宣传，打造特色品牌，培育专业技术人才，对我县传承发扬和做大做强民族文化产业发挥重要作用。

0074 民族民间文化协会

地　　址：肃北县文化体育局二楼

创建时间：2013-12-15

会员人数：32 人

主要文化活动：工艺品、饮食、服饰、居室研制，马上文化研制，民间歌舞、口碑文化及民俗研究开发，民间生产、生活服务器研究开发，传统医药研究开发，传统布克研究开发，民间棋类研究开发，协会博物编辑出版等。

0075 肃北县文学艺术界联合会

地　　址：肃北县县委宣传部

创建时间：2012-11-30

会员人数：30 人

主要文化活动：文学创作，文艺理论研究，指导、协调全县文艺工作者开展文艺创作。

（十）嘉峪关市

0076 嘉峪关市舞蹈家协会

地　　址：嘉峪关市文化活动中心

创建时间：2014-07-17

会员人数：62人

主要文化活动：组织参加大型文艺演出，辅导群众型文艺工作，举办全市农村、社区、学校等文艺骨干培训。

简　　介：嘉峪关市舞蹈家协会（简称嘉峪关市舞协），是嘉峪关市各民族舞蹈家和广大舞蹈艺术工作者自愿组成的专业性、学术性群众团体。嘉峪关市舞协在业务工作上接受甘肃省舞蹈家协会的指导。现任主席为娜仁，副主席董安庆、段磊、李娟、张秀琴。秘书长哈海强，副秘书长毛春利。

0077 嘉峪关市美术家协会

地　　址：嘉峪关市文化活动中心

创建时间：1985-05-27

会员人数：88人

主要文化活动：2009年与张掖市文联联合举办庆祝中华人民共和国成立60周年"河西印象"国画展。2012年4月"中国河西·乌克兰当代名家美术作品联展"在城市博物馆展出，此次联展开创了我市画家与外国画家联合办展览以及艺术交流的先河，大大拓展了嘉峪关市美术界的对外影响力，美术联展汇集了乌克兰当代名家和河西五地市的63位画家的260幅作品。2012年10月，为迎接党的十八大营造良好的文化氛围，举办嘉峪关红色主题书法美术摄影作品展。2013年市美协联合市纪委、民盟嘉峪关市委员会举办了廉政书画展和书画摄影展，取得了较好的社会反响。在此期间，协会常年举办迎"五一"书画展、迎"十一"国庆大型画展、迎春书画展、各种主题美展等。协会还经常举办研讨会、交流会、外出写生等活动。

简　　介：嘉峪关市美术家协会是中国共产党领导的、由全市美术家自愿结合组成的专业性、学术性人民团体，是党和政府联系全市美术家的桥梁和纽带，是嘉峪关市文学艺术界联合会的团体会员。截至2013年12月，嘉峪关市美协会员共88人，其中女会员25人。经过广大会员的不懈努力，有28人脱颖而出成为甘肃省美协会员，有两位成为中国美术家协会会员。协会每年举办迎"五一"书画展、迎"十一"国庆大型画展、迎春书画展等各种主题美术展。

0078 嘉峪关市书法家协会

地　　址：嘉峪关市胜利中路与建设西路交叉处
创建时间：1986-10-27
会员人数：93 人
主要文化活动：每年组织书协会员三下乡为农民写春联；2009 年在嘉峪关成功举办了甘肃省第六期书法创作提高班，并组织创作提高班的学员精心准备作品；2010 年 5 月中旬在甘肃省美术馆举行"甘肃省第六期书法创作提高班学员作品展"，并出版了书法集；每年组织会员精心创作，积极参加全国及甘肃省的各类书法作品展；每年组织两次以上嘉峪关市书协举办的各类书法展；加强与省书协及周边地区书协的联络和交流；举行各类书法交流笔会，扩大了本市书协在全省的知名度。

0079 嘉峪关市音乐家协会

地　　址：嘉峪关市文化活动中心
创建时间：2014-07-17
会员人数：60 人
主要文化活动：参加嘉峪关市的公益慈善演出活动、文化五进演出活动、嘉峪关市文艺赛事的活动、送文艺下乡演出活动。
简　　介：嘉峪关市音乐家协会自 2014 年 7 月成立以来有会员 60 人，会员均来自嘉峪关市各个层面的文艺骨干、文艺积极分子。其中省级会员 7 人，市级有突出贡献的 20 余人。德艺双馨成为每个会员毕生的追求目标，协会会员为大繁荣大发展嘉峪关市的文艺事业做着自己应有的贡献。

0080 嘉峪关市电影电视艺术家协会

地　　址：嘉峪关市文化活动中心
创建时间：2006-06-20
会员人数：44 人
主要文化活动：影视作品创作，对外影视作品合作交流。
简　　介：嘉峪关市电影电视艺术家协会成立于 2006 年，通过开展各种形式的文化活动，努力提高该市的文化艺术水平，推动嘉峪关市文艺事业的大发展、大繁荣。

0081 嘉峪关市摄影家协会

地　　址：嘉峪关市文化活动中心
创建时间：1985-05-27
会员人数：131 人
主要文化活动：积极培养和发展新会员，组织会员开展采风创作活动；开展群众性的展、赛活动；积极参加市文联组织的各项文化艺术交流活动。
简　　介：嘉峪关市摄影家协会成立于1985年，第一届摄协理事会成员七名，1994 年第二届摄协理事会成员九名，1998 年第三届会员十五名，迄今嘉峪关市摄影家协会共有会员 83 人。中国摄影家协会会员 5 名，甘肃省摄影家协会会员 33 人。下设嘉峪关市摄影家协会老年分会一个。三十多年来，摄协在嘉峪关市委宣传部和文联的正确领导和大力支持下，在协会全体会员的共同努力下，结合嘉峪关市实际开展了形式多样、丰富多彩的摄影创作和采风交流活动。例如，市文联组织各协会骨干会员前往兰州、白银、平凉、庆阳、甘南等地进行采风交流活动。第三届理事会每年组织协会会员 1 至 2 次的采风创作，举办摄影展览二十四次，组织会员参加省级、全国摄影展五十余次，获奖作品三百余幅，承接第九届国际摄影巡展活动，广泛与国内外摄影作品组织及著名摄影家进行交流，举办摄影培训班及讲座六十余期，坚持月会制度，制定奖励机制，每年评选优秀会员，积极配合嘉峪关市委宣传部、酒钢集团公司拍摄编印画册十三本，摄影挂历（五年）十万本，台历（四年）三万本及企业宣传画，明信片十万张。从 1998 年至今，在各种报刊发表图片及文章近四千余幅（篇），极大地宣传了嘉峪关市和酒钢。2002 年 8 月嘉峪关市被中国摄影家协会命名为中国摄影创作基地。嘉峪关作为全国八大基地之一，是摄影人的骄傲和自豪。

0082 嘉峪关市民间文艺家协会

地　　址：嘉峪关迎宾西路 456 号（西部公司三楼）
创建时间：2012-09-16
会员人数：30 人
主要文化活动：传统民间文化艺术曲目挖掘、发现民间艺术人才和发挥文艺人才作用；开展工艺美术品业务学术交流、作品展览活动；开展文艺演出活动，活跃社会文化生活。
简　　介：嘉峪关市民间文艺家协会成立于 2012 年 9 月，现有登记会员 30 名，理事 9 人。

0083 嘉峪关市书画艺术研究会

地　　址：嘉峪关市新华南路 4 号
创建时间：1996-12-26
会员人数：152 人
主要文化活动：书画交流，论文研讨会，书画讲座，野外写生。

0084 嘉峪关市作家协会

地　　址：嘉峪关市建设西路 10 号
创建时间：1985-05-27
会员人数：68 人
主要文化活动：坚持文艺"二为"方向和"双百"方针，以《嘉峪关》杂志为依托，组织全市广大文学爱好者，开展创作和交流，积极组织采风活动，编辑出版各种文艺作品，丰富繁荣嘉峪关市的文化事业和宣传嘉峪关，弘扬文学创作主旋律。
简　　介：1985 年 5 月 27 日嘉峪关市作家协会成立并召开第一届会员代表大会，会员 25 人。1993 年 11 月 12 日召开第二届会员代表大会，进行了换届，会员 30 人。1998 年 12 月 12 日第三次换届，会员 35 人。2008 年 8 月 16 日第四次换届，会员 60 人。2014 年 8 月 16 日第五次换届，会员 68 人。

（十一）天水市秦州区

0085 天水市美术家协会
地　　址：秦州区民主西路18号天水市文联
创建时间：1986-06-01
会员人数：538人
主要文化活动：美术作品创作与交流。

0086 天水市戏剧家协会
地　　址：天水市民主西路18号天水市文联
创建时间：2003-05-15
会员人数：130人
主要文化活动：戏曲创作、交流与演出。
简　　介：天水市戏剧家协会成立于2003年，现共有会员130人。会员都是从各专业院团和业余院团中吸纳的优秀戏剧人才。协会成立至今，所获的荣誉和成绩是有目共睹的。2006年大型秦剧现代戏《山里红》创编排演，在参演"第三届中国秦腔艺术节暨新创剧目调演"中获金奖，已故的原剧协主席田小牛获"优秀编剧奖"，袁丫丫获"红梅大奖"，段艺兵、常小红、刘维新、张智敏、田芳、马三虎等获二等奖。2007年12月该剧于央视戏曲频道展演播出，更大范围地展现了天水秦腔传承的收获。2009年新创剧目《麦积悲歌》正式创编及排演，特邀著名导演韩剑英执导，董秦任副导演，经过两次整修细编后，《麦积悲歌》在全省新创剧目暨全省庆祝中华人民共和国成立60周年调演中受到省上领导的高度好评。同时该剧还被定为天水市文化品牌剧目。2010年9月，该剧在参演"第五届中国秦腔艺术节"中获优秀剧目大奖，袁丫丫获优秀表演奖。各县区在参演"全省新创剧目暨全省庆祝中华人民共和国60周年调演"中秦安县秦剧团新编现代秦安小曲《草根》获二等奖。吴堆田获表演二等奖，王彩霞获表演三等奖。甘谷县秦剧团新编历史剧《睢阳魂》获剧目二等奖，王永进获表演一等奖，龙娥获表演三等奖。2010年5月，为天水市著名秦腔演员段艺兵先生成功举办个人从艺50周年专场演出和专题研讨会，受到了省剧协主席王正强和已故的原市文联主席程凯先生等多位专家的好评。

0087 天水市音乐家协会
地　　址：秦州区民主西路18号天水市文联
创建时间：1987-05-15
会员人数：219人
主要文化活动：音乐创作、演出、交流。

0088 天水市检察官文联
地　　址：甘肃天水
创建时间：2013-01-01
会员人数：72人
主要文化活动：文学艺术创作交流。
简　　介：天水市检察官文联于2014年1月7

日成立。省检察长、省检察院文学艺术联合会长高继明，市委常委、政法委书记赵卫东出席成立大会。近年来，天水市检察官文联紧紧围绕检察文化建设、检察队伍建设，充分发挥检察官文联的体制机制，检察文艺人才荟萃的优势，大力实施文化精品战略，培育检察文化品牌，浓厚检察文化氛围，拓展检察文化传播渠道，以文联"青工委"和检察文化活动中心，检察文化长廊，荣誉室等载体和平台，组织开展了"青年心·中国梦"诗歌会等活动，充分调动了干警的工作积极性，激发了青年干警的活力和潜力，着力营造了天水检察风清气正、创先争优、干事创业的浓郁文化氛围，有效提升了检察队伍的整体效能。

0089 天水市作家协会

地　址：秦州区民主西路18号天水市文联
创建时间：1985-05-01
会员人数：288人
主要文化活动：文学创作交流。

0090 天水市消防文联

地　址：甘肃天水市秦州区羲皇大道西路
创建时间：2011-06-01
会员人数：50人
主要文化活动：文学艺术交流。

0091 天水市秦州区书法家协会

地　址：秦州区民主西路30号
创建时间：2010-09-17
会员人数：50人
主要文化活动：组织开展秦州区群众性书法展览和学术交流，举办书法研讨和学术报告会，举办社会公益性活动和开展有偿服务，组织各种形式的书法培训和教育。
简　介：秦州区书法家协会于2010年9月成立，始终坚持文艺工作的"二为"方向和"双百"方针，以"快节奏、高效率、高质量"的工作状态，紧紧围绕秦州区区委区政府的中心工作，以"五进"工作思路为抓手，努力践行"中国书法进万家"活动主题，迅速打开了秦州区书法艺术事业的新局面，推动了秦州区书法艺术事业的健康快速发展，得到了社会各界的广泛好评。截至目前，协会已拥有会员近150多人，其中国家级会员11人，省级会员26人，市级会员80人。协会成立后，在秦州区的广大农村、街道社区、企事业单位和学校、军营开展书法"五进"活动60余次，扩展了秦州书法事业的群众基础。大力开展"三下乡"活动，挖掘广大的农村潜力，吸收农民会员70多人，为广大农民群众创作书法作品2000余幅，开展交流座谈10余次，让书法艺术的种子在秦州农村扎根发芽、开花结果。通过举办纪念建党90周年"多彩秦州"书画摄影作品展这一载体，编辑刊印了《"多彩秦州"书画摄影作品集》，筹划出版了《秦州书画报》，填补了秦州区书画专业报刊的空白，完成了书画家多年来的夙愿。协会成立以来共推荐5件书法作品申报天水市第一届麦积山文艺奖，其中有两人获奖。31人次书法作品在省级以上展览中展出，2人书法作品在国家级单项展中获奖，有3名会员被吸收为中国书法家协会会员。推荐1名会员参加全省工艺美术大师的申报，推荐10名农民会员参加全省农民书法家书写《宪法》活动。组织秦州区优秀书法作品参加书法报社举办的走进市县作品集征集活动，本协会有7幅作品入选，这也是甘肃省入选《书法报》作品集的唯一一家。2013年协会被中国书法家协会表彰为全国书法进万家先进基层组织，全国共79个单位被表彰。

0092 天水市秦州区美术家协会

地　　址：天水市秦州区民主路180号

创建时间：2010-08-21

会员人数：150人

主要文化活动：成立4年来，举办了美术采风、各类美术展览，组织美术进校园、进企业、进社区、进军营、进机关、进村镇活动，开展美术讲座、普及绘画知识、提高美术技艺、壮大美术队伍等一系列活动。

简　　介：秦州区美术家协会成立于2010年8月，现有会员150余人，下设艺术委员会、工作委员会。其中艺术委员会下设国画艺委会、油画艺委会、学术艺委会、教育艺委会、艺术设计委员会。工作委员会下设宣传部、外联部、展览部。天水市秦州区美术家协会的主要任务是贯彻党的文艺路线，坚持"二为"方向和"双百"方针，继承和发扬中国美术艺术传统，在普及的基础上努力提高书法艺术水平，关心和支持区内的群众性书法活动。开展对会员的联络、协调、服务和业务指导，开展理论学术研究；组织美术作品的创作与评选，举办美术展览；开展美术教育，推动美术普及；维护美术艺术家的创作成果和合法权益；广泛团结全区的美术家和美术爱好者，不断发展和壮大美术事业，切实发挥党和政府联系美术家、美术工作者以及美术爱好者的纽带和桥梁作用。

0093 天水市秦州区作家协会

地　　址：天水市秦州区民主路180号

创建时间：2011-03-05

会员人数：120余人

主要文化活动：文学作品创作。

简　　介：秦州区作家协会是由全区各民族文学工作者自愿参加组织起来的专业性人民团体，是党和政府联系广大作家和文学工作者的桥梁和纽带，是繁荣社会主义文艺，发展社会主义先进文化的重要力量。该会的宗旨是以马克思列宁主义、毛泽东思想、邓小平理论、"三个代表"重要思想及科学发展观为指导，贯彻落实执行党的基本路线和方针政策，坚持文艺为人民服务、为社会主义服务的方向，实行百花齐放、百家争鸣的方针，弘扬主旋律，提倡多样化，尊重文学规律，发扬艺术民主，团结和组织秦州区作家，发展和繁荣社会主义文学事业，满足人民群众日益增长的精神文化需求，提高人民群众的思想道德素质和科学文化素质，为推动社会主义经济建设、政治建设、文化建设、社会建设和生态文明建设，把我区建设成为富强、民主、文明、和谐的文化大区而努力奋斗。该会的一切活动遵守国家的各项法律法规，坚持"民主、团结、服务、倡导"的原则，按照自身特点积极开展工作。

0094 天水市秦州区摄影家协会

地　　址：天水市秦州区民主路180号

创建时间：2012-12-22

会员人数：150人

主要文化活动：成立2年来，举办了各类摄影展览，组织会员进行摄影采风，开展摄影进校园、进企业、进社区、进军营、进机关、进村镇活动，并举办摄影讲座、普及摄影知识活动。

简　　介：秦州区摄影家协会成立于2012年12月，是区委、区政府联系广大摄影工作者的桥梁和纽带，是繁荣社会主义文艺、建设先进文化的重要力量。一直以来，秦州区广大摄影工作者和爱好者坚持深入生活、深入基层，用自己火热的激情和高超的艺术，歌颂秦州区的伟大建设成就和人民和谐幸福的生活。协会将把全区广大摄影工作者和爱好者有效组织起来，紧跟时代前进的步伐，振奋精神，奋发有为，以强烈的责任感和使命感创作出更多符合时代要求，反映现实生活，思想性、艺术性俱佳的优秀摄影作品，不断满足我区人民群众的文化需求，为实现我区摄影事业的新跨越再立新功。

0095 天水市秦州区音乐家协会

地　　址：天水市秦州区民主路180号

创建时间：2011-12-24

会员人数：110人

主要文化活动：组织音乐家协会会员下基层深入生活，开展创作。积极参与区委、区政府举办的送文化下乡慰问演出等活动。经常举办讲学、观摩等学术活动和音乐比赛，评选和推荐优秀作品，不断丰富音乐创作、表演、评论以及各方面的音乐活动。

简　　介：秦州区音乐家协会成立于2011年12月，成立以来，经常组织音乐家协会会员下基层深入生活，开展创作，积极参与区委、区政府举办的送文化下乡慰问演出等活动，协会经常举办讲学、观摩等学术活动，举办音乐比赛，评选和推荐优秀作品，不断丰富音乐创作、表演、评论以及各方面的音乐活动，推动秦州区音乐事业的健康发展。音协的主要任务是保障和维护音协会员的权益，团结与组织本区音乐家开展音乐创作与音乐理论探讨，促进音乐表演与音乐教育的提高，继承与发展民族音乐传统，促进与各兄弟县区音乐团体和个人之间的音乐交流。

0096 天水市民间文艺家协会

地　　址：秦州区民主西路18号天水市文联

创建时间：1987-08-09

会员人数：193人

主要文化活动：民间艺术交流、创作、展演。

简　　介：天水市民间文艺家协会在市文联党组的正确领导下，于1987年8月29日成立。2010年12月24日，天水市民间文艺家协会第四次代表大会召开。会议选举并产生了新的主席团，李宁民当选天水市民间文艺家协会主席，姚春晓、张学文、段一鸣、方天平、赵晨当选为副主席，王贵林当选秘书长，梁晓东、董福元、袁琼当选副秘书长，聘请李子伟、许海魁为名誉主席。天水市民协现有会员193人，其中国家级会员2人，省级会员67人，市级会员124人。会员综合素质普遍提高，会员基本由老中青三代人员组成，结构基本合理。协会积极开展了相关对外交流活动，取得了较好的成绩。

0097 天水市摄影家协会

地　　址：秦州区民主西路18号天水市文联

创建时间：1985-12-01

会员人数：86人

主要文化活动：摄影交流、创作及展出。

简　　介：天水市摄影家协会是党和政府联系广大摄影工作者的桥梁和纽带，是经天水市民间组织管理局登记注册，天水市文联领导下进行摄影艺术实践、摄影理论研讨和摄影技术交流、举办各类摄影展览，并以具有一定摄影水平的专业摄影工作者和业余摄影爱好者为主体，且具有法人资格的社团组织。天水市摄影家协会成立于1985年12月，至今已历经四届，目前，共有注册会员86人，其中中国摄影家协会会员11人，中国艺术摄影学会会员4人，中国民俗摄影协会会员12人，中国新闻摄影学会会员3人，甘肃省摄影家协会会员 56 人。

0098 天水市书法家协会
地　　址：天水市秦州区民主路 180 号
创建时间：2014-12-19
会员人数：610 人
主要文化活动：书法创作、交流及展览。

0099 天水市舞蹈家协会
地　　址：秦州区民主西路 18 号天水市文联
创建时间：2010-12-01
会员人数：52 人
主要文化活动：舞蹈创作、交流及演出。

（十二）天水市清水县

0100 清水县音乐舞蹈家协会

地　址：甘肃省清水县南环路98号
创建时间：2011-11-11
会员人数：116人
主要文化活动：组织县内的音乐舞蹈艺术人员排练声乐、器乐、舞蹈节目，参加全县重大庆典活动及春节文艺演出活动多场；举办全县舞蹈大赛活动，选送参赛节目六个，获三等奖一个，优秀奖三个；推荐会员参加天水市首届金华杯二胡大赛活动2人，获成人组一等奖一名，获成人组三等奖一名；组织会员开展送文化下乡和文艺演出进社区、进校园、进乡村等活动；组织会员开展声乐、器乐、舞蹈培训工作。

0101 清水县作家协会

地　址：清水县文学艺术界联合会
创建时间：2011-11-11
会员人数：100人
主要文化活动：积极加强与天水市作家协会的联系，交流工作经验，取长补短，使该学会工作健康有序发展；组织会员研究和解决文学领域中的各类问题，注重文学创作、文学研究、文学评论工作，满足人民群众日益增长的文化生活需求；坚持贴近实际、贴近生活、贴近群众的原则，鼓励和帮助会员从实际生活中吸取营养，丰富自己，努力反映以爱国主义为核心的时代精神，为建设和谐文化、和谐家庭、和谐社会做贡献；组织会员搜集、整理、研究我国民间和本地区的优秀文学遗产，继承和发扬民间文学优良传统；组织开展文学评奖活动，对优秀的文学作品给予表彰奖励。

简　介：清水县作家协会于2011年11月11日由文学艺术界联合会组织成立，2012年6月21日民间组织管理局注册登记，民主选举产生了理事会，理事会选举作家协会主席1人，副主席5人，秘书长、副秘书长各1人，理事7人，吸纳会员100人。作家协会每年举行4次例会，2012年出版《清水文艺》两期，2014年由《天水文学》发"文学清水"1辑。

0102 清水县收藏家协会

地　址：清水县公路段楼下6号铺面
创建时间：2014-06-18
会员人数：52人
主要文化活动：引导清水县民间收藏发展，开展各项有利于民间收藏的社会活动；普及文化收藏知识，传承收藏精神，培育与壮大收藏队伍；开展与全国各地收藏组织之间的交流活动；弘扬中华民族文化，促进中外民间文化交流；指导、扶持清水民间私人家庭收藏室、馆的工作。

简　介：清水县收藏家协会成立于2014年6

月18日，共有会员52名。其性质是清水各类收藏爱好者、鉴赏者、研究者及收藏品制作者的社会团体。宗旨是欣赏、求知、联谊、创造。协会坚持坚定的政治方向，遵纪守法，努力提高城市群众文化生活水平，陶冶情操，团结广大收藏爱好者，倡导研究探索，奉献社会，传承中华民族优秀文化，促进祖国文博事业发展，为社会主义精神文明建设服务，营造国际大都市文化氛围。该协会业务范围：引导清水县民间收藏发展，开展各项有利于民间收藏的社会活动；普及收藏文化知识，传承收藏精神，培育与造就清水县收藏队伍；积极组织各种民间收藏品交流活动；开展与全国各地收藏组织之间的横向联系；弘扬中华民族文化，促进中外民间文化交流。协会负责人名单及组成机构：会长张佩发，副会长邵继新、宋彦璋、李俊峰，秘书长宋彦璋，副秘书长王三虎、刘家兴，理事（按姓氏笔画）王三虎、王志成、王晓荣、毛晓宇、仝永庆、纪双存、刘大奇、刘家兴、宋彦璋、李俊峰、张佩发、周余生、周彦明、邵继新、南宝生、薛晓东，最高权力机构为会员代表大会。该会的组织原则是民主集中制。领导机构的产生和重大事项的决策，均应经过集体讨论，并按少数服从多数的原则作出决定。

0103 清水县音乐舞蹈家协会

地　址：清水县文学艺术界联合会
创建时间：2012-06-21
会员人数：119人
主要文化活动：以社会办学性质举办音乐舞蹈培训；组织各类专业和业余演出活动，宣传党的路线方针政策；组织全县音乐舞蹈比赛与评奖活动，并参加省市举办的相关比赛；承办全县重大庆典活动的文艺演出；加强同县外音乐舞蹈组织和音乐舞蹈工作者的联系与交流活动。
简　介：清水县音乐舞蹈家协会成立于2012年6月21日，是由清水县音乐、舞蹈工作者和爱好者自愿组成的一个艺术性、专业性、地方性社会团体。协会共有会员119名，经第一届音乐舞蹈家协会选举，赵自强等35人为该协会理事。协会的宗旨和任务是坚持文艺工作的"二为"方向，贯彻"双百"方针，坚持弘扬主旋律，提倡多样化，尊重艺术性的原则，充分发挥联络、协调、服务职能，组织全县音乐舞蹈爱好者进行创作性的活动，繁荣和发展清水县的音乐舞蹈事业。其主要业务范围：一是组织该县具有音乐舞蹈专业特长的人员以社会办学性质，制定音乐舞蹈培训计划；二是组织音乐舞蹈爱好者开展各类文艺演出活动，宣传全县各个行业、各条战线的建设成就；三是组织全县音乐舞蹈比赛与评奖活动，并参加省、市举办的相关比赛；四是承办全县重大庆典活动和文艺演出活动；五是组织开展县内外音乐舞蹈工作者的联谊和交流活动。

0104 清水县美术家协会

地　址：清水县南环路98号

创建时间：2011-11-11

会员人数：67人

主要文化活动：围绕县内中心工作挖掘本土文化潜力，以美术为载体，扩大提高地方知名度，增强地域文化厚度，拓宽家乡文化广度，鼓舞民众的奋发力。

0105 清水县书法家协会

地　址：清水县文学艺术界联合会

创建时间：2012-06-14

会员人数：78人

主要文化活动：继承和发扬我国书法艺术的优秀传统，坚持正确的政治方法，提倡艺术形式、风格、流派的多样化，开展理论研究学术交流，组织展览、比赛、评奖，加强编辑出版，推动书法教育，培训书法人才，壮大书法队伍，繁荣书法创作。广泛地团结书法家和书法工作者，组织会员学习政治理论、方针政策、业务知识和科学文化，努力提高书法队伍的思想文化素质和业务水平。

简　介：清水县书法家协会目前有会员78人，会员中有省书协会员5人，省青年书法家协会会员3人，省妇女书法协会会员2人，市书协会员60人。该协会在县读书馆的大力支持下，借用读书馆报告厅作为书协活动基地，为广大会员学习、交流、提高搭建良好的服务平台。协会3年来通过培训、交流、点评、再创作和书法工作者的辛勤努力，书法创作取得了比较好的成绩。协会主要组织会员参加了省、市农民书画展（13人参加，7人获奖），省文联、省书协主办书法作品展（入展2人次）；多次组织参与市级书法作品展，2013年伏羲文化楷书展（3人入展，其中1人获三等奖），2013年全市书协会员作品展，16人入展，2014年伏羲杯书展（8人入展，其中4人获奖）；协会分别邀请尚墨、张弘扬、段建华、邵亚新、陈安祥、王斌、杨顺林、李靖、刘强、王永斌、闫五权等中书协会员对清水县书协会员及书法爱好者进行书法作品点评、指导、交流（12次），有5名会员参加了为期10天的省书协书法培训提高班；协会大力开展"书画进机关""书法进万家""书法艺术进校园"活动；在县文化馆举办了2012年及2013年"庆元旦"华亭县、陇县、清水县书画联展，两市六区书画作品展，并多次与宝鸡市的陇县、杨陵，平凉市的庄浪县、华亭县，我市的县区书法家组织笔会；协会召开了书法协会理事会议2次，会员大会4次，做到年初有计划，半年、年终有总结。

0106 清水县"秦园春"秦腔爱好者协会

地　址：清水县永清镇城南社区

创建时间：2007-05-06

会员人数：50人

主要文化活动：关心和领导清水县群众性的秦腔演唱活动，面向全县发展会员，积极开展秦腔演唱、创作、研究，重视发现和培养人才，积极向市、省级推荐优秀人才，努力壮大清水县秦腔艺术队伍；组织会员开展各种秦腔剧目的排练，参加各种形式的文艺演出活动；组团赴外地参加学术交流、演出、观摩、学习活动；邀请知名艺术家来清水县指导；积极开展秦腔唱腔、打击乐、弦乐交流，加强与省、市兄弟县级学会间学术和经验的交流；配合登记机关和业务主管部门做好规范清水县秦腔艺术市场管理工作，切实维护清水县秦腔爱好者的合法利益。

简　介：清水县"秦园春"秦腔爱好者协会成立于2007年5月，活动地址为永清镇城南社区，共有会员50人，来自全县的退休干部、工人、个体户和农民秦腔爱好者，各种演唱器具齐全。在会长王永平的带领下，队伍逐步扩大，曾多次在清水县城、广场、乡村开展群众喜闻乐见的演出，深受广大人民群众的欢迎和好评。该协会自成立以来，每周星期五、星期六、星期日进行排练，不论天阴下雨、冰天雪地持之以恒。仅2014年在天水、甘谷、张家川、清水县内的街道、广场、农村、庙会等地交流演出76场次。曾参加天水市业余戏曲大奖赛荣获一等奖2名、二等奖8名、三等奖10名、优秀奖20名；在清水县秦腔票友大奖赛中荣获一等奖12名、二等奖16名、三等奖30名、优秀奖26名；在甘谷县冀城杯大奖赛中荣获二等奖1名、三等奖1名、优秀奖1名。2012年12月26日，协会会长王永平被天水市戏剧家协会评为本年度优秀会员，"秦声悠悠自乐班"曾在天水晚报刊登。2014年天水市秦腔票友大奖赛专题采访了王永平，并在天水市直播节目播出。

0107 清水县摄影家协会

地　址：清水县文学艺术界联合会
创建时间：2012-06-20
会员人数：50人

主要文化活动：广泛团结摄影爱好者，积极为清水文化建设做贡献。积极推动和支持会员不断提高摄影艺术修养和水平，认真开展摄影艺术创作、交流、研究、培训活动，促进摄影艺术的普及，满足师生员工的精神需求。采取多种形式，组织会员进行理论学习，坚持贴近实际、贴近生活、贴近群众的原则，用艺术作品展示协会会员积极向上的精神面貌。

简　介：清水县摄影家协会坚持抓创作、搞活动、办大赛、建载体，引进了一批有才华、有能力的新会员，开展了一系列活动，举办了十多次摄影采风活动和大赛，取得了显著的工作成绩，实现了协会新的发展，为弘扬清水的摄影事业发展，宣传清水、美化清水、推介清水做出了应有的贡献。协会坚持每季度召开一次理事会或理事扩大会，研究部署活动、赛事、作品点评和业务学习等工作。同时积极想办法、出主意，与有关单位合作举办各类活动和赛事，为广大会员和摄影爱好者搭建了一个相互学习、相互交流、展示自我的平台。如今协会工作开展得有条不紊，各项制度不断完善，各项活动红红火火，各项赛事紧锣密鼓，形成了齐心协力、团结干事的良好氛围。2013年是清水"大发展、大投入、大繁荣"的关键之年，也是清水经济腾飞的蓄势之年。协会紧跟形势，积极配合县中心工作拍摄精美图片，用镜头去宣传、推介清水，充分展示清水的风土人情、乡村新貌、城市建设、景区景观等方面的独特魅力。协会先后组织各类活动和赛事10多次，在报刊、网络发表作品30多幅，参赛作品100多幅，获奖作品10余幅，为提高清水文化软实力，促进清水经济发展立下了汗马功劳。举办了首届清水旅游摄影大赛采风活动，来自市、各县摄影家协会和清水县协会的会员及部分摄影爱好者100多人参加了活动，拍摄了大量的精品力作。为了摄影艺术长足发展，增强协会新鲜力量，协会还通过网站等媒体开展学术交流，引导新会员及摄影爱好者提高摄影技术和审美修养，将有潜力、刻苦钻研的摄影爱好者吸收为新会员，还把有条件的会员推荐到省、市协会。

0108 清水县红楼梦学会

地　　址：清水县文学艺术界联合会

创建时间：2014-06-25

会员人数：68人

主要文化活动：积极加强与其他文艺协会间的联系，交流工作经验，取长补短，使该学会工作健康有序发展；组织举办各种形式的红学活动，满足人民群众日益增长的文化生活需求；坚持贴近实际、贴近生活、贴近群众的原则，鼓励和帮助会员从红楼文化中吸取营养，丰富自己，努力反应以爱国主义为核心的时代精神，为建设和谐文化、和谐家庭、和谐社会做贡献；组织会员搜集、整理、研究我国民间和本地区的优秀文化遗产，继承和发扬民间文学优良传统，不断加强对清水县"花石崖补天石"等红学研究成果的宣传，积极弘扬清水县独树一帜的文化品牌；组织开展红学论文评奖活动，对优秀的文学作品给予表彰奖励。

简　介：清水县红楼梦学会是2012年7月由县文学艺术界联合会组织成立，2014年6月县民间组织管理局注册批准的具有法人资格的社会科学类社会团体。学会设有理事会、会刊编辑部等机构。其根本宗旨是弘扬优秀文化，服务和谐社会，普及红学知识，优化人文环境，追求高雅生活，提升人生品味，以文会友，互相学习，交流思想，增进友谊，为建设美丽、和谐、文明新清水而努力。学会的基本任务是组织带领全体会员卓有成效地开展红学研究活动，办好会刊——《清水红楼》，为会员们展示红学研究成果搭建平台。学会自成立以来，已成功举办红学专题讲座4次，红学专题研讨2次，组织竞赛1次，召开年会1次，充分调动了会员们的工作积极性。出刊《清水红楼》共三期，受到了国家、省、市红学专家的一致好评。

（十三）天水市秦安县

0109 秦安县作家协会

地　　址：秦安县文广局

创建时间：2012-08-26

会员人数：87人

主要文化活动：2013年7月举办"我的中国梦"主题征文，评选一等奖征文3篇、二等奖征文5篇、三等奖征文10篇。2014年6月举办"我的中国梦""社会主义核心价值观""践行群众路线"主题征文。

简　　介：古称成纪的秦安，有着深厚的文化积淀和灿烂的发展历史，是李广、苻坚、李白、胡缵宗、安维峻等名人的故里。近年来，广大文学爱好者在秦安这片热土上，辛勤努力，孜孜以求，用手中的笔，饱蘸激情，讴歌时代，畅想未来，关注民生，体察民情，贴近生活、贴近现实，涌现出了一批批倾心于文学创作并且成就非凡的杰出人才和广为传诵的文学作品。其中李桂梓、胡喜成的古诗词，薛方晴的戏剧等创作，得到圈内人士的高度肯定和大力赞赏；魏千乙、成双宝、李德强的小说，魏宗的儿童诗歌，王琴宝的小小说，董文婷的散文，登上了《飞天》《文汇报》《儿童文学》《青海湖》等知名期刊；柴全生、董文婷、陈世明、陈中校、赵三娃等人相继出版了自己的作品集，引起了广大读者的关注。三十年笔耕不辍的儿童诗诗人魏宗荣获"黄河文学奖"。秦安文坛新秀不断涌现，散发出亮丽的光芒。赵亚锋、伏晓黎、武新平、张建堂、李艳芳、亨一、南坤等80后青年作家诗人，在《青年文学》《星星》《飞天》《诗歌月刊》《诗选刊》《诗潮》等文学期刊上发出了自己的声音。民间报刊《大地湾文学月报》连续8年多坚持编辑出版，《大地湾文学》连续出版6期，秦安一中、四中等学校里的校刊，以及其他一些民间重要文学平台，都为广大文学创作者提供了展示空间。市文联刊物《天水文学》2009年第1期不惜版面，以"大地湾文学月报作品专辑"的形式集中推出了秦安作家诗人的力作，让秦安写作群集体亮相。至目前，全县文学创作队伍达300多人。老一辈文学家笔耕不辍，成就卓著；文坛新秀更是层出不穷，朝气蓬勃，代表着秦安文学的未来。

0110 秦安县音乐家协会

地　　址：秦安县民生中学

创建时间：2013-01-19

会员人数：62人

主要文化活动：2013年8月14日主办"泰峰之音"二胡演奏音乐会。

简　介：秦安县自古文化积淀深厚，音乐艺术源远流长，秦安小曲、蜡花舞就是其中最有代表性的。近现代以来，秦安也曾出过一些有名的音乐艺术家，如老一辈作曲家薛文彦老师，在作曲、歌剧音乐、交响乐、戏剧音乐等方面都有很高的建树。1994年在北京音乐厅举办了《薛文彦交响作品音乐会》。2008年荣获第一届甘肃音乐"黄钟奖"交响乐创作奖。2012年荣获敦煌文艺终身成就奖。随着我县经济和社会事业的快速发展，音乐已成为深受大众喜爱的一项文化活动。县上每年举办新年音乐会，让民众共享精美的音乐盛宴。业余歌手大奖赛、K歌大赛不断举行，精彩纷呈。其中大众合唱团、阳光合唱团在严格训练和精心指导下，在庆祝中国共产党成立九十周年"颂歌献给亲爱的党"群众性歌咏活动汇报演出中获得好评。器乐大合奏《丰收锣鼓》登上了县春晚舞台。特别是县民生中学自创办以来，推动了学校艺术教育的改革和发展，近年来被各类艺术院校录取100多名毕业生。二胡教育专家王荣生，高徒众多，来自北京、山西等地的学生拜师学艺。至目前，全县活跃着为数不少的合唱队、器乐队、电声乐队，在节庆文化、广场文化和基层文化活动中发挥了主力军的作用，繁荣和活跃了秦安县的文艺舞台。秦安县音乐家协会的成立是秦安县音乐事业发展的一个新起点，必将谱写秦安县艺术事业的新篇章。

0111　秦安县摄影家协会

地　址：秦安县兰光彩扩部

创建时间：2012-09-02

会员人数：45人

主要文化活动：2013年1月5日在魏店乡举办"金蛇舞新春摄影艺术展"；6月29至30日秦州区文联、区摄影家协会与秦安县文联、县摄影家协会开展摄影采风交流活动；9月17日举办秦安县摄影家协会第一届"海尔杯"摄影展，展出100余幅作品；10月26日，秦安县文联组织县摄影家协会，与秦州区摄影家协会开展"相聚金秋"走进麦积山景区联合采风活动；2014年4月22日由秦安县文联、县摄影家协会、天水在线组织在何湾桃花园开展赏花、文艺演出、摄影采风、古装展示、捷安特自行车单骑游等活动。

简　介：秦安县摄影家协会自成立以来，积极发展壮大，协会呈现勃勃生机，成绩显著。至目前共有会员45名，其中市级会员28名，省级会员6名，现代摄影学会会员22名，中国民俗摄影协会会员4名。协会组织摄影采风活动达20多次，其中2013年3月举办了"春之韵"摄影采风，6月组织深入甘南藏区采风，9月举办了第一届"海尔杯"摄影展，10月举办了麦积山系列风景名胜区采风等大型活动。同时，还加强与县区协会、县内协会组织的交流与合作，进行了联合摄影创作活动。其中成全应的摄影论文《浅谈摄影与文学修养》被评为第三届世界华人创新优秀成果"国际金奖",成全应的《麦积拾趣》、杨正德的《美丽曲溪》作品入选,现代摄影协会《光影三十年》大型纪念画册、赵秦生的《引人注目》《形神兼备》发表于《天水晚报》,杨正德的《郎木寺晨曦》、黄伟的《追昔》发表于《生态金徽》。

0112 秦安县娲皇故里书画院

地　　址：秦安县陇城镇

创建时间：2014-07-17

会员人数：260 人

主要文化活动：近年来,娲皇故里书画院依托中国历史文化名镇陇城和大地湾丰厚的文化资源,以推动书画事业发展和繁荣书画艺术市场为己任,多次在秦安、张家川、庄浪、清水、静宁、天水、平凉、兰州等地举办书画活动,增进了书画家、书画爱好者及收藏者之间的交流与合作。会员由当初的 40 多名发展到 260 多人,会员遍布秦安、张家川、清水、天水、平凉等县市,社会知名度和影响力也日益提高扩大,为秦安书画文化发展起到了推动作用,做出了积极贡献。

简　介：娲皇故里书画院始成立于 2001 年,原名为街亭书画社,2008 年 3 月重新注册更名为娲皇故里书画院,2014 年 7 月 17 日更名注册为秦安县娲皇故里书画院,申请加入县文联,并接受县文联的指导和管理。

0113 秦安县书法家协会

地　　址：秦安县日新印刷厂经营部

创建时间：2012-09-24

会员人数：142 人

主要文化活动：2012 年举办"喜迎十八大"冯泊、王斌书画作品展及"喜迎十八大、欢度重阳节"书画笔会等大型活动；2013 年元旦期间,举办了"庆元旦·迎新年"书法作品展；1 月 5 日召开了首届书法作品展座谈会；2 月 24 日举办了首届临帖作品展；3 月 2 日召开首届临帖展座谈会；9 月 24 日组织了县内 10 名书画家在陇城镇参加"三下乡"暨计生创国优宣传服务活动,为当地老百姓免费赠送了 200 多幅书画作品；9 月 30 日举办"迎国庆"书法作品展,展出作品 109 件；10 月 13 日举办了"重阳节书画笔会暨书法展览"；12 月 30 日举办送书法走进郭河小学活动,创办"书法艺术进校园"培训基地 3 处。2014 年 1 月 15 日,在秦安县郭嘉镇槐庙村参加"三下乡"活动,为村民义务写春联 200 余副；2 月 11 日,在凤山景区举行秦安县"庆新春·迎元宵"书画笔会活动；5 月 28 日,举办秦安县第二届临帖作品展；6 月 27 日,举办秦安县纪念建党 93 周年暨践行群众路线书画展。

简　介：秦安自古人杰地灵,文化底蕴深厚,书法源远流长。近年来,全县广大书法家及书法爱好者,坚持文艺工作的"二为"方向和"双百"方针,努力践行科学发展观,围绕中心，服务大局，回报社会，奉献人民，曾多次到乡镇社区为群众义务书写春联，参与"春联送农家""文化三下乡"等活动，积极参加县上举办的以及省市举办的各种展览，多人多次在全国展赛和省市级展赛中获奖或入展，全县书法水平及书法家的社会形象和素质得到明显提升。各级各类书法培训班如火如荼，学写书法蔚然成风。秦安书画协会、飞天书画分会、羲皇书画院、青年书画院、老年书画协会、牡丹书画院、可泉书画院、大地湾书画社、街亭书画社、娲皇故里书画院等多个社会团体方兴未艾，经常开展书画交流活动。许多老一辈书法家致力于秦安书法事业的发展，为培养青少年书法人才做出了积极贡献，赢得了社会各界的普遍赞誉。至目前，全县书法爱好者已达400多人。县书法家协会的成立，必将谱写秦安书法事业的新篇章！

0114 秦安县舞蹈家协会

地　　址：秦安县文化馆
创建时间：2012-11-11
会员人数：84人

主要文化活动：2013年2月24日秦安县舞蹈家协会创编的舞蹈参加了"2013年贺新春庆元宵文艺演出"，5月22日参加纪念毛泽东同志"5.23"讲话发表71周年文艺汇演，8月15日参加天水市首届"羲皇杯"舞蹈大赛决赛；2014年5月21日县舞蹈家协会组织在兴国文化广场举行大型广场舞汇演；5月30日参加首届"建行杯"天水广场舞大赛。

简　　介：秦安县历史文化悠久，人杰地灵，英才辈出。早在1957年，秦安县蜡花舞表演队代表甘肃省赴京参加了中国第二届全国民间艺术汇演，荣获二等奖，并受到了周恩来、朱德等党和国家领导人的亲切接见，还应邀参加了电影《万紫千红》的拍摄。改革开放以来，随着秦安县经济和社会事业的快速发展，舞蹈已成为深受大众喜爱的一项文化活动。尤其是近年来，在各部门的领导和关怀下，在社会各界的支持和帮助下，秦安县舞蹈事业发展迅速，许多舞蹈工作室和社会舞蹈培训机构，以及各中小学、幼儿园、企事业单位专业、业余的舞蹈工作者们辛勤耕耘，努力工作，为社会培养和输送了许多优秀的舞蹈人才，在各类比赛中屡屡获奖。特别是蜡花舞在2005年天水伏羲文化旅游节、2006年女娲公祭大典上载歌载舞，歌颂家乡，深受群众喜爱。2011年展演的"舞动陇原"大型广场舞蹈，展示了我县群众文化活动的丰硕成果。至目前，全县活跃着大大小小几十支业余舞蹈队伍，他们以优美的舞姿，在数不胜数的节庆文化、广场文化和基层文化活动中发挥了主力军的作用，繁荣和活跃了秦安县的文艺舞台。秦安县舞蹈家协会的成立是秦安县舞蹈事业发展的一个新起点，必将谱写秦安县艺术事业的新篇章。

0115 秦安小曲协会

地　　址：秦安县文化馆
创建时间：2012-08-17
会员人数：480 人
主要文化活动：小曲剧《杀鸡宰鹅》在第五届中国戏剧文学奖中荣获小型剧本二等奖，现代秦安小曲剧《草根》在全省新创剧目调演中荣获二等奖，小曲《家园好》荣获第七届"中国曲艺牡丹奖"入围奖，秦安小曲联唱《为富民富家园》，唱出了大力开展的"联村联户、为民富民"行动，《生活幸福乐无边》上了县春晚。2013 年 2 月 22 日在第八届中国·宝丰马街书会"宝丰酒杯"全国曲艺邀请赛上，秦安小曲《绿叶回春》荣获大赛二等奖。秦安小曲参加了 2013 年的"兰洽会""中国丝绸之路国际旅游节""陕西铜川市非遗展演"活动。其中有 48 名小曲弹唱者还加入了甘肃省曲艺家协会，协会主席姚常德荣获中国曲艺家协会"送欢乐、到基层"惠民活动先进个人。小曲协会坚持开展秦安小曲传承弹唱交流活动 60 余（次），参加传承弹唱交流人员达 1800 人（次）。2013 年 9 月 22—29 日举办首届甘肃省"女娲杯"秦安小曲大赛。
简　　介：秦安历史悠久，文化资源丰富，其中秦安小曲就以其历史悠久，底蕴深厚，唱词高雅，曲调优美而在秦安城乡久唱不衰，是一朵独具地方文化特色和鲜明个性的艺术奇葩，数百年来一代又一代秦安小曲民间弹唱艺人不断传承、创新、发展，为我们留下了珍贵的文化遗产。1979 年由王朋居先生移植的秦安小曲剧《梁山伯与祝英台》演出后，在省内外产生了很大的影响。1991 年，由王尚义、王瑞麟、安仰东等前辈发起，成立了秦安县有史以来的第一个曲艺群众团体——秦安县曲艺协会，王瑞麟、安仰东二位先生将自己弹唱的传统曲目《刺目劝学》《秋莲捡柴》《重台赠钗》《皇姑出家》《吕洞宾戏牡丹》等进行了录音。2003 年以来，我县文化工作者、民间艺人共同编辑出版了《秦安小曲集成》一书，创编演出了《杀鸡宰鹅》等多个秦安小曲剧，获得了国家、省、市多项大奖；录制了秦安老调（小曲）光盘一套 6 碟，同时秦安小曲先后参加了深圳文博会、甘肃大戏台、省市汇演、调演和多次培训等活动。2008 年秦安小曲（老调），被列入国家级非物质文化遗产保护名录。近年来学唱小曲（老调）的人越来越多，全县现有 17 个演唱队，会员 480 多人，演唱人员达 2000 余人。

0116 秦安县美术家协会

地　　址：秦安县上关明清街
创建时间：2012-09-06
会员人数：69 人
主要文化活动：2013 年 5 月 23 日，秦安县美协承办，天水金河实业有限公司、秦安县文化馆、县文庙管理所协办的"秦安县纪念毛泽东同志 5·23 讲话发表 71 周年美术作品展"在文庙管理所开展。本次展出的 80 余件美术作品，内容丰富，品味高雅，形式多样，异彩纷呈。无论是国画、油画，还是版画、剪纸，无论是写意、工笔，还是临摹、创作，都显示了美术爱好者深厚的绘画功底，饱含了对家乡和人民的热爱之情，浸润着对生活积极向上的追求，也展示了秦安县美术事业蓬勃发展的良好局面。2013年9月24日组织了县内10名书画家在陇城镇参加"三下乡"暨计生创国优宣传服务活动，为当地老百姓免费赠送了200多幅书画作品。2014年6月27日，协助举办了纪念建党93周年暨践行群众路线书画展。

简　介：秦安自古人杰地灵，文化底蕴厚重，书画艺术源远流长。自20世纪80年代以来，秦安县先后成立了秦安书画协会、飞天书画分会、羲皇书画院、青年书画院、老年书画协会、牡丹书画院、邢泉书画院、大地湾书画社、街亭书画社、娲皇故里书画院等14个社会团体组织，开展了一系列有规模、有特色、有影响的艺术活动，组织会员深入生活，用手中的生花之笔，创作了一幅幅新时代蓬勃发展的艺术作品。美术作品入选国家、省、市大展并频频获奖，成功举办了多次艺术展，近百幅作品参加国家、省、市级及海外展览。有许多老一辈艺术家，如蔡一民、马文林、杨荣生、马振寰、孙克定等致力于秦安美术事业的发展，培养青年美术人才做出了积极贡献。近年来，更是涌现了一大批美术爱好者，在工暇消闲之余，切磋技艺，苦练丹青，使全县书画蔚然成风。至目前，全县美术爱好者已达200多人。秦安县美术家协会的成立，必将迎来秦安美术事业的第二个春天！

0117　秦安县收藏家协会

地　址：秦安县上关明清街
创建时间：2012-09-15
会员人数：40人
主要文化活动：多次组织参加天水市收藏家协会的有关活动。

简　介：秦安县收藏家协会的成立，对于进一步动员和组织全县收藏家及收藏爱好者加强对书画、玉器、陶瓷、铜器及杂项的收藏研究与交流工作，繁荣社会主义文化事业，推进秦安县两个文明建设。在今后的工作中，协会要认真贯彻"双百"方针和"二为"方向，遵守宪法、法律、法规和国家政策，遵守社会道德风尚，团结县内外收藏家及收藏爱好者，积极开展活动，举办学术交流，为加快建设特色文化大县做出了新的更大贡献。

（十四）天水市武山县

0118 洛门镇书画协会

地　　址：武山县洛门镇

创建时间：2001-06-22

会员人数：110 人

主要文化活动：曾为党的十六大胜利召开献书画百米长卷，并得到中组部颁发的荣誉证书。在县城举办过 1 次大型书画展，每年举办全镇书画展 2-3 次，邀请名家讲座 8 次，历年为群众义务写春联 1 千余幅。

简　　介：洛门镇书画协会，杨增瑞任主席，马驰、杨喜生、王震、柴志仁、张宇声任副主席，杨喜生兼秘书长，有理事 15 人。在县城举办过 1 次大型书画展，每年举办全镇书画展 2—3 次，邀请名家讲座 8 次，历年为群众义务写春联 1 千余幅，在一定程度上推动了本镇的文化繁荣，促进了社会经济发展。

0119 武山县书法家协会

地　　址：武山县宁远大道与民主街交汇处附近东南

创建时间：1992-08-05

会员人数：480 人

主要文化活动：坚持以联络、协调、服务为宗旨，广泛团结书法家和书法工作者，营造人才健康成长的良好环境。积极开展书法创作活动，加强对书法创作的引导，使书法家协会成为书法家和书法工作者之家。继承和发扬中国书法艺术的优秀传统，通过多种形式、多渠道开展书法学习、创作、研究工作，鼓励探索和创新，不断提高艺术水平，创作出精品佳作，对优秀成果和人才给予表彰和鼓励。积极开展与外界的书法艺术交流，不断提高书法艺术的整体水平。积极培养书法艺术人才，做好各种书法教学和培训活动。

简　　介：武山县书法家协会是武山县文学艺术界联合会领导下的书法艺术正规组织。坚持中国共产党的领导，以马列主义、毛泽东思想和邓小平理论、"三个代表"重要思想、科学发展观为指导，坚持文艺"为人民服务、为社会主义服务"的方向和"百花齐放，百家争鸣"的方针。积极推动书法艺术事业的发展。满足人民群众多层次精神文化的需求。武山县书法家协会是全县书法家、书法爱好者自愿结合的专业性团体。

0120 宁远书画院

地　　址：武山县城关镇宣传文化中心三楼

创建时间：2006-10-28

会员人数：202人

主要文化活动：在省市县多次举办院士作品展、迎春展、五一展、建党展、廉政展、国庆展、元旦展、祈福展、菜博会展、宁远书画颂盛世展；编印《宁远书画院院士作品集》《宁远书画颂盛世作品集》《武山书画》等。

简　　介：宁远书画院成立于2001年，因武山县古称宁远县而得名。著名书法家徐祖蕃题写院名。宁远书画院是一所集国画、书法、篆刻、油画、设计及理论研究为一体的民办公助综合性书画院。宁远书画院是在武山县委、县政府大力支持和关怀下成立的，由原武山县人大常委会主任康学模担任院长，聘请陈伯希、赵正、康务学、康金成、张改琴为名誉院长，聘请李文芳、李般木、徐祖蕃、刘书民、宋武征、莫建成、翟万益等数十名书画名流为学术顾问。现有书画院院士二百多人，下设创作研究室、理论研究室、展览陈列室、培训辅导室、办公室。融收藏、展览、陈列、研究、销售于一炉。宁远书画院坐落在县宣传文化中心三楼，南依君山，北临渭水，雕梁画栋，雄伟壮观，桐槐耸翠，风景宜人，是县城一道亮丽的风景线。建筑面积540平方米，有展览馆、画室、资料室、陈列室等。其中展览馆144平方米，起架高3.6米，展线94米，培训辅导室66平方米，创作研究室40平方米，可承办中、小型展览。宁远书画院的办院宗旨是坚持文艺"两为"方向，"双百"方针，弘扬中华民族优秀文化传统，发展全县书画事业，立足武山，面向社会，扎根生活，鼓励创新，以书画会友，谈心交流，增进友谊，促进发展，出人才，出精品，出经验，以此带动全县书画创作。加强对外交流，宣传地方特色文化艺术，逐步形成具有地域特色的艺术风格，从而促进全县书画创作和理论研究的繁荣和发展。宁远书画院特别注重队伍建设和人才培养，先后有数十人赴中央美术学院、中国艺术研究院、国家画院、中国美术学院、北京画院、中国书协、中国美协、甘肃省书协高研班等团体院校深造学习，大大提高了院士的业务水平，画院成立十多年来，在大家的共同努力下，创作、研究、交流、出版等工作取得了丰硕成果。

0121 武山县作家协会

地　　址：武山县宁远大道与民主街交汇处附近东南

创建时间：2001-10-07

会员人数：360人

主要文化活动：该会积极加强与中国作家协会、甘肃省作家协会、天水市作家协会和各兄弟协会间的联系，交流经验，取长补短，使作协工作健康有序地发展；组织会员研究和解决文学领域中的各类问题，注重文学创作、文学研究、文学评论工作，举办各种形式的文学活动，满足人民群众日益增长的文化生活需求；坚持贴近实际，贴近生活，贴近群众的原则，鼓励和帮助会员从实际生活中吸取营养，丰富自己，努力反映以爱国主义为核心的民族精神和以改革创新为核心的时代精神，为建设和谐文化，和谐社会做贡献；组织会员搜集、整理、研究我国民族民间和本地区的优秀文学遗产，继承和发扬民族民间文学的优良传统；组织开展各类文学评奖活动，对优秀文学作品给予表彰奖励。

简　介：武山县作家协会是中国共产党领导的、由全县各民族文学工作者自愿参加组织起来的专业性人民团体，是党和政府联系广大作家和文学工作者的桥梁和纽带，是繁荣社会主义文艺，发展社会主义先进文化的重要力量。该会的宗旨是以马克思列宁主义、毛泽东思想、邓小平理论和"三个代表"重要思想为指导，坚持科学发展观，贯彻执行党的基本路线和方针政策，实行百花齐放、百家争鸣的方针，弘扬主旋律，提倡多样化，尊重文学规律，发扬艺术民主，团结和组织武山县作家，发展和繁荣社会主义文学事业，满足人民群众日益增长的精神文化需求，为推动社会主义经济建设、政治建设、文化建设、社会建设和生态文明建设，为全县经济社会转型跨越、加快发展，实现富民强县而努力奋斗。

0122　武山县诗词学会

地　址：武山县文化中心大楼二楼

创建时间：1986-09-22

会员人数：60人

主要文化活动：1988年曾编印《武山名胜风物诗词选》《武山诗刊》，并多次组织学员赴基层深入生活，搜集素材进行创作，鼓励学员向全国及省、市报刊和大赛投稿。多年来，创作了大量歌颂本县名胜古迹和风土人情的诗词之作，极大地繁荣了全县人民的文化生活，为武山的经济发展起到了一定的促进作用。

简　介：武山县诗词学会成立于1986年9月，协会第一任会长为白志贤（已故）、康务学（已故），樊荣华、邓伯言、张守道任副会长兼秘书长，蒋望宸任副秘书长。

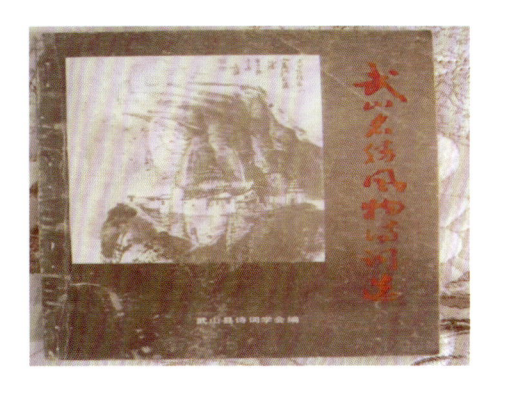

0123　武山县摄影协会

地　址：武山县文化大楼二楼

创建时间：2001-05-28

会员人数：56人

主要文化活动：有组织地进行采风，鼓励作者向全国及省市摄影大展赛投稿，配合县上中心工作举办摄影展和各类讲座，有10余件作品在全国性大展中入展并获奖，有20余人的40多件作品在全省摄影展中入展并获奖。

简　介：武山县摄影协会成立于2001年，马登云、康明生先后任主席，周亚峰、冯玉龙、黄杰任副主席。康明生先生现任中国摄影家协会会员、甘肃摄影家协会会员、天水市摄影家协会副主席、县摄影家协会主席。30多年来康明生先生坚持不懈地从事专业摄影创作，潜心钻研摄影艺术，形成了自己多元的摄影艺术风格，作品多次荣获国家、省、市级大奖。其中《十月椒乡》《渭河日出》等以武山自然风光和人文历史为题材的摄影作品，无不以光影、色彩和线条的变化给人以美的享受。

0124 武山县美术家协会

地　　址：武山县文化中心大楼二楼

创建时间：2003-04-25

会员人数：380人

主要文化活动：通过组织学习、深入生活、美术创作、美术评奖、成果展示、理论研究、学术讨论、书刊出版、调查研究、人才培训、对外交流和权益保护等各项工作对会员进行业务指导；努力提高美术队伍的思想道德素质、文化修养和业务水平；鼓励并组织会员深入社会、深入生活进行艺术采风，密切联系人民群众，在艺术创作中努力反映社会主义时代精神和人民群众创造历史的精神风貌，努力满足人民群众多层次、多样化、多方面的精神文化需求；继承和发扬中华民族优秀美术传统，学习借鉴世界各国优秀文化成果；举办各种形式的美术展览和评奖活动；提倡体裁、题材、艺术形式及风格、流派的多样化，对优秀的美术作品和人才给予精神和物质鼓励；开展人才培训工作，不断提高美术创作和理论研究的思想水平和学术水平，注意发现和培养美术创作、评论、编辑、教育、组织等方面的人才，发展和壮大武山县美术队伍；积极开展学习研究和美术评论，引导武山美术事业健康发展。

简　　介：武山县美术家协会是中国共产党领导下的、组织全县美术家进行美术创作和研究的学术性人民团体，是党和政府联系美术界的桥梁和纽带，是繁荣社会主义美术事业，发展社会主义先进文化的重要力量。该会以马列主义、毛泽东思想、邓小平理论和"三个代表"重要思想为指导，全面贯彻落实科学发展观，贯彻执行党的基本路线，坚持文艺为人民服务，为社会主义服务的方向和百花齐放、百家争鸣的方针，弘扬主旋律，提倡多样化，努力建设社会主义核心价值体系，团结我省美术家和广大美术工作者，积极投身改革开放和社会主义现代化建设，弘扬、培育民族精神和时代精神，树立和践行社会主义荣辱观，致力于繁荣社会主义美术事业，发展社会主义先进文化，为全面建设小康社会、构建社会主义和谐社会、实现中华民族的伟大复兴而努力奋斗。

0125 武山县音乐舞蹈家协会

地　　址：武山县文化中心大楼二楼

创建时间：2010-02-08

会员人数：470人

主要文化活动：围绕中心，服务大局，团结动员广大音乐舞蹈艺术工作者积极投身社会实践；通过组织学习、深入生活、音乐舞蹈艺术创作、人才培训、展演展览、学术讨论、音乐舞蹈艺术评奖、书刊出版、网络宣传、对外交流和权益保障等工作，推动各会员业务活动的开展，并对其进行业务指导。

简　　介：武山音乐舞蹈家协会是党和政府联系音乐舞蹈艺术界的桥梁和纽带，是传承发展培养更多艺术人才和繁荣社会主义音乐舞蹈艺术百花齐放、百家争鸣，建设社会主义先进文化的重要力量。协会坚持音乐舞蹈艺术为人民服务、为社会主义服务的方向和"百花齐放、百家争鸣"的方针，遵守宪法和法律，团结、动员音乐舞蹈艺术家和音乐舞蹈艺术工作者积极投身改革开放和社会主义现代化建设，弘扬社会主义核心价值体系，致力于繁荣社会主义音乐舞蹈艺术事业，加快文化强县建设，为实现全面建成小康社会、实现跨越发展而努力奋斗。武山县音乐舞蹈家协会坚持音乐舞蹈艺术贴近实际、贴近生活、贴近群众的原则，弘扬主旋律，提倡多样化，尊重音乐舞蹈艺术规律，继承优良传统，推进音乐舞蹈艺术创新，创作生产出思想性、艺术性、观赏性相统一及人民喜闻乐见的优秀音乐舞蹈艺术作品。

0126 滩歌镇书画协会

地　　址：武山县滩歌镇

创建时间：2006-06-08

会员人数：60人

主要文化活动：曾在县上举办大型书画展，每年在该镇举办会员作品展2—3次，定期或不定期地举办各类讲座，为群众义务写春联，有部分会员作品在全国及省、市书画展中入展并获奖。

简　　介：该协会王正刚任顾问，王文生任主席，王中原、赵炳东任副主席，王中原兼任秘书长，田维平、魏炜任副秘书长。

（十五）天水市张家川回族自治县

0127 张家川县文联

地　址：张家川县行政中心
创建时间：2012-07-08
会员人数：6 人
主要文化活动：组织各种文艺活动展演，指导文艺创作，组织管理县内各文艺协会，组织召开文代会，编辑出版《关山文艺》。
简　介：张家川回族自治县文学艺术界联合会成立于 2012 年 7 月，主席 1 名，副主席 1 名，工作人员 5 名。在县委县政府的关心和上级文联的指导下，县文联于 2012 年 9 月 7 日举行了挂牌仪式。目前，县文联下辖 4 个县级协会，即张家川县书画家协会，共有会员 55 人。张家川县戏曲家协会，现有会员 50 人。张家川县作家协会，现有会员 55 人。张家川县摄影家协会，现有会员 61 人。另外，张家川县音乐舞蹈家协会已在积极筹备当中。张家川县文联成立以来，始终坚持"二为"方向、"双百"方针和"三贴近"原则，把树立精品意识、实施精品工程、多出精品力作作为工作重点，充分发挥联络、协调、服务职能，并开展了一系列丰富多彩的活动。张家川县文联将以"培养文艺人才、推出优秀作品、反映时代生活、促进社会进步"为宗旨，以"关注大众生活，反映真情实感，突出民族特色"为发展思路，全面繁荣张家川县文艺事业。

0128 张家川县作家协会

地　址：张家川县文联
创建时间：2013-03-08
会员人数：56 人
主要文化活动：文学创作。
简　介：张家川县作家协会组成人员特邀顾问：马登杰、毛眉、张志荣、李晓珍、惠富强。顾问：李肖锋。名誉主席：妥国保。主席：马国强。副主席：毛菁文、李彦周。秘书长：马静远。副秘书长：杨来江（杨道）、闫科文、闫喜峰。理事：（以姓氏笔画为序）马建军（胡川）、马建军（镇中）、马建军（回璐）、马世恩、王成科、王艳芳、王建斌、王志蓉、白斌、李玉明、邵建文、杨富强、赵甘彪、黄月蓉、韩军吉、惠仰贵、窦小龙。

0129 张家川县戏曲家协会

地　址：张家川县行政中心
创建时间：2012-07-08
会员人数：156 人
主要文化活动：继承和发扬戏曲这一优秀的传统文化艺术，丰富广大人民群众的精神文化生活，在不断提升演出水平的同时，积极参加县上举办的多项文化活动。
简　介：张家川县戏曲家协会成立于 2012 年 7 月，其前身为秦腔艺术家协会。该协会为非营利性民间组织，现有会员 150 余人。

管理机构为张家川县民间组织管理局，业务主管单位为张家川县文学艺术界联合会。张家川县戏曲家协会成立后，在县委宣传部、县文广局等单位和部门的帮助指导下，积极响应党和国家关于文化大繁荣大发展的工作要求，为继承和发扬戏曲这一优秀的传统文化艺术，丰富广大人民群众的精神文化生活，在不断提升演出水平的同时，积极参加县上举办的多项文化活动，并充分发挥民间组织的优势，利用周休日、节假日在县行政广场、戏曲家协会活动场地义务演出260多场，先后有5万多人（次）观看了演出，并经"LIFUXI50"和"张家川在线"等网站对戏曲演出视频传播，在国内成千上万名戏曲爱好者观看了视频演唱，广大观众给予一致好评和较高赞誉，推动了该县戏曲艺术的蓬勃发展。2011年、2012年荣获天水市首届和第二届秦腔票友大赛"优秀组织奖"，有5人荣获二、三等奖。今后，张家川县戏曲家协会将继续坚持"二为"方向和"双百"方针，遵守协会章程，加强民间文化交流和合作，创作具有民族特色和地方特点的文艺作品，更好地服务于广大人民群众，为繁荣该县文化事业和构建和谐张家川做出积极贡献。

0130 张家川收藏协会

地　　址：张川镇行政中心

创建时间：2013-08-12

会员人数：5人

主要文化活动：艺术品收藏。

简　介：张家川收藏协会于2013年8月12日，由张家川回族自治县广大收藏家、收藏爱好者发起组成的综合性社会民间组织。

0131 张家川县摄影家协会

地　　址：张家川县行政中心

创建时间：2013-06-08

会员人数：45人

主要文化活动：摄影创作。

简　介：张家川县摄影家协会名誉主席：漆应得，名誉副主席：杜雨林、年葆东，主席：惠文辉，副主席窦亚龙、李玉明。秘书长窦亚龙（兼），副秘书长窦苗苗、马小龙、马映辉。理事：李连喜、李德杰、李德海、苏晓东、李江秀、王北海、陈少武、汪建伟、杨亚婷、李富喜、付国斌。

0132 张家川县书画协会

地　　址：张家川县文联

创建时间：2012-06-13

会员人数：88人

主要文化活动：书画作品展览。

简　介：在县委县政府的关怀指导下，应全县广大群众和书画爱好者的殷切希望和要求，张家川回族自治县书画家协会第一次代表大会于2012年6月13日在县政协会议室召开。大会选举产生了主席团成员和常务理事，大会通过了张家川回族自治县书画家协会章程和有关事宜。

（十六）武威市民勤县

0133 青土湖书画社

地　　址：民勤一中
创建时间：2009-03-10
会员人数：37 人
主要文化活动：书画艺术交流，书画作品创作，举办书画作品展览；组织送文化下乡、义务写春联、义务植树等社会公益活动；推行"书画进校园""书画进农村""书画进社区"、推广与普及书画艺术等文化活动。
简　　介：青土湖书画社成立于 2009 年 3 月，现有社员 37 人，是以该县美术教师以及社会各界书画爱好人士为主要成员的民办非企业性社会学术团体。现有省美术家协会会员 7 人，省书法家协会会员 8 人。开展书画艺术交流与学习、书画作品创作、举办书画作品展览活动。书画社自成立以来，有多人作品入选国家级和省级展览，并在各类赛事中获奖；先后为民勤一中、民勤三中、民勤五中、民勤六中创作书画作品三百余件，在西渠镇号顺村、三雷镇中陶村、薛百乡五星村建立新农村文化建设基地三处，创作书画作品三百余幅；书画社采取"请进来、走出去"的活动方式，积极联系周边和上级书画组织，加强交流学习；邀请名家到书画社讲学，并鼓励和组织社员看展览、外出学习、采风写生以提高书画社整体书画艺术水平；书画社于 2009 年 10 月、2011 年 12 月、2013 年 10 月在一中三味堂、四中青少年活动中心举办了三次大型书画作品展览，印制了三版共 2400 册作品集。书画社营造了社会文化艺术氛围，创造了良好的社会效益。

（十七）张掖市甘州区

0134 甘州区书法美术家协会

地　址：张掖市甘州区文联

创建时间：2007-07-10

会员人数：118人

主要文化活动：按照德艺双馨的要求，努力提高书法家、美术家和书画艺术工作者的思想道德素质、文化修养和业务水平；举办主题展览、比赛、评奖等活动，对涌现出的优秀人才予以表彰奖励，鼓励、组织会员参加市以上各类书法、美术展览、竞赛比赛，展示实力，开阔视野，提高创作水平；开展理论研究，学术交流，提倡艺术形式、风格、流派的多样化，倡导学术上的自由讨论，在创作中取长补短，精益求精；推动书法教育，培养书法人才，积极发展会员，壮大协会队伍；组织会员开展书画艺术普及工作，支持和协调乡镇、社区、机关、学校、企业等开展各类书法、美术主题活动，丰富人民群众的文化生活；加强与区外各级书法、美术家协会的联系和交流，促进书画艺术的普及与提高；根据国家和地方有关政策，积极开展书画艺术的经营活动，加强协会基本建设，努力增强本会的整体实力和可持续发展的能力，为服务协会会员创造条件。

简　介：甘州区书法美术家协会（简称甘州区书美协），是中国共产党领导的由甘州区书法家、美术家和书法美术爱好者自愿结合组成的专业性、学术性人民团体，是党和政府联系广大书法家、美术家和书法美术爱好者的桥梁和纽带，是繁荣社会主义文艺、发展社会主义先进文化的重要力量，是甘州区文学艺术工作者联合会和张掖市书法家协会、张掖市美术家协会的团体会员。

0135 铁路文体理事会

地　址：甘州区火车站俱乐部

创建时间：1997-09-08

会员人数：40人

主要文化活动：各种文艺演出。

简　介：张可佩原就职于铁道部兰州铁路局张掖工务段任计划生育专干、女工主任，在职期间带领文艺宣传队，多次参加铁路局、分局、站区举办的文艺汇演，1994年退休后，任张掖铁路地区文体宣教理事会会长，带领离退休职工及职工家属开展文体活动。2010年被甘肃省社会体育管理中心评为一级社会体育指导员。自己带领文艺队的十八年中，经常走访张掖市群艺馆、甘州区体育局和老年大学，虚心向专业人员请教学习，自编、自演舞蹈，自己设计服装 36 套，并自己出资购买演出道具。通过努力，文艺队演出水平不断提高，演出节目深受广大观众喜爱，也受到了上级领导的好评。张可佩会长在开展民间舞蹈活动中，带领舞蹈队参加兰州铁路局、嘉峪关、张掖、武南等地区俱乐部文艺演出 50 多场次，在甘州电视台有过专访。张可佩会长，在 2010 年被甘肃省评为体育指导，2010 年被张掖市甘州区委、张掖市人民政府评为"助人为乐道德模范"，其家庭在 2012 年被张掖市甘州区委、张掖市人民政府评为"和谐家庭"。

0136 甘州区摄影家协会

地　址：张掖市甘州区文联

创建时间：2011-11-28

会员人数：107 人

主要文化活动：组织举办各种摄影采风活动，动员本区摄影家、摄影工作者和摄影爱好者深入实际、深入生活、深入群众，积极从事摄影创作，繁荣摄影文化。积极创造条件，开展多种形式的摄影培训，提高摄影家的文化修养和艺术水平，培养摄影人才和摄影后备力量，促进摄影文化的可持续发展。举办各种形式的摄影展览、比赛、评奖活动。对成绩优异的摄影家、摄影工作者和摄影爱好者的摄影创作成果给予奖励和表彰。开展摄影技术交流、理论研讨，编辑出版摄影艺术出版物。根据入会条件，积极慎重发展会员，不断壮大摄影艺术创作队伍。在上级主管部门领导下，认真开展摄影领域的行业教育、行业自律、行业服务和行业管理。经常征求和采纳会员意见、建议和要求，依法维护会员和其他摄影工作者、爱好者的知识产权等合法权益。加强同张掖市摄协和各兄弟县摄协的联系与合作，积极开展摄影文化交流活动。重视、支持群众性业余摄影活动的开展，促进摄影技术和摄影艺术的普及与提高。

简　介：甘州区摄影家协会 (简称甘州区摄协)，是中国共产党领导的，由全区摄影家、摄影工作者和摄影爱好者组成的人民团体，是党和政府联系全区摄影界的桥梁和纽带，是繁荣发展社会主义摄影事业、建设社会主义先进文化的重要力量。协会会员是甘州区文学艺术工作者联合会和张掖市摄影家协会的团体会员。

0137 甘州区音乐家协会

地　址：张掖市甘州区文联

创建时间：2010-05-24

会员人数：239 人

主要文化活动：鼓励会员深入生活，组织会员进行创作活动，提倡音乐作品题材多样化，倡导创新，开展学术上的自由讨论，在音乐创作上精益求精，不断进取。关心词曲作家、音乐表演家、音乐教育家、民办音乐教育类学校的工作，举办艺术交流座谈会，观摩演出，支持会员举办个人作品演唱会、音乐会和研讨会以及音乐教育经验交流会，促进我区音乐创作、表演、教育工作的提高与发展。组织会员积极开展音乐普及工作，协同社会各界开展群众性音乐活动，丰富人民群众的音乐文化生活。举办音乐比赛、评奖、考级等活动。对创作的优秀作品、论著以及比赛中涌现出的音乐创作和音乐表演人才予以表彰鼓励，向有关刊物推荐作品，并协调新闻媒体宣传报道。及时向会员提供各类音乐比赛信息，积极鼓励会员参加全国性的各类音乐比赛，开阔视野，促进和提高会员的音乐艺术修养和创作水平。积极发展会员，吸收在音乐工作上有贡献、有成就的职业性、非职业性工作者和爱好者入会，壮大协会组织。保持与其他艺术协会的联系，相互学习，相互交流，增强文化产业意识，促进本地音乐事业的全面发展。

简　介：甘州区音乐家协会（简称甘州区音协），是中国共产党领导的由甘州区音乐家和音乐爱好者自愿结合组成的专业性、学术性人民团体，是党和政府联系广大音乐家、音乐爱好者的桥梁和纽带，是加强社会主义精神文明建设的重要社会力量，是甘州区文学艺术工作者联合会和张掖市音乐家协会的团体会员。

0138 甘州区民间艺术家协会

地　址：甘肃张掖文联

创建时间：2009-01-10

会员人数：112 人

主要文化活动：加强民间文艺理论队伍建设，规划和组织民间文艺的各种学术研究活动，指导和辅助本会专业性学术研究组织的活动。通过开办培训班、进修、研讨、交流、评奖、专家座谈等形式，不断探讨和研究民间文艺发展中的新情况新问题，总结新经验，促进民间文艺理论研究水平的不断提高。培养民间文艺人才，特别是不断培养中青年民间文艺工作者，发展壮大民间文艺家队伍，提高队伍的政治和业务素质。对成绩优秀的民间文艺家及其民间艺术成果，予以宣传、奖励或表彰。积极和兄弟民间文艺家协会建立联系，互通信息，加强交流。组织民间文艺、民间工艺品展销、表演等活动，举办评奖活动和推荐本会会员作品参加高档次的评奖活动。

简　介：甘州区民间艺术家协会是中国共产党领导的由甘州区民间文艺家、爱好者自愿结合组成的专业性、学术性人民团体，是党和政府联系广大民间艺术人才的桥梁和纽带，是加强社会主义精神文明建设的重要社会力量，是甘州区文学艺术工作者联合会和张掖市民间文艺家协会的团体会员。

0139 甘州区作家协会

地　址：张掖市甘州区文联

创建时间：2006-07-01

会员人数：136 人

主要文化活动：按照德艺双馨的要求，努力提高作者、文学爱好者的思想道德素质、文化修养和业务水平。举办主题采风、征文等活动，对涌现出的优秀人才予以表彰奖励。鼓励、组织会员参加市以上各类采风、征文活动，展示实力，开阔视野，提高创作水平。开展文学理论研究，学术交流，提倡文学创作形式、风格、流派的多样化，倡导文学创作上的自由讨论，在创作中取长补短，精益求精。推动写作教育，培养写作人才，积极发展会员，壮大协会队伍。加强与区外各级作家协会的联系和交流，促进文学创作艺术的普及与提高。根据国家和地方有关政策，积极开展采风交流活动，加强协会基本建设，努力增强本协会的整体实力和可持续发展的能力，为服务协会会员创造条件。

简　介：甘州区作家协会是中国共产党领导的由甘州区文学作者、爱好者自愿结合组成的专业性、学术性人民团体，是党和政府联系广大文学写作爱好者的桥梁和纽带，是繁荣社会主义文艺、发展社会主义先进文化的重要力量。协会会员是甘州区文学艺术工作者联合会和张掖市作家协会的团体会员。

（十八）张掖市山丹县

0140 山丹县群众文化团体协会

地　址：山丹县文化馆
创建时间：2012-06-26
会员人数：60人
主要文化活动：广场健身，红歌演唱，曲艺表演。
简　介：山丹县群众文化团体协会积极组织各种演出活动，在丰富群众文化生活、构建和谐社会、陶冶人们情操等方面发挥着重要作用。

（十九）张掖市临泽县

0141 临泽县摄影家协会

地　址：临泽县文联

创建时间：1998-09-20

会员人数：30 人

主要文化活动：摄影创作，作品发表，参加省内外作品展览。

简　介：临泽县摄影家协会成立于 1998 年 9 月，有会员 30 人，其中，省级会员 1 人，市级会员 5 人，会员每年在市级以上刊物上发表展出作品 10 篇以上，15 年来累计发表 150 多篇。

0142 临泽县文学艺术工作者联合会

地　址：甘肃省临泽县文联

创建时间：1998-09-01

会员人数：250 人

主要文化活动：文学、艺术、音乐、美术、摄影、书法的创作与交流，编印文学艺术期刊《枣林》。

简　介：临泽县文学艺术界联合会有机关工作人员 2 人，其中主席 1 人，工作人员 1 人。下设 5 个协会，作家协会有甘肃省作家协会会员 5 人，书法家协会有甘肃省书法家协会会员 9 人，美术家协会有甘肃省美术家协会会员 5 人，摄影家协会有甘肃省摄影家协会会员 2 人，音乐舞蹈戏剧家协会有甘肃省音乐舞蹈戏剧家协会会员 4 人、省电视家协会会员 2 人。2012 年，县文联有会员 250 人。

0143 临泽县美术家协会

地　址：临泽县文联

创建时间：1998-09-23

会员人数：40 人

主要文化活动：美术创作作品在省内外展览，出版了 3 部美术作品。

简　介：临泽县美术家协会成立于 1998 年 9 月，有会员 40 人，其中，省级会员 3 人，市级会员 10 人，2009 年 4 月召开第二次会员代表大会。会员每年在市级以上刊物发表展出作品 15 篇以上，15 年来累计发表 250 多篇。

0144 临泽县作家协会

地　址：临泽县文联

创建时间：1998-09-21

会员人数：65 人

主要文化活动：文学创作作品发表在省内外刊物上，出版了 30 多部各类题材的文学作品。

简　介：临泽县作家协会成立于 1998 年 9 月，有会员 65 人，其中，省级会员 2 人，市级会员 20 人，至今已召开 8 次理事会。会员每年在市级以上刊物发表作品 150 篇以上，15 年来累计发表 2000 多篇。

0145 临泽县音乐舞蹈戏剧家协会

地　　址：临泽县文联

创建时间：1998-09-10

会员人数：30 人

主要文化活动：音乐、舞蹈、戏剧创作。

简　　介：临泽县音乐舞蹈戏剧家协会成立于1998年9月，有会员30人，省级会员2人，市级会员10人，会员每年在市级以上刊物发表展出作品5篇以上，15年来累计发表100多篇。

0146 临泽县书法家协会

地　　址：临泽县文联

创建时间：1998-09-15

会员人数：45 人

主要文化活动：书法作品发表，参加省内外展览，出版了4部书法作品。

简　　介：临泽县书法家协会成立于1998年9月，有会员45人，其中，省级会员9人，市级会员20人。2009年4月召开第二次会员代表大会。会员每年在市级以上刊物发表展出作品50篇以上，15年来累计发表600多篇。

（二十）张掖市高台县

0147 高台县文联

地　　址：高台县城关镇
创建时间：2005-05-01
会员人数：40人
主要文化活动：民间协会的成立有利于采集、保护、传承、培育、扶持、发现、表彰民间文化艺术各类人才，也有利于开展民间文化艺术交流活动。组织学术交流、艺术展览、文艺演出、民间文艺节会活动，保护民间文艺工作者的正当权益，全方位推动中国民间文艺事业发展。
简　　介：高台县文联成立于2005年，在成立文联的同时成立了县戏曲舞蹈家协会、县书法家协会、县摄影家协会、县美术家协会，协会成员共有200多人。2012年书法、美术、摄影协会在文化馆的组织下联合开展了笔会、展览14次。

0148 丝绸之路书画家协会

地　　址：甘肃高台县
创建时间：1993-08-01
会员人数：60人
主要文化活动：开展书画交流、笔会、采风、展览。

（二十一）白银市白银区

0149 白银市作家协会
地　址：白银市白银区广场北路 1 号
创建时间：1989-07-10
会员人数：175 人
主要文化活动：甘肃人民出版社出版高财庭的《北方的槐》，作家出版社出版武永宝的《黄河远上》，敦煌文艺出版社出版王寿岳的《九家半人》，作家出版社出版朱士魁的《落叶飘零》，甘肃民族出版社出版孙宪武的《纵苇集》（三本），甘肃民族出版社出版孙宪武、孙幸园的《黄豆飘香》，甘肃人民出版社出版张明的《绿如蓝》，中国文联出版社出版孟令钢的《子人梦笔》，中国文联出版社出版杨文虎的《心中的白杨》，甘肃人民出版社、中国文联出版社分别出版霍庆的《大风劲歌》《三轮监理人》，甘肃人民出版社出版冯焱鑫的《希望在痛楚中降临》，中国作家协会出版社出版苏震亚的《陇上新三苏诗集》，敦煌文艺出版社出版李沅林的《梨花飘香》。

0150 白银市诗词楹联家协会
地　址：白银市白银区广场北路 1 号
创建时间：2009-04-18
会员人数：228 人
主要文化活动：举办楹联知识讲座、白银社会发展史讲座等，组织多次采风创作活动，出版《靖远起义》，会员作品多次在省市获奖，举办"贵宾宴"杯全国征联比赛。

0151 白银市音乐舞蹈创作学会
地　址：白银市白银区广场北路 1 号
创建时间：2009-12-02
会员人数：300 人
主要文化活动：为庆祝建党 90 周年和纪念红军三大主力会宁会师暨长征胜利 75 周年举办放歌会师楼，会员创作的歌曲在省内外多次获得奖项，出版发行《甘肃词曲作家放歌会师楼原创红色歌曲创作金奖作品专辑》。

0152 白银市摄影家协会

地　　址：白银市白银区广场北路 1 号

创建时间：1989-07-10

会员人数：189 人

主要文化活动：印刷出版两期《白银摄影》，编印《油菜花开》《绿色白银》，组织"中国梦、黄河情、白银行"摄影观摩活动，举办"爱我白银"等多次摄影大赛，参加"情系舟曲、白银有爱"大型摄影展，主办"情系厂坝、抗洪救灾"纪实图片展。

0153 白银市民间文艺家协会

地　　址：白银市白银区广场北路 1 号

创建时间：2003-07-10

会员人数：75 人

主要文化活动：保护传承白银各县区的民间文艺项目，会员的刺绣、蛋雕、烙画、铜雕、铁雕、剪纸等艺术作品在省内外多次获奖。先后举办了文化遗产日宣传活动、座谈会、黄河奇石展，会员作品在兰州军区、白银军区、各社区展出，挖掘、整理、抢救民间艺术。

0154 白银市音乐家协会

地　　址：白银市白银区广场北路 1 号

创建时间：1989-07-10

会员人数：204 人

主要文化活动：参加全市各类文艺汇演、送文化下乡等活动；参加白银市庆祝新中国成立 60 周年等多项纪念性质文艺演出；多次邀请专家来白银开办讲座。

0155 白银市美术家协会

地　　址：白银市白银区广场北路 1 号

创建时间：1989-07-10

会员人数：305 人

主要文化活动：举办了"庆祝中华人民共和国成立 60 周年——白银市美术作品展""白银市建市二十五周年书画摄影展"，选送作品参加"甘肃省美术家协会关于举办纪念《毛泽东在延安文艺座谈会上的讲话》发表 70 周年甘肃省美术作品展"，选送作品参加"喜迎十八大《走进崆峒》甘肃省美术作品展"等。

0156 白银市书法家协会

地　　址：白银市白银区广场北路 1 号

创建时间：1989-07-10

会员人数：670 人

主要文化活动：选送作品参加全省双联行动书画摄影展，协助白银市文联举办"雪山杯"联展，白银市书协被中国书协授予"书法进万家"活动先进集体，编印出版了《走进白银》《铜城雅集》等书册，为庆祝建党 60 周年参加"白银风采"书画巡回展，选送作品参加各类展览及比赛并获得多项殊荣。

简　　介：自白银市书协成立以来，工作侧重于营造气氛、服务社会、鼓励创作、联络协调、开展交流、推举人才、壮大队伍等方面，以践行弘扬传统文化艺术、丰富群众文化生活为宗旨开展工作。每年特殊月份和重要节庆活动，白银市书协都主办或配合宣传、文联机关及企业组织活动。春节前送春联下乡活动为协会的固定活动。协会前后多次为震灾、水灾组织义卖捐助。组织协会人员参加省市乃至国家各个书法比赛、展览。编印书册，积极发展会员等。

0157 白银市戏剧舞蹈家协会

地　　址：白银市白银区广场北路 1 号

创建时间：1989-07-10

会员人数：39 人

主要文化活动：大型秦腔革命历史剧《靖远起义》，编演《联村联户普新篇》《感恩》等节目在各乡镇、社区演出 200 余场次，编演《背鼓子》《放飞小马》等少儿舞蹈。

0158 白草塬乡民乐文艺表演协会

地　　址：白草塬乡北刘街

创建时间：2011-09

会员人数：120 人

主要文化活动：该协会建立于 2011 年 9 月，在白草塬乡先后演出 12 场次，在甘沟、郭城、河畔等其他乡镇先后演出 6 场次，主要表演形式是秦腔、舞蹈、相声、快板等。

（二十二）平凉市崆峒区

0159 崆峒区书法家协会

地　　址：平凉市崆峒区文化街 29 号
创建时间：2011-12-15
会员人数：78 人
主要文化活动：关心和支持崆峒区的群众性书法活动，开展对会员的联络、协调、服务和业务指导，开展理论学术研究；举办书法展览，组织书法作品的创作与评选；开展书法教育，推动书法普及；配合党和国家重大活动开展专题活动；维护书法艺术家的创作成果和合法权益。
简　　介：崆峒区书法家协会成立于 2011 年 12 月 15 日，现有会员 78 人，其中中国书法家协会会员 6 人。协会设培训中心、组联部及书法发展委员会等。协会自成立至今已举办展览 2 次、讲座 3 次、交流 5 次。目前协会运行状况良好。培训中心主要以培训中小学生为主，现已培训 500 余人次。崆峒区书法家协会贯彻党的文艺路线，坚持"二为"方向和"双百"方针，继承和发扬中国书法艺术传统，在普及的基础上努力提高书法艺术水平，广泛团结崆峒区的书法家和书法爱好者，不断发展和壮大书法事业，切实发挥好党和政府联系书法家和书法工作者以及书法爱好者的纽带和桥梁作用。

(二十三)平凉市灵台县

0160 灵台县美术家协会

地　　址：灵台县文化广场西侧
创建时间：2008-08-28
会员人数：50人
主要文化活动：举办各类名称的书画交流活动及书画讲座，举行各类形式的义卖捐赠作品活动。
简　　介：美术家协会2008年8月28日成立以来参加各类书画活动，并获得各类国家级、省级、市级、县级活动并获奖。积极参加国内外活动数次并获得好评。

0161 灵台县作家协会

地　　址：灵台县文化广场西侧
创建时间：2004-08-08
会员人数：42人
主要文化活动：协会自成立以来，组织了多起县内文学艺术爱好者交流活动。会员在全国各地省市及国家级刊物发表作品千余篇（首），并于2008年8月组织五县市作家笔会，赴灵台县中台镇参观新农村建设。出版长篇小说、散文集和诗集多部，成为县文联骨干文艺团体。

0162 灵台县民间文艺家协会

地　　址：灵台县文化广场西侧
创建时间：2005-01-05
会员人数：31人
主要文化活动：近年来组织50多名民间艺术工作者创作工艺品800余件，配合元宵节、端阳节等民俗节庆举办各种展览8次，先后组织民俗作品400余件参加省、市各类文艺展评，获得国家级奖2项、省级9项、市级16项，20人荣获市级优秀民间艺术家称号。协会组织会员深入调查研究，撰写论文45篇，在各类刊物发表18篇，挖掘整理民俗资料23万字，编撰《灵台民俗》已正式出版。民间刺绣、宫灯、根雕、奇石等作品在甘肃省第二届民间工艺品展中获奖，会员杨福宏在央视"非常6+1""向幸福出发"等栏目才艺表演突出。
简　　介：灵台县民间文艺家协会组建于2005年1月5日，是县文联所属九个协会之一，协会委员会由7人组成，主席1名，副主席4名（兼职秘书长1名），委员3名，聘请名誉主席、副主席各1人，会员31人，其中，省级会员7人，国家级2名。现有会员涵盖了18个艺术门类，分布在8个乡镇、16个县直企事业单位、机关团体、街道居委会。协会在县文联直接领导下开展工作。

0163 灵台县戏剧家协会

地　　址：灵台县文化广场西侧
创建时间：2004-08-08

会员人数：60 人

主要文化活动：从事戏剧活动的创作、排演、研讨与地方戏种的传承与保护。

简　介：灵台县戏剧家协会成立于 2008 年 8 月 8 日，是由灵台县戏剧爱好者组成的文艺团体。主要从事戏剧活动的创作、排演、研讨与地方戏种的传承与保护。

0164　灵台县音乐家协会

地　址：灵台县文化广场西侧

创建时间：2010-07-20

会员人数：120 人

主要文化活动：从事音乐传播、创作、研讨、交流、演出活动。

简　介：协会成立至今演出音乐节目 24 场次、研讨交流 16 次、创作歌曲 8 首，协会有省级协会会员 3 人、市级协会会员 8 人。

0165　灵台县摄影家协会

地　址：甘肃省灵台县文化广场西侧

创建时间：2004-08-26

会员人数：43 人

主要文化活动：在县文联的领导下，开展摄影创作和采风活动，组织团体和会员摄影展。

简　介：灵台县摄影家协会现有会员 43 人，其中中摄协会员 1 人，省摄协会员 5 人，市摄协会员 13 人。近年来会员先后在全国、省、市、县组织的摄影活动中积极参与，有 20 多名会员参加各类摄影活动并获全国及省、市、县级以上奖项 70 余幅，在各类报刊、杂志发表摄影作品百余幅，1 名会员的摄影作品在中央数字电视摄影频道播出作品 140 幅。

0166　灵台县书法家协会

地　址：灵台县文化广场西侧

创建时间：2004-08

会员人数：67 人

主要文化活动：组织会员参加各级书法展览，开展理论研讨，举办书法培训班，组织会员进行文艺采风，开展笔会交流。

（二十四）平凉市华亭县

0167 华亭县文学艺术联合会
地　址：华亭县四馆两中心
创建时间：2002-06-20
会员人数：30 人
主要文化活动：创作、编排舞蹈节目，参加舞蹈演出。
简　介：华亭县文学艺术联合会自成立以来，创作、编排舞蹈50余个，30多个舞蹈获奖，现有会员30余名。

0168 华亭县文学艺术界联合会
地　址：华亭县四馆两中心
创建时间：2002-06-03
会员人数：549 人
主要文化活动：负责全县文艺事业，为全县的物质文明、精神文明和政治文明服务。业务上负责联络、协调、指导和服务各文艺团体的活动，促进全县文艺事业的繁荣和发展。
简　介：华亭县文学艺术界联合会（简称华亭县文联）成立于2002年6月，科级建制，编制3人（其中主席1名，秘书长1名，干事1名）。县文联是县委领导下的专业性群众组织，是党联系广大文学艺术工作者的桥梁和纽带。2003年6月18日，召开了华亭县文学艺术工作者第一次代表大会，选举产生了第一届文学艺术界联合会组成人员，下设作家、摄影家、音乐舞蹈家、戏剧家、书法家、美术家、新闻、体育8个协会。2012年6月26日召开了华亭县文学艺术工作者第二次代表大会，选举产生了第二届文学艺术界联合会组成人员，下设作家、摄影家、音乐家、舞蹈家、戏剧家、书法家、美术家、民间文艺家、广播电视文艺家9个协会，现有会员549多人，其中，国家级会员11人（作协1人，书协1人，摄影家8人，戏剧协1人），省级会员101人（作协23人，书协10人，美协9人，影协58人，戏剧协1人）。

0169 华亭县广播电视文艺家协会
地　址：华亭县广播电视台
创建时间：2002-09-25
会员人数：49 人
主要文化活动：主要从事广播电视节目的采编、录制、发送活动。

0170 华亭县美术家协会
地　址：华亭县文化馆
创建时间：2002-06-03
会员人数：66 人
主要文化活动：组织本县美术技术交流和研究，保护、挖掘、提高传统工艺美术技艺，组织本行业的人才教育、开发、交流，推荐会员外出学习、考察和培训，推动工艺美术行业的发展与繁荣，使艺术转化为生产力，转化为社会财富，为提高会员的政治、社会、经济地位服务。

0171 华亭县摄影家协会

地　址：华亭县四馆两中心
创建时间：2002-06-03
会员人数：162人
主要文化活动：摄影创作活动。
简　介：坚持文艺为人民服务、为社会主义服务的方向和百花齐放、百家争鸣的方针，坚持中国特色的社会主义摄影文化发展道路，组织和引导摄影家、摄影工作者和摄影爱好者解放思想，积极投身社会主义现代化建设，弘扬社会主义核心价值体系，推动社会主义文化大发展大繁荣，为全面建成小康社会，构建社会主义和谐社会，实现中华民族的伟大复兴而努力奋斗。

0172 华亭县戏剧家协会

地　址：华亭县四馆两中心
创建时间：1978-04-10
会员人数：20人
主要文化活动：创作编排戏剧节目，组织送文化下乡活动。
简　介：华亭县戏剧家协会成立于1978年4月10日，协会主要任务是创作、编排戏剧节目，组织文化下乡演出，为广大人民群众提供健康、高雅、内容形式丰富多彩的文化艺术产品和精神食粮。协会坚持社会主义文艺为广大人民群众服务的宗旨，以宣传党的方针政策，激励广大人民群众为建设具有中国特色的社会主义现代化建设，发挥着党的喉舌和教化作用。

0173 华亭县书法家协会

地　址：华亭四馆两中心
创建时间：2002-06-28
会员人数：97人
主要文化活动：华亭书法家协会大力弘扬书法艺术，充分发挥书法家和广大书法工作者在构建和谐社会中的作用。
简　介：华亭县书法家协会成立于2002年6月，现有会员97人，其中国家级会员1人，省级会员10人，市级会员52人，县级会员34人。华亭县书法家协会大力弘扬书法艺术，充分发挥书法家和广大书法工作者在构建和谐社会中的作用。华亭书法家协会自2012年在全县范围内组织开展了书法研究活动，其社会影响愈来愈广泛，广大书法工作者围绕中心，服务大局，贴近实际，贴近生活，贴近群众，结合本地实际开展了形式多样、丰富多彩的书法活动，并取得了一定成果，赢得了社会各界的普遍赞誉，对树立华亭书协和各级书协的良好形象、提升广大书法工作者的社会地位起到积极的作用。

0174 华亭县音乐家协会

地　址：华亭县教育局
创建时间：2002-08-04
会员人数：33人
主要文化活动：音乐创作、研究、教学和表演。

0175 东华街道办红太阳艺术团

地　址：华亭县
创建时间：1999-07-28
会员人数：30人
主要文化活动：参加全县各项文化活动达到100多场次，编导节目达60多个，组织健身队每年活动8次。
简　介：东华街道办红太阳艺术团成立于1999年7月28日，由30多人组成。艺术团的原则是团结友谊、健康第一。艺术团积极参加全县各项文化活动达到100多场次，编导节目达60多个，组织健身队每年活动8次。

0176 青春飞扬健身队

地　　址：甘肃省平凉市华亭县
创建时间：2008-07-01
会员人数：300 人
主要文化活动：编排健身舞蹈 60 余个，参加各类公益性演出 100 余场次，参与人数累计上万人次，曾为我国著名歌手乌兰托娅伴舞。
简　　介：青春飞扬健身队组建于 2008 年 7 月，该健身队舞蹈编排新颖，动感十足，简单易学，符合大众休闲健身需要，会员有 300 余人，参与者中有工人、农民、学生、机关干部、个体工商户。健身队不但活跃了华亭人民的业余文化生活，而且普及了全民健身活动，更是成为华亭广场业余文化活动的一道亮丽风景。

0177 华亭县民间文艺家协会

地　　址：华亭县四馆两中心
创建时间：2002-06-20
会员人数：21 人
主要文化活动：民俗文艺创作和交流。

0178 阳光健身队

地　　址：甘肃省平凉市华亭县人民广场
创建时间：2010-07-28
会员人数：50 人
主要文化活动：在人民广场带领群众休闲健身，积极参加县上组织的文化活动。一年中参与活动次数达 15 至 16 次，参与人数达 50 余人。
简　　介：健身队成立于 2010 年 7 月 28 日，常年在人民广场活动，参与健身人数达 200 多人，积极参加县上组织的文化活动。一年中参与活动次数达 15 至 16 次，参与人数达 50 余人。

（二十五）庆阳市西峰区

0179 庆阳市国际标准舞协会

地　址：西峰区北大街 60 号
创建时间：2010-05-18
会员人数：50 人
主要文化活动：国际标准舞培训。
简　介：该训练中心主要以国际标准舞培训和考级认证为主要业务，同时举办舞蹈学术交流会。近年来多次参加该市及外省举办的大型活动，并取得了优异成绩，获得业界一致好评。2011 年 8 月，参加"甘肃省第五届国际标准舞公开赛"，获得 8 个第一名、11 个第二名、7 个第三名。2011 年 10 月，参加"甘肃省第十一届国际标准舞锦标赛"，获得 10 个第一名、12 个第二名、18 个第三名。2011 年 11 月举办第一期国际标准舞教师培训班。2012 年 1 月，受邀参加"2012 西峰春来早"春节联欢晚会。2012 年 6 月，获得中国舞蹈家协会颁发唯一"国际标准舞艺术家"称号。2012 年 8 月，甘肃省"第六届国际标准舞公开赛"、首届"庆阳市国际标准舞锦标赛"在庆阳市体育馆举行，该市代表队在此次赛事中获得团体总成绩第一名。2012 年 8 月，参加河南郑州举办的"第十三届青少年锦标赛"，获得青少年金牌组两个第一名，12 岁 A 组第四名、第六名，14 岁 A 组第六名。2013 年 2 月，参加西峰城区第六届健美操大赛，第四次荣获第一名的优异成绩。2014 年 4 月，辅导学生参加甘肃省教育厅艺术 B 级鉴定考核。2014 年 5 月，该训练中心专程邀请中国国际标准舞总会考官宋刚先生、王慧玲女士、鱼惠萍女士来该市对学习国标舞的学生进行考级认证。2014 年 5 月，该训练中心组织带领全市二十余名教师参加甘肃省第十二届教师培训班，进而提高该市国际标准舞教学的整体水平。

0180 庆阳市青年艺术家协会

地　址：西峰区广场北路圣鼎国际商业街 D 区 3 层 16 号
创建时间：2012-05-09
会员人数：76 人
主要文化活动：举办庆阳市首届"馨源杯"艺术大赛，参赛人员 1000 余人，作品 3000 幅。
简　介：庆阳市青年艺术家协会从 2002 年开始筹备，在广大社会各界人士的积极参与及支持下，在 2014 年 5 月 25 日召开成立大会。

该协会是在中国共产党领导下，由庆阳市青年艺术家、青年艺术理论家、青年艺术教育家和广大青年艺术爱好者、青年艺术组织工作者组成的，是全市自愿结成非营利性的社会团体。该协会在宪法、法律、政策和道德风尚允许的范围内，弘扬中华民族优秀文化艺术传统，挖掘庆阳文化艺术内涵，团结和凝聚了更多青年文艺人才，建设"庆阳历史文化名城"，普及提高庆阳市青年以及全社会艺术素养，增进文化艺术的交流，协助推动庆阳市经济文化事业更好更快地发展。庆阳市青年艺术家协会有会员50余人，会员单位5家，举办各类活动十余次，得到了社会各界的一致好评。

0181 西峰区美术家协会

地　　址：西峰区南苑路

创建时间：1997-06-01

会员人数：40人

主要文化活动：开展培训、画展和笔会等活动。

简　　介：西峰区美术家协会成立于1997年6月，前身为西峰区书画家协会，2007年更名为西峰区美术家协会。协会现任主席张学文，副主席贺也频、苏瑞华、李道峰、田晖，郝正远任秘书长；有会员40人，男会员29人，女会员11人；国家级会员1人，省级会员11人，市级会员16人；其中大专及以上学历有34人，35岁以上有30人，非党人士有27人。

0182 西峰区民间文艺家协会

地　　址：西峰区南苑路

创建时间：2004-06-01

会员人数：87人

主要文化活动：不定期开展剪纸、香包、刺绣、皮影、民俗工艺品等比赛，同时培养民间文化传承人、赴外地推广民俗产品等活动。

简　　介：西峰区民间文艺家协会成立于2004年，现任主席卢造池，副主席毛会科、郭凤福、王鸿、王化洲，王鸿兼任秘书长；有会员87人，男会员16人，女会员71人；国家级会员37人，省级会员27人，市级会员23人；其中大专及以上学历有16人，35岁以上有80人，非党人士有76人。

0183 西峰区书法家协会

地　　址：西峰区南苑路

创建时间：1997-06-01

会员人数：47人

主要文化活动：书法学习、交流、展评。

简　介：西峰区书法家协会成立于1997年6月，前身为西峰区书画家协会，2007年更名为西峰区书法家协会。现任主席韦国栋，副主席李锐、黄风贤、马克新、胡斐、王正楷，胡斐兼任秘书长；现有会员47人，男会员43人，女会员4人；国家级会员16人，省级会员11人，市级会员13人；其中大专及以上学历有30人，35岁以上有38人，非党人士有31人。

0184 庆阳市民俗文化产业协会西峰分会

地　址：西峰区文化馆

创建时间：2008-01-01

会员人数：150人

主要文化活动：参加了10多次国内外大型民俗文化展销活动，为会员研发新产品，提供了新图样100多件，与外来团队进行民俗文化交流活动达10多次，举办新产品大奖赛2次以上。

简　介：庆阳市民俗文化产业协会西峰分会是一个民间组织，协会成立于2008年，设有顾问、会长、常务会长、副会长、秘书长、副秘书长、常务理事、理事等组织机构，隶属区文广局，办公地点西峰区文化馆，现有会员150多名。协会的主要宗旨是传承民间技艺、发展文化产业、建设文化名区。

0185 西峰区音乐舞蹈戏剧家协会

地　址：西峰区文化馆

创建时间：1997-06-02

会员人数：43人

主要文化活动：音乐、舞蹈、戏剧人才相互学习交流，创作精品文艺作品，培养文艺人才。

简　介：西峰区音乐舞蹈戏剧家协会成立于1997年6月，现任主席赵志宁，副主席范胜利、张龙宁、代亦华、杨景惠、王丽娜，杨景惠兼任秘书长；有会员43人，其中，男会员26人，女会员17人；国家级会员1人，省级会员8人，市级会员16人；其中大专及以上学历有30人，35岁以上有20人，非党人士有36人。

0186 长庆南路健身队

地　址：庆阳市西峰区

创建时间：2010-06-01

会员人数：50人

主要文化活动：2012年参加"庆祝建党节，喜迎十八大"庆阳市妇女群众广场文体活动展演获广场舞一等奖；2012年3月获得和谐西峰大舞台群众文化活动优秀组织奖；2012年5月参加南街办东坪路社区老年健身团"五四"活动；2012年参加《美丽的庆阳》大合唱；2013年8月参加三力公司周年庆典文艺节目演出三等奖。

简　介：长庆南路健身队组建于2010年6月，以健身为主，主要有健美操、秧歌、广场舞、体操(晨练以体操为主，参加人数为300人左右；晚上以广场舞、健美操、秧歌为主，参加人数为120人左右)等。

0187　西峰区摄影家协会

地　址：西峰区文化馆
创建时间：1997-06-02
会员人数：35人
主要文化活动：组织会员外出采风、参加各级展览及比赛。

简　介：西峰区摄影家协会成立于1997年6月，现任主席孙杰，副主席张步农、王兆平、万国权、孙琳，张步农兼任秘书长；有会员35人，男会员30人，女会员5人；国家级会员1人，省级会员2人，市级会员7人；其中大专及以上学历占32%，35岁以上占80%，非党人士占80%。该协会是西峰区摄影家相互学习、交流的群众性组织，为会员外出采风、参加各级展览、比赛提供一定的支持。协会会员在国家、省市展评中获多项奖，知名度较高。

0188　庆阳市收藏家协会

地　址：西峰区文化馆
创建时间：2012-09-28
会员人数：80人
主要文化活动：文物收藏。

简　介：庆阳市收藏家协会是经庆阳市文化广播影视局批准，庆阳市民政局登记注册，2012年9月28日正式成立的民间社团组织。协会设会长1人，副会长4人，秘书长1人，常务理事6人，会员80人。协会举办大型展览五次，接待观众两万多人次。协会办内部会员交流刊物《庆阳收藏》一份，已编印正刊七期，共印发5000余份。会员中有万件以上藏品的大收藏家八名，均以古瓷器、古陶器、古石器、古木器、古钱币、民俗藏品、书画藏品、毛泽东文物藏品、红色革命藏品、古籍书刊、民间杂项等收藏品为主。千件以下藏品者及爱好者有百人左右。协会已参与主办古玩城两处，一处是小什字古玩城，另一处是圣鼎步行一条街古玩城。协会还办起民间博物馆七个，即西峰的"毛泽东红色博览馆、民俗博览馆、古籍博览馆、民俗石器博览馆"、庆城的"民俗杂项博览馆"、环县的"彩银家庭博览馆"、宁县和盛的"农业学大寨博览馆"。

0189 庆阳书画院

地　　址：西峰区温泉乡黄官寨村

创建时间：2012-05-09

会员人数：54人

主要文化活动：2013年10月10日，举办了共筑中国梦·魅力庆阳行——全国书画名家作品展，邀请中国书法家协会会员、中国书法院研究员王友谊，中国书法家协会理事、中国书协培训中心教授龙开胜，中国美术家协会理事、国家一级美术师陈钰铭，中国美术家协会会员、高级美术师范建宇，中国美术家协会会员、国家一级美术师王贵华出席开幕式。展出的300多件作品均出自全国具有代表性的老、中、青艺术名家之手（诸如沈鹏、欧阳中石、李铎、王镛、陈振濂、王家祥、张江舟、姚鸣京、谢志高、刘金贵、易洪斌、李翔等），展览作品编辑成《共筑中国梦·魅力庆阳行——全国书画名家作品展作品集》，并于观展当天免费发放给参展领导和有关嘉宾。

简　　介：庆阳书画院成立于2014年，前身是庆阳书法院，是经庆阳市文化广播影视新闻出版局批准成立、市民政局注册登记的民办非企业单位，建设规模4200平方米。书画院内设办公室、书法理论研究室、兰石轩画廊、文艺图书资料室、书法教育培训部、奇石盆景展览馆等部室，主要承担书法交流、收藏展览、教育培训、理论研讨、书法研究、开展采风及创作活动等职责。书画院以科学发展观为指导，坚持贴近实际、贴近生活、贴近群众的工作方针，以传承庆阳本地历史文化传统，提升本地书法艺术水平，扩大对外书法文化交流为主旨，团结全市书法家及书法爱好者，为发展和繁荣庆阳市书法艺术事业而努力。画院法定代表人兰石轩，主任赵法宏先生，为中国书法家协会会员，甘肃省书法家协会篆书专业委员会委员。

0190 西峰区作家协会

地　　址：西峰区文化馆

创建时间：1997-06-01

会员人数：54人

主要文化活动：创作人才学习、交流，文学作品创作。

简　　介：西峰区作家协会成立于1997年6月，现任主席杨永康，副主席王天宁、李致博、侯永刚、江村芝，侯永刚兼任秘书长；有会员54人，其中，男会员38人，女会员16人；国家级会员1人，省级会员12人，市级会员22人。

（二十六）庆阳市合水县

0191 合水书画家协会

地　　址：合水县西华北街与惠民巷交汇处附近北

创建时间：2012-09-26

会员人数：118人

主要文化活动：进行书画创作和交流，举办书画展览和书画培训班。

简　　介：合水县书画家协会经县委宣传部、县民政局批准创建于2012年9月，是一个由全县艺术界书画爱好者及在外工作的合水籍艺术界的知名人士组成的艺术团队。协会成立三年来在建设文化大县、创建书画艺术和文化艺术名城中，肩负着发展全县书画艺术创作和延伸的重任，其宗旨是弘扬民族文化艺术、创新合水书画艺术、引导全县从事书画的爱好者共同开展书画艺术创作活动。

0192 华阳书画院

地　　址：合水县文广局

创建时间：2012-08-20

会员人数：52人

主要文化活动：组织会员外出采风，进行书画交流活动，创作了一批反映家乡的书画、摄影作品。

简　　介：华阳书画院是经合水县民政局批复的非营利性群团组织，是集书画研究、创作、交流、展览、收藏为一体的民间团体，之前办公地点设在县工会，暂无固定办公地点。

（二十七）庆阳市宁县

0193 和盛镇文联

地　址：宁县和盛镇
创建时间：2013-08-15
会员人数：185 人
主要文化活动：联络、协调、服务各专业协会开展工作，先后组织策划主办了雷锋专题展、红土地专题展、和盛镇首届书画作品展等。
简　介：和盛镇文学艺术界联合会成立于2013年8月，是在中共宁县和盛镇委员会的领导下，由和盛镇各文艺家协会组成的专业性团体，是党和政府联系广大文艺工作者的桥梁和纽带，是繁荣社会主义文艺、发展先进文化的重要力量，是宁县文联的团体会员单位。和盛镇文联以邓小平理论、"三个代表"重要思想、科学发展观为指导，坚持党的基本路线，坚持文艺为人民服务，为社会主义服务的方向和"百花齐放，百家争鸣"的方针，遵守宪法和法律，致力于繁荣社会主义文学艺术事业，发展面向现代化、面向世界、面向未来的社会主义文化，为建设社会主义精神文明，构建和谐社会而努力奋斗。和盛镇文学艺术界联合会，下辖文学工作者协会，书画工作者协会，音乐、舞蹈、戏曲工作者协会，民间艺术工作者协会，摄影、影视工作者协会五个专业协会，从不同层次，不同方位整合了艺术人才和艺术资源。通过本身的活动积极推动各团体会员之间的团结，加强团体会员和文艺工作者与人民群众的密切联系，组织、协调、支持和帮助各团体会员开展各种创作和理论研究等活动，为和盛镇的文化艺术事业进一步健康有序地发展奠定了坚实的基础。

（二十八）庆阳市庆城县

0194　庆城县作家协会
地　址：甘肃省庆城县北大街中段
创建时间：2007-01-24
会员人数：25 人
主要文化活动：组织和鼓励协会会员在各类刊物上发表文章。2010 年 8 月作协主席田治江的散文随笔《岁月在左、心灵在右》由内蒙古出版社出版，印刷 1000 册。

0195　庆城县戏剧家协会
地　址：甘肃省庆城县北大街中段
创建时间：2007-01-24
会员人数：12 人
主要文化活动：努力挖掘具有庆城特色的古典优秀剧目，创作编排大型戏曲。
简　介：庆城县戏剧家协会成立于 2007 年 1 月 24 日，会员 12 人，其中省级会员 1 人，主要成果有边肖、尚小丽、武金龙、李维峰、段小燕等人主演的《白逼宫》《庵堂认母》等折子戏，分别获得省、市新创剧目调演一、二等奖。在 2011 年县艺术团优秀演员李维峰和李凡两人的折子戏《斩姚期》《劈棺惊梦》在第三届甘肃戏剧"红梅奖"大赛中脱颖而出，获得二等奖，县文化出版局获得优秀组织奖。特别是 2009 年在全省庆祝新中国成立 60 周年新剧目调演活动中，县艺术团创排的红色经典陇剧《留守岁月》被省文化厅评为剧目综合演出一等奖，8 名演员被评为表演一、二、三等奖。编剧、导演、舞美等 11 个单项分别获得二、三等奖，获奖人数达到 24 人，受到了《甘肃日报》《甘肃经济报》《兰州晚报》《甘肃电视台》《甘肃人民广播电视台》等十几家新闻媒体的关注和报道，成为县剧协在近年来一个耀眼的亮点。

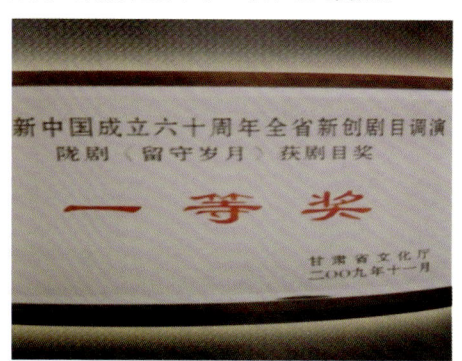

0196　庆城县音乐家协会
地　址：甘肃庆城北大街中段
创建时间：2007-01-24
会员人数：15 人
主要文化活动：2007 年以来，该县音乐队伍不断壮大，音乐创作日趋繁荣，全县共创作作品七件，其中 2007 年田金柱创作的少儿歌曲《黄河口的小浪花》刊登在《黄河口之恋》；2008 年刘国华的《漫起花儿唱家乡》荣获庆城县 2005-2008 年度"五个一工程"音乐作品一等奖；2009 年《金花花·银花花》

荣获中国民族民间歌曲演创大赛金品金奖，并在2010年获庆阳市委市人民政府精神文明建设"五个一工程"奖，暨首届梦阳文艺奖；《春到周祖山》在"中国民族民间歌曲演创大奖赛获金奖"，并获市人民政府第七届精神文明建设"五个一工程"奖暨梦阳文艺奖；2011年《苹果飘香》被评为精神文明建设"五个一工程"奖暨第三界梦阳文艺奖作品三等奖；2013年边琳作词、田金柱作曲创作的歌曲《庆阳，我为您自豪》，田金柱词、邵小玲曲《庆城——美丽的凤凰城》入围中国音协举办的"我的家乡多么美"征歌大赛名录，分别荣获铜奖和优秀奖；《庆城——美丽的凤凰城》（后更名为《美丽的庆城》）在2014年庆阳市举办的第六届李梦阳文艺奖的评选中荣获二等奖，该歌在甘肃省文化影视频道播放。

0197 庆城县文学艺术界联合会

地　址：甘肃省庆城县北大街中段
创建时间：2005-08-07
会员人数：220人
主要文化活动：组织协调参与全县重大节庆文化活动及下设其他艺术协会的活动。
简　介：庆城县文学艺术界联合会，成立于2005年8月，是参照公务员管理的正科级事业单位，其主要职责为组织协调参与全县重大节庆文化活动及下设其他艺术协会的活动，并负责文艺作品的征集、登记、保管工作。文联下属7个协会，共有会员220人，其中音协15人，美协20人，书协58人，作协25人，民协22人，剧协12人，摄影协会68人。

0198 庆城县美术家协会

地　址：甘肃省庆城县北大街中段
创建时间：2007-01-24
会员人数：20人
主要文化活动：独自或协同其他部门多次开展美术作品展览及交流活动。
简　介：庆城县美术家协会成立于2007年1月24日，截至2012年底有会员20人，其中省级会员1人，市级会员3人。协会举办的活动主要有2007年1月18日—22日文联和县美协联合举办"2007少儿迎春美术展"，参展小作者60余人，参展作品96幅，评出一等奖15名、二等奖24名、三等奖30名，并对其进行了奖励。2008年6月2日县委宣传部、老干局、文联联合举办了大型书画交流展，展出作品180幅，特邀西安终南书画学院及北京终南书画学院来该县开展书画学术交流活动。2009年先后邀请各地书画家到该县举办书画培训交流活动10余次，使该县书画爱好者开阔了眼界，增长了见识。2010年国庆节期间，组织县书协、美协会员56人，在县博物馆举办书法美术作品展，展出作品253幅，李万春、袁俊峰、张勤、李金科等书法家现场书写，与观众进行现场交流。2011年6月28日，文联联合长庆油田综合服务处离退休职工管理科举办了"浓墨颂党恩、重彩赞和谐"庆祝建党90周年书画展，参展作品150幅，其中书法作品113幅，绘画作品67幅，书画展参加人员广泛，题材丰富，同时为培养新人专门设立了学生书画作品区。

0199 庆城县书法家协会

地　　址：甘肃省庆城县北大街中段
创建时间：2007-01-24
会员人数：58 人
主要文化活动：组织开展各类书法展及书法交流活动。

0200 庆城县摄影家协会

地　　址：甘肃省庆城县北大街中段
创建时间：2011-03-04
会员人数：68 人
主要文化活动：组织协会会员积极参与各类摄影活动。
简　　介：庆城县摄影家协会成立于 2011 年 3 月 4 日，会员 68 人，其中省级会员 6 人，县级会员 60 人。2011 年 6 月举办庆城县摄影艺术展，展出作品 120 幅，12 月 25 日举办全县民俗文化艺术摄影展，展出作品 68 幅；2012 年 7 月与庆城县艺术界联合会联合举办庆城县"岐黄故里行"摄影展，县电视台做了专题报道，展出作品 125 幅，内容分为人文景观、红色遗迹、发展成就、岐黄中医药方面的各种资料图片四个板块；2013 年元宵节举办全县摄影展览照片，展出优秀照片 55 张，组织会员参加通信集团甘肃有限公司庆阳分公司、庆阳市摄影家协会关于举办"移动杯"手机摄影大赛的活动，6 月 18 日，庆阳市摄影家协会举办"中国梦·德诚杯"庆阳市第二届摄影艺术作品展，庆城县协会有 6 幅作品参展和获奖（任永华获记录类二等奖、吴对南获艺术类三等奖）；县摄影家协会 2014 年元宵节开展民俗社火摄影作品展览，展出照片 50 张，6 月 1 日与县农耕文化产业园管理局、县文联联合开展的"吉祥端午·岐园圣景"摄影大赛，展出作品 98 幅，36 件作品获奖。

0201 庆城县民间艺术家协会

地　　址：甘肃省庆城县北大街中段
创建时间：2007-01-24
会员人数：22 人
主要文化活动：通过积极引导民间艺人，深入挖掘区域文化，在陇东唢呐、民间剪纸、皮影艺术等领域培育传承接班人，保证原汁原味地方文化的继承和创新。
简　　介：庆城县民间艺术家协会，成立于 2007 年 1 月 24 日，会员 22 人，其中，国家级会员 10 人，省级会员 2 人。协会会员李怀萍、李艳娥被评为甘肃省民间艺术家协会命名的"甘肃农民艺术家"称号。协会通过全力推动，建成了香包、刺绣创业培训基地，使一大批香包、刺绣走向了市场，加快了文化产业的步伐。长庆油田职工袁永利花了 6 年多的时间，利用节假日，徒步穿行在大山深处的山山峁峁，沟沟岔岔，一步一个脚印地去寻找，去拜访和整理，并自筹 6 万多元，对庆阳市境内的 36 位民间艺术大师进行了采访，编辑出版了《窗花里的故事》，填补了民间艺人资料不全的遗憾。

(二十九)庆阳市镇原县

0202 镇原县文学艺术联合会
地　址：镇原县文化广场东侧文化中心楼
创建时间：2004-12-01
会员人数：800 人
主要文化活动：组织、联络、协调、服务全县文艺工作者开展文艺活动。
简　介：镇原县文学艺术界联合会成立于2004年12月，设主席和副主席各一名，工作人员3名，是正科级事业单位。县文联下属有文学、书法、美术、摄影、戏剧、音乐、舞蹈、装裱、收藏、电影电视家十一个协会。协会有国家级会员37人，省级会员156人，市级会员200人，县级会员400多人。联合会每年编辑出版县刊《潜夫山》两期，发表报告文学、小说故事、散文随笔、戏剧小品、文艺评论等共8万字。文联成立以来，始终坚持党的文艺方针、政策，充分发挥联络、协调、服务、维权职能，在培养文化人才，推动文艺创新，提升城市文化品位，扩大"文化大县"的知名度和影响力等方面做出了不懈的努力。

0203 镇原县王符文化研究会
地　址：镇原县康平医药大厦
创建时间：2007-02-01
会员人数：20 人
主要文化活动：定期开展王符思想及《潜夫论》研究交流，组织学术研讨及论文评选，编辑出版《王符研究》期刊，开展王符思想宣传，不定期举行专题讲座。
简　介：中国镇原县王符文化研究会成立于2007年2月，是王符文化研究人员自愿结合的专业性群众团体。该研究会常务理事会由主席、副主席、秘书长组成。主席王柏栋，副主席田正甫、王晨旭，秘书长王晨旭。主要工作是联合组织本县及国内外一切有志于王符文化研究的人士，开展王符文化方面的学习研究、论文撰写、学术成果交流等，在致力于弘扬传统文化的同时，进而全方位、多渠道地宣传镇原、推介镇原，提高镇原的知名度。

0204 镇原县书法家协会
地　址：镇原县文化广场东侧文化中心楼
创建时间：2005-06-11
会员人数：221 人

主要文化活动：组织开展全县书法培训、展览、交流。

0205 庆阳市民俗文化产业协会镇原分会

地　　址：镇原县文化局

创建时间：2009-06-01

会员人数：41 人

主要文化活动：开展文化产业培训、生产、展览、销售。

简　　介：庆阳市民俗文化产业协会镇原分会成立于 2009 年 6 月，是经镇原县民政局、镇原县质量技术监督管理局、镇原县文化广播影视局批准成立的社会团体。协会会员均为全县文化产业界的优秀人员及各类民间艺术大师。镇原分会主要从事文化产业生产、培训、展览、销售等活动，对全县文化产业发展有着很强的影响力和引领示范作用。镇原分会以发展镇原文化产业，提升镇原文化软实力，推动镇原文化走向全国乃至世界为己任，以"搭建平台、提供服务、统筹协调、创新发展"为宗旨，以建设成为文化产业领域的知名社会团体为要求，着力建设跨越政、商、学界的交流平台，通过发展创意传播、交流合作、产业研究、产业投资、产品研发、产品展销等业务，形成相互联系、相互激发、相互促进的发展格局。

0206 镇原县音乐家协会

地　　址：镇原县文化广场文化中心楼

创建时间：2005-06-10

会员人数：48 人

主要文化活动：组织开展全县音乐培训、展演。

简　　介：县音协是县文联的下属协会，现任主席佟怀玉，秘书长惠志平。

0207 镇原县美术家协会

地　　址：镇原县文化广场东侧文化中心楼

创建时间：2005-06-10

会员人数：86 人

主要文化活动：组织开展全县美术培训、展览、交流。

（三十）定西市通渭县

0208 甘肃省文化产业示范基地

地　　址：甘肃通渭县西街
创建时间：2003-12-08
会员人数：200人
主要文化活动：围绕"华夏文明传承创新区"建设内容和市委、市政府加快文化产业发展的战略部署，制定了《通渭县文化产业发展规划》，编制上报了华夏文明传承创新发展示范区项目，共12大类60项，总投资100.75亿元。其中通渭县书画产业综合开发及书画产业园项目占地3000亩，总投资43.6亿元，共分三期开发建设。一期工程总投资12.69亿元，已投资5.92亿元建成了南园体育公园、秦嘉徐淑公园和通渭县体育馆、温泉路等基础设施；悦心画廊、悦心酒店、悦心游泳馆已完成投资1.8亿元，酒店和画廊已投入使用；天象文化综合体、艺苑宾馆等项目正在组织实施。二期工程总投资4.77亿元，已投资5500万元建成了宋堡村村民文化活动中心及农家乐、平襄中医药理疗中心；通渭县书画交流中心、中国西部书画艺术学校正在开展前期工作。三期工程总投资26.14亿元，主要包括牛谷河陇中书画风情线和书画摄影采风基地建设。
简　　介：甘肃省文化产业示范基地积极争取乡镇文化站建设项目，"十一五"期间新建乡镇文化站15个、改扩建3个，总投资650万元。投资830万元，建成"农家书屋"332家，建立了全国文化信息资源共享工程县级分中心，正在实施全国县级博物馆展示服务提升工程试点项目。为了有效解决文化产业发展融资难的问题，县上成立了文化产业发展投资公司，县财政每年投入250万元用于文化产业发展。紧紧围绕书画经营、中介服务等领域，扶持注册了大成文化传媒公司、晓亚文化传媒公司、聚贤斋文化公司、少华文化公司等4户书画经营为主的文化龙头企业，累计发展画廊、书画中介服务机构和装裱店350家，培育懂鉴赏、善经营的书画经纪人360多人，年书画作品交易额近1亿元，初步形成了集创作、交流、装裱、销售为一体的市场化格局，通渭县已成为全省乃至西北地区重要的书画作品集散地。同时，书画产业的发展壮大，带动了文房四宝、装裱材料经营及图书报刊销售等多个行业的发展。

0209 通渭县文学艺术界联合会

地　　址：甘肃通渭县县委办公楼504号
创建时间：2013-06-18
会员人数：60人
主要文化活动：通渭县文学艺术界联合会是中共通渭县委领导的，由全县的文艺家协会暨全县文学艺术工作者联合组成的专业性人民团体。通渭县文学艺术界联合会坚持文艺贴近实际、贴近生活、贴近群众的原则,发展繁荣全县文学艺术事业。2013年6月被中国文联评为全国文联工作优秀集体。

（三十一）定西市陇西县

0210 陇西县舞蹈家协会
地　　址：陇西县文化广场 6 号
创建时间：2014-12-22
会员人数：86 人
主要文化活动：舞蹈理论研讨、舞蹈创编、舞蹈表演、艺术交流。
简　介：陇西县舞蹈家协会成立于 2014 年 12 月 22 日，协会会员 86 人，协会主席由曾经做过播音、主持、创作、编导、群文等工作的李晓玲老师担任。在推动文艺大发展、大繁荣和全面建设社会主义先进文化的大好局面下，协会始终坚持继承传统、勇于创新、反映时代、贴近生活的创作道路，始终坚持文艺作品的时代性、民族性、地域性和作品的个性化探求，多年来，在李晓玲老师带领下，在多方面的尝试和艰苦的探索中，协会在舞蹈创作和演出中取得了可喜的成绩。

0211 陇西县美术家协会
地　　址：陇西县文化广场 6 号
创建时间：2014-08-06
会员人数：98 人
主要文化活动：美术教育培训，组织书画展览、书画交流创作、书画理论研讨。
简　介：陇西县美术家协会自成立以来，不断发展壮大，现有会员 98 人，一直致力于书画艺术的发展、组织培训、展览、交流、创作等活动。

0212 陇西县音乐家协会
地　　址：陇西县文化广场 6 号
创建时间：2014-01-24
会员人数：82 人
主要文化活动：主要从事声乐演唱、器乐演奏、音乐理论研讨、对外交流、艺术创作等活动。

0213 陇西县作家协会
地　　址：陇西县文化广场 6 号
创建时间：2008-11-15
会员人数：104 人
主要文化活动：陇西县作家协会主要从事诗歌散文创作、小说创作、文学理论研讨等活动。
简　介：陇西县作家协会自成立以来，积极组织会员创作，参加全国各级文学赛事。协会现有会员 104 人，其中，有甘肃省作家协会会员 28 人。

0214 陇西县书法家协会
地　　址：陇西县文化广场 6 号
创建时间：1992-08-01
会员人数：124 人
主要文化活动：书法教育培训，书法创作展

览，对外交流联络，书法理论研讨。

简　介：陇西县书法家协会自1992年成立以来，不断发展壮大，有会员120人，其中，中书协会员5人，省书协会员46人，市书协会员29人。

0215　陇西县戏剧家协会

地　址：陇西县文化广场6号

创建时间：2014-01-22

会员人数：64人

主要文化活动：陇西县戏剧家协会主要从事秦腔编排、秦腔演出、秦腔培训等活动。

0216　陇西县曲艺家协会

地　址：陇西县文化广场6号

创建时间：1997-06-26

会员人数：306人

主要文化活动：曲艺及小曲小调秧歌的表演。

简　介：陇西县曲艺家协会是陇西县文联的团体会员，自1997年成立以来，每年都有40多场次的演出，主要进行民间小调、秦腔、道情等的演唱、挖掘、搜集整理。

0217　陇西县民间艺术界协会

地　址：陇西县文化广场6号

创建时间：2008-12-30

会员人数：68人

主要文化活动：主要从事木雕彩绘、剪纸刺绣、灯谜等活动。

简　介：陇西县民间艺术家协会成立于2008年12月，现有会员68人，其中甘肃省民协会员8人，市级会员10人，县级会员50人。协会长期从事木雕彩绘、剪纸刺绣、灯谜等活动。

0218　陇西县乡土情缘文学艺术协会

地　址：陇西县文化广场6号

创建时间：2014-06-01

会员人数：34人

主要文化活动：举办主题性活动，出版内部交流刊物《乡土情缘》2册。

简　介：陇西县乡土情缘文学艺术协会是集文学创作、书画创作、音乐戏曲于一体的综合性文艺团体。

0219　陇西县摄影家协会

地　址：陇西县文化广场6号

创建时间：2008-12-28

会员人数：52人

主要文化活动：陇西县摄影家协会主要从事摄影创作、摄影艺术交流、理论研讨等活动。

（三十二）定西市渭源县

0220 渭源县渭河国画院
地　址：渭源县广影中心一楼
创建时间：2014-09-25
会员人数：80人
主要文化活动：书画交流、创作、研讨。
简　介：渭河源国画院，主要以书画交流、创作、研讨为主。现有会员80余人，2012年度对外文化交流2次，开展活动10次，参与人数80人，吸纳社会资金金额5000多元。

0221 渭水源书画院
地　址：渭源县清源镇新街19号
创建时间：2002-04-24
会员人数：56人
主要文化活动：书画人才培训，书画交流，义写春联。
简　介：渭河源书画院于2002年成立后，一直致力于渭源书画事业的发展和书画人才的培养，现有会员50多人。2012年对外文化交流3次，开展活动5次，参加人数100多人，累计开展40多次、参加人数1000多人次。2012年底累计投资80多万元，主要以开展书画展览、书画人才培训、研讨活动来推动渭源书画走出渭源。

0222 渭河文化联谊会
地　址：渭源县清源镇首阳镇108号
创建时间：2012-08-25
会员人数：80多人
主要文化活动：搭建起渭河文化研究、传承、开发的良好平台，促进渭河流域各县市文化旅游等方面的交流，推动文化资源优势转化为经济发展优势。
简　介：渭河文化联谊会在渭源县正式成立。来自陕甘两省渭河沿岸市县的80多名会员欢聚一堂，共同选举产生了联谊会第一届理事会。该联谊会的成立搭建起渭河文化研究、传承、开发的良好平台，将进一步促进渭河流域各县市文化旅游等方面的交流，推动文化资源优势转化为经济发展优势。

0223 北苑文化艺术交流中心

地　址：渭源县渭宝雅苑
创建时间：2009-06-20
会员人数：250人

主要文化活动：2008年8月，辅导学生后昱霖参加全国第五届校园艺术人才选拔赛，创作编导的少儿舞蹈《草原小骏马》获一等奖。2009年8月，辅导学生排练少儿舞蹈《小哪吒》参加"未来之星"全国特长生文化艺术周暨第七届中国优秀特长生测试，甘肃赛区一等奖，全国比赛荣获金奖，同时，中心也获得《优秀园丁奖》。2009年9月，为该县信用联社编导舞蹈《红色畅想》，代表定西市文明委参加甘肃省省委宣传部、省文明委、省文化厅等十家单位联合举办的《爱国歌曲大家唱》文艺汇演，获二等奖。2010年8月，辅导学生参加"未来之星"全国特长生选拔赛，《小小戏娃》荣获一等奖。

简　介：渭源县北苑文化艺术交流中心成立于2009年，是渭源县民政局批准的"民办非企业单位"，定西市文化艺术联合会创作基地、中国舞蹈家协会"中国舞"考级点、少儿及成人舞蹈培训基地，现有会员250多人。艺术中心主要业务是少儿、成人舞蹈培训、承接各种文艺演出的编导及排练、出租舞台演出服装，大量拷贝、复制光盘等业务。艺术中心少儿舞蹈班是该县较大的舞蹈培训班之一。近年来成功举办了三届少儿舞蹈考级，过级率为百分之百，受到上级专家的好评。少儿舞蹈班现有学员200多人，有教室两间，专业教师5人，其中舞蹈本科学历2名。负责人马耕耘老师，系中国舞蹈家协会会员，定西市舞蹈家协会副主席，渭源县舞蹈家协会主席，中国舞蹈家协会认证的专业舞蹈教师。十年来，创办的少儿舞蹈班近两千名学生，都活跃在全县各大、中小学校，部分考入省级艺术院校，截止现在，已有5名学生考入舞蹈专业院校，开创了渭源历史舞蹈高考的先河。艺术中心努力把高质量、高水品、高品位的艺术作品奉献给社会，坚持以"面向未来、追求卓越、服务社会"为宗旨，以"快乐、健康、科学"为培养目标，在全面发展的素质教育、文艺事业为群众服务的方针政策引航下，积极为热爱舞蹈事业的人们创造自我发展的空间，搭建施展才华的舞台。

（三十三）定西市岷县

0224 岷县诗词学会

地　址：岷县老干局二楼
创建时间：2011-10-23
会员人数：126人
主要文化活动：诗词创作、交流、培训。

简　介：该学会属于社会文化民办团体，会员总数126人。2012年累计对外文化交流85次，对外开展活动83次，参与人数95人，吸纳社会资金2.5万元。

（三十四）定西市临洮县

0225 甘肃省马家窑文化研究会

地　址：甘肃省临洮县南关1号
创建时间：1996-04-04
会员人数：115人
主要文化活动：史料整理，鉴藏研究，开发应用，文化交流。
简　介：甘肃省马家窑文化研究会成立于1996年，2003年经省政府批准，将临洮县马家窑文化研究会晋升为甘肃省马家窑文化研究会，是对马家窑文化进行研究与开发、保护与交流等活动的非营利性的研究机构。现有会员115人。研究会自成立以来文化交流累计45次，累计开展活动127次，参加人数8679人。在北京、浙江、上海、山东、天津等地开办展览和设立传播窗口，不定期出版《马家窑文化源流》会刊（已出版十一期）。十多年来的宣传与弘扬使马家窑文化这一远古文明，渐渐走进当代人的生活，为当代人所了解接受。2004年，举办马家窑文化发现命名80周年纪念活动，建成了甘肃马家窑彩陶文化博物馆。2005年与甘肃彩陶研究会共同举办"2005中国彩陶马家窑文化研讨会"并在《文汇报》发表研究会学术论文。2006年，参与修建沈阳世博园兰州园工程，获得了七项大奖，这是对研究会研究、传播、发展马家窑文化工作的最好回报和肯定。2006年研究会与中央电视台"探索与发现"栏目组合作拍摄6集彩陶专题片《神秘的中国彩陶》。2009年被中共甘肃省委宣传部、甘肃省文化厅、甘肃省广播电影电视局、甘肃省新闻出版局等四部门评定为首批"甘肃省文化产业示范基地"之一。2011年由研究会推动全国首个马家窑文化研究院落户西北民族大学，让马家窑文化走进大学，使民间历史文物与大学教育资源和研究力量充分对接，使之更为严谨、科学探寻中华文明之根。2014年研究会荣获甘肃省4A级省属社会组织。同年研究会彩陶文化博物馆获得在香港会展中心举行的亚洲杰出成就奖"亚洲十大民营博物馆杰出贡献奖"，成为全省唯一获奖的民办博物馆。

0226 临洮县沁园春国画院

地　址：甘肃临洮
创建时间：2011年
会员人数：80人
主要文化活动：书画展览，书画人才培训。

简　介：临洮县沁园春国画院是以书画家为主体，以创作、研究中国书画艺术、活跃文化生活为目的，自愿组成的民办、社会文化团体。国画院于 2011 年 10 月份正式成立，聘请了陈伯希、耿汉、陈天铀等 18 位著名书画家为名誉院长，聘请马作华、曹贵林等 25 位优秀企业家为董事会成员。画院为促进临洮书画艺术事业发展，繁荣陇中地区的书画艺术事业作出应有的努力和贡献。

0227　临洮县老子文化研究会

地　址：甘肃临洮粮食市 49 号
创建时间：2007 年
会员人数：228 人
主要文化活动：研究、挖掘、搜集、整理、宣传、交流老子文化。
简　介：临洮县老子文化研究会，现有会员 228 人。2012 年对外文化交流 1 次，开展活动 18 次，参加人数 228 人。2012 年吸纳社会资金 4383 元。

0228　临洮县西部书画研究会

地　址：甘肃临洮洮阳镇东关
创建时间：2005 年
会员人数：180 人
主要文化活动：举办学术交流、研讨活动，推动定西书画走出定西。
简　介：临洮县西部书画研究会现有会员 180 人，2012 年对外文化交流 6 次，开展活动 30 次，参加人数 210 人。2012 年吸纳社会资金 20300 元。

0229　临洮县洮河文化研究会

地　址：甘肃临洮洮阳镇王家咀村
创建时间：2005 年
会员人数：200 人
主要文化活动：开展对洮河流域非物质文化遗产及其有关研究成果的普查工作，加强非物质文化遗产知识产权的保护。
简　介：临洮县洮河文化研究会现有会员 200 人。2012 年参加对外交流 5 次，开展活动 57 次，参加人数 200 人次，吸纳社会资金 5800 元。

0230 临洮县潘氏文化研究会

地　　址：甘肃临洮县新添镇潘家庄村
创建时间：2011 年
会员人数：231 人
主要文化活动：研究潘氏文化，编写《潘氏宗谱》。
简　　介：临洮县潘氏文化研究会有会员 231 人。2012 年对外文化交流 1 次，开展活动 27 次，参加人数 190 人，2012 年吸纳社会资金 8390 元。

0231 临洮县诗词学会

地　　址：甘肃临洮县洮阳镇西关步行街
创建时间：1996 年
会员人数：231 人
主要文化活动：编辑出版《临洮诗词》，与省内外多家诗词学会交流学习，促进临洮诗歌的创作发展。
简　　介：临洮县诗词学会有会员 231 人，2012 年对外文化交流 4 次，开展活动 20 次，参加人数 250 人。2012 年吸纳社会资金 11200 元。

0232 临洮县中国传统文化教育学会

地　　址：甘肃临洮县洮阳镇广场路 1 号
创建时间：2007 年
会员人数：146 人
主要文化活动：开展和进行中国传统文化的教育教学研究，编辑出版《临洮传统文化》一书，举办中国传统文化知识讲座。
简　　介：临洮县中国传统文化教育学会在 2007 年 9 月 23 日成立，现有会员 146 人。学会在县委、县政府的领导下，在主管部门的关心支持下，在社会各界的鼎力相助下，开展和进行中国传统文化的教育教学研究，编辑出版《临洮传统文化》一书，举办中国传统文化知识讲座；筹集资金，修缮文庙；举办中小学生中华经典诵读大赛；不断加强学会自身建设，成立了学会党支部，由常务副会长张祖印任书记，王毅任副书记，吴萍兰、赵锐、郑洁为委员。学会为临洮县经济社会发展做出了积极的贡献。

0233 临洮县文学艺术界联合会

地　　址：甘肃临洮县文峰西路 4 号
创建时间：2000-05-07
会员人数：614 人
主要文化活动：团结、联络、协调各协会，组织文艺家进行书画、文学、美术、摄影等的交流创作。
简　　介：临洮县文联成立于 2000 年 5 月，属人民团体，挂靠县文化广播影视局，现有兼职主席一名，专职参管编制人员 2 名，其中一名副主席兼秘书长，一名工作人员。2000 年 5 月，召开全县第一次文代会，当时文联下设四个协会：文学工作者协会，美术摄影工作者协会，书法工作者协会，音乐舞蹈工作者协会。2012 年 4 月召开全县第二次文代会，选举产生主席一名（县文化广播影视局副局长兼任），副主席12名（一名副主席兼秘书长驻会工作）。目前县文联下设八个文艺家协会：作家协会、美术家协会、书法家协会、摄影家协会、音乐家协会、舞蹈家协会、戏剧家协会、民间文艺家协会。共有会员614名，其中作协81名、美协79名、书协88名、摄协66名、音协73名、舞协74名、戏协90名、民协63名。会员中有国家级会员3名，其中有中国书协、中国作协、中国民协会员各1名，甘肃省省级各协会会员有59名，其中省作协12名，省美协14名，省书协8名，省音协5名，省民协7名，省曲协3名，省摄协9名，省舞协1名。文联2001年创办了机关刊物《洮河》杂志，该刊物是以文学作品为主的内部交流刊物，截至2013年已连续出刊13期（每年一期），每期刊发80余位作者的各类作品近百余件，为全县广大文艺爱好者提供了展示才华的舞台，也是县文联对外交流的主要窗口。

0234 临洮县寺洼文化研究会

地　　址：甘肃临洮县东大街8号
创建时间：2009年
会员人数：50人
主要文化活动：研究、传播、展出寺洼文化，促进旅游业和地方经济发展。
简　　介：2009年，临洮县组建"寺洼文化研究会"，是一个旨在研究临洮本土文化、推动文化旅游业互动发展的社会团体。该学会以"文化旅游大发展"为主题，结合临洮特色，挖掘文化内涵，打造文化成果，以此建立以"寺洼文化"为主体的文化旅游资源体系。"寺洼文化"距今已有五千多年的历史，是中国远古文化中的一颗璀璨明珠。"寺洼文化研究会"的成立，将对临洮南部乡镇生态和乡村旅游以及民俗文化等旅游资源的深度开发挖掘起到积极的作用。

0235 临洮县中老年书画学会

地　　址：甘肃临洮粮食市49号
创建时间：1991年
会员人数：151人
主要文化活动：开展和搭建书画艺术交流平台。
简　　介：临洮县中老年书画学会有会员151人，2012年对外文化交流5次，开展活动24次，参加人数150人。2012年吸纳社会资金3000元。

0236 临洮美兰画院

地　　址：甘肃临洮县洮阳镇公园路
创建时间：2008年
会员人数：130人
主要文化活动：组织书画艺术交流，艺术设计，艺术制作，开展书画培训和书画研究，承办书画展览、笔会、研讨会等。
简　　介：临洮美兰画院现有会员130人，2012年，对外文化交流2次，开展活动12次，参与人数120人。2012年，吸纳社会资金5700元。

0237 李氏祖籍临洮联谊研究会

地　　址：甘肃临洮
创建时间：1995 年
会员人数：210 人
主要文化活动：发掘保护陇西李氏祖籍遗址与文物，加强同海内外陇西李氏宗亲会联谊交流。

简　介：陇西李氏祖籍临洮联谊研究会是1995年8月成立的民间组织，由临洮县民政局批准注册，业务由县文化局主管。陇西李氏祖籍临洮联谊研究会自创建初期，印发《联谊与研究》会刊六期、二万余册，通过研究先后在《陕西日报》《兰州学刊》《西北大学学报》《甘肃文史》《文博》、台北《甘肃文献》等三十多家报刊发表以陇西李氏根在临洮的论文60多篇、30多万字。2005年《甘肃经济日报》《兰州晚报》分别出版了《陇西李氏根在临洮》专版。举办《陇西李氏根在临洮》史料展览五次。研究会与美国、马来西亚等国，台湾、福建、广东等地海内外李氏宗亲社及后裔取得了广泛联系，继2001年沈阳李铮来临洮寻根敬赠老子雕像后，2006年以来又有韩国籍李氏、闽南李氏宗亲联谊会、福建长乐陇西李姓海内外宗亲联谊会等组团来临洮寻根。还有安徽、江西、陕西、湖北、山东等省及新加坡籍李氏后裔来临洮寻根考察。经过十多年艰苦不懈的努力，取得了两大研究成果。一是对古陇西、陇西郡望、陇西李氏祖籍的研究，得出了符合历史事实的科学结论。二是老子李耳终老地的研究，有了新论，已知其飞升临洮凤台，临洮是老子的第二故里。

0238 临洮马家窑书画研究院

地　　址：甘肃临洮南关1号
创建时间：2003 年
会员人数：109 人
主要文化活动：加强与全国各地书画界的联系，培训书画人才。

简　介：马家窑文化以彩陶器为代表，是人类远古先民创造的最为辉煌灿烂的文化瑰宝之一。甘肃作为古丝绸之路上的重要驿站，远古文明在这里折射出无限光芒。为了使马家窑文化发扬光大，2003年经省文化厅批准，省民政厅登记注册，正式成立了甘肃省临洮马家窑书画研究院，研究院吸收了省内外有影响的学者、专家参与，成立了学术研究班子，推选王志安担任会长，并聘请了全国著名的学者和德高望重的老领导作为名誉会长。王志安出生于甘肃临洮，毕业于西北师范大学美术系，号千陶阁主，画家、书法家。2004年，王志安个人出资举办马家窑文化发现命名80周年纪念活动。2005年12月与甘肃彩陶研究会共同举办"2005中国彩陶马家窑文化研讨会"，2006年1月，他到上海举办马家窑文化讲座。《上海收藏报》以"中国当代研究马家窑文化第一人"为标题，对他做了数次报道。《文汇报》发表了他的"也谈中华龙起源"的文章。2006年5月，中央电视台《探索·发现》栏目，在临洮进行了为期半月的采访和拍摄，制作了大型电视专题片《神秘的中国彩陶》，该片在中央电视台《探索·发现》栏目播出后，引起强烈反响。2007年7月，他应邀去沈阳参与世界园艺博览会兰州彩陶园工程的设计规划，并获得了七项大奖。2009年4月，研究院的依托单位临宝斋商务总社被中共甘肃省委宣传部、甘肃省文化厅、甘肃省广播电影电视局、甘肃省新闻出版局等四部门评定为首批"甘肃省文化产业示范基地"之一。十多年来，在王志安会长的带领下，研究院积极加强对外书画交流，开展书画创作、彩陶图案研究和书画培训活动，提出了许多独到的观点和论断，有多篇学术论文发表在全国重点刊物，如"中华龙的起源""卍字符号的解读"等，引起了学术界的关注，为"马家窑文化"走向世界，让世界更多地了解到"马家窑文化"做出了积极的贡献。

（三十五）陇南市武都区

0239 陇南声器乐协会

地　　址：陇南武都
创建时间：2014-07-30
会员人数：120人
主要文化活动：陇南文艺演出。
简　　介：陇南市声器乐协会成立于2014年7月30日，团队人数为120人。

0240 武都区文学艺术界联合会

地　　址：武都区滨江大道西路文广大厦七层
创建时间：1990-07-05
会员人数：372人
主要文化活动：开展相关的艺术活动。
简　　介：武都区文学艺术界联合会下辖作家协会、美术家协会、书法家协会、舞蹈家协会、音乐家协会、民间艺术协会等九大艺术团体，从事相应的艺术创作活动。

（三十六）陇南市成县

0241 成县文学艺术工作者联合会
地　址：陇南市成县陇南中路与团结路交汇处北
创建时间：1992-11-01
会员人数：286 人
主要文化活动：全县广大文艺工作者在国家级刊物发表作品 1000 余篇，在省市级刊物发表上万篇作品，编辑文学季刊及周刊 80 余期，编辑各种文集 70 余本，举办征文活动 10 余次，还举办了大型文艺演出交流活动。
简　介：成县文学艺术工作者联合会成立于 1992 年 11 月，张剑君为现任文联主席。县文联下设文学、书法、美术、音乐、舞蹈、摄影、戏剧协会，共有省级会员 52 名，市级会员 86 名，县级会员 148 名。文联是指导全县广大文艺工作者开展艺术创作、交流的服务单位。近 20 年来，开展大型文艺演出、交流活动上百次，编辑文学季刊《同谷》80 余期，编印各种文集 70 余本，举办征文活动 10 余次。

0242 成县成州书画学会
地　址：成县城关镇东新街城东招待所
创建时间：2007-03-01
会员人数：150 人
主要文化活动：每年开展对外文化交流活动、展览 4 次，为群众送书画作品 400 幅，送对联 1000 余幅。
简　介：成县成州书画学会成立于 2007 年 3 月，会员有 150 人，每年开展对外文化交流活动、展览 4 次，为群众送书画作品 400 幅，送对联 1000 余副。

（三十七）陇南市西和县

0243 西和县雪骥书画院

地　　址：西和县西峪乡空峒村
创建时间：2012-08-07
会员人数：1人
主要文化活动：举办书画展览、书画笔会、书画讲座和书画评比等书画艺术交流活动。帮助广大书画艺术家组织策划个人画展、出版个人书画专辑、著作以及收藏等方面的服务。研究介绍艺术发展的理论、方法和经验，吸收和发展会员。建立分支联络机制，联合开展业务。
简　　介：该院是西和县文化局审查、县民政局正式批准登记注册的私营机构，以弘扬中华民族传统书画艺术、丰富和繁荣书画艺术创作为目的，组织和联系书画艺术界名人名家、广大书画爱好者多渠道、多形式地开展书画艺术交流与合作，拓展文化艺术场所，开展书画艺术展览、书画笔会、书画艺术讲座、书画艺术培训。

0244 西和县书画诗词研究会

地　　址：西和县文化馆
创建时间：2013-04-26
会员人数：140人
主要文化活动：积极开展美术、书法创作活动，举办书画展览、展销、学术讲座，培养书画方面的人才。
简　　介：西和县书画诗词研究会经县文化局审查、县民政局登记于2013年4月底召开成立大会，大会由文化局王卫红局长主持，县政府王小元副县长出席并做了重要讲话，大会选举何元元为理事长、蔚鸿为秘书长，有副理事长12人、副秘书长12人、理事60人，正式会员140多人。2013年5月20日至30日在县电讯局二楼举办书画展览，成立大会和书画展览县广电局都做了报道。同年7月接待了白雪画家加宏杰，并召开了中国画学术研讨会，8月初为陇南市选送了作品，10月份到年底，印发了会员证。2014年3月25日，召开了"纪念西和书画研究会（前身成立30周年座谈会）。2014年5月，大力协助文化局举办了"西和县党的群众路线教育实践活动书画展"。近年编印赠发第一期《羲乡草根》画册。目前正筹备编印第二期。

0245 西和县老年诗书画协会

地　　址：西和县中山街

创建时间：2012-11-29

会员人数：38人

主要文化活动：不定期开展诗歌创作、书画交流、集体辅导、书画展览；不定期去乡镇农村、学校、厂矿企业开展文化下乡活动；逢重大节日、县内重要活动，组织人员配合全县活动；邀请县外享有盛名的书画家、诗人来县辅导；不定期分批组织人员去外地参观学习，参加诗书画联谊活动。

0246 晚霞湖民间艺术社

地　　址：西和县姜席镇姜窑村

创建时间：2013-06-24

会员人数：38人

主要文化活动：收集民间文学作品，包括诗词歌谱、散文、笑话、民俗传说、小品、山歌、快板、社火曲、乞巧歌、农村先进事迹和优秀个人事迹等；收集书法、绘画、摄影、篆刻等作品；收集民间剪纸、刺绣、编制手工艺作品；收集民间根雕、盆景、奇石、花卉图片作品。

简　　介：晚霞湖民间文化艺术社是晚霞湖畔民间文化艺术爱好者和热心者自发创建的民间文化艺术交流和学习的团体，其宗旨是宣传党的政策，弘扬传统文化，倡导农村精神文明，促进村民和谐和尊老爱幼风气的养成，推动民间文化艺术的交流和发展，提倡科技致富，挖掘本乡本土文化艺术人才和地方文化艺术创作。

（三十八）陇南市礼县

0247 甘肃秦文化研究会

地　址：甘肃秦文化博物馆（礼县）

创建时间：2012-09-13

会员人数：80人

主要文化活动：挖掘整理秦文化资源，学术研究交流，编辑刊物。

简　介：甘肃秦文化研究会是史学界、考古界及秦文化研究者开展学术研究，进行学术交流的群众性学术团体。成立于2012年的4月，办公地点在甘肃秦文化博物馆。由名誉顾问、顾问、会长、副会长、秘书长、副秘书长和会员组成。会员来自全省，不受地域限制，旨在组织全国热爱秦文化和从事先秦、秦汉历史研究的专家学者共同对甘肃秦文化，特别是礼县西汉水流域的早期秦文化进行深入细致的挖掘、归纳、整理，力求不断充实甘肃秦文化的学术与应用价值，探索历史文化与当代文化相结合的形式和途径，继承优秀文化遗产，弘扬爱国主义。研究会接受国家文物局、省文化厅、省民政局社团管理局的业务指导和监督管理，主管单位为甘肃省文化厅，业务范围是制定和实施甘肃秦文化研究规划，对甘肃秦文化展开全面、深入的研究，编纂、整理、出版甘肃秦文化史料和学术研究成果。研究会进行包括学术报告会、研讨会、座谈会、学术信息交流会及专题性调查研究在内的多种学术研究活动，与有关的研究机构、行政部门、公司企业的联系网络加强联系、组织协作、交换资料、提供咨询，积极开展对外文化交流和文化产业建设，促进文化资源优势的经济型转化，不定期出刊《秦文化探究》杂志。

0248 礼县音乐舞蹈戏剧家协会

地　址：礼县城关大西街

创建时间：2003-09-21

会员人数：31人

主要文化活动：协会成立于2003年9月，现有会员31人，其中，国家级1人，省级4人，市级10人，县级16人。协会每年都要组织会员开展音舞创作活动，举办大型演出和送文艺下乡活动。一些会员的作品在省市参赛中获不同奖项。

0249 礼县摄影电视家协会

地　　址：礼县城关大西街

创建时间：2003-09-21

会员人数：84 人

主要文化活动：开展采风活动，举办摄影展，制作电视专题片。

简　　介：协会成立于2003年9月，现有会员84人，其中省级30人，市级26人，县级28人，主席薛小平。协会每年都要组织会员开展采风活动，举办一至两次摄影展，制作10至20部电视专题片，并获不同奖项。

0250 礼县作家协会

地　　址：礼县城关大西街

创建时间：2003-09-21

会员人数：71 人

主要文化活动：文学创作和采风活动。

简　　介：礼县作家协会成立于2003年9月，现有会员71人，其中，国家级6人，省级3人，市级31人，县级31人，现任作协主席王振宇。协会成立以来，经常组织会员开展文学创作和采风活动，每年有大部分作者在国家、省、市级刊物发表作品若干篇并获奖。

0251 礼县美术家协会

地　　址：礼县城关大西街

创建时间：2003-09-21

会员人数：60 人

主要文化活动：开展美术培训、创作、笔会。

简　　介：礼县美术家协会成立于2003年9月21日，协会现有会员60人（其中，省级9人、市级6人、县级45人），现任美协主席马智强。协会每年都要组织一至两次业务培训，举办一至三次美术展，组织会员在有关乡镇采风。每年有部分会员在省市级刊物发表美术作品，并获奖。

0252 礼县书法家协会

地　　址：礼县城关大西街

创建时间：2003-09-21

会员人数：49 人

主要文化活动：书法艺术创作、展览和交流。

简　　介：礼县书法家协会成立于2003年9月，现有会员49人，其中，国家级4人，省级12人，市级12人，县级21人。协会每年都要组织会员开展一至两次业务培训，组织会员开展书法艺术研讨活动。每年有部分作者在国家、省、市刊物发表多幅书法作品，并获奖。

（三十九）陇南市文县

0253 文县作家协会

地　　址：文县办公大楼
创建时间：2007-04-18
会员人数：58人
主要文化活动：文学创作。
简　介：2007年4月18日，文县作家协会召开了第一次代表大会，经投票选举，产生了第一届名誉主席：刘醒初、齐培礼、任真，顾问：杨光付、茹涛、刘遇勋、刘百禄，主席：刘启舒，副主席：李世仁、李小安、刘彬采、严风岐、宋彬，秘书长：刘国贤，副秘书长：宋付林，理事26名。文县作家协会自成立以来始终坚持为人民服务、为社会主义服务的方向，坚持百花齐放，百家争鸣的方针，坚持贴近实际、贴近生活、贴近群众的创作原则，秉承打造文学精品，培养文学新人，为文县经济腾飞摇旗呐喊，以弘扬民族精神和追求"中国梦"为主题，高扬主旋律，创作了一批高质量的文学作品。2013年，作协作者在国家、省市、县级文学刊物和报纸上共计发表小说、散文、诗歌、文学评论等各类文学作品600多篇（首），作品数量较上一年有所增加，作品质量也有所提高。

（四十）临夏回族自治州

0254 临夏州书法家协会

地　址：临夏州文化馆
创建时间：1985-05-09
会员人数：160 人
主要文化活动：举办展览，开展书法交流活动、公益性文化活动，辅导书法爱好者，举办书法培训班。
简　介：临夏州书法家协会成立于 1985 年 5 月，现有会员 160 人，主席为焦玉洁，副主席为王晓黎、马文和、马全义，秘书长为王晓黎（兼），协会办公地点在临夏州文化馆。临夏州书法家协会是中共临夏州委领导下的全州各民族专业和业余书法工作者、组织者、爱好者自愿结合的专业性人民团体，是党和政府联系广大书法工作者的桥梁和纽带，是临夏州文联的团体会员单位，并接受临夏州文联的领导和监督。协会的任务是组织会员开展书法创作研究，总结和交流创作经验；积极支持群众的业余书法创作活动，帮助鼓励引导业余书法爱好者的创作活动，培养各民族书法的新生力量，不断壮大书法队伍，繁荣书法创作；组织比赛、展览、评奖活动，对优秀的书法作品及作者、书法理论著作或文章予以精神和物质的鼓励和表彰；认真履行联络、协调、服务的职能，加强地区间的书法交流。截至 2014 年 8 月，协会共召开 5 次会员代表大会。

0255 临夏州摄影家协会

地　址：临夏州文联
创建时间：1985-05-08
会员人数：144 人
主要文化活动：组织会员开展摄影理论的研究，总结和交流创作经验；多次举办美术、书法、摄影巡回展览，并组织作者出外采风，拍摄到很多有价值的照片，通过举办展览，大力宣传临夏人文、地貌，对宣传临夏起到很大的推动作用；不断培养各民族摄影的新生力量，不断壮大摄影队伍，繁荣摄影创作；举办各类摄影展览、摄影比赛、评奖活动；组织开展摄影培训学习、对外交流和创作采风活动。
简　介：临夏州摄影家协会成立于 1985 年 5 月，现有会员 144 人，主席为马忠贤，副主席为赵永正、王金云、马忠华、朱旭龙、马良山、杨进明、马光云、胡兆萱，秘书长为胡兆萱（兼）。协会办公地点在州文联。截至2014年8月，共召开5次会员代表大会。临夏州摄影家协会是中共临夏州委领导下的全州各民族专业和业余摄影工作者、组织者、爱好者自愿结合的专业性文艺团体，是党和政府联系广大摄影工作者的桥梁和纽带，是临夏州文联的团体会员，并接受临夏州文联的领导和监督。协会任务是组织会员开展摄影理论的研究，总结和交流创作经验；积极支持群众发展业余摄影艺术，帮助鼓励引导业余摄影爱好者的创作活动，培养各民族摄影的新生力量，不断壮大摄影队伍，繁荣摄影创作；组织比赛、展览、评奖活动，对优秀的摄影作品及作者、摄影理论著作或文章予以精神和物质的鼓励和表彰；认真履行联络、协调、服务的职能，加强地区间的摄影交流。

0256 临夏州王竑文化研究会

地　　址：临夏王竑文化博物馆
创建时间：2009-11-06
会员人数：86人
主要文化活动：保护、传承、研究、弘扬历史名人王竑文化。
简　　介：从1900年开始重建王竑墓园，省州市党政部门、各族各界捐款捐物300多万元，完成2期工程。搜集整理王竑明清文献近千件，国内外报刊发表有关宣传研究文章上千篇，编著出版连环画《王竑》《王庄毅公纪念文集》，长篇小说《铁笏尚书》《王竑画传》《千古人豪·百事衡鉴——王竑文化600年》等著作。2014年配合中国明史学会，临夏州文联召开中国临夏王竑文化学术研讨会，国内著名专家52人出席会议，收到论文56篇，中国新闻网等10多家媒体进行了现场报道。

0257 临夏州民间文艺家协会

地　　址：临夏州文联
创建时间：1985-05-12
会员人数：123人
主要文化活动：开展民间文艺的搜集、整理、保护、研究、弘扬。
简　　介：临夏州民间文艺家协会成立于1985年5月，原名临夏民间文艺研究会，与临夏州花儿研究会一套班子。第一届会议主席周梦诗，副主席李林、鲁拓、马占元，秘书长王沛，当时有会员45人，理事13人。第二届会议1991年1月召开，主席李林，副主席王沛、马珑、鲁括，秘书长马珑，常务理事5人，理事11人。第三届会议1999年5月召开，主席王沛、副主席周梦诗、石临生，秘书长徐治河，理事7人。第四届会议2005年11月召开，主席王沛，副主席周平、董克义、祁振辉，秘书长徐治河，理事15人。第五届会议2010年9月召开，主席王沛，副主席董克义、周平、祁振辉、徐治河，秘书长徐光文，理事16人。

0258 临夏州作家协会

地　址：临夏州文联

创建时间：1985-05-09

会员人数：102 人

主要文化活动：积极组织和推动文学创作和评论活动；积极发现、培养本州各民族文学创作、评论的新生力量；尊重本州各民族文学的传统和特色，大力培养民族作家，促进各民族文学的发展，加强各民族之间的文学交流。

简　介：临夏州作家协会成立于1985年5月，截至2014年8月，共召开5次会员代表大会，历任主席雍诚、李栋林、李学军、祁凤鸣。

州作协是中共临夏州委领导下的全州各民族作家、作者自愿结合的专业性人民团体，是党和政府联系广大文学作者的桥梁和纽带，是临夏州文联的团体会员单位，并接受临夏州文联的领导和监督。协会的任务是认真履行联络、协调、服务职能，积极组织和推动文学创作和评论活动，积极发现、培养本州各民族文学创作、评论的新生力量，尊重本州各民族文学的传统和特色，大力培养民族作家，促进各民族文学的发展，加强各民族之间的文学交流。州第五届作家协会代表大会有会员102人，主席祁凤鸣，副主席王维胜、王国虎、马琴妙，秘书长马晓峰。协会办公地点在州文联。

（四十一）临夏回族自治州临夏市

0259 临夏州美术家协会
地　　址：临夏州美术培训中心
创建时间：1985-05-09
会员人数：167人
主要文化活动：组织会员开展美术理论的研究，总结和交流创作经验；培养各民族热爱美术的新生力量，不断壮大美术创作队伍，繁荣美术创作；举办各类美术展览、美术比赛、评奖活动，并组织开展美术培训学习、对外交流和创作采风活动。
简　　介：临夏州美术家协会成立于1985年5月，现有会员167人，主席为冯丕烈，副主席为王利卫、石光云、张定平。秘书长为杨占福。截至2014年8月，协会共召开5次会员代表大会，历任主席冯丕烈、贾文忠、肖永旭。临夏州美术家协会是中共临夏州委领导下的全州各民族专业和业余美术工作者、组织者、爱好者自愿结合的专业性人民团体，是党和政府联系广大美术工作者的桥梁和纽带，是临夏州文联的团体会员单位，并接受临夏州文联的领导和监督。

（四十二）临夏回族自治州康乐县

0260 康乐县作家协会
地　址：甘肃康乐县新治街 24 号
创建时间：2009-09-20
会员人数：36 人
主要文化活动：组织康乐县热爱写作的同仁积极创作爱国爱家的优秀文学作品，组织优秀的作品进行参赛、发表。协会成立以来已经创作优秀作品 500 余件，极大地丰富了康乐县群众的精神文化生活。

0261 康乐县摄影家协会
地　址：甘肃康乐县新治街 24 号
创建时间：2009-08-24
会员人数：30 人
主要文化活动：组织康乐县摄影爱好者采风、创作优秀的摄影作品进行展览、参赛。
简　介：康乐县摄影家协会成立于 2009 年 8 月 24 日，并于当日在县政府六楼会议室召开了康乐县摄影家协会成立及首届会员代表大会，会议由县委宣传部和县文联主要领导主持，大会选举产生了主席 1 名，副主席 2 名，理事 4 名，秘书长 1 名。会议通过了《康乐县摄影家协会章程》。临夏州文联、州摄影家协会主要领导到会并做了重要讲话，新华社甘肃分社编辑部、甘肃省摄影家协会还发来贺电，对康乐县摄影家协会的成立表示祝贺。康乐县书画协会、康乐县花儿协会、康乐县作家协会、康乐县戏剧家协会到会祝贺。康乐县摄影家协会会员从成立初期的 21 名发展到现在的 30 名，设备从初期的 1 台照相机发展到现在的 5 台，便携长焦机 6 台。

0262 康乐县白云书画院
地　址：甘肃康乐县
创建时间：2012-03-31
会员人数：40 人
主要文化活动：组织康乐县书画爱好者进行创作和展览。
简　介：白云书画院成立于 2012 年 3 月，有会员 40 名，设院长一名，副院长两名，名誉院长一名。白云书画院是康乐县唯一有专用展厅的书画院，面积 60 平方米，展室 3 间。白云书画院常年组织书画作品展览，极大地丰富了广大书画爱好者的文化生活。

0263 康乐县书画协会

地　　址：甘肃康乐县
创建时间：2005-10-10
会员人数：38 人
主要文化活动：积极组织康乐县书画爱好者进行书画创作，积极参加省内外书法和绘画比赛并取得了一定成绩，积极和其他市县书法及绘画协会交流，深入校园培养年轻的书画人才。
简　　介：康乐县书画协会成立于 2005 年 10 月，是康乐县书画爱好者之家。每年组织康乐县书画爱好者举办书画展 10 余场，组织书画采风 4 场次，有固定会员 38 人，设主席 1 名，副主席 3 名。

0264 莲花山花儿艺术家协会

地　　址：甘肃康乐县
创建时间：2009-09-08
会员人数：73 人
主要文化活动：参加演出和比赛。
简　　介：康乐县花儿艺术家协会成立于 2009 年 9 月，现有会员 73 名，内设主席 1 名，副主席 3 名，是康乐县莲花山花儿爱好者之家。协会每年组织花儿会 7 场次。

0265 康乐县奇石协会

地　　址：甘肃康乐县附城镇迎宾路 8 号
创建时间：2012-03-31
会员人数：20 人
主要文化活动：发掘洮河奇石，组织展览。
简　　介：康乐县奇石协会是一切爱好奇石收藏及洮河石文化研究的民间社团组织。协会的宗旨是通过协会集体和会员个人的努力，发掘、收藏和研究洮河奇石文化，宣传康乐县，弘扬洮河文明，推动康乐县两个文明建设步伐。协会的业务范围是对洮河流域的奇石进行考察，对有价值的在不破坏当地植被的前提下开发利用；对于人文景观、自然景观相互衬托有价值的奇石给予保护监督；对具有科学文化价值的古脊椎动物、无脊椎动物、微体生物、古植物等化石进行保护；对具有特殊科学研究和观赏价值的岩石、矿物、宝石极其典型产地建议有关部门予以保护；对具有重大科学研究和观赏价值的岩石、丹霞、黄土、雅丹、花岗岩奇峰、石英砂岩峰林、火山、陨石等奇特地质景观宣传保护；对有观赏价值的奇石进行估价。

（四十三）甘南藏族自治州舟曲县

0266 舟曲楹联诗词协会

地　　址：舟曲县文化馆

创建时间：2008-04-15

会员人数：80 人

主要文化活动：2008 年，学会动员大家积极供稿，在政府的支持下整理编印了《达玛花——舟曲历代楹联诗词集》。2011 年底，学会收集整理了舟曲文学爱好者"8·8"灾难中写的诗、词和楹联，编印成《泥殇——舟曲"8·8"诗词联》一书。目前，协会正在整理一部资料更全、内容更多、校勘更精的《舟曲历代楹联》，向国内外发行。在学会的有效鼓励下，许多作者编印了自己的作品集，如知否的《龙江人家》，刘文智的《岁月留痕》《晚语新声》，张勤的《岩石录》，王会明（江石）的《浪花》《张希骞诗词集》也在争取经费印行之中，舟曲楹联诗词写作队伍在不断壮大。在学会的推荐努力下，有 9 位作者加入中国楹联学会，5 位作者成为中华诗词学会的会员。

简　　介：舟曲楹联诗词协会自 2008 年 4 月成立以来，组建了一个政治素质较高的领导班子，激励了一批创作旺盛作者的务实精神，参与了众多党委文化部门的文化活动，积极推动了舟曲文学艺术的进步发展，并且经常进行热爱社会主义的教育活动，为推进舟曲的文化事业做了不少好事和实事。

（四十四）甘南藏族自治州卓尼县

0267 洮砚协会

地　　址：卓尼县柳林镇

创建时间：2008-07-30

会员人数：246人

主要文化活动：洮砚非物质文化遗产的保护与传承，洮砚资源管理，洮砚市场维护，洮砚展览宣传，洮砚制作技艺人才培训等。

简　介：甘肃省卓尼洮砚协会成立于2008年，2012年由文化部批准，协会名称变更为"卓尼县洮砚开发协会"。业务范围是洮砚非物质文化遗产保护与传承、洮砚行业管理、洮砚市场维护、洮砚新产品研发、人才培训及宣传展览等。洮砚协会有会员246名、洮砚生产厂家30家、省级大师25名。国家级非物质文化遗产省级洮砚传承人2人，优秀工作者30人，高级工艺技术人员50人。2008年、2009年、2010年在卓尼县成功举办三届洮砚非物质文化遗产宣传展览，2011年参加深圳文博会，2012年参加嘉峪关文博会及甘肃省文博会。2009年3月创作了《祥龙护宝》被国家财政部永久收藏，2010年9月洮砚协会全体会员向舟曲捐款13180元人民币。

0268 书法、美术、摄影协会

地　　址：卓尼县柳林镇

创建时间：2007-07-30

会员人数：92人

主要文化活动：培养协会会员提高艺术素养和创作才能，保护书法、美术、摄影人才。

简　介：卓尼县书法美术摄影协会成立于2007年5月，现有会员92人，理事9人，常务理事5人。卓尼县书法美术摄影协会是一个以书法美术摄影事业人士为主体，自愿组成的非营利性社会团体。协会的主旨是发扬中华民族优秀书法美术传统，遵守国家宪法、法规，遵守社会道德规范，发挥协会桥梁纽带作用，以提高人民思想、文化、艺术修养为目标，服务人民，为书法美术摄影事业服务，促进卓尼书法、美术、摄影事业健康繁荣发展。卓尼县书法美术摄影协会自成立以来，每年主办年会一次，鼓励发表作品，在每年书法展览期间，评选优秀作品发放奖金，邀请书法美术大师莅临指导，现场展示书法美术大师作品，这些大师为协会的工作提供了全面发展的有利时机。

（四十五）甘南藏族自治州临潭县

0269 临潭县文联音乐舞蹈协会

地　址：临潭县文学艺术界联合会

创建时间：2008-08-14

会员人数：40人

主要文化活动：临潭县文联音乐舞蹈协会，成立后协助县文联编辑出版了8期《洮州文学》，分别于2011年和2013年两次协助县文联举办了全州范围的文学采风活动，并组织协会会员参加了省、州、县的各级文艺活动。同时每年都参与县上组织的各级各类大型文化活动，得到了社会人士和业内人士的肯定，促进了地方文化艺术的大力发展。

0270 临潭县文联摄影家协会

地　址：临潭县文学艺术界联合会

创建时间：2008-08-01

会员人数：30人

主要文化活动：2011年和2013年两次协助县文联举办了全州范围的文学采风活动，并组织协会会员参加了省、州、县的各级文艺活动，取得了良好的成绩。同时组织会员参加了省、州、县举办的大型摄影展，并取得了优异的成绩。

简　介：临潭县文联摄影家协会成立于2008年8月，摄影家协会成立后协助县文联编辑出版了8期《洮州文学》，分别于2011年和2013年两次协助县文联举办了全州范围的文学采风活动。并组织协会会员参加了省、州、县的各级文艺活动，取得了良好的成绩。同时组织会员参加了省、州、县举办的大型摄影展，并取得了优异的成绩，得到了社会和专业人士的好评。其中敏生贵的摄影《神湖冶海》获得了省级一等奖，并被省政府收藏。协会促进了地方摄影事业的发展，加大了对外宣传力度。

0271 临潭县文联书画艺术协会

地　址：临潭县文学艺术界联合会

创建时间：2008-08-01

会员人数：20人

主要文化活动：每年都参与县上组织的各级各类大型文化活动；组织了各类大型文艺活动和各类书画展。

简　介：临潭县文联书画艺术协会成立于2008年8月，书画艺术协会成立后协助县文联编辑出版了8期《洮州文学》，分别于

2011年和2013年两次协助县文联举办了全州范围的文学采风活动。并组织协会会员参加了省、州、县的各级文艺活动，取得了良好的成绩，得到了社会和专业人士的好评。同时每年都参与县上组织的各级各类大型文化活动；组织了各类大型文艺活动和各类书画展，得到了社会人士和业内人士的肯定，促进了地方书画艺术事业的进步与发展。

0272 临潭县文联洮州刺绣产业协会

地　　址：临潭县文学艺术界联合会
创建时间：2008-08-01
会员人数：15 人
主要文化活动：在各乡镇组织会员发展刺绣产业，并在卓洛乡成立了乡刺绣协会，推出了自己的刺绣产品在全国范围内出售，取得了很好的业绩。

简　　介：临潭县文联洮州刺绣文化产业协会成立于2008年8月，成立几年来协会组成人员在协会负责同志的领导下，尽心尽力地工作，在各乡镇组织会员发展刺绣产业，并在卓洛乡成立了乡刺绣协会，打出了自己的刺绣产品品牌，并在全国范围内出售，取得了很好的业绩，有力地推动了地方刺绣产业的进一步发展。

0273 临潭县文联文学协会

地　　址：临潭县文学艺术界联合会
创建时间：2008-08-14
会员人数：20 人
主要文化活动：文学协会成立后协助县文联编辑出版了8期《洮州文学》，分别于2011年和2013年两次协助县文联举办了全州范围的文学采风活动，并组织协会会员参加了省、州、县的各级文艺活动，取得了良好的成绩。文联换届后先后编辑出版了8期《洮州文学》。

简　　介：临潭县文联文学协会成立于2008年8月，文联文学协会先后编辑出版了8期《洮州文学》，其中选编本地作者创作的长篇小说《麻娘娘》一部，收集各类创作素材上百万字，编辑临潭籍文化人创作的小说、散文和诗歌集一部《大美洮州》。临潭本地作者海洪涛出版了诗集《中华历代名人歌》《中国穆斯林三百名人歌》等；王小忠出版诗集《甘南草原》《在小镇上》、散文集《红尘往事》等；花盛出版了诗集《一个人的路途》、散文集《岁月留痕》；葛峡峰出版了诗集《葛峡峰诗选》。

甘肃省文化资源名录

第四十二卷 文化类高等教育、文化艺术机构团体 I

文艺表演团体

（一）兰州市城关区
（二）兰州市七里河区
（三）兰州市西固区
（四）兰州市安宁区
（五）兰州市榆中县
（六）兰州市皋兰县
（七）酒泉市敦煌市
（八）酒泉市肃北蒙古族自治县
（九）天水市秦州区
（十）天水市麦积区
（十一）天水市秦安县
（十二）天水市甘谷县
（十三）天水市张家川回族自治县
（十四）武威市天祝藏族自治县
（十五）张掖市甘州区
（十六）张掖市山丹县
（十七）张掖市高台县
（十八）张掖市肃南裕固族自治县
（十九）白银市白银区
（二十）白银市平川区
（二十一）白银市会宁县
（二十二）白银市靖远县
（二十三）白银市景泰县
（二十四）平凉市崆峒区
（二十五）平凉市崇信县
（二十六）平凉市庄浪县
（二十七）平凉市静宁县
（二十八）庆阳市西峰区
（二十九）庆阳市华池县
（三十）庆阳市合水县
（三十一）庆阳市庆城县
（三十二）庆阳市镇原县
（三十三）庆阳市环县
（三十四）定西市渭源县
（三十五）定西市岷县
（三十六）定西市临洮县
（三十七）陇南市成县
（三十八）陇南市西和县
（三十九）陇南市康县
（四十）陇南市文县
（四十一）临夏回族自治州临夏市
（四十二）临夏回族自治州康乐县
（四十三）临夏回族自治州永靖县
（四十四）临夏回族自治州和政县
（四十五）甘南藏族自治州舟曲县
（四十六）甘南藏族自治州卓尼县
（四十七）甘南藏族自治州临潭县
（四十八）甘南藏族自治州迭部县
（四十九）甘南藏族自治州夏河县
（五十）甘南藏族自治州碌曲县
（五十一）甘南藏族自治州玛曲县

（一）兰州市城关区

0001 甘肃省歌舞剧院

地　址：城关区东岗东路 2634 号

从业人员数：195 人

演出场次：270 场

知名节目：50 个

总收入：23943 万元

获奖情况：《丝路花雨》荣获全国专业舞台艺术"优秀保留剧目大奖"，《丝路花雨》荣获中国舞剧之最——大世界吉尼斯之最。

简　介：甘肃省歌舞剧院（前身为甘肃省歌舞团、甘肃敦煌艺术剧院）为甘肃省国有文艺院团和文化部重点涉外文艺团体。剧院成立于 1961 年，2013 年 2 月转企改制。剧院现有在职人员 260 多人，设有舞蹈团、民族交响乐团（含声乐队）、舞台美术工作部、舞美设计室、音视频工作室、书画室、艺术摄影工作室、舞蹈中专学校和少儿艺术培训中心等专业部门。甘肃省歌舞剧院主要以研究、创作、演出敦煌、丝绸之路、多民族音乐、舞蹈作品为己任。多年来，剧院曾先后创演的作品有舞剧《丝路花雨》《箜篌引》《悠悠雪羽河》《天马萧萧》，乐舞剧《敦煌古乐》，主题歌舞《敦煌·丝路情》，大型民族交响乐《敦煌音画》，主题音乐晚会《国乐飘香》，特色风格舞蹈《飞天》《俏胡女》《西凉乐舞》《反弹琵琶》《千手观音》《水月观音》《保安腰刀》《月舞星歌》《飞天散花》《鄨波月牙泉》《荷花赋》，特色打击乐节目《陇上女子乐坊》《陇上炫鼓》《欢庆锣鼓》《金鼠取亲》。剧院先后多次获得国家级重大奖项，获省级奖项 40 多个，在对外文化交流中出访过 30 多个国家和地区。1995 年，剧院被国家人事部和文化部联合授予"全国文化先进集体"称号；2011 年被甘肃省委、省政府、省军区评为"全省拥军优属工作先进集体"；2012 年被甘肃省妇联授予甘肃省"三八红旗集体"、被全国妇女联合会授予"全国三八红旗集体"和"全国妇女创先争优先进集体"。剧院拥有能满足各种演出所需、容纳 200 人的小剧场一座，拥有舞蹈、音乐排练厅 10 余个。

0002 甘肃省秦剧院

地　址：兰州市城关区农民巷 85 号

从业人员数：95 人

演出场次：251 场

知名节目：《窦娥冤》《周仁回府》《火焰驹》《铡美案》《赵氏孤儿》

总收入：7784万元

获奖情况：2003年《思源》一剧在第十一届中国人口文化奖的评奖中，荣获"中国人口文化奖"银奖和两个"最佳表演奖"以及甘肃省第三届"敦煌文艺一等奖"。2004年、2006年，在"甘肃省首届旦角大赛"和"甘肃省第二届戏剧红梅奖大赛"中该团参演的折子戏先后获得4个金奖、3个一等奖、6个银奖、5个二等奖、1个铜奖、3个三等奖的好成绩。在全省声乐、器乐大赛中，该团4人参赛，获得1个一等奖、2个二等奖和1个三等奖。2006年在甘肃新创剧目调演中，该团创排的大型现代秦剧《大河情》荣获"综合演出一等奖"及18个单项一等奖、6个单项二等奖、2个单项三等奖。2006年8月，《大河情》在全国九十多台戏中脱颖而出，被文化部选定参加"全国地方戏优秀剧目评比展演"。2006年12月，《大河情》在文化部举办的"全国地方戏优秀剧目评比展演"中荣获二等奖。2007年10月，《大河情》在国家民委、文化部举办的"第一届中国少数民族戏剧会演"中荣获最高奖——剧目金奖及"优秀编剧奖""优秀作曲奖""优秀舞美设计奖""优秀灯光设计奖""优秀服装设计奖"，主演谭建勋、左玉强、苏凤丽同时获得"优秀表演奖"。

简　介：甘肃省秦剧团，前身是陕甘宁边区陇东文工团秦剧二队，建团五十余年来，剧团坚持继承、发展、创新的传统，致力于秦剧事业的振兴。先后创作排演了《白毛女》《刘胡兰》《小二黑结婚》《白花曲》《央金卓玛》《苍山劲松》《飞将军李广》《思源》《大河情》等一大批颇具影响、深受观众喜爱的秦腔优秀剧目。小戏《断桥》《拷寇》《拾黄金》曾参加第一届中国艺术节西北荟萃演出。小喜剧《挂圈圈》荣获全国戏剧小品比赛一等奖。窦凤琴在《白花曲》一剧中生动地刻画了胡承华而荣膺第十四届中国戏剧梅花奖。该剧在全国梆子戏调演中荣获7项奖励。谭建勋主演的《飞将军李广》，成功地塑造了旷世英才李广而荣膺第十八届中国戏剧梅花奖。该剧在首届中国秦腔艺术节中荣获16项奖励。2003年与甘肃百通影视发展有限公司合作录制并出版发行了剧团主要剧目，共计14部本戏、8部折子戏及专集一部。它们分别是《窦娥冤》《周仁回府》《火焰驹》《铡美案》《赵氏孤儿》《五典坡》《玉蝉泪》《梨花情》《卷席筒》《赵飞搬兵》《回荆州》《玉堂春》《八件衣》《三滴血》《斩秦英》《打镇台》《古城会》《廖化搬兵》《放饭》《火烧裴元庆》《赶驾》《逃国》《王晓玲秦腔特辑》。

0003　甘肃省京剧团

地　　址：兰州市城关区正宁路267号

从业人员数：137人

演出场次：196场

知名节目：《战宛城》《四郎探母》《连环套》《霸王别姬》《乌龙院》

总收入：16750万元

获奖情况：《原野》参加1988年文化部主办的"京剧新剧目汇演"，荣获新剧目奖和优秀演员奖；《夏王悲歌》参加1994年在兰州举办的第四届中国艺术节演出，荣获文化部第五届文华奖的4个奖项和第四届全国少数民族题材剧本孔雀奖特别奖，剧中李元昊扮演者陈霖苍荣获第十二届梅花奖。2005年，《鸡毛信》获甘肃省第五届敦煌文艺奖二等奖。同年荣获第五届全国儿童剧优秀剧目展演优秀剧目三等奖。2006年，《野天鹅》获甘肃省新创剧目调演暨第二届甘肃戏剧红梅奖大奖赛新创剧目综合二等奖。2006年，《丝路花雨》创演的大型京剧《丝路花雨》在"第二届甘肃戏剧红梅奖大奖赛"中荣获"优秀剧目金奖"，青年演员马少敏荣获"红梅大奖"。2007年，获《丝路花雨》第十届中国戏剧节最高奖优秀剧目金奖。2008年，《丝路花雨》获第五届中国京剧艺术节优秀剧目一等奖。

简　介：甘肃省京剧团原系第一野战军政治部文工团京剧队，始建于1956年。曾有著名京剧表演艺术家陈永玲、李大春、杨韵中、李春城、夏荣庭、陆淑琦、陈霖苍等。1994年创演的大型西部京剧《夏王悲歌》一举获得"文华大奖"中的4个奖项，主演陈霖苍荣获"第十二届戏剧梅花奖"，成为甘肃第一位"梅花奖"得主，从此该团以一股强劲的西北风蜚声海内外。1996年应台湾国立中正文化中心邀请，西部京剧《夏王悲歌》、现代京剧《原野》两剧组赴台湾进行文化学术交流演出。2001年，该团又推出大型西部京剧力作《西域星光》，同年入选"第三届中国京剧艺术节"荣获创新剧目奖。2005年，该团排演的根据安徒生童话改编的童话京剧《野天鹅》，赴丹麦参加纪念安徒生诞辰200周年演出，受到丹麦人民的热烈欢迎，演出获得了巨大成功。2005年，该团创演的大型儿童京剧《鸡毛信》，获甘肃省第五届敦煌文艺奖二等奖。2008年获第五届中国京剧艺术节优秀剧目一等奖。同年荣获中宣部第十一届精神文明建设"五个一工程"优秀剧目奖，西部京剧《丝路花雨》"英娘"饰演者马少敏荣获第24届中国戏剧梅花奖，2010年入选2008—2009年度国家舞台艺术精品工程初选剧目。2011年10月，甘肃省京剧团受中华人民共和国文化部委派，京剧童话剧《野天鹅》赴拉美三国墨西哥、厄瓜多尔、委内瑞拉演出，演出获得巨大成功。2012年创演大型现代京剧《草原曼巴》，2013年创演大型现代京剧《温世仁》，两剧一经首演就广获好评，其中《草原曼巴》巡演四十余场，并于2014年入选第七届全国京剧艺术节。

0004　甘肃省曲艺团

地　　址：兰州市城关区东岗东路2666号

从业人员数：38人

演出场次：145场

知名节目：《我肯嫁给他》《林冲发配》《赶集》《甘肃人民志气大》《走廊新曲》《照镜子》

总收入：2744万元

获奖情况：甘肃省曲艺团获得中宣部"文化下乡先进单位"称号，文化部奖励六人（次），作品奖励七件（次），省级奖励演员十二人（次），作品奖励十七件（次）。

简　介：甘肃省曲艺团的前身是1957年成立的甘肃人民广播电台文工团曲艺说唱队；1965年归属于甘肃省民族歌舞团；1968年整建制划归甘肃省杂技团；1975年又整建制归属甘肃省歌舞团；1978年初，中共甘肃省委宣传部在听取了政协甘肃省第四届委员会部分委员提出的议案后，决定由甘肃省文化局组建甘肃省曲艺队；1986年4月，甘肃省文化厅经省政府同意后，将甘肃省曲艺队改建为甘肃省曲艺团，为全民所有制事业单位，正科级建制，编制为38人。甘肃省曲艺团主要以北方曲艺曲种形式为主，曾经有河南坠子、相声、京韵大鼓、天津时调、山东快书、快板书、西河大鼓、单弦等艺术种类。在全国享有名望的艺术家有徐玉兰（女，河南坠子）、常宝霖（艺名"二蘑菇"，相声）、连笑昆（相声）、郭元禧（洒南坠子、弦师）、王毓儒（女，单弦、天津时调）、李中元（三弦）等。

0005 甘肃省陇剧院

地　　址：兰州市城关区柏道路6号
从业人员数：188人
演出场次：180场
知名节目：《枫洛池》《草原初春》《燕河风波》《天下第一鼓》《胡杨河》《黄花情》《敦煌魂》
总收入：11430万元
获奖情况：荣获过"文华新剧目奖""文华导演奖"、中国戏剧节"曹禺新剧目奖""优秀表演奖""优秀音乐奖"、中宣部"中国人口文化奖"、广电部"飞天奖"等多项全国性大奖。2007年，甘肃省陇剧院创作演出的剧目《官鹅情歌》荣获了第十届精神文明建设"五个一工程"优秀作品奖，并选调进京为党的十七大献礼演出，为全省人民争得了荣誉。甘肃省陇剧院从2001年至今获得省、部级奖励达五十多项。

简　　介：甘肃省陇剧院，成立于1959年，2002年12月更名为甘肃省陇剧院，陇剧院正式编制121人，现有各类人员188人，其中正高职称5人，副高职称23人，中级职称48人，初级职称及工勤人员42人。院领导4人，中层干部19人，共23人。院部下设院办公室、业务演出部、文化产业部、后勤管理服务中心、艺术研究部、演员团、民族乐团、舞美工程部、青年团共计9个部门。1959年，以新编大型历史陇剧《枫洛池》赴北京参加建国十周年献礼演出的成功和省委正式命名组建甘肃省陇剧团为标志，陇剧艺术在党的文艺方针指引下，在历届省委、省政府领导的关怀下，在省内外戏剧界专家和广大观众的关心支持下，经历了近五十年的风雨历程，终于以其独特的艺术魅力，屹立于中华民族戏曲艺术之林。原文化部领导同志高占祥、陈昌本亲临剧团视察时说："甘肃有两朵花，一朵是敦煌艺术之花，一朵是陇剧艺术之花，世界没有，甘肃独有，希望这两朵艺术之花开放得更加绚丽多姿，走向全国、走向世界。"

0006 甘肃省话剧院

地　　址：兰州市城关区酒泉路75号

从业人员数：118 人

演出场次：250 场

知名节目：《天下第一桥》《兰州人家》《兰州老街》

总收入：12742 万元

获奖情况：话剧《在康布尔草原上》荣获全国第一届话剧观摩演出导演一等奖、创作二等奖；《远方青年》获中央文化部颁发的优秀剧作奖；《西安事变》获建国三十周年献礼演出创作一等奖；《极光》参加 1994 年第四届中国艺术节演出，并荣获中宣部"五个一工程"奖和"全国曹禺戏剧文学奖提名奖"；话剧《艰难时事》（与西安话剧院合作演出）参加第四届中国艺术节演出并获陕西省优秀剧本一等奖和甘肃省第二届"敦煌文艺奖"；话剧《马背菩提》获文化部第八届文化新剧目特别奖和第八届全国少数民族题材戏剧"孔雀奖"剧本特别奖、中宣部"五个一工程"奖；话剧《兰州老街》获第二届全国戏剧文学金奖和文化部第十届"文华新剧目奖""文华编剧奖"、第十五届曹禺戏剧文学奖剧本奖；话剧《兰州人家》获甘肃省委宣传部"五个一工程"奖。

简 介：甘肃省话剧院（原名甘肃省话剧团）成立于 1953 年，前身是 1937 年诞生于陕、甘、宁边区的庆（阳）环（县）农村剧校。甘肃省话剧院自成立以来创作演出了一大批优秀剧目并获得了国家级和省级多项大奖，剧团造就培养了一批表演艺术家和舞台美术设计师。甘肃省话剧院足迹遍及全国二十几个省、市、自治区。毛泽东、刘少奇、周恩来、朱德等党和国家领导人都观看过甘肃省话剧院的演出，并多次亲切接见演职人员。目前，活跃在舞台上的中青年演员继承发扬了老一辈艺术家的光荣传统，表演日趋精湛、完美，同时也涌现出了一些在创作上颇见功力的编剧、导演、舞美设计师。

0007 兰州千姿俏艺术团

地　址：兰州市文化馆

从业人员数：30 人

演出场次：50 场

知名节目：《黄河之舞》

总收入：/

获奖情况：该团至今表演的舞蹈屡次获得全国和省市大奖，其中舞蹈《欢天喜地》《黄河之舞》《荷包情》《顶碗舞》等，获得过省市历届群星艺术节舞台舞蹈大赛和省市历届老年艺术节以及兰州市历届水车杯舞蹈大赛的"金奖"和"银奖"。特别是 2008 年 11 月自创并表演的舞蹈《荷包情》，参加了全国第六届四进社区文艺展演活动，获得由中央宣传部、精神文明办、文化部、中国文联共同颁发的"铜奖"。2010 年 6 月改编并表演的《健身秧歌》在连云港全国健身秧歌大赛中，取得了"两银""两铜""最佳组织""优秀表演"六项大奖的好成绩。2011 年 7 月改编表演的海派秧歌《炫舞扇韵》，在省市宣传部、文化局、省市舞协主办的舞动陇原群众舞蹈展演比赛中，获得"二等奖"。2011 年 9 月表演的藏族《锅庄舞》，获得兰州市戏剧舞蹈家协会、兰州鑫报华芙杯大赛"一等奖"。2013 年 7 月，表演的广场舞《中国美》，获得兰州市首届广场舞大赛"一等奖"。2014 年 10 月表演的裕固族舞蹈《莎莎莎》，在甘肃省第六届群星艺术节暨舞蹈定级考核比赛中，获得银奖。

简 介：兰州千姿俏艺术团成立于 2005 年 9 月 12 日，是以舞蹈基础训练、体育健身训练和形体训练为主要内容的业余民间艺术团体。艺术团主要吸收社会各界中老年朋友，参加者百余人，其中，舞蹈队 30 人，他们平均年龄 55 岁，年龄最大的 64 岁，最小的 48 岁。该团自建立以来，很好地完成了省市文化体育管理部门组织的多次比赛和表演任务。该团创编和表演的舞蹈及体操多次获得国家及省市大奖：2006年10月，表演舞蹈《欢天喜地》，获得甘肃省群星杯第二届艺术节舞台舞蹈大赛"银奖"；2007年7月，表演舞蹈《黄河之舞》，获得兰州市第三届群星舞台舞蹈大赛"一等奖"；2007年10月，表演舞蹈《荷包情》，获得甘肃省第二届老年艺术节"二等奖"；2007年10月，表演舞蹈《黄河之舞》，获得兰州市首届水车杯舞蹈大赛"一等奖"；2011年2月参加了"兰州首届国际马拉松比赛的开幕式，表演的第五套健身秧歌获得组委会特别奖；2014年10月在甘肃省第六届群星艺术节暨舞蹈定级考核比赛中，表演的裕固族舞蹈《莎莎莎》获得银奖。兰州千姿俏艺术团自成立近十年以来，由于教学认真，管理规范，氛围和谐，收费合理，得到了省市有关部门的认可，赢得了社会的好评。

0008 兰州交响乐团

地　　址：兰州市城关区大众市场26号
从业人员数：555人
演出场次：27场
知名节目：新年音乐会，交响音乐会，其他不同类型、风格的音乐会。
总收入：8690.83万元
获奖情况：交响乐团获"首届中国西北音乐节长安音乐会"演奏金奖、西部交响乐展演优秀奖等。

简　　介：兰州交响乐团成立于1973年，自20世纪90年代以来，已成功举办新年音乐会、交响音乐会和其他不同类型、风格的音乐会百余台，逐步形成了自己的演奏风格，成为西北地区最为活跃的职业交响乐团，被誉为兰州对外交流的一张"城市名片"。乐团由甘肃省文联副主席、兰州演艺集团董事长兼总经理苏孝林任艺术总监，青年指挥家张艺任音乐总监、首席指挥，卞祖善教授任首席客座指挥，刘和平任常任指挥。在多年的音乐会演出中，邀请著名指挥家徐新、郑小瑛、刘大冬、俞峰、张国勇、李心草、张椿等担任指挥，与著名歌唱家幺红、吕继宏、刘维维、谭晶、迪里拜尔等，著名器乐演奏家吕思清、宋飞、郎朗、李传韵、谭小棠、陆威、苏珊·班克尔·乔德汉姆、霍永刚等联袂演出，并与中国交响乐团合唱团、中央芭蕾舞团交响乐团等联合举办交响音乐。乐团曾先后在北京音乐厅、国家大剧院、悉尼歌剧院、维也纳金色大厅、上海音乐厅等著名场馆演出，获得国内外观众的欢迎和赞誉。

0009 兰州演艺集团

地　　址：兰州市城关区大众市场26号
从业人员数：555人
演出场次：641场
知名节目：大型舞剧《大梦敦煌》，大型鼓舞乐《鼓舞中国》，秦腔《曹操与杨修》，豫剧《山月》，大型交响乐《经典·敦煌》。

总收入：8690.83 万元

获奖情况：秦腔《曹操与杨修》获第四届西北五省区秦腔艺术节优秀剧目奖、优秀音乐奖，甘肃省第六届敦煌文艺奖二等奖；现代豫剧《山月》获第 9 届中国戏剧节优秀入选剧目、第二届中国豫剧艺术节剧目二等奖；秦腔现代戏《黎秀芳》获第三届甘肃戏剧红梅奖大赛剧目大奖、第六届秦腔艺术节优秀剧目奖；秦腔《夏雪》获第七届西北五省区秦腔艺术节优秀剧目奖；兰州演艺集团先后获"全国文化系统先进集体"称号、"全国三八红旗集体荣誉"称号、"甘肃省三八红旗集体荣誉"称号；交响乐团获"首届中国西北音乐节长安音乐会"演奏金奖、西部交响乐展演优秀奖等。

简　介：兰州演艺集团是在全国文化体制改革大潮中涌现的国有重点文化企业，于 2012 年 5 月 28 日揭牌成立。兰州演艺集团的前身是兰州市属专业艺术院团和演出剧场集合而成的集团式演艺机构——兰州大剧院，曾有过辉煌的历史。所属院团演出活跃，足迹遍布全国 30 个省、市、自治区，并先后出访俄罗斯、日本、意大利、澳大利亚、西班牙、葡萄牙、法国、比利时、荷兰、奥地利、博茨瓦纳、伊拉克、黎巴嫩等国家。按照"西部一流，全国领先"的办院方向，兰州大剧院着力打造了"国家级舞台艺术精品生产基地"和"中国秦腔发展基地"，构建了西北地区中心城市演艺平台。所属演艺实体创作演出并积累保留了大量的优秀剧（节）目，包括大型舞剧《大梦敦煌》、大型舞蹈诗《西出阳关》、秦腔《曹操与杨修》、豫剧《山月》、大型交响乐《经典·敦煌》等。遵照中共兰州市委《关于进一步深化文化体制改革和兰州大剧院转企改制组建兰州演艺集团实施方案》精神，原兰州大剧院整体转制，按照现代企业制度的要求组建了兰州演艺集团。集团成员包括兰州交响乐团、兰州芭蕾舞团、兰州歌舞剧院有限公司、兰州戏曲剧院有限公司、兰州舞台美术工程制作有限公司、兰州新文广数字文化传播公司、兰州黄河·水车文化创意实景演艺基地、金城大剧院、兰州剧院、兰州音乐厅等。集团成立后，不断创新发展。创演了大型鼓舞乐《鼓舞中国》、秦腔《夏雪》等优秀剧目。建设中的兰州音乐厅即将矗立在黄河之滨，成为兰州新的文化景观。

0010　兰州歌舞剧院

地　址：兰州市城关区大众市场 26 号

从业人员数：298 人

演出场次：68 场

知名节目：舞剧《兰花花》，大型文艺晚会《黄河的祝福》，舞蹈诗《西出阳关》，舞剧《大梦敦煌》，鼓舞乐《鼓舞中国》。

总收入：8690.83 万元

获奖情况：舞蹈诗《西出阳关》获文化部第七届文华奖新剧目奖；舞剧《大梦敦煌》获第二届中国舞蹈"荷花杯"舞剧银奖、中宣部第八届精神文明建设"五个一工程"奖、文化部第十届"文华"新剧目奖、国家舞台艺术精品工程剧目大奖、2007—2008 年度国家文化出口重点项目、文化部"建国六十周年全国优秀保留剧目大奖"第二届甘肃戏剧红梅大奖赛新创剧目特等奖；大型鼓舞乐《鼓舞中国》获甘肃省戏剧大省建设突出贡献奖。

简　介：兰州歌舞剧院是兰州市属大型专业文艺院团，成立于1973年。40多年来曾演出大型舞剧、舞蹈诗、组舞10余部，大型文艺晚会百余台，演出足迹遍布全国，并先后赴俄罗斯、日本、意大利、纳米比亚、博茨瓦纳、伊拉克、黎巴嫩、意大利、西班牙、葡萄牙、荷兰、比利时、法国等国和台、港、澳地区巡回演出，深受广大观众的欢迎。兰州歌舞剧院坚持"做西部文章、创全国一流"的原则，多年来创作演出了许多优秀的音乐、舞蹈作品。其中，大型舞剧《兰花花》荣获全国舞剧调演贡献奖，大型文艺晚会《黄河的祝福》荣获甘肃省敦煌文艺奖，大型舞蹈诗《西出阳关》不仅参加了第四届中国艺术节的正式演出，还荣获了由文化部颁发的第七届"文华"新剧目奖和中宣部颁发的"五个一工程"奖。舞剧《大梦敦煌》是兰州歌舞剧院最具有代表性的保留剧目，该剧先后获得中国舞蹈荷花奖、"五个一工程"奖、"文华新剧目奖"、国家舞台艺术精品工程剧目、国家优秀保留剧目大奖等几乎全部舞台艺术国家级奖项。舞剧《大梦敦煌》自2000年首演以来，已先后演出1028场，其中在国外演出111场，成为新世纪中国舞台艺术"多演出、多产出"的典范。

0011　甘肃省民族歌舞团

地　址：北滨河中路818号

从业人员数：100人

演出场次：/

知名节目：《那山·那水·那云》

总收入：/

获奖情况：主题晚会《那山·那水·那云》荣获全国金奖。

简　介：甘肃民族歌舞团成立于1983年11月，在国内外享有盛誉。歌舞团人员由汉、回、藏、蒙古、东乡、裕固、保安、满等民族的76位演员组成。受中央外宣办、国务院新闻办、国家民委、文化部、甘肃省人民政府的委派，先后赴法国、比利时、荷兰、西班牙、卢森堡、匈牙利、奥地利、英国、瑞典、挪威、芬兰、巴基斯坦及台湾、香港特区访问演出。曾获得匈牙利巴拉顿艺术奖、裴多菲文化奖、西班牙哥伦布艺术奖和塞万提斯文化奖，并获得联合国教科文组织的艺术奖。在历届全国"桃李杯"和"孔雀杯"舞蹈比赛中获得了八项奖。甘肃民族歌舞团曾参加第二、第三、第四届中国艺术节，并获得30余项全国奖。先后获得国家民委、文化部、广电局及甘肃省、广西壮族自治区、云南省、上海市、北京市等人民政府颁发的各种专业奖励80项。两次被省政府命名为"全省民族团结进步先进集体"。三次被文化部和国家民委授予"全国先进文艺团体"和"全国乌兰牧骑先进团体"的光荣称号。2006年在北京参加第三届全国少数民族文艺会演中，甘肃民族歌舞团创作演出的主题晚会《那山·那水·那云》荣获全国大奖（金奖），并获16项节目奖。2009年甘肃民族歌舞团获全国民族团结进步先进集体称号。

0012　甘肃省歌剧院

地　址：兰州市白银路363号

从业人员数：152人

演出场次：327场

知名节目：《貂蝉》《敦煌韵》

总收入：20188万元

获奖情况：歌剧《向阳川》是中国经典歌剧之一，1965年参加北京演出时受到了国家领导人高度赞扬；歌剧《咫尺天涯》赴北京参加了第二届中国艺术节的演出；歌剧《牡丹月里来》参加了第四届中国艺术节的演出；歌剧《红雪》1999年赴北京参加国庆五十周年的庆典演出；2004年，该院历时三年创作演出艺术精品大型乐舞《敦煌韵》，先后在广东演出180余场，在敦煌演出100场；2005年甘肃省歌剧院被文化部授予"全国先进文化集体"；2006年获文化部第一届优秀主题歌舞、杂技调演三等奖，甘肃省第五届敦煌文艺奖一等奖；2009年创作演出原创音乐剧《花儿与少年》，在甘肃省新创剧目调演中获得剧目大奖和23个单项一等奖，第二届全国少数民族戏剧会演银奖和八个单项奖；2011年获首届中国歌剧节剧目奖第一名；2013年第七届敦煌文艺奖一等奖，2013年创排大型原创歌剧《貂蝉》。

简　介：甘肃省歌剧院1939年成立，前身为中国陕甘宁边区三边分区领导下的"七·七"剧社，1954年成立中国甘肃省歌剧团。2001年改团建院，正式命名中国甘肃省歌剧院。几十年来先后演出了歌剧《向阳川》《马五哥与尕豆妹》《咫尺天涯》《魂兮！魂兮！》《牡丹月里来》《努尔哈赤》《红雪》等大、中、小型歌剧200多部，并获得多项大奖。

0013　兰州戏曲剧院

地　址：兰州市城关区大众市场26号
从业人员数：257人
演出场次：373场
知名节目：《黑叮本》《回荆州》《唐太宗嫁女》《狸猫换太子》《荆钗记》《秦女将军》《曹操与杨修》《黎秀芳》
总收入：8690.83万元

获奖情况：秦腔《曹操与杨修》获第四届西北五省区秦腔艺术节优秀剧目奖，优秀音乐奖，甘肃省第六届敦煌文艺奖二等奖；现代豫剧《山月》获第9届中国戏剧节优秀入选剧目、第二届中国豫剧艺术节剧目二等奖；秦腔现代戏《黎秀芳》获第三届甘肃戏剧红梅奖大赛剧目大奖、第六届秦腔艺术节优秀剧目奖；秦腔《夏雪》获第七届西北五省区秦腔艺术节优秀剧目奖。

简　介：作为兰州演艺集团的重要组成部分，兰州戏曲剧院是2006年在原兰州市秦剧、豫剧团基础上重组而成的综合性、多剧种的戏曲艺术专业表演团体，为兰州百余年的秦腔、豫剧表演艺术注入了新的灵魂和生命。剧院以"做西部文章、创全国一流"精神为指导，以传承、传播和发展中华优秀传统戏曲艺术为己任，充分发挥"资源共享、艺术互补"的优势，排演了一批脍炙人口、深受广大观众喜爱的戏曲剧目。剧院还曾与尚长荣、李六乙、温明轩、欧阳明、李维鲁、杨舒棠等名家合作，创排和演出了诸多精品剧目。剧院现有的演职人员中，具有高级职称者40名，中国戏剧"梅花奖"获得者2名，"中国红梅杯折子戏荟萃"金奖获得者1名，中国豫剧"香玉杯"获得者6名，秦腔"四小名旦"称号获得者1名，中国戏曲"十佳小旦"称号获得者1名，中国戏剧"小梅花奖"获得者4名，兰州艺术人才"兰艺之星"金、银、铜奖数名，可谓人才济济。老一辈表演艺术家和著名演员有张方平、薛志秀、张世军、刘新霞、许树云、强庭梁等。剧院以甘肃为根据地，不断开拓省内外演出市场，以演山市场的实际需求为出发点，以当地观众喜闻乐见的秦腔艺术形式为突破点，不断优化剧种剧目。

0014 天庆艺术团

地　　址：天庆嘉园 A 区
从业人员数：103 人
演出场次：/
知名节目：/
获奖情况：2008 年获兰州市最佳团队奖；2009 年获城关区优秀群众文化队伍荣誉称号；2010 年获兰州市第三届合唱节二等奖；2011 年兰州市第四届合唱节获优胜杯奖；2012 年在兰州市定级评审中，获群众文化骨干团队奖；2014 年在兰州市定级评审中获铜奖。

0015 兰州市文化馆群星舞蹈团

地　　址：兰州市城关区五泉西路 29 号
从业人员数：30 人
演出场次：/
知名节目：舞蹈《扇韵》
获奖情况：2010 年 6 月参加在波兰举办的彩虹国际民间艺术节荣获群星大奖；2012 年创编的舞蹈《扇韵》参加第十届中国艺术节群星奖决赛获优秀演出奖；在兰州市举办的两次群众自发文艺团队评审定级活动中，均被评为金牌团队。
简　　介：排练节目参加兰州市举办的每年一届的春节文化庙会、黄河风情文化周、社区艺术节及其他节庆群众文化活动，在相关门类比赛中多次获奖，获得社会好评。兰州市文化馆群星舞蹈团创建于 2010 年 3 月，团长为霍玉焕，成员 30 余人，有固定的排练场地，有两名钢琴伴奏师，有自己采购的服装、道具等。舞蹈团自成立以来，始终以"立足阵地、面向群众、围绕中心、服务大局"为工作思路，以满足群众的精神文化为宗旨，以提升群众文化活动的质量为核心，积极配合文化馆的中心工作，服务大局，服务群众。舞蹈团自成立以来，参加了兰州市举办的每年一届的春节文化庙会、黄河风情文化周、社区艺术节、国庆演出及其他公益性群众文化演出活动，并积极培养基层文化骨干。

0016 甘肃省老科协民乐团

地　　址：兰州市民主东路 109 号
创建时间：2007-05-10
从业人员数：33 人
主要文化活动：2012 年参加全市群众文艺会演展示，被评为银牌团队，得了奖励；2014 年全市第二次群众自发文艺团队会演暨评审定级，被评为银牌团队，发了奖杯。
简　　介：甘肃省老科协民乐团于 2007 年 5 月创建，民族乐团乐器自带，队员 33 人（退休人员），其中，男 20 人，女 13 人，中共党员 20 人。民乐团有制度、有管理、有发展、有创新，排练以群众喜闻乐见、脍炙人口、风格较好、发表出版的乐曲为主，团队队员基本稳定，活动排练场所基本固定。

0017　黄河舞蹈团

地　　址：城关区通渭路91号

从业人员数：23人

演出场次：373场

知名节目：《裕固风情》《跳马玲》《欢庆》《闹社火》《走在山坡上》

获奖情况：2004年《裕固风情》《跳马玲》获群星一、二等奖；2006年首届健身舞大赛《激情夕阳》获二等奖；同年首届黄河风情线《欢庆》《闹社火》《夸兰州》分别获一、二名和创作二等奖；2007年第二届甘肃省老年文化艺术节《闹社火》获一等奖；2009年8月第四届甘肃省"群星"艺术节《戏魅》获金奖第一名；《走在山坡上》获第三名；自创节目《陇原戏迷》参加中央三台舞蹈世界全民星2014年6月17日展演获得第二名。

简　　介：该团建于2003年，归省文化馆社团部管。演员来自企事业单位离退休人员，人员相对稳定，有固定的场地。多次代表文化厅（馆）送文化下乡、下基层、下部队、下社区，到各地区惠民演出，每年公演几十场。

0018　圆梦艺术团

地　　址：体育文化广场

创建时间：2008-10-04

会员人数：300人

主要文化活动：舞蹈表演。

简　　介：2008年10月4日星月情健身队正式创办，是一支跳广场舞的队伍，由最初的几十个人发展到今天的300多人。艺术团还创办了自己的互联网站，在全国的广场舞网站中，点击率名列前茅。在此基础上，应舞友的要求，成立了圆梦艺术团。几年来，多次参加过兰州市各级政府举办的各种比赛，获得过多次奖项，其中有2011年兰州市体育局举办的健身操大赛，获得了第三名；2012年参加兰州晚报社和电视台举办的广场舞大赛，获得了第六名；2014年参加了兰州市文联举办的舞蹈大赛，获得了第五名的好成绩。艺术团还经常参加兰州市体育局、兰州市老年体协举办的各种公益活动，下基层下部队慰问演出，多次去什川乡辅导，过年期间和当地群众联欢，深受当地群众欢迎。

0019　兰州铁路局七彩人生合唱团

地　　址：兰州铁路局离退休管理处

从业人员数：70人

演出场次：83场

知名节目：/

获奖情况：2009年获甘肃省文化厅《七月放歌》比赛铜奖；2011年获甘肃省文化厅《七

月放歌》比赛银奖；参加城关区建党90周年合唱比赛获第一名；2012年在兰州民族大学音乐厅成功举办室内无伴奏合唱音乐会，获社会各界好评；2013年赴台湾参加了国际合唱节的比赛，获得好成绩。

简　介：兰州铁路局七彩人生合唱团在全国著名青年指挥家窦铁民的精心指导下，坚持高雅的合唱艺术，以无伴奏合唱为主，并兼容多种环境下的演唱形式，先后演练了多首中外合唱曲目。合唱团多次参加市、区及兰州铁路局的文艺演出。

0020　喀喇昆仑战友艺术团

地　址：兰州市瓜州路启腾艺术培训中心
创建时间：2005-12-01
会员人数：40人
主要文化活动：舞蹈表演。

简　介：喀喇昆仑战友艺术团成立于2005年12月。近九年来，遵循无私奉献的喀喇昆仑精神，为社会公益义务演出200多场次，参加各类大赛50多场次。获得各类大奖28个。2012年至2014年8月，共参加群文活动35次，其中公益性群众演出18次。参加省、市文化部门举办的大赛8次，获金奖3次，银奖3次，铜奖2次。参加由文化部、全国老龄委举办的大赛2次，获银奖1次，铜奖1次。参加由全国及省内外社会民间文化团体举办的大赛6次，获金奖4次，银奖2次。

0021　甘肃省老科协合唱团

地　址：民主东路109号
创建时间：1998-08-01
会员人数：72人
主要文化活动：合唱演出。

简　介：2010年，在省第二届"七月放歌·舞动的黄河"全省合唱大赛中获得银奖；2011年6月18日，参加城关区举办的"庆祝中国共产党诞辰90周年红歌大家唱文艺演出"，获得二等奖；2011年6月25日，参加甘肃省非公有制经济庆祝建党90周年文艺演出，获得优秀奖；2011年6月30日，参加省委宣传部组织的"庆祝建党90周年文艺演出"获得好评；2011年8月7日，参加中国合唱协会主办的"相聚天水合唱艺术节"，获得铜奖；2012年元月，参加兰州市文化馆主办的"全市群众文艺团队展演评审定级大赛"，获得银奖；2013年7月26日去韩国参加了"中韩中老年朋友合唱交流友谊大赛"，获得金奖；2013年9月21日，在兰州市文明办与城关区文化馆联合举办的兰州市第一届"永安杯"中老年合唱大赛中，获得优秀奖；2013年10月9日，参加市老局、市老龄委、市广电总台联合举办的"颂祖国、庆重阳、圆梦想"大型激情拉歌比赛，获得优秀组织奖；2014年5月，参加兰州市"兴业杯"中老年合唱大赛，获得优秀奖；2014年7月，参加"两岸名家书画甘肃联展"文艺演出。

0022 木兰魂艺术团

地　　址：金运大厦 11 楼
创建时间：2006-06-06
会员人数：25 人
主要文化活动：舞蹈表演。
简　　介：木兰魂艺术团是一个以舞蹈为主的群众艺术团体，组建于 2006 年。现有女性团员 20 余名，其中 50% 是部队退役军官，其余团员来自省市机关及大型国有企业单位的退休干部和职工，平均年龄 53 岁。多年来该团汇集吸取诸多国内外民族舞蹈艺术精髓，以浓郁的民族风格、飒爽的军旅英姿、精湛的表演艺术、团结拼搏的团队精神使她成为兰州地区享有一定声誉的群众表演团体，英姿飒爽的军旅舞也已成为该团的一大亮点。该团本着让自身成为健康生活理念的传播者、群众文化活动的参与者、节庆文艺的享受者的宗旨，多次参加了部、省、市文化部门主办的群众文艺大赛，并多次荣获奖项。主要成果有 2008 年 8 月参加兰州电视台《想唱就唱》活动，荣获最佳表演奖；2010 年 1 月赴台湾参加"夕阳秀"国际艺术节大型会演，荣获金奖；2010 年 8 月赴杭州参加文化部"爱我中华"艺术交流全国展演，荣获一等奖；2010 年 9 月参加甘肃省老体协、老龄委举办的"第十三届中老年人文艺汇演"，荣获一等奖；2011 年 1 月参加兰州市群众文艺展演暨评审定级演出，荣获"银牌团队"；2013 年 8 月参加由兰州市妇联、《兰州日报》《兰州晚报》和兰州亚太股份公司主办的 2013 美丽兰州"亚太杯"社区广场舞大赛，荣获三等奖等。

0023 祁连之声合唱团

地　　址：城关区白银路社区
创建时间：2012-12-12
会员人数：65 人
主要文化活动：合唱演出。
简　　介：祁连之声合唱团成立于 2012 年 12 月，团员来自社会各界。一年多来，先进的合唱理念及科学的用声技巧和排练方法，使祁连之声合唱团，形成了独有的、优美的、高亢的、细腻的传统规范而富有时代性的演唱风格。2013 年 7 月赴韩国参加《中韩梦想之翼》合唱比赛，演唱曲目《花儿与少年》等作品获得金奖。2013 年 9 月参加兰州市《永安杯》合唱比赛，演唱曲目《花儿与少年》《桃花红杏花白》等荣获优秀奖。2014 年元月参加兰州市巴杨艺术培训中心合唱，演唱曲目《花儿与少年》《欢乐的那达幕》等作品荣获优秀奖。2014 年 3 月，参加兰州市群众路线教育演出活动；4 月参加兰州市《兴业银行杯》合唱比赛，演唱曲目《花儿与少年》等作品荣获优秀奖；6 月参加兰州电视台文化频道"欢乐进万家"节目，演唱曲目《花儿与少年》《欢乐的那达幕》等作品；7 月参加兰州市《宝黛杯》合唱比赛，演唱曲目《花儿与少年》《黄河之都》荣获铜奖，参加兰州市"五城联创"演出；8 月参加社区庆祝"八一"演出，演唱曲目有《花儿与少年》《我是一个兵》《黄河之都》《打靶归来》等。

0024 水车博览园舞蹈团

地　　址：兰州市文化馆培训部

创建时间：2003-08-01

会员人数：30 人

主要文化活动：舞蹈表演。

简　　介：该团组建于 2003 年，始称亲水台健身队，2006 年更名为水车博览园舞蹈团。现有人数 30 多人，平均年龄 56 岁。该团是兰州市知名的舞蹈艺术团，从 2007 年到现今在兰州市文化馆培训部场馆进行授课及专业性的训练。几年来在历次演出中屡屡获奖。2005 年荣获市文化馆举办的重阳节舞蹈大赛一等奖；2006 年荣获市文化馆举办的首届妇女舞蹈大赛二等奖，兰州市老龄委举办的中老年人文艺会演一等奖；2008 年获市委宣传部、市文化出版局联办的第七届黄河风情文化周群众舞台舞蹈优秀表演奖；2009 年荣获由兰州市委市文化出版局举办的第七届春节文化庙会舞蹈大赛二等奖；2010 年荣获兰州市舞协三森家具鑫报举办的首届锅庄舞大赛一等奖及第二届社区艺术舞蹈赛三等奖；2011 年在兰州市文化馆举办的第八届都市妈妈健身操舞中荣获一等奖及体育局举办的全市妇女健身大赛三等奖；2012 年在迎新年全市群众文艺展演及评审定级演出中被评定为兰州市群众文艺团体"骨干团队"，兰州国际马拉松及全国马拉松积分赛体育文化节"健身秧歌大赛"获二等奖；2013 年由瑞德集团举办的"首届摩尔杯"广场舞比赛中荣获最具活力奖及在首届兰州市"碧桂园杯"社区文化广场舞大赛中荣获三等奖；市精神文明办市广电台安利"幸福梦想"广场舞大赛获最佳风采奖等。

0025 甘肃西部情合唱团

地　　址：兰州市少年宫

创建时间：2011-08-01

会员人数：70 人

主要文化活动：合唱演出。

简　　介：2011 年 8 月成立，同时制定了团章，有专业指挥三名，分四个声部。建团后先后参加了全市第一次群众文艺团队展演评定，黄河风情文化周、金城社区艺术节、永安杯中老年歌唱大赛等。有作品《天边》《向往西藏》《下四川》等。

0026 新港城合唱团

地　　址：新港城

创建时间：2005-02-03

会员人数：130 人

主要文化活动：合唱演出。

简　　介：该团建于 2005 年，是一支集演唱、舞蹈、管弦乐演奏为一体的综合性民间非职业艺术演出团体，演出人员 130 余人。建团以来先后获得"老夫老妻"全国才艺大赛、上海总决赛优秀奖。参加中国合唱协会在甘肃天水举办的合唱大赛获得铜奖，连续两届获得甘肃省合唱艺术节银奖。2011 年参加兰州演出团队定级，荣获银牌团队称号。男生小合唱"伏尔加船夫曲"连续获省市金奖。2012 年参加由中国老年学会、老年文化委员会 9 月在北京举办的七彩夕阳，唱响国家大剧院第三届七彩夕阳全国中老年合唱艺术节暨合唱之星邀请赛，该团参演的"夜夜的晚夕里梦见"荣获群星金奖，"上去高山望平川"

荣获明星金奖。2012年11月参加文化部在宁夏主办的全国第二届"黄河大合唱"邀请赛，参演的"夜夜的晚夕里梦见""上去高山望平川"两首作品荣获优秀奖。2013年在温州参加"第十三届中国合唱艺术节"获得铜奖。2014年在河南参加"首届中国（三门峡）合唱艺术节"获得银奖。

0027 兰州市文化馆夕阳红合唱团

地　　址：兰州市三十七中
创建时间：1993-12-13
会员人数：80人
主要文化活动：合唱演出。
简　　介：甘肃省夕阳红合唱团成立于1993年12月3日，以中、高级知识分子为主体。建团21年来，坚持高雅音乐与时代精神相结合的风格，坚持走具有地方、民族特色的路子。1994年获兰州地区首届合唱节老年组演唱一等奖、创作奖、指挥奖；1995年在全国及省市纪念抗日战争胜利50周年歌咏比赛中荣获二等奖和特别奖；1996年在北京举办的全国晚霞情老年人合唱节上获红梅奖和创作奖；1998年、2000年分别在无锡举办的全国老年合唱大赛中获铜奖和优秀奖；2001年在威海举办的中国老年人合唱节上获秋菊金奖和新作品奖；2003年在昆明举办的首届中国西部合唱节上获老年组二等奖；2005年12月在海口举办的《永远的辉煌》第七届中国老年合唱节上获二等奖（万泉河奖）；2007年6月在呼和浩特举办的首届全国老年合唱大赛中获金奖（骏马奖）；2008年、2010年分别在兰州市举办的甘肃省"七月放歌"合唱节中获特等奖和一等奖；2010年4月参加第十五届《群星奖》合唱大赛获优秀奖。由著名作曲家尚德义和词作家邵永强共同授权该团团歌《大漠之夜》。

0028 市直机关合唱团

地　　址：兰州市老干部活动中心
创建时间：2013-11-01
会员人数：50人
主要文化活动：合唱演出。
简　　介：市直机关合唱团成立于2013年11月，由市直机关工委副书记花福萍同志担任合唱团团长，聘请兰州市第一中学党委书记杨文章和省歌剧院指挥汪建牛专业老师授课，成员主要来自市直机关各部门在职的广大唱歌爱好者。合唱团自成立以来坚持每周上课，广大合唱团的成员都能积极踊跃地参加每次活动。

0029 黄河豫剧团

地　　址：省文化馆排练厅
创建时间：2009-07-04
会员人数：36人
主要文化活动：豫剧演唱。
简　　介：黄河豫剧团成立于2009年7月4日，归省文化馆领导，共有演职人员36名，演员有专业和业余、戏曲爱好者组成。该团有专业鼓师、琴师和导演，各种乐器齐全、服装道具齐备。该团能演出的本戏有《铡美案》《桃花庵》《穆桂英挂帅》《打金枝》；可演出的折子戏有《花木兰》选场征途，《三哭殿》选场斩秦英，《下陈州》选场打銮驾（由崔派弟子主演），《辕门斩子》选场二进帐（由唐派弟子主演），《宝莲灯》选场二堂舍子；现代戏有《红灯记》选场痛说革命家史，《刘胡兰》选场刑场，《朝阳沟》选场银环回家；喜剧有《小姑贤》《小姑不贤》。该团曾赴永登、榆中、白银、西固、白塔山、五泉山、电视台、河南商会、民航局等地演出，深受广大百姓和戏迷朋友的喜爱，共计演出40余场，为弘扬民族文化及地方戏曲的传承做出了贡献。

0030 华周京剧群艺队

地　　址：兰大二分部院内
创建时间：2011-10-10
会员人数：25人
主要文化活动：京剧演唱。
简　　介：兰州大学工会京剧团20多名主力队员，在省文化馆领导指点下，于2011年10月成立了"华周京剧群艺队"，参加了省文化馆组织的公园、广场等处的公益演出。校工会京剧团自1994年成立以来，以校内及全国高校演出为主，在全国高校历届演出中，先后夺得一、二、三等奖和优秀组织奖，部分成员以个人身份参加过全国京剧票友节及大赛演出，多次获奖及得到好评。

0031 兰州军区兰州老战士大学

地　　址：城关区金昌南路280号红星大厦
创建时间：2004-11-01
会员人数：82人
主要文化活动：合唱演出。
简　　介：兰州军区兰州老战士大学老兵合唱团成立于2004年，该团以一批退休的军官、复转军人为主体而组建，现有团员百余人，宗旨是"健康、快乐、和谐、奉献"，服务部队和社会，为构建和谐社会及两个文明建设奉献余热。合唱团坚持以弘扬先进文化为己任，以突出军旅特色为主旨的指导思想，十年来在专业老师的指导下，排练了混声合唱、男声小合唱、女声小合唱以及舞蹈等文艺节目，并多次参加了兰州军区和省、市、区宣传文化部门、电视台举办的大型晚会、文艺比赛及社会公益活动，受到有关方面领导、专家的高度评价及广大观众的热烈欢迎。2006年10月合唱团正式加入中国合唱协会，成为该协会的集体会员。2008年7月在甘肃省文化厅主办的首届"舞动的黄河"暨改革开放三十周年"七月放歌"合唱比赛以及2010年第二届"七月放歌"合唱比赛中，均荣获黄河金奖。2009年在中国合唱协会主办的南湖中国城市合唱周比赛中荣获老年组合唱铜奖。2012年10月在国家文化部举办的

"永远的辉煌"——第十四届中国老年合唱节大赛中荣获银奖。2014年4月中旬参加由城关区文化局及兴业银行兰州分行主办的唱响兰州"兴业银行杯"中老年合唱大赛，荣获一等奖。2014年6月中旬又被甘肃省音协选调参加第九届中国音乐金钟奖合唱比赛甘肃选拔赛，获得第三名的优异成绩。同年8月在兰州市文学艺术界联合会和北京夕阳秀中老年文化事业发展基金会主办的"全国中老年优秀节目展演黄河之都甘肃选拔赛"中荣获金奖。

0032 甘肃省老艺术家民族乐团

地　　址：甘肃省文化馆
创建时间：2005-08-01
会员人数：52人
主要文化活动：民族器乐演奏。
简　　介：甘肃省黄河爱乐民族乐团（原甘肃省老艺术家民族乐团），是由甘肃省文化馆组建的一支民族乐团，成立于2005年。乐团由省、市各专业文艺团体、艺术院校等多年从事民族音乐研究、创作、演奏、教育的老艺术家和社会各界长期从事民族音乐的文化精英，组建而成的民间专业民族音乐团体。乐团具有较高的专业艺术水准，丰富的艺术实践和广泛的社会凝聚力，是我省卓有影响的民族器乐演奏团体之一。乐团成立以来，经常活跃于兰州市和各县区的厂矿、企业、院校、社区的舞台上。2014年4月27日参加了由省委宣传部组织、省文化厅和省广电总台主办，省文化馆承办的"百姓文化广场"惠民大型演出，受到广泛好评。

0033 兰州市老年艺术团

地　　址：兰州市老干部活动中心
创建时间：1992-08-08
会员人数：380人
主要文化活动：合唱演出。
简　　介：兰州市老年艺术团始建于1992年8月，现有在册团员380余人，由兰州市老干部合唱团、金鹰舞蹈团、声乐娱乐班、京剧队、武术队、电子琴班七个团队组成。艺术团由市老干部活动中心、市退休干部管理服务中心直接领导，有300余平方米的排练场地和办公室，团队组织机构健全，规章制度完善，档案资料齐全，聘请省市高水平的合唱指挥，舞蹈编导和指导老师常年授课，进行严格的训练和考勤考核。艺术团多年来一直承担省、市、区政府和主管部门组织的各类公益性庆典活动、重大节会演出、进社区、下农村宣传、慰问等有关文艺体育赛事。近五年平均每年千余人次参加各类演出和赛事，每年获奖二三十项。在2012年1月全市第一次群众业余团队展演定级中被评为"金牌团队"。

0034 兰铁七彩人生舞蹈队

地　　址：城关区金轮广场
创建时间：2006-12-01

会员人数：20 人

主要文化活动：舞蹈表演。

简　介：甘肃省兰州铁路局离退休管理处七彩人生舞蹈队，是由兰州铁路局离退休管理处创办的，该团建于 2006 年 12 月，多年来该团队靠着离退休管理处的支持和队员们的辛苦努力，自编自排了几十个不同类型的节目，包括有民族舞蹈、秧歌、健身舞、健美操、小品等。2008 年，赴北京参加首届全国中老年舞蹈大赛中获金奖；2012 年 6 月，赴韩国参加国际文化交流多彩秋韵中老年舞蹈大赛获特等奖，12 月赴台湾参加海峡两岸中老年舞蹈大赛获得银奖；2014 年 7 月应邀参加中央三台《舞蹈世界》栏目展演。在本省市内参加各种大赛，分别获得了几十个一、二、三等奖。

0035 兰州常青艺术团

地　址：兰州城关区甘南路

创建时间：2000-05-10

会员人数：40 人

主要文化活动：舞蹈表演。

简　介：兰州常青艺术团是甘肃人民广播电台史青退休后于 2000 年组建成立的，现有团员 40 余人，以排练民族舞蹈为主攻方向。15 年来该团采取走出去、请进来的办法，严格要求，刻苦训练，提高了表演水平，已发展成为一支有奉献精神、有艺术水准、有民族特色的艺术团队。多年来，该团参加过全国、省、市、区多种比赛和表演，先后获得各种奖励 20 多次。该团邀请兰州军区舞蹈家刘甫创作该团排练的具有陇东风情的舞蹈《剪窗花》，在 2004 年全省首届舞蹈大赛中荣获二等奖；该团表演的《山那边的女人》2013 年 6 月荣获全国第四届中老年艺术大赛表演金奖，在全市第一次群众文艺团队表演中被兰州市委、兰州市人民政府授予"铜牌团队"称号。

0036 兰铁文化宫舞蹈队

地　址：兰铁文化宫

创建时间：2004-03

会员人数：24 人

主要文化活动：舞蹈表演。

简　介：兰铁文化宫舞蹈队成立于 2004 年初，十余年来多次参加过省、市、区、街道举办的各项文娱活动，如奥运火炬、黄河风情线、激情马拉松、残疾人协会、情暖夕阳老年公寓、农村文化节等等。多年来，兰铁舞蹈队本着提倡高雅艺术、提高舞蹈艺术水平为宗旨，老有所乐，美化生活，在比赛中取得了较好的成绩。在文化局第一次群众文艺团队展演暨评审中进入前 50 名之列，得到各级领导和群众的好评。

0037 夕阳红合唱二团

地　址：省地矿局离退休中心

创建时间：1993-12-03

会员人数：60 人

主要文化活动：合唱表演。

简　介：该团成立于 1993 年 12 月 3 日，属省老龄委领导，1995 年加入中国合唱协会。合唱团本着老有所依、老有所乐的宗旨以及团结友爱、合作、奉献、创新的精神，从严要求，从严办团坚持走具有时代特征和地方、民族特色的路子。曾在全国老年合唱节"永远的辉煌"大赛中获得了 6 次二等奖、一次金奖。2011 年 3 月夕阳红合唱团分成两团，二团应邀参加维也纳金色大厅第四届国际中老年艺术节获得合唱银奖、最佳指挥奖、最佳组织奖及最佳贡献奖。2012 年在台湾两岸三地老年艺术节中获得银奖。

0038　甘肃机场集团飞雁合唱团

地　址：城关区嘉峪关西路 289 号

创建时间：2007-08-01

会员人数：40 人

主要文化活动：合唱演出。

简　介：甘肃机场集团飞雁合唱团成立于 2007 年，隶属于甘肃机场集团离退休职工活动中心，现有团员 40 余人，平均年龄 56 岁，主要由甘肃机场集团离退休干部职工和民航小区中老年合唱爱好者组成。合唱团成立以来，一直活跃在离退休老同志中间，每逢春节、重阳节等传统节日都要为职工家属和离退休老人们演出，深受群众欢迎。合唱团还经常代表公司参加民航系统及省市组织的各项文艺活动，2014 年 4 月，参加兰州市"兴业银行杯"中老年合唱比赛荣获"优秀表演奖"，6 月参加夕阳秀"走进呼和浩特"暨第十三届全国中老年艺术大赛荣获"蓝丁香金奖"。

0039　兰铁局老干处管弦乐团

地　址：兰铁文化宫

创建时间：2010-03-01

会员人数：40 人

主要文化活动：管弦乐演出。

简　介：该团在 2012 年全市群众文艺展演定级演出中被评为兰州市群众文艺团体骨干团队并颁发证书和奖杯。2012 年参加省科协成立 30 周年联合演出，在兰铁电视台得到好评，每年参加兰铁局的文艺演出和各项活动。2014 年 8 月 1—18 日参加兰州歌舞剧院交响乐团赴青海果洛州六十年庆典暨格尔木萨尔王旅游节联合演出。

0040　梦之丽声女子合唱团

地　址：临夏路沛丰大厦

创建时间：2009-08-01

会员人数：25 人

主要文化活动：合唱演出。

简　介：梦之丽声女子合唱团组建于 2009 年，现有团员 25 人，均来自省市机关的退休职工，平均年龄 50 岁。2013 年参加"永安杯"中老年歌咏比赛获得二等奖，参加纪念毛泽东诞辰 120 周年演出获得好评，参加了慰问退休职工演出。2014 年元月参加了兰州中小企业迎新春团拜会演唱《赤城花》获得好评；2014 年 2 月参加完美兰州分公司迎新春团拜会独唱《美丽家园》好评如潮；2014 年 6 月赴呼和浩特参加了北京夕阳秀，在中国合唱艺术研究会、中国民族舞蹈研究会、六省合唱协会举办的第十三届全国中老年艺术界

《生活是这样美好》文艺演出中获得金奖；2014年7月参加了老年基金会、兰州市老年学会举办的庆"七一"首届老年才艺展示瑞康养老院演出，演出节目是歌伴舞《阳光路上》；2014年7月参加老龄委举办的首届兰州中老年欧圣林联谊会演获优秀组织奖。

0041 芳欣艺术团

地　　址：城关区文化馆

创建时间：2006-09-01

会员人数：30人

主要文化活动：舞蹈表演。

简　　介：芳欣艺术团自2006年成立以来，得到了市群艺馆、城关区文化馆的关心和大力支持，在组织众姐妹强身健体、陶冶情操的同时，创排了《送亲歌》《欢乐的草原》《草原妇女》《呼唤绿荫》《盛装》《波浪萨吾尔登》《羌族欢歌》等一系列质量上乘的舞蹈节目，在省体协组织的文艺比赛中连续6年获得一等奖，在市文化馆举办的舞蹈大赛中多次获得二、三等奖，在城关区文化馆组织的各类展演中排练的节目均获得好评，在多次广场舞比赛中获得一等奖。通过排练、展演、比赛，队员的艺术水准得到了很大提高。

0042 茉莉花女子合唱团

地　　址：城关区金运大厦10楼

创建时间：2003-05-01

会员人数：70人

主要文化活动：合唱演出。

简　　介：茉莉花女子合唱团成立于2003年5月，由茉莉花组合发展而来。多次参加全国及兰州市组织的各类声乐合唱演出比赛并获得过金银奖。

0043 兰州激情广场艺术团

地　　址：城关区雁滩公园

创建时间：2002-03-02

会员人数：68人

主要文化活动：声乐、舞蹈、器乐表演。

简　　介：该团成立以来，在黄河风情园线上义务为老百姓演出400多场次，观众多达100万人次，并成功举办了第九届石佛沟花儿艺术节和第四届水车博览园的花儿大赛。还出色完成了各级政府和市、区文化馆的下乡进社区演出，以及各项慰问演出任务。

0044 星光合唱团

地　　址：黄河剧院

创建时间：2002-02-03

会员人数：60人

主要文化活动：合唱演出。

简　介：兰州星光合唱团成立于2002年，团员来自社会各界的离退休人士。多年来秉承先进的合唱理念及科学的用声技巧和排练方法，星光合唱团形成了柔美细腻而不失张力，传统规范而富有时代性的演唱风格。2006年8月赴天津参加第八届中国老年合唱节，演唱《下四川》等作品获银奖。2007年9月赴北京参加中央人民广播电台合唱比赛演唱《在森林那一边》等作品获银奖。2008年1月在金城剧院担任男高音歌唱家丁毅独唱音乐会的合唱、伴唱。2009年参加甘肃电视台正月十五焰火晚会，开场演唱《黄河船夫曲》。2010年选送录像无伴奏合唱《下四川》至香港文化艺术节获优秀演唱奖。2011年参加兰州电视台"庆祝建党九十周年演唱会"获金奖。2012年6月参加第六届金城文化节中老年合唱大赛演唱《菊花台》获二等奖。2013年6月赴内蒙参加全国"激情梦想•草原之夜"中老年艺术大赛获金奖。2014年1月赴台湾国父纪念馆参加"激情梦想•两岸同心"合唱比赛获金奖。

0045 省文化馆黄河民乐团

地　　址：甘肃省文化馆

创建时间：2004-04-04

会员人数：25人

主要文化活动：民乐演出。

简　介：黄河民族乐团由专业文艺院团和爱好民乐的机关企事业单位离退休职工组成，主要以民乐合奏为主，兼顾独奏、齐奏等。努力实践伴奏与联唱相结合，积极演练本省作曲家的民乐作品。自2007年以来，先后排练《边疆风情》《花儿漫起来》《陇原欢歌》《乡音》等优秀民乐合奏曲目30余首，深入农村、社区、部队、院校、企事业单位、黄河风情线以及养老院演出28场次，受到群众欢迎和称赞。曾荣获《西部商报》老歌大赛优秀奖和兰州市"阳光杯"民乐大赛一等奖。

（二）兰州市七里河区

0046 甘肃省杂技团有限责任公司

地　　址：兰州市七里河区瓜州路 506 号
从业人员数：84 人
演出场次：561 场
知名节目：《神州奇葩》《宫廷献艺》《飞天》《滚灯》《蹬花环》《盘鼓》《对顶花坛》
总收入：9794 万元
获奖情况：《滚杯》节目，曾获 1995 年全国杂技西北 5 省（区）比赛一等奖，1996 年在波兰华沙举行的世界杂技马戏节获"银小丑"奖；《盘鼓》节目获全国杂技比赛铜奖；《神州奇葩》节目获全国杂技西北 5 省（区）比赛一等奖；《空中吊子》获全国杂技比赛二等奖；《双钻桶》《手技》节目获三等奖；《蹬技》《车技》节目也在全国杂技比赛中获奖。
简　　介：甘肃省杂技团有限责任公司成立于 1960 年 5 月，建团以来杂技团先后培养了 5 批杂技魔术表演人才，创作演出了 100 多个精彩节目。其中，具有代表性的节目有《神州奇葩》《宫廷献艺》《飞天》《滚灯》《蹬花环》《盘鼓》和《对顶花坛》等。甘肃省杂技团是甘肃省唯一的省级杂技团体，由演员队、学员队、舞美队、乐队、剧院、服务公司组成，拥有一大批在国内外卓有影响的杂技、魔术表演艺术家、教练、舞美创作人员和优秀的少年演员共 180 人。杂技团创作了数以百计的既富有浓郁民族特色和敦煌古典特色，又充满现代生活气息的优秀节目，演出了集高、难、技、巧、惊、险、美为一体，又为广大观众喜闻乐见的杂技节目。1986 年以来，杂技团先后赴土耳其、埃及、伊朗、德国、新西兰、日本、刚果、贝宁、喀麦隆、佛得角、伊拉克等十几个国家及香港地区演出。艺术家们以其精湛的演技、饱满的热情、严谨的作风和良好的艺德，赢得观众的欢迎和赞扬。特别是 1996 年赴非洲和中东 7 国的访问演出，得到文化部和甘肃省人民政府的表扬和嘉奖。甘肃省杂技团曾在 20 多个国家和地区的文化交流演出，向世界各国人民介绍了中国的文化艺术，介绍了甘肃，增进了与世界各国人民真挚的友谊和相互了解，为世界人民了解甘肃做出积极的贡献。

（三）兰州市西固区

0047 河口乡庄河堡艺术团
地　　址：西固区河口乡
创建时间：2013-11
会员人数：33 人
主要文化活动：多次参加各类公益性演出，如《古镇黄河情》在西固区"惠仁杯"舞蹈大赛中获得一等奖；独唱串烧《南腔北调》获得二等奖；2014年"西固之夏"演出专场得到了领导和观众的高度评价；2014年春节期间组织群众联谊会演出8场；民间财神会演出表演。
简　　介：庄河堡艺术团成立于2013年11月，现有人员33人，是依附于西固区政府全力打造的河口古镇而成立的艺术团。艺术团本着弘扬河口古镇千年文化，传承发扬古镇传统艺术的宗旨，成为西固区近年来最具特色的一支艺术团队。庄河堡艺术团不仅致力于挖掘发扬非遗文化，同时排演了许多具有现代艺术特色的大型舞蹈作品，深受广大人民群众的喜爱。虽然艺术团成立时间尚短，但已多次参加各类公益性演出，受到了广大群众的热烈欢迎与大力支持。

0048 黄河情艺术团
地　　址：西固区街道中路
创建时间：2004-06
会员人数：40 人
主要文化活动：参加了省、市、区和社区众多的公益演出和文艺活动，多次荣获一、二、三等奖。2012年在市文化馆举办的群众文艺展演中被评为骨干团队。
简　　介：该团成立于2004年，十年来在市文化馆、西固区文化馆和西固城街道大力支持和帮助下，曾经参加了省、市、区和社区众多的公益演出和文艺活动。十年来在会员的努力下，该团已经成为活跃在社区的一支文艺团队。

0049 陈坪艺术团
地　　址：西固区陈坪街道
创建时间：2000-03-05
会员人数：105 人
主要文化活动：连续多年参加西固区"西固之夏"文艺演出；连续四年参加甘肃省春节联欢晚会；参加"星光大道""我要上春晚"等节目。
简　　介：2000年建团，曾为甘肃省第一个农民合唱团，2002年十月更名为"陈坪农民艺术团"。近年，正式更名为"陈坪艺术团"，多次被省、市、区媒体报道。

0050 西固区老年大学合唱团
地　　址：西固区幸福小区
创建时间：1999 年

会员人数：80 人

主要文化活动：曾获得"七彩夕阳"欢聚人民大会堂，全国中老年人文艺节目表演孔雀金奖；省文化厅举办的首届舞动的黄河群众文化系列活动合唱比赛优秀奖；兰州市第一届、第二届老年文艺人会演二等奖、三等奖；全区"创建文明城市、构建和谐西固"最佳演唱奖；历届"西固之夏"文艺会演一、二等奖；兰州电视台"想唱就唱"栏目走进西固的专场演唱活动；省委宣传部组织的全省爱国歌曲大家唱活动，2011 年参加了西固区庆祝建党 90 周年大合唱活动以及西固区 2012 年新年音乐会；2012 年兰州市艺术评审定级为铜奖。

0051 秦腔表演艺术团

地　　址：西固区陈坪街道

创建时间：2002-12-01

会员人数：45 人

主要文化活动：参加西固区"西固之夏"、兰州市农民调演顶级比赛、各庙会等活动。

简　　介：陈坪街道秦腔表演艺术团是为老年人锻炼身体，弘扬甘肃非物质文化遗产——秦腔而建立的艺术团，收纳全区秦腔艺术爱好者 45 人。该团在 2012 年、2014 年西固区"西固之夏"表演中，获得集体一等奖、个人一等奖荣誉称号，在兰州市农民调演定级比赛中获得优秀奖。

0052 军傩文化艺术传播中心

地　　址：西固区陈坪街道

创建时间：2000-03

会员人数：98 人

主要文化活动：演出军傩系列节目 5 部，各类题材节目近 80 多个，获省、市、区各类奖项 30 多个。2007 年曾赴北京参加央视"非常 6+1""星光大道"演出；同年，参加永靖全国军傩文化展演及嘉峪关国际旅游节演出，获奖并得到广泛好评；协助央视"远方的家"及部分省市电视台等拍摄专题片 38 部；省市各大报纸专题报道 35 篇（次）；2014 年 6 月份开始参加陈坪街道"党的群众路线教育""五城联创"宣传文艺晚会约 20 场的演出。目前，正在继续创作、打造新的军傩题材，让西固军傩舞这瑰丽的奇葩更加绽放光彩。

简　　介：西固军傩文化艺术传播中心，在区委、区政府及各文化部门大力扶持下，全团 90 多名团员团结协作，刻苦训练，充分发挥自编自导自演的优势，大力挖掘整理非物质文化遗产——西固军傩舞。该中心先后培训近百人，演出军傩系列节目 5 部，各类题材节目近 80 多个，获省市区各类奖项 30 多个。

0053 西固区发展秦腔剧社

地　　址：西固区陈坪街道

创建时间：1998-06

会员人数：26 人

主要文化活动：曾多次参加西固之夏广场文艺调演，并多次获得一等奖。

简　　介：西固区发展秦腔剧社于 1998 年 6 月份建团以来，团队有固定演职人员 26 人，秦腔行当生、旦、净、末、丑样样俱全，经常在西固演出。

0054 兰州石化公司离退休二处管弦乐队

地　　址：西固区山丹街

创建时间：2009-06

会员人数：30 人

主要文化活动：参加 2012 年兰州石化公司新年音乐会演出，每两年参加兰州石化公司合唱比赛演出，每年参加兰州石化公司红歌。

0055 西固区文化馆业余京剧团

地　址：西固区公园路3号

创建时间：1999-05

会员人数：30人

主要文化活动：京剧节目排练和演出。

简　介：1999年5月西固区文化馆业余京剧团成立。2004年参加中央电视台《走进甘肃》过把瘾栏目，其中该团自创京歌表演唱《金城最美是夏天》参与拍摄，在全国播出；2005年在东风剧院演出折子戏《赵氏孤儿》；第13届西固之夏广场文艺调演荣获组织奖；第17届西固之夏广场文艺调演京剧《望江亭》荣获一等奖；第20届西固之夏广场文艺调演《梨花颂》荣获集体表演一等奖；第21届西固之夏兰州黄河风情文化周广场文艺调演京剧《流水联唱》荣获一等奖，自创京歌表演唱《金城最美是夏天》荣获二等奖；第23届西固之夏广场文艺调演京剧折子戏《状元媒》《望江亭》荣获一等奖和优秀组织奖；2011年6月25日西北第一戏楼庆祝建党90周年京剧专场（折子戏、清唱）演出；2012年1月1日参加兰州市群众文艺社团展演评级，被评为银牌社团。

0056 兰州石化"爱之声"女子合唱团

地　址：兰州市西固区山丹街

创建时间：2008-03

会员人数：50人

主要文化活动：合唱排练和演出。

简　介：《爱之声》女子合唱团成立于2008年3月，团员由退休女职工组成，现有成员56人，最大年龄65岁，最小年龄51岁，平均年龄55岁。建团五年来，合唱团参加省、市、区、兰州石化公司演出30余场，演唱各类曲目40余首。2010年荣获"甘肃省第二届合唱节银奖"；2011年获得兰州市第四届合唱节"优秀合唱奖"；2012年1月荣获兰州市迎新年全市群众文艺展演"骨干"奖；2012年7月荣获第十一届中国国际合唱节"优秀奖"；多次为甘肃省电视台节目录制伴唱；2013年赴香港参加第二届亚洲合唱节荣获第二名。

0057 兰州石化银龄合唱团

地　址：兰州市西固区山丹街

创建时间：1999-11

会员人数：90人

主要文化活动：参加省、市、区、街道和公司节庆各种专场演出，赴工地、社区等处慰问演出百余场，并举办新年音乐会。连续9届参加西固区"西固之夏"和兰州市黄河风情文化周演出。先后参加了兰州市"劳动者之歌"演唱会，万众颂兰州"五月歌潮"演出，兰州电视台"黄河之夏"演出和纪念红军长征胜利70周年"伟大的征程"大型音乐会。在甘肃省首届和第二届舞动的黄河"七月放歌"合唱比赛中均获黄河银奖。2005年由全国总工会在广州举办的"首届全国职工合唱比赛"中获铜奖和优秀组织奖。2008年10月在青岛"夕阳秀第八届全国中老年合唱比赛"中获菊花金奖和精神文明奖。2009年参加兰州市庆祝建国六十周年歌咏比赛获一等奖。2012年元月1日参加兰州市群众文艺社团展演评级，被评为铜牌社团。2013年8月参加文化部举办的"永远的辉煌"——第十五届中国老年合唱节获"金山岭长城杯"奖。银铃合唱团自创的合唱歌曲《安全责任大于天》荣获"生命之歌"第二届全国安全歌曲大赛创作二等奖。

简　介：银龄合唱团成立于1999年11月17日，现有团员90人，平均年龄59岁，是兰州石化离退休老同志，以兴趣爱好为纽带，自发组成的群众文化社团，现为中国合唱协会团体会员。中国音乐家协会会员、甘肃省著名音乐活动家华杰教授担任艺术顾问。合唱团有自己的排练场地、钢琴和音响设备，定期每周二、四下午排练节目。银龄合唱团贯彻创造和谐、唱响主旋律，为企业文化服务，为社会主义精神文明服务。

0058 西固区文化馆天音艺术团

地　　址：西固区公园路
创建时间：2008-02
会员人数：60人
主要文化活动：器乐、独唱、舞蹈等艺术节目演出。
简　　介：2008年荣获甘肃省中老年艺术调演器乐合奏二等奖；2009年、2010年荣获"西固之夏"文艺调演器乐合奏一等奖；2011年荣获"西固之夏"文艺调演器乐合奏一等奖；竹笛独奏荣获"甘肃省广播电台特约演奏"优秀奖；竹笛演奏曾和香港长征艺术歌舞团合作演出受到嘉奖；2009年女声独唱荣获甘肃省"花儿"大赛二等奖；2011年女声独唱荣获"西固之夏"文艺调演一等奖；2011年男女声二重唱荣获"西固之夏"文艺调演二等奖；2011年男声独唱荣获"西固之夏"文艺调演二等奖；2011年歌伴舞荣获"西固之夏"文艺调演一等奖；2011年舞蹈"哈达"荣获西固之夏文艺调演一等奖；2012年荣获"西固之夏"文艺调演器乐合奏二等奖；2013年舞蹈"小看戏"荣获"西固之夏"文艺调演二等奖；2013年第四届兰州农民艺术节获"农民优秀艺术团"奖；2014年兰州市民间舞蹈大赛舞蹈《母亲》获铜奖。

0059 兰州石化公司离退休二处百花民族舞蹈队

地　　址：西固区山丹街
创建时间：1999年
会员人数：50人
主要文化活动：舞蹈演出。
简　　介：2000年参加中石油老年舞蹈大赛获一等奖；2002年参加中石油老年舞蹈大赛获二等奖；2004年参加全国中老年文艺调演荣获金奖；2012年参加西固之夏文艺演出荣获一、二等奖；2012—2013年参加甘肃省中老年十四届、十五届文艺会演荣获一、二等奖；2013年参加兰州石化公司"我要上春晚"荣获二等奖；2014年参加中国梦、劳动美职工广场舞比赛荣获一等奖；2014年参加甘肃省中老年十六届文艺会演荣获一等奖。

0060 满江红秧歌队

地　　址：西固区先锋路
创建时间：1995-05-16
会员人数：40人
主要文化活动：扇子舞、腰鼓、秧歌表演。
简　　介：满江红老年秧歌队主要由退休职工组成，队员中年龄大的65岁，年龄小的50岁，平均年龄58岁。这些队员都是因为热爱秧歌走到了一起，他们的身体和精神状态都非常好。每天早上他们在金城公园的表演吸引了大量市民驻足观看，构成社区一道亮丽的风景线。

0061 幸福社区鼓舞队

地　　址：西固区先锋路
创建时间：2002-08-20

会员人数：60 人

主要文化活动：承担西固区各部门的各种征兵、法律、卫生健康的公益宣传活动，参加社会企业、社区的各种文化演出。

简　介：幸福社区鼓舞队组建于 2002 年初，前身是先锋路街道腰鼓队，幸福、和谐、健康快乐是团队精神，队员 60 余人，有 40 多人多年来一直参加着兰州石化老年大学形体舞蹈的专业培训。建队后从 2003 年起每年都参加西固区兰州石化春节大拜年活动。在 2014 年兰州石化老年健身运动会的健身操比赛中，排练的"快乐人生"获团体二等奖。

0062 炫彩健身舞蹈队

地　址：西固区先锋路

创建时间：2009-03-04

会员人数：50 人

主要文化活动：表演健身舞蹈。

简　介：炫彩健身舞蹈队于 2009 年成立，主要以退休职工家属组成，平均年龄 52 岁，主要表演健身舞蹈。曾代表甘肃省在常州参加全国健身秧歌大赛，获 2 个一等奖、自编一等奖和优秀组织奖；代表甘肃省参加丹东银行杯全国健身舞蹈大赛，获二等奖、优秀组织奖；代表甘肃省参加深圳第二届老年运动会健身秧歌获银奖。

0063 兰州石化公司离退休二处喜洋洋民乐团

地　址：西固区山丹街

创建时间：1999-06

会员人数：36 人

主要文化活动：曾多次在石化公司所属社区演出，参加老人节、慰问矿区和厂区大检修等演出。参加兰州市乐器比赛二等奖，参加中油集团北京汇报演出获优秀奖。2011 年、2012 年连续两年承办西固地区新年音乐会，深受西固地区及兰州市业余器乐爱好者的赞赏。

简　介：该乐团成立于 1999 年 6 月，隶属于兰州石化公司离退休二处管理，乐团实行"自我组织、自我管理、自我提高、自我发展、民办公助"的原则，曾多次在石化公司所属社区演出，每年都在老人节、慰问矿区和厂区大检修等演出。参加兰州市乐器比赛二等奖，参加中油集团北京汇报演出获优秀奖。2011 年、2012 年连续两年承办西固地区新年音乐会，深受西固地区及兰州市业余器乐爱好者的赞赏。

（四）兰州市安宁区

0064 兰州八音秦剧社

地　　址：安宁区

创建时间：2014-03-01

会员人数：38 人

主要文化活动：成功参加多次秦腔演出活动，并得到广大观众和戏迷朋友的一致好评。

简　　介：兰州八音秦剧社成立于2014年3月，现有社员38人，其中文武乐队18人，演员20人，乐队阵容强大，共有乐器20多件，音响、服装、道具等设施比较齐全。社团从成立到现在，已经成功参加多次秦腔演出活动，并得到广大观众和戏迷朋友的一致好评。

0065 康乐舞蹈健身队

地　　址：安宁区

创建时间：2011-10-01

会员人数：100 人

主要文化活动：2012年参加了"安宁区2012年征兵宣传仪式"表演；2013年应邀参加了兰州电视台举办的"夏日欢乐送"演出，受到了兰州电视总台的赞扬和肯定；2013年参加了枣林路社区、长风社区2013年庆祝七一的表演活动；2013参加了安宁区春节和谐之春文化系列活动演出，引起了各方关注，甘肃卫视、兰州电视台进行了报道；2013年参加了"甘肃省首届广场舞大赛"，荣获全省第三名的好成绩，在省广电演播大厅进行复赛，最终进入全省20强，为安宁区争得了荣誉；2013年、2014年两年参加"兰州国际马拉松邀请赛"表演受到了区有关部门和现场观众的赞扬；2013年、2014年积极参加安宁区文化馆组织的"广场舞大赛"，荣获第二名；2014年积极参加安宁区文化馆组织的"群众舞蹈大赛"荣获第三名。

简　　介：兰州康乐舞蹈健身队成立于2011年10月，舞蹈健身队自成立以来，受到了广大群众的热情欢迎和大力支持。目前健身队参与人数已达到100多人，以中老年朋友为主，始终坚持早、晚锻炼，从未间断。兰州康乐舞蹈健身队一方面坚持锻炼，另一方面也积极参加一些有益的社会公益活动和表演比赛，得到了多方认可，在省、市、区都有一定的影响力。

0066 长风艺术团

地　　址：安宁区长风新村

创建时间：1999-04-06

会员人数：150 人

主要文化活动：先后参加各种文体活动百余次，并多次获得优异成绩；在全省第三、四届的"群星杯"比赛中，获得二、三等奖；舞蹈"醋之韵"获得老年艺术节一等奖，兰州电视台春晚节目比赛一等奖，市黄河风情线文化节二等奖；进京演出甘肃片选拔赛获得铜奖。

简　介：长风艺术团成立于1999年4月10日，多年来在市区文化馆、社区和企业领导的大力支持下，由小变大、由弱变强，培养了业余文化爱好者百余人，从而造就了一批骨干人员，成为兰州市、安宁区重点扶持的文体骨干队伍。艺术团先后参加各种文体活动百余次，并多次获得优异成绩。

0067 陇原红艺术团

地　址：安宁区

创建时间：1999-07-01

会员人数：38人

主要文化活动：2012年参加刘家峡水电厂的"重阳节"演出；2013年，参加安宁"司法宣传"演出，参加安宁银滩路社区创建文明城市文艺进社区演出，参加安宁三八妇女节演出；2014年，参加科教城"清凉喜乐会"演出，参加陇电、刘电、火电、科教城举办的中秋国庆联谊会，深受大家的欢迎。

简　介：陇原红艺术团于1999年7月成立，艺术团人员由退休干部和工人组成，平均年龄65岁左右，经过长期的训练与培训，陇原红艺术团已经具备了自己独特的表演特色，受到广大中老年朋友的青睐。自艺术团成立以来大家积极踊跃参加各类群众文化活动，并多次获奖。

0068 电之声合唱团

地　址：安宁区银安路

创建时间：2011-09-07

会员人数：30人

主要文化活动：合唱演出。

简　介：电之声合唱团成立于2011年9月7日，由一批酷爱音乐的中老年朋友组成，平均年龄50岁左右，是一支和谐团结、热爱生活、快乐进取的合唱团队。近年来，在文化馆老师的支持和帮助下，本团着力追求高水平的合唱艺术，队员综合素质得到了不断提升。合唱团积极参与社会各类演出活动，并获得社会一致好评。本团把合唱艺术作为崇高的事业，聆听心语，声声相依，本着老有所乐、老有所为、无私奉献的精神，将晚年融入合唱的和谐美之中，为美好生活而歌唱，为喜爱音乐的中老年朋友提供了一个展现自我、提高自我的舞台。

0069 安宁区科教城艺术团

地　址：安宁区科教城

创建时间：2007-07-01

会员人数：43人

主要文化活动：参加了2007年9月在培黎广场举办的庆国庆活动；参加了2012年5月在培黎广场举办的母亲节活动；参加了2012年7月由康桥国际举办的广场舞比赛；2013年9月参加了由兰州市老年人体育协会举办的广场舞比赛；2014年7月参加了罗马小区举办的文艺进社区活动。

简　介：安宁科教城艺术团是以大专院校教师、行政事业单位及科研院所职工等为主的业余演出团体，现有队员43人，50—65岁年龄段人员占70%左右。艺术团除每年定期在小区内进行2—3次联欢式汇报演出外，还积极参与社会群众文艺活动。

0070 红叶艺术团队

地　址：安宁区

创建时间：2005-05-01

会员人数：14人

主要文化活动：在庆祝建党九十周年兰州市第二届群众周末红歌会上，男、女声小合唱均获得了优秀奖；2013年7月在"康桥国际杯"首届社区文化暨中国梦歌咏大赛中，男女声合唱荣获二等奖；在安宁区第四届"夏韵畅想"魅力安宁最美声音卡拉 OK 大赛中，马清水的独唱获二等奖，齐建平和张帆的独唱、二重唱获三等奖；在兰州市第一届"永安杯"黄河之声老年歌唱大赛中，男女声合唱荣获三等奖。

简　介：红叶组合组建于 2005 年 5 月，现有队员 14 人，其中男队员 6 人，女队员 8 人。会员分别来自企业和学校的退休职工，平均年龄 61 岁。他们喜爱文艺，热爱歌唱，均具有良好的思想素质和演唱基础，并具有较强的识谱能力。红叶组合的宗旨是老有所乐，健康生活，陶冶情操，服务社会。近年来，虽没有固定的活动场所，更没有活动经费来源，但大家凭着满腔热情和对歌唱的执着，坚持每周活动两次。在活动中大家和睦相处，互帮互学，认真切磋，从而使演唱水平不断提高，影响力也不断扩大。在先后参加市、区组织的各种演出比赛中，都获得了较好成绩。

0071 长风合唱团

地　址：安宁区枣林路
创建时间：2000-03-01
会员人数：70 人
主要文化活动：合唱演出。

简　介：长风合唱团成立于 2000 年 3 月，主要以合唱形式为主，活动人员主要以中老年退休人员为主，自合唱团成立以来排练了大量的合唱作品，现有活动人员 70 余人。长风合唱团曾多次参加过省文化厅举办的"七月放歌"、市委宣传部文化官、安宁区文化馆以及各社区举办的各类文艺演出，并在活动中取得过一等奖 8 次、二等奖 12 次、三等奖 15 次、优秀奖 16 次等优异成绩。2013 年该团被康桥国际中心邀请参加了三周年店庆活动演出，得到了领导、工作人员的一致好评和赞誉；2014 年在长风社区领导的大力支持下，参加了社区举办的全民健身宣传活动、庆"七一"廉政歌曲演出，获得了一等奖。

（五）兰州市榆中县

0072 甘草店夕阳红艺术团

地　　址：榆中县甘草店镇甘草西村

从业人员数：52 人

演出场次：86 场

知名节目：情景歌舞《联村联户到我家》

获奖情况：2004 年荣获全国亿万农民健身活动大奖赛优秀奖；2007 年被兰州市体育局评为 2006 年兰州市农村体育工作先进单位；2008 年参加榆中县计生局组织的计划生育宣传巡回演出获二等奖；2009 年参加榆中县庆祝建国 60 周年"我和我的祖国"演唱会，获优秀奖；2011 年被兰州市体育局评为兰州市群体工作先进集体；2011 年 2 月 8 日，参加榆中县妇女联合会组织的庆"三八"女性才艺展示，获纪念奖；2011 年 6 月，参加甘草店镇委员会纪念建党 90 周年文艺演出活动，获歌唱曲类节目一等奖；2011 年 7 月参加榆中县纪念建党 90 周年"颂歌献给党"合唱比赛荣获行政村三等奖；2012 年元月 1 日参加由中共兰州市委、兰州市人民政府主办的新年全市群众文艺团队展演，评审定级为铜牌团队；2013 年参加兰州市第四届农民艺术节文艺节目调演；2013 年参加联村联户文艺节目会演获奖。

简　介：甘草店夕阳红艺术团成立于 2003 年，团队共有 52 人，其中，女 42 人。艺术团负责人魏桂玲，多方筹集资金，建立面积为 30 平方米的活动室一间，活动室内管理制度、档案资料齐全，2012 年购买音响乐器、服装道具等，夯实了艺术团硬件设备。在此基础上艺术团不定期开展相关排练活动，并聘请省市县舞蹈专业人员精心打造品牌节目，提升艺术团综合素质。2013 年，艺术团又吸收数名西北师大表演系毕业的大学生，为团队注入了新鲜血液，使团队的表演能力进一步增强。建团以来，甘草店夕阳红艺术团荣获国家、省、市、县大奖多次。2012 年参加由中共兰州市委、兰州市人民政府主办的新年全市群众文艺团队展演，评审定级为铜牌团队。

（六）兰州市皋兰县

0073　皋兰县心桥艺术团

地　　址：皋兰县石洞镇三川口社区

创建时间：2012-05-03

会员人数：60人

主要文化活动：参加皋兰县健身舞表演、皋兰县全友家居"感恩杯"广场舞比赛、兰州市第六届老年健身气功表演、兰州市感恩杯全民健身舞比赛；参加了石洞镇文化庙会演出、社区开展的"邻里节"文艺演出；"八一"建军节配合省文化馆慰问驻地部队，在广大居民群众中掀起了很好的反响；参加了首届农民艺术节暨"一村一品"文化精品创建工程展演，并举办了专场演出。

简　　介：为进一步满足社区居民物质文化和精神需求，促进社区文化建设工作的发展，按照"一村一品"的文件精神，成立了以社区干部职工和辖区青年文艺爱好者为主的心桥艺术团，并向县文广局、民政局申报了社区心桥艺术团的社会团体法人登记证书，确定了艺术团的规章制度，使得艺术团更加规范。社区组织心桥艺术团在重大节日开展一系列内容充实、形式丰富的主题实践活动，为辖区居民提供了丰富多彩的文化生活。社区一方面组织发动社区心桥艺术团参加市县镇组织的各类比赛演出；另一方面社区以春节、元宵节、妇女节、劳动节等为契机，积极组织开展各类文体活动，努力为居民健身休闲、文化学习交流搭建平台。

0074　皋兰县翔舞艺术团

地　　址：皋兰县石洞镇庄子坪村

创建时间：2011-02-01

会员人数：50人

主要文化活动：艺术团排练了50余个丰富多彩、风格迥异的节目，长期为村民和社会演出。建党90周年文艺表演被省、市媒体争相采访，并被《甘肃日报》《兰州晚报》报道。2011年元旦在县文化馆举行专场汇报演出。2012年4月29日、5月18日、7月20日、9月28日分别参加了石洞寺文化庙会、建团90周年"全友杯"广场舞挑战赛、全县首届农民艺术节，舞蹈《梦里梅开》《红红的日子》获得二等奖和优秀奖。2013年参加春节精品节目会演，歌伴舞《欢天喜地》获得第二届农民艺术节最佳表演奖，并赴驻地部队慰问演出1场，参加兰州市中老年歌唱大赛，参与拍摄皋兰电视台《我的春晚》

栏目，在县内享有较高的声誉，受到了县镇领导和广大群众的赞赏和好评。

简　介：70年代末80年代初，庄子坪村在创始人杨爱东的发起下建成自乐班，长期培训艺术人才并举办演出。2011年2月在杨爱东、杨增东的倡导下，在石洞镇政府和村委员的大力支持下，经县镇两级文化和民政部门批准注册，正式成立庄子坪村业余艺术团。该艺术团始终坚持"双百"方针和"二为"方向，坚持"三个贴近"，按照全县"一村一品文化体育工程"的方针，以"丰富群众的精神食粮"为宗旨，努力做到了有组织、有阵地、有队伍、有特色、有活动、有经费的"六有"要求，逐步向正规化、艺术化、社会化迈进。

0075 金城古乐兰州鼓子艺术团

地　址：水阜乡水阜村文化站
创建时间：1983-06
会员人数：65人
主要文化活动：1956年5月水阜乡兰州鼓子艺人魏学尧、肖振仁、宋克芳代表专区参加甘肃文艺演出，受到邓宝珊同志的接见；1994年8月，参加第四届中国艺术节"黄河文化展示会"专场演出，荣获优秀组织奖；1994年8月兰州市举办第四届中国艺术节获得优秀奖；2005年2月，参加兰州市首届文化庙会在五泉山专场演出；2006年9月，参加兰州市"非遗保护成果展活动"获优秀组织奖；2006年11月，参加甘肃省首届农民文艺调演获节目等级奖；2008年，甘肃省农民文艺调演获得三等奖；2009年6月，参加兰州市"2009文化遗产日""非遗"宣传展示活动获优秀表演奖；2009年非遗展演获得优秀奖；2012年3月艺术团被兰州市非遗中心命名为兰州非物质文化遗产兰州鼓子传习所；2012获县第一届十佳优秀奖。

简　介：金城古乐兰州鼓子艺术团成立于1983年1月，是一个纯民间艺术团体，演唱及乐队演奏均由水阜乡本地农民担任，2011年1月正式更名为水阜乡金城古乐兰州鼓子艺术团并申请民政局注册。艺术团成立以来，秉承弘扬传统文化，传承民间艺术历史使命，利用农闲时间集聚文化站或农家院落开展兰州鼓子演练和研究，并积极参加省、市、县组织的各类文化娱乐活动和大型文艺展演活动。通过几代人的不懈努力，目前艺术团共有成员65人，其中年龄最大的96岁，最小的30岁，平均年龄54岁，男55人，女10人。水阜村兰州鼓子艺术团的成立为兰州鼓子传承传播做出了积极贡献。

（七）酒泉市敦煌市

0076 敦煌市艺术团

地　址：敦煌市阳关东路
创建时间：1976年
会员人数：30人
主要文化活动：主要承担着送文化下乡演出，农村巡回演出，对外旅游演出和政府举办节目庆典活动演出，以及辅导培养城乡自乐班提高演技，活跃城乡群众文化生活的任务。表演内容主要以秦腔、地方剧、敦煌歌舞为主，深受广大群众的欢迎。
简　介：敦煌市艺术团成立于1976年，是敦煌市唯一的专业文化艺术表演团体，是集戏曲、歌舞、曲艺表演为一体的文艺团体。30多年来敦煌市艺术团为发展敦煌文化事业和弘扬敦煌文化做出了积极贡献，以优秀的文艺节目在全市各乡镇、各大旅游景点及周边县市进行巡回演出，极大地推动了敦煌文化事业的发展。敦煌市艺术团始终坚持"文艺为人民服务，为社会服务"的方向，不断发展健康向上，丰富多彩，并具有中国传统文化艺术风格、西域风情、敦煌特色的文化艺术。敦煌市艺术团不断加强舞蹈演出队伍建设，培养出了一批年轻歌舞艺术人才，创编上演了具有敦煌特色、西域风情的舞蹈《千手观音》《走进敦煌》《天王金刚》《月牙泉边》《敦煌情韵》《阳关雄魂》等40多个节目，演出后都受到了中外游客及各级领导的好评，同时在外省及周边县市的邀请下，曾赴山东曲阜、酒泉金塔等地进行交流演出，在日本、韩国等国和北京龙庆峡演出后，受到了中外宾客的赞誉和好评。

0077 敦煌宾馆飞天歌舞团

地　址：甘肃省敦煌市阳关东路14号
从业人员数：26人
演出场次：200场
知名节目：《千手观音》
总收入：30万元
获奖情况：《山泉情》《阳关雄魂》《走进敦煌》等多个节目获得了酒泉地区和敦煌市的一等奖和二等奖。
简　介：敦煌宾馆飞天歌舞团是一个以宣传敦煌文化和传播敦煌艺术的一个企业文化团体，其目的在于让中外宾客能够直观地看到敦煌乐舞和敦煌飞天的舞姿，给敦煌艺术留下一个深刻的印象。建团十一年来已排练出了《敦煌神韵》《千手观音》《边关情》《丝路驼铃》《欢腾伎乐》《山泉情》《鼓与琵琶》等 50 多个具有浓郁敦煌特色的歌舞。每年平均演出 180 余场。党和国家领导人李瑞环、尉健行、田纪云、王光英、盛华仁以及印度前总统纳拉亚南、泰王国诗琳通公主殿下、美国参议院议长、美国前国务卿基辛格等贵宾都曾观看过演出。同时观看过演出的著名影视、歌星有齐秦、齐豫、王祖贤、朱哲琴、关牧村、万山红、火风、张金玲、主持人杨澜。曾与国内著名演员巩汉林、曲比阿乌同台演出。先后应邀前往四川、云南、福建武夷山等地慰问演出，并代表敦煌市政府到日本、韩国、北京、天津等地推介演出，取得非常好的效果，为敦煌旅游发展做出了积极的贡献。

0078 酒泉神州文化艺术表演有限公司

地　　址：敦煌市敦煌山庄
从业人员数：16 人
演出场次：200 场
知名节目：《凌波观音》《筌篌吟》《都塝鼓舞》
总收入：40 万元
获奖情况：《筌篌吟》2012 年获全省舞蹈大赛编导一等奖、表演二等奖。
简　介：酒泉神州文化艺术演出有限公司由国家专业的资格人士创办，公司下设有"神州表演艺术团""敦煌教坊舞蹈团""启明星少儿舞蹈培训中心"等机构组建而成。公司始终坚持以诚信为本、以艺德为生的宗旨，发扬和传承华夏文化艺术，聘请国家一级编导亲临指导教学，演员均接受过严格的训练，以形式多样化，创新进取化的经营模式与市场接轨，与各大、中专院校以及旅游公司携手合作，挖掘人才，培养人才，为文化艺术大繁荣做出了卓越贡献。

（八）酒泉市肃北蒙古族自治县

0079 肃北县乌兰牧骑

地　址：肃北县党城湾镇梦柯路北4号
从业人员数：53人
演出场次：120场
知名节目：《白云诗》《顶碗舞》《马头琴》《呼麦》
总收入：10万元
获奖情况：共荣获国家级奖项21项，省级奖项69项，市级奖项78项，县级奖项46项。仅2002年，获得国家级金奖2项，银奖2项，同时，获得省级一、二、三等奖13项。
简　介：在肃北广袤的草原上，常年活跃着这样一支队伍，他们进社区、上矿山、到边防，足迹遍及肃北的山山水水——这就是被誉为"草原轻骑兵"的肃北县乌兰牧骑。肃北县乌兰牧骑是一支专业文艺演出团体，以短小精悍、灵活机动、一专多能著称，成为繁荣全县基层群众文化的文艺排头兵。肃北县乌兰牧骑作为中央同意保留事业单位性质的国有文艺院团之一，成立于1974年，于1992年解体，1997年再次成立至今。1998年新招收32名学员在内蒙古师范大学艺术学院进行舞蹈、声乐、器乐等业务培养。乌兰牧骑实有人员53人，团长、副团长、副书记各一人，党员19人，声乐演员4人，器乐演员11人，舞蹈演员14人，其中副高职称2人，中级职称4人，初级职称24人。内设办公室、舞蹈队、声器乐队3个机构。现有20名新学员在内蒙古师范大学艺术学院进行舞蹈、器乐等专业培训。近年来，肃北县乌兰牧骑作为活跃在牧区的文艺轻骑兵全力打造民族文化品牌，创作演出了一批具有鲜明民族特色和浓郁时代气息的歌舞节目，在省内外获得一致好评，成为肃北县文艺战线的一面特色旗帜。同时，也在对外宣传肃北的人情风俗，展示牧区精神风貌方面取得了优异的成绩。先后创作出《雪山情》《迎宾舞》《快乐的响铃》《鹿舞》《欢庆》《雪山婚礼》《白云诗》《盅碗舞》《鼓舞》等100个舞蹈作品，《草原盛会》《家乡》《肃北我家乡》《雪域故乡》《蓝泉》《丝路驼铃》《蒙古勇士》《赛马》等97个声器乐作品。

（九）天水市秦州区

0080 秦州区文化馆小曲艺术团
地　　址：秦州区文化馆
从业人员数：35 人
演出场次：38 场
知名节目：《花园卖水》《十里亭》《转娘家》
获奖情况：无
简　　介：秦州小曲是甘肃省传统民间文艺的一个品种，是甘肃省级非物质文化遗产。流传于甘肃省天水市秦州区。秦州小曲以演唱具有人文情节的剧目（折子或段子）为主，配以文、武、器乐组合而成的完整民间曲艺表演形式，以历史故事、忠孝节义、婚姻爱情、尊老爱幼等为情节，以民间民俗实物做道具、地方方言道白，朴实无华，乡土气息浓厚。秦州区文化馆小曲艺术团成立于2012年，现有35人，隶属于秦州区文化馆，多次参加市、区文化活动并获得群众好评。

0081 赵家尧皮影表演队
地　　址：秦州区藉口镇赵家尧村
从业人员数：7 人
演出场次：60 场
知名节目：《出五关》《辕门斩子》
获奖情况：无
简　　介：藉口镇赵家尧村，地处藉口镇北部，属行政村的一个山区自然村，距藉口镇政府约5公里，全村共有86户、402人。赵家尧皮影团组建多年，已是两代传承，所用的皮影已有70多年的历史，皮影团有7人。农闲时间，聚在一起排练节目，每逢重大节日、庙会，就会组团演出，每年演出60多场次，代表演出节目有《出五关》《辕门斩子》等。

0082 秦州区文化馆业余豫剧团
地　　址：秦州区文化馆
从业人员数：20 人
演出场次：15 场

知名节目：《花木兰选段》《朝阳沟》《你家在哪里》

总收入：0.20 万元

获奖情况：无

简　介：秦州区文化馆业余豫剧团依托秦州区文化馆，成立于 2012 年，现有业余从业人员 20 余人，每周在区文化馆进行排练，多次参加区文化活动，获得了广大群众的好评，知名剧目《花木兰选段》《朝阳沟》《你家在哪里》深受大家喜爱。

0083　秦州区文化馆业余秦腔艺术团

地　址：秦州区文化馆

从业人员数：30 人

演出场次：10 场

知名节目：折子戏《赶坡》

获奖情况：无

简　介：秦州区文化馆业余秦腔艺术团成立于 2011 年，有表演人员 30 余人，多次参加全市、区春节文化活动、伏羲文化旅游节、秦腔票友大赛等大型活动，取得良好效果，受到全区群众的高度赞誉和好评。

0084　五里铺社区群乐表演队

地　址：秦州区七里墩街道办事处

从业人员数：50 人

演出场次：40 场

知名节目：无

获奖情况：无

简　介：五里铺社区群乐表演队是由社区居民自发组成的文艺团队，组建于 2005 年，队员中年龄最大的 66 岁，最小的 27 岁。他们坚持定期开展活动，并以"舞动旋律、健康永驻"为活动理念。通过舞蹈基本训练，队员的形体、气质得到了改善，艺术修养得到了提高，队员间的团结合作精神也得到了进一步提升，并在社区居民中起到了良好的示范引领作用。自正式成立以来，该团队多次参与市区、街道大型文艺会演，备受大家欢迎。

0085　石马坪街道东团社区秦声学会

地　址：秦州区桃园路 8 号

从业人员数：28 人

演出场次：600 场

知名节目：无

总收入：无

获奖情况：演员杨志琴获得 2007 年天水市第七届业余秦腔大赛第一名；须生演员谢碎本 2004 年获得"兰天杯"业余秦腔大赛第一名，2009 年进入兰州"大戏台"前 10 强，2014 年获得天水关中经济区秦腔大赛金奖。

简　介：石马坪街道东团社区秦声学会成立于2001年10月，现有秦腔演艺人才28人，学会负责人为原市秦剧团副团长刘刚、原党委书记高启荣，业务负责人为贺晓蕙。秦声学会主要是由离退休的秦腔著名老艺人和部分中青年优秀演员、演奏员组成的文艺队伍，他们具有一定的艺术造诣，在广大观众中享有一定知名度。另外还特邀了著名秦腔表演艺术家米新洪先生担任艺术顾问。数十年来，该团队凝心聚力，求实奋进。坚持每周五定期演唱，已累计演出600多场次，不仅在自创作剧目方面亮点突出，而且将传统剧目演绎得脍炙人口。同时该学会还承担了街道和社区的演出工作。秦声学会在每年伏羲文化节、"5·12""七一""八一""十一"期间以及街道社区开展的抗震救灾、反邪教、计划生育、艾滋病防治宣传等活动中都会精心策划，细致编排一些喜闻乐见的经典剧目，极大地丰富了广大居民群众的文化生活。该学会还积极参与省市文化系统组织的业余秦腔大赛，并有多人次获得好成绩。秦声学会的演出不但增添了广大市民的生活乐趣，传递了正能量，还营造了浓厚的秦腔艺术文化氛围，为街道精神文明建设做出了突出的贡献。

（十）天水市麦积区

0086 天水市麦积区秦剧团

地　址：天水市麦积区商埠路西 24 号

从业人员数：55 人

演出场次：320 场

知名节目：《大升官》《玉堂春》《阴阳案》等 30 多本戏，其中有《白逼宫》《南阳关》等 40 多折。

总收入：75.30 万元

简　介：麦积区秦剧团是我区唯一的一个专业艺术团体，在邻省市县较有影响。始建于 1952 年，前身为天水专区秦剧团二队，派驻北道埠。1966 年移交天水县管理，更名为天水县文艺工作队，其性质为国家事业差额补贴单位。1975 年省上下达指标招收演员 30 名，县财政一直定额拨款补贴，及时解决所需资金问题。1978 年更名为北道区秦剧团，2005 年 1 月更名为麦积区秦剧团至今。

（十一）天水市秦安县

0087 秦安县文化演出有限公司

地　　址：秦安县新华街

从业人员数：42人

演出场次：410场

知名节目：《龙凤呈祥》《铡美案》《三娘教子》

总收入：90万元

简　　介：秦安县文化演出有限公司成立于2012年6月，其前身为秦安县秦剧团。公司现有员工41名，其中国家二级艺术职称2名，三级艺术职称人员21名，四级艺术职称人员12名。公司现有《龙凤呈祥》《周仁回府》《铡美案》《三娘教子》《打镇台》《盗扇》《挑袍》等20余本戏及50多个精品折子戏。拥有以陈晓红、杨新文、王林长、胡艳霞、刘彦龙等为代表的国家二、三级专业技术人员，艺术队伍结构合理，演出阵容强大。演出足迹遍布秦安、定西、通渭、清水等市、县，演出剧目深受人民群众喜爱，年演出场次均在400多场以上，在天水及周边地区享有盛誉。在未来的发展中，秦安县文化演出公司将以更加专业的团队精神致力于秦腔演出事业，把打造具有影响力和号召力的秦腔专业演出团体作为既定目标，树立演绎经典、传播时尚、精益求精的核心理念，坚持诚信经营、共同发展、追求卓越、人才第一的发展理念和合作、创新、共赢的运营思想，多出精品，纯洁队伍，打造品牌，扩大演出市场，推进秦腔演出工作的大繁荣大发展。

（十二）天水市甘谷县

0088 甘谷县冀兴秦剧团

地　　址：大像山镇蒋家巷

从业人员数：56 人

演出场次：300 场

观众数：150 万人

场地面积：1200 平方米

知名节目：《睢阳魂》

总收入：150 万元

获奖情况：2009 年甘谷县秦剧团自行创作编排的大型历史剧《睢阳魂》取得空前成功，在甘肃省庆祝建国 60 周年新创剧调演中，荣获剧目二等奖，两个表演一等奖等 19 个奖项。2009 年 12 月 4 日被中共天水市委宣传部评为"在全市庆祝新中国成立 60 周年活动"先进集体。

简　　介：甘谷县秦剧团组建于 1956 年 10 月，是甘谷县唯一一个专业艺术表演团体，有着辉煌的历史和优秀的艺术传承，曾经涌现出了一大批秦腔表演艺术家。剧团现有演职人员 56 人，承担着为全县及周边数百万群众和秦腔爱好者进行戏剧艺术服务、为全县精神文明建设和社会主义新农村建设提供智力支持的重任。长期以来，中共甘谷县委、县人民政府高度重视全县文化事业建设，给予县秦剧团以大力的支持，县秦剧团也在上级主管部门和地方党委、政府的正确领导下，认真贯彻落实党的文化艺术方针政策，坚持"双百"方针和"二为"方向，坚持做好文化、科技、卫生"三下乡"活动，坚持"千台大戏送农村"活动，数十年如一日，常年活跃在广大农村基层，为人民群众送去了喜闻乐见的戏曲艺术，极大地丰富了广大群众的文化生活，全团人员都始终发扬吃苦耐劳的精神，在工资待遇微薄的条件下，常年累月地上山下乡，送戏上门，年均演出四十余台戏、400 多场，为活跃城乡文化生活做出了积极贡献。特别是在文化体制改革的浪潮中，甘谷县秦剧团坚持以改革为前导，以创新为支撑，以服务为目的，以为社会提供高质量的精神食粮为己任，在体制改革、艺术创作、团体管理和艺术展示等方面都有了长足的进步，取得了一定的成绩。

0089 恒艺秦剧团

地　　址：甘谷县高达商场

从业人员数：60 人

演出场次：350 场

知名节目：传统剧目《姜维》

总收入：80 万元

获奖情况：无

简　　介：甘谷县恒艺秦剧团创建于 2014 年 1 月，有职工 60 余人。建团半年来，秦剧团坚持继承、发展、创新的传统，致力于秦剧事业的振兴。剧团先后创作排演了《姜维》《睢阳魂》等传统秦腔剧目，年演出场次达 156 场，观众 15 万人次。

(十三)天水市张家川回族自治县

0090 龙泉乡艺术团
地　址：龙山镇龙泉村
从业人员数：48人
演出场次：40场
观众数：1000人
简　介：张家川县龙山镇龙泉艺术团成立于2009年10月1日，是一个专门从事秦腔艺术表演的民间组织团体，注册资金5万元，共有成员48人，现任团长为丁三雄。2010年，龙泉艺术团在张家川县第二界秦腔艺术表演大奖赛上有1名演员获特等奖，8名演员获优秀奖。

0091 张家川县秦腔艺术团
地　址：张家川县张川镇
从业人员数：150人
演出场次：260场
观众数：50000人
简　介：张家川县秦腔艺术团成立于2010年7月，该团为非营利性民间组织，现有会员150余人。管理机构为张家川县民间组织管理局，业务主管单位为张家川县文化广播影视局。张家川县秦腔艺术团成立后，在县委宣传部、县文广局等单位和部门的帮助指导下，积极响应党和国家关于文化大繁荣、大发展的工作要求，为继承和发扬戏曲这一优秀的传统文化艺术，丰富广大人民群众的精神文化生活，在不断提升演出水平的同时，积极参加县上举办的多项文化活动，并充分发挥民间组织的优势，利用周休日、节假日在县行政广场等活动场地义务演出260多场，先后有5万多人（次）观看了演出，受到广大观众的一致好评和较高赞誉，推动了该县戏曲艺术的蓬勃发展。2011年、2012年荣获天水市首届和第二届秦腔票友大赛"优秀组织奖"，有5人荣获二、三等奖。

（十四）武威市天祝藏族自治县

0092 天祝藏族自治县民族歌舞剧团

地　　址：天祝藏族自治县华藏寺镇天堂路

从业人员数：41人

演出场次：30场

知名节目：《英雄部落》《阿啧啧——华锐喜姆》《白牦牛的故乡》

总收入：8万元

获奖情况：2009年8月参加甘肃省少数民族文艺会演，歌伴舞《赞歌》荣获优秀表演二等奖，女子群舞《阿啧啧——华锐喜姆》荣获优秀创作三等奖。2011年12月选送的民族民间独舞《梦中的龙头琴》荣获第二届甘肃省"飞天奖"舞蹈大赛职业组银奖，单位荣获原生态保护奖。2010年3月中共天祝县委授予"2009年度宣传天祝先进集体"，2010年10月县委、县政府授予"自治县成立60周年庆典活动先进集体"，2011年3月武威市委宣传部授予"精神文化进村先进集体"。

简　　介：天祝藏族自治县民族歌舞剧团成立于1980年2月，确定事业编制45人。几年后因种种原因停止了正常工作。随着自治县社会经济和各项事业的发展，自治县广大干部群众对精神文化的需求日益激烈，县委、县政府经过多次调研，于2008年底决定重新组建天祝县民族歌舞剧团。演职人员实行聘用制，坚持市场化运作的原则，"边筹建、边工作"的要求开展工作，2009年5月招聘演职人员20名，2012年县委常委会批准扩招演员13名，歌舞剧团共有人员41名，其中团长一名。民族歌舞剧团重新组建以来，以挖掘和弘扬华锐本土文化为基础，抓特色，坚持自我创作，排练了一整套适合大、中、小型演出的特色节目，并不断更新节目，基本上能够满足县上和广大人民群众对精神文化生活的需求。2009年8月参加甘肃省少数民族文艺会演，歌伴舞《赞歌》荣获优秀表演二等奖，女子群舞《阿啧啧——华锐喜姆》荣获优秀创作三等奖。2011年5月选送了《白牦牛的故乡》《扎西德勒》《美丽的华锐喜姆》《站在红旗下》参加了文化部艺术服务中心、当代音乐艺术院、中国音乐促进会联合举办的庆祝中国共产党成立90周年"唱支颂歌给党听"全国原唱音乐、歌手选拔赛。其中两首歌曲获演唱三等奖，一首获演唱二等奖，《白牦牛的故乡》获词曲创作优秀奖。

（十五）张掖市甘州区

0093 新墩镇花儿文艺舞蹈队

地　　址：甘州区新墩镇丰泽园小区 A 区
创建时间：2012-05-01
会员人数：30 人

主要文化活动：2012 年 5 月参加"丰泽园房产杯"文艺节目会演，节目《缘定萨玛志》获得活动一等奖；2012 年 12 月 30 日参加新墩镇庆元旦文艺节目会演，节目《缘定萨玛志》获得二等奖、《欢聚一堂》获得三等奖；2013 年参加举办庆元宵节文艺会演；2013 年 7 月 24 日参加甘州区第三届"丹马杯"广场舞大赛，《拉风民族情》获得三等奖。

简　介：新墩镇花儿文艺舞蹈队成立于 2012 年 5 月 1 日，是新墩镇文化站主管的业余舞蹈队。目前有队员 30 余人，臧聪为队长，黄丽华、何红玲为副队长。组建花儿舞蹈队是为了更好地促进新墩镇舞蹈艺术的繁荣和发展，满足舞蹈业余爱好者的需求，为社区、村社基层培养舞蹈人才，进一步丰富和活跃社区、村社群众业余文化生活，通过舞蹈活动达到强身健体的目的。主要任务是弘扬中华民族的舞蹈艺术，带动和示范社区和村社群众文化生活，参与全区、全镇的重大文艺演出，代表镇村参加全区业余舞蹈比赛和表演，开展文化交流活动等。该队伍作为新墩镇的重点团队之一，从成立之日起，就按照严格、规范、科学的原则进行管理和训练，以严谨、认真、高质的精神从事表演与比赛。坚持每天在宁和园小区门口活动 2 个小时，演出活动服从安排，统一着装。该队伍成立之后遵循办队宗旨，全体队员注重团结，共建和谐环境，加强合作；发扬团队精神，遵守制度；服从安排，维护集体效益；谦虚好学，提升艺术素质；勤于实践，热情服务社会。活动的主要代表节目有《缘定萨玛志》《欢聚一堂》《纳西情歌》《相思妹妹》《我的玫瑰卓玛拉》《我从草原来》等。

（十六）张掖市山丹县

0094 文化旅游演艺有限责任公司

地　址：山丹县皇庙街 6 号

从业人员数：16 人

演出场次：190 场

知名节目：音乐小品《夸丰收》《山丹小吃》，表演唱《新绣金匾》

获奖情况：音乐小品《帮扶情缘》于 2012 年荣获张掖市双联文艺调演二等奖。

（十七）张掖市高台县

0095 乐善忠义班

地　址：高台县宣化镇

从业人员数：40人

演出场次：500场

知名节目：《回荆州》《八件衣》

获奖情况：多次获得市、县级奖项。

简　介：乐善堡俗称大寨子，取"乐善好施"之义而得名，高台县本地有"大寨子的秦腔，镇江堡的迷糊"的说法，佐证了乐善堡秦腔兴旺出众的情形。此外，高台县还有业余戏班10余个，仅罗城乡就有"三台子半戏"——红山、天城、罗城三个村各有一个戏班，河西村半班戏，同时流传着"天城的衣裳，罗城的声嗓，红山的老汉装的是姑娘，河西人翻穿皮褂上戏场"的民谣。新中国成立前后，红山村曾出过一位名震河西走廊的秦腔名角——吴兴昌，乐善堡也曾出过冯大净、二旦娃、天福子等有口皆碑的好把式。乐善忠义班除在高台县演出外，还在东至兰州、武威，西至新疆、酒泉，南至肃南，北至金塔广阔地域内演出，受到广泛赞誉。过去地方演戏，什么时间演什么剧目都有规定，如正月初一演《回荆州》；正月十五演《阎查散》；二月二演《彩楼配》；三月清明演《督元图》；四月八演求雨戏"三湖"，即《游西湖》《洞庭湖》《鄱阳湖》；五月初五演《白蛇传》；五月十三演《出五关》；六月六日演《财神图》；七月七日演《天河配》；八月十五演《游月宫》；九月十三演《未央宫》；十月初一演《香山卷》；十一月二十八日演《走雪山》；十二月二十八日演《御果园》等。此外，还有戏外戏，到某地方唱会戏，正日子到庙里去唱神戏，神戏的人物有福星、禄星、寿星三人，有剧情，有台词，只说祝福当地多福多寿的词语。若遇到新盖舞台的，还有"打台戏""打加官"，主要是向地方上的头面人物说祝颂语讨赏钱的一种方法。

0096 爱华艺术团

地　址：高台县城关镇

从业人员数：35人

演出场次：50场

知名节目：《农民的日子笑着过》《花儿与少年》

获奖情况：2006年，爱华艺术团社火队代表城关镇参加全县新社火调演，获得二等奖。

简　介： 城关镇爱华艺术团成立于 2005 年，发起人葛立新。吸收团员多是 55 岁以上退休人员和爱好文化艺术的社会闲散人员，并由最初的 10 多个人发展到现在的 35 人。为确保爱华艺术团开展活动，排练有场地，镇党委、政府除每年年底给予 600 元至 1000 元奖励外，还给予电费、音响设备购置方面的经费补助 600 元。把投资 160 多万元、建筑面积 320 平方米的镇文化站常年免费提供给爱华艺术团进行日常排练、活动所用。爱华艺术团由老年合唱团、威风锣鼓队、老年秧歌队、老年街舞队、社火队 5 支民间文艺队伍组成，创作的作品有《农民的日子笑着过》《花儿与少年》《送菜姑娘》《夸高台》等。多次参加城关镇举办的各类大型文艺活动，并获得多项荣誉。2006 年，爱华艺术团社火队代表城关镇参加全县新社火调演获得二等奖。

（十八）张掖市肃南裕固族自治县

0097 肃南裕固族自治县民族歌舞团

地　址：肃南县红湾寺镇

从业人员数：60人

演出场次：218场

知名节目：《裕固族姑娘就是我》《天籁·裕固》

获奖情况：裕固族音、舞、诗、画《天籁·裕固》入编2009—2010年《中国舞台艺术产品目录》（中国戏剧出版社），歌舞诗《丝路彩虹》获第二届全国少数民族文艺会演演出金奖，舞蹈《山恋·绿梦》获第二届全国少数民族文艺会演演出节目三等奖，舞蹈《欢腾的丝路》获第二届全国少数民族文艺会演演出节目三等奖，舞蹈《祝福歌》获第二届全国少数民族文艺会演演出节目二等奖，舞蹈《黄河筏子》获第二届全国少数民族文艺会演演出节目二等奖，舞蹈《红缨帽》获第二届全国少数民族文艺会演演出节目一等奖，舞蹈《朵迪锅》获第二届全国少数民族文艺会演演出节目二等奖，舞蹈《沃庆拉》获第二届全国少数民族文艺会演演出节目二等奖，《顶杠子》获第七届全国少数民族体育运动会团体表演铜奖，获第七届全国少数民族体育运动会道德风尚奖，获全国文化科技卫生"三下乡"活动先进集体。

（十九）白银市白银区

0098　白银市铜城业余秦剧团

地　　址：白银区万盛公园中心街

创建时间：2007-05-18

会员人数：30人

主要文化活动：参加迎新春广场文艺演出、送文化下乡等，2011年正月初六至正月十四参加白银铜城业余秦剧团专场演出。

简　　介：白银市铜城业余秦剧团成立于2007年5月18日，并在市民政局注册登记。负责人为高启银，会员30人。白银市铜城业余秦剧团常年活跃在铜城并参加市上开展的"送文化下乡"、春节期间广场文化活动，每周在白银区万盛公园举办戏曲表演，深受群众的喜爱。

0099　白银市铜馨艺术团

地　　址：白银市公园路68号六楼

创建时间：2013-07-31

会员人数：52人

主要文化活动：组织送文化下乡大拜年活动，参加白银区第二十一次"全国助残日"演出。

简　　介：白银市铜馨艺术团成立于2013年，是经白银市文化广播影视新闻出版局批准，在白银市民政局注册登记的民办非企业单位。负责人强有楼，艺术团下设合唱团、舞蹈队、民乐队。

0100　白银重阳业余秦剧社

地　　址：白银区工农路和顺小区

创建时间：2009-12-11

会员人数：30人

主要文化活动：秦腔演出。

简　　介：白银市重阳业余秦剧社成立于2009年，是由原白银市文化出版局批准，在白银市民政局注册登记的民办非企业单位。负责人曹守儒，从业人员3人。白银市重阳业余秦剧社常年活跃在白银市金鱼公园，吸引秦腔爱好者积极参与，是节庆演出的一支重要文化团队。

0101 白银市老干部文化艺术团

地　　址：原二十一冶医院后院会议室
创建时间：2007-06-11
会员人数：30人
主要文化活动：参加大合唱比赛、广场公园歌曲演唱、银铃活动启动仪式演出、市体协舞蹈比赛。
简　介：白银市老干部文化艺术团是2007年经原白银市文化出版局批准成立、白银市民政局注册登记的民办非企业单位。负责人王洪雁，从业人员1人。白银市老干部文化艺术团歌咏队坚持常年在广场、公园等户外开展歌曲演唱活动。艺术团除了会员参加活动外，同时吸收广大群众共同演唱，深受社会支持，效果良好。

0102 白银市豫剧爱心艺术团

地　　址：白银市白银区银光路1号
创建时间：2012-12-20
会员人数：40人
主要文化活动：参加2012年白银区才艺大赛，参加白银区保民生、促和谐文艺会演市区大型庆典活动，参加文化志愿服务活动。
简　介：白银市豫剧爱心艺术团成立于2012年，是由白银市文化广播影视新闻出版局批准，在白银市民政局注册登记的民办非企业单位，负责人为赵俊风，从业人员3人。

（二十）白银市平川区

0103 白银市毓瑞秦剧团

地　　址：平川区水泉镇水泉村第36号
创建时间：2010-11-11
会员人数：40人
主要文化活动：开展广场群众文化活动，参加节庆文化活动。
简　　介：白银市毓瑞秦剧团成立于2010年，是由原白银市文化出版局批准、白银市民政局注册登记的民办非企业单位。负责人为雷培发，从业人员11人。白银市毓瑞秦剧团除为本村父老乡亲演出，丰富群众业余文化生活，还在平川、靖远和宁夏的海原等地演出，受到社会各界的一致好评。

0104 白银复兴秦剧团有限公司

地　　址：平川区复兴乡李沟村
从业人员数：47人
演出场次：5场
知名节目：《合家欢》
总收入：15万元
获奖情况：剧团成员梁月霞荣获甘肃省广播电影电视总台（集团）《大戏台》栏目戏迷擂台赛周擂主及戏迷年终擂台擂主总决赛荣誉称号。剧团成员杨羚艺荣获甘肃省广播电影电视总台（集团）《大戏台》戏迷擂台赛月擂主荣誉称号，白银市平川区庆祝中华人民共和国成立五十三周年"艺苑杯"业余秦腔清唱大赛三等奖，荣获靖远县"通用杯"首届秦腔戏迷大赛铜奖。
简　　介：白银复兴秦剧团有限公司成立组建于2013年，注册资金10万元，共有主要负责人2人，演员45人。剧团配备打琴1台，板胡、二胡各2把，小提琴1把，及唢呐、小鼓、大锣等全部秦腔所需乐器，配有戏剧衣服、灯光、头帽等。乐队人员经专业人员培训，已具有较高水平的演出能力，公司解决了一部分无业人员就业问题，为平川区文化事业的推进做出了贡献。

0105 白银梨园春演艺有限公司

地　　址：平川区文化馆
从业人员数：31人
演出场次：24场
知名节目：《春江月》《生死牌》《卖妙郎》
总收入：12万元
获奖情况：剧团成员张峰荣获甘肃省广播电影电视总台（集团）《大戏台》栏目2008

年度戏迷冠军总决赛 40 强选手，剧团成员贝玉兆荣获甘肃电视台《大戏台》栏目戏迷擂台擂主称号，剧团成员高志英荣获甘肃省广播电影电视总台(集团)《大戏台》栏目戏迷擂台赛周擂主称号。

简　介：白银梨园春演艺公司组建于 2014 年 5 月，注册资金 10 万元，主要负责人 1 人，演职人员 30 人，已配置演出服装、道具及灯光音响等所需设备，演员演唱水平较高。公司主要业务范围：文艺创作、营业性演出、舞台美术、服装道具出租等。白银梨园春演艺公司为大力弘扬传统戏曲文化、丰富活跃广大人民群众精神文化生活做出了贡献。

（二十一）白银市会宁县

0106 会宁县民众艺术团

地　　址：会师镇红军南路

创建时间：2013-05

会员人数：21人

主要文化活动：歌舞表演。

简　　介：会宁县民众艺术团2013年9月24日经县文化体育和广播影视局批准成立，主要从事文艺创作与表演，其歌舞节目在县举办的活动中多次参加演出，并受到观众的好评。现有演职人员25人，歌舞演出服装道具齐全，艺术团位于会师镇红军南路。

0107 会宁祥和文化艺术团

地　　址：会宁县郭城驿镇新堡子西大街

创建时间：2012-09-30

会员人数：50人

主要文化活动：参加各级政府或有关部门举办的艺术展演和各项艺术赛事；每年为各级电视台推荐来自基层的优秀节目；配合地方政府举办大型活动；参加庆典、联欢、慰问、文化交流演出活动；参加群众性惠民文化活动，培训群众文艺骨干，示范带动，指导基层村社群众艺术社团开展活动。

简　　介：为了贯彻落实党的十七届六中全会提出推动文化大发展大繁荣的会议精神，弘扬中华优秀传统文化，开拓和挖掘地方文化资源，全力满足群众日益增长的文化需求，丰富群众业余文化生活，提高群众文化综合素质，加快文化强镇、经济强镇步伐，构建覆盖面宽、结构合理、功能健全、实用高效的公共文化服务体系，在郭城驿镇文化站的指导下，由郭城驿镇周边热心文化公益事业的一些社会各界人士，群策群力，共同倡议组建成立——会宁县祥和文化艺术团。艺术团以推进公民道德和社会精神文明建设为使命，以促进文化繁荣，共建吉祥如意、和谐美好家园的愿景，其宗旨是搭建平台、创造机会、平等参与、提升才艺、团结互助、奉献爱心。会宁祥和文化艺术团是由郭城驿镇政府主管的群众志愿者文化艺术团体。由当地一些企业家和个体工商业者提供赞助支持。运营模式是集中和分散相结合、专业和业余相结合、提高和普及相结合。

0108 会宁太和文化艺术团

地　　址：会宁县郭城驿镇大羊营村

创建时间：2013-10-31

会员人数：20人

主要文化活动：开展一系列培训职工唱歌、

跳舞的才艺，共建职工精神家园，并积极参与由张国亮等人发起成立的会宁祥和文化艺术团演出协会组织的一系列演出活动。艺术团排练的节目成为每次演出活动的亮点重点节目，成为协会的主力军。艺术团不但丰富了企业文化内涵，也担当起丰富当地群众文化公益活动的责任和义务，为社会大众提供了很好的精神食粮。艺术团先后参与举办了2012年会宁祥和文化艺术团起动汇报演出；会宁电视台举办的"我要上春晚"郭城海专场；郭城驿镇大羊营村文化广场落成启动仪式文艺演出；郭城驿镇扎子塬村联村联户瓜果高层落成启动仪式文艺演出；会宁县工商局非公党委举办的"迎接十八大'党旗红企业兴'"文艺演出；2013年6月2日郭城驿镇孝道文化工作站授牌仪式"孝亲敬老，幸福家庭"大型文艺演出；2013年秋郭城驿镇"贺金秋颂和谐"大型文艺演出；参与策划协助举办了2014年庆国庆"阳光城杯"秦腔大奖赛等多场大型文艺演出。

简　介：2013年由张国亮等人发起注册成立了会宁太和文化艺术团。会宁太和文化艺术团投资近30多万元，购置演出所需要的设备及演出的服装道具等，企业抽调专人负责制定文化方面的发展策划，专人负责文艺节目的排练、组织节目演出活动，取得了很好的经济效益和社会效益，不但促进了企业的发展，更有力地推动了当地经济文化的健康发展。

0109　会宁县八里乡众志演出团

地　址：会宁县八里乡街道

创建时间：2012-06-25

会员人数：32人

主要文化活动：自2012年组织以来，在春节、端午、中秋和国庆期间都为八里乡百姓进行演出，得到了广大群众的好评。

简　介：会宁县八里乡众志演出团是一个由八里乡村民中32位喜剧爱好者自发组织和形成的演出团体，由他们自费出资进行演出。他们坚持原则，吃苦耐劳，每逢过节，都会自发组织传统秦腔表演和演唱，得到了八里乡广大群众的一致好评。

0110　会宁县嘉韵秦腔文化传播有限责任公司

地　址：会宁县会师镇东山根

从业人员数：45人

演出场次：300场

知名节目：现代眉户剧《会师前夜》，秦腔剧《红色热土》《荞梓育》。

总收入：110万元

获奖情况：2011年，该团创编的《会师前夜》作为全省七家被邀请的县级剧团之一，在兰州人民剧院参加了甘肃省庆祝中国共产党成立90周年优秀剧目献礼演出，获甘肃省优秀剧目创作奖，并在当年全省文艺调演中获演出二等奖、编剧二等奖、剧目银奖，并连续2年获会宁县委、县政府宣传文化大奖；现代秦腔剧《红色热土》在2011年获甘肃省新创剧目二等奖，获会宁县文化创作特别奖；秦腔剧《荞梓育》获会宁县宣传文化创作奖；《会师前夜》获 2012 年白银市第三届凤凰文艺奖。

简　介：会宁县嘉韵秦腔文化传播有限公司是会宁县唯一一家大型的演艺公司，于 2012 年 5 月份正式挂牌，注册资金 200 万元。目前，公司有员工 45 人，固定资产 300 多万。会宁县嘉韵秦腔文化传播有限公司前身是会宁县秦剧团，2011 年年底，根据国家、省、市国有文艺院团改革精神，在充分调研论证的基础上彻底打破剧团原有人员身份，改变以前剧团的正式劳动合同制工人、临时人员身份，全部实行全员劳动合同管理，改变过去由政府一次性投入定额补贴的制度，实行按照演出任务和场次，动态拨付补贴资金，剧团每完成一场演出，政府补贴一场。在工资待遇上，实行基本工资加绩效工资制度，同时，为职工办理了"三金"。传承传统文化、弘扬红色文化、打造传统剧目、创排新剧目是会宁县嘉韵秦腔有限责任公司的不断追求。近年来会宁县嘉韵秦腔有限责任公司在县文化主管部门的领导下，坚持以人民群众需求为出发点，不断推出优秀的传统剧目和现代剧目，每年下乡演出 300 多场次，完成演出收入 110 万元，取得了良好的社会效益和经济效益。

0111　会宁县盛德乐园

地　址：会师镇长征南路

从业人员数：8 人

演出场次：126 场

知名节目：歌舞、小品

总收入：45 万元

0112　会师旧址管委会红色艺术团

地　址：会宁县会师镇会师路 7 号

从业人员数：45 人

演出场次：550 场

知名节目：《会师颂》《思念》

获奖情况：在旅游淡季红色艺术团到各地进行巡回演出，并以兰洽会、西交会及敦煌行第二届丝绸之路国际旅游节等各大活动为契机，扩大宣传力度，使其走出会宁，走遍甘肃，走向全国。

简　介：在老百姓物质生活水平不断提高的同时，为了丰富他们的精神文化生活，红色艺术团积极联系学校、乡镇、企业及单位在新塬村进行慰问演出，受到省市县各级领导的肯定与观众的好评。2010 年会宁县春节联欢晚会上，由会师旧址选送的《会师颂》荣获一等奖。2009 年，会师旧址管委会成立了红色艺术团。排练了《会师颂》大型红色文艺专场演出、大型广场红色文艺演出、小型室内联谊演出三场精品红色文化演艺节目，推出"观看红色演艺，接受爱国教育"的党员干部培训新模式，把说教变成演艺，把剧场变成课堂，起到了寓教于乐的良好效果。红色艺术团以讲解员为班底，演出每年达到 60 多场次，受到广泛好评。现在从业人员 45 人，共演出 550 余场次。

（二十二）白银市靖远县

0113 靖远县益众演艺有限公司

地　址：靖远县东大街
从业人员数：43人
演出场次：260场
知名节目：现代秦剧《靖远起义》
总收入：15万元
获奖情况：2010年创排了大型革命历史现代秦剧《靖远起义》，并荣获甘肃省第三届戏剧"梅花奖"大赛"剧目大奖"，2012年11月获甘肃省第七届"敦煌文艺奖"。
简　介：靖远县秦剧团（靖远县益众演艺有限公司），成立于1978年，属县财政差额补贴事业单位，系靖远县唯一的专业演出团体，有演职人员31人，其中事业编职人员10人，企业劳合工21人，聘用人员若干。县财政全年补贴5万元，平均每月职工工资500元，演出市场均在乡下庙会，演出收入除了必要购置外，所剩无几，勉强维持现状。剧团自2012年5月改制后，组建成立"靖远县益众演艺有限公司"，现有演职人员43人，部门机构健全，演出正常开展，能上演秦腔历史传统剧目32本，折子戏35折，新编现代剧5本，大型综合文艺节目3台，宣传教育和乡下庙会、村社文化市场演出。每年演出活动达260多场，宣传党的方针政策，活跃农村群众文化生活，公司全体人员精诚团结，发扬艰苦创业精神，不断提高戏剧业务水平，不畏寒暑，勇挑重担，准时完成任务。

0114 靖远县五合乡崇文剧团

地　址：靖远县五合乡贾寨柯
从业人员数：40人
演出场次：50场
知名节目：/
总收入：8万元
简　介：崇文秦剧团由滕文乾先生于2011年创建成立，现有演职人员40人，并聘请专业演员2人，专门负责指导演员排练戏曲。为了提高剧团的整体水平，剧团送年轻演员到西安戏曲学院深造，并邀请著名演员西北秦腔泰斗展学昌先生、国家一级演员梅花奖得主谭建勋先生、甘肃著名演员杨娟妮等来剧团演出，并教剧团成员学习唱腔、身法，剧团水平有了很大的提高。剧团成立以来，排练大型秦腔戏30多本，经常在白银区、靖远县、平川区等地演出表演，每年在全县各乡镇巡回演出50多场，获得了广大群众的一致好评。

0115 靖远县北滩乡北山村新秀剧团

地　　址：靖远县北滩乡北山村

创建时间：2006-05-18

会员人数：30人

主要文化活动：参加秦腔演唱、庙会助兴、闹正月等群众文化活动。

简　　介：靖远县北滩乡北山村新秀剧团成立于2006年，现有演职人员30多人，团长朱生梅，其他成员有周祥、刘金叶、拓万荣、朱家、苏全、惠凤荣、朱安、拓守银、马进前、吴全民、武琴、何凤玲、孙柏慧、顾生秀、付进武、朱珍彩、王怀吉等。剧团长期活跃在甘肃、宁夏周边农村，在群众心目中有很高的威望。该团坚持文艺为群众服务，继承民族优秀文化传统，充分发挥文艺团结教育群众的作用，活跃农村文化生活，提高群众文化文艺生活质量。该团主要以秦腔戏剧为主，兼有广场舞及其他文艺演艺，平均年演出在60场以上，观众每场均在2000人左右。演出剧目有《忠报国》《窦娥冤》《八件衣》《烙碗记》《铡美案》《彩楼配》《赵氏孤儿》《对银杯》等二十多本戏和四十多折精彩折子戏。

0116 糜滩乡红辣椒演艺公司

地　　址：靖远县糜滩乡下滩村

创建时间：2011-08-01

会员人数：40人

主要文化活动：广场舞、秧歌、腰鼓、秦腔、社火表演。

简　　介：糜滩乡红辣椒演艺公司，2011年8月成立，有队员40人。公司宗旨是传播文化、发展文化、繁荣文化、引领先进文化方向，服务于当地农村群众文化娱乐活动。

0117 河水道龙王庙清水秦剧团

地　　址：靖远县乌兰镇

创建时间：2000-01

会员人数：50人

主要文化活动：以秦腔演唱为主服务于庙会，参加节日期间各村社演唱活动。

简　　介：靖远县河水道龙王庙清水秦剧团成立于2000年1月，团长是赵淑英，有演职人员50人。该团主要以秦腔演唱为主，服务于庙会、各大节日在各村社演唱。本戏有《武典坡》前后本、《大辕门》《铡美案》《大登殿》等，折子戏有《斩窦娥》《三娘教子》《妇女情》等。

0118 靖远县祖厉风艺术团

地　　址：靖远县

创建时间：2007-06-25

会员人数：11人

主要文化活动：充分发挥"小队伍、大宣传"的独特性。以"健康向上、积极进取、全方位宣传党的路线方针政策，宣传社会主义的优越性，宣传人民群众的和谐平安幸福生活，反映我县各民族在中国共产党的领导下团结和睦、共同进步的精神风貌"为主题，以舞蹈、歌曲、相声、小品等多种多样、丰富多彩、喜闻乐见、精心编排的节目为形式，做到了教育与歌颂相结合，艺术与娱乐相结合。

简　介：靖远县祖厉风艺术团是在原靖远县文化馆祖厉风演出队的基础上发展起来的，起初成立于2007年6月，是由虎宁、苏小平等几位歌唱爱好者自发组成的挂靠在文化馆的群众文艺团队。几年来，该团队不断壮大，现有演出人员11人。其中6人为白银市音乐家协会会员，1人为专业歌舞团演员，7人在省、市、县举办的各种艺术比赛中分别获取了不同项目的奖项。几年来，协同文化馆举办了"靖远县'科源杯'青少年儿童歌手大奖赛""靖远县'农夫杯'农民歌手大奖赛""靖远县秦腔大奖赛"等赛事；参与了靖远县庆祝党的九十周年大庆、建国六十周年大庆、广场文化月活动等大型的文化活动。该队常年活动在靖远县的村村社社，充分利用农闲日、节假日采取巡回演出等方式，通过开展各种类型的文艺活动，大力宣传党的富民政策和新农村建设成果。在丰富人民群众文化生活的同时，促进了靖远县社会主义新农村建设与经济社会的各项事业发展。展示了靖远县各行各业在县委、县政府的领导下取得的丰硕成果，从而进一步增强了基层党组织在人民群众中的吸引力和号召力，坚定了人民群众始终听党的话、永远跟党走的信心和决心。

0119 华丽秦韵社

地　址：靖远县五合乡白茨林村
创建时间：1999-03
会员人数：30人
主要文化活动：秦腔、歌曲、舞蹈表演。
简　介：华丽秦韵社组建于1999年3月，起初由五合乡民间艺人自发组织而成，以自娱自乐为目的，同时也为周边地区的红白喜事助兴演出，深受当地老百姓的赞誉。演员由开始的十多人发展到现在的30人，主要负责人张国全、刘泉、王成银。该社团2012年荣获二道渠龙吟宫"九天杯"秦腔大赛二等奖，2014年获靖坪群众文化体育活动最佳演出奖。该社主要负责人张国全同志于2014年7月参加"白银市乡村舞台培训班"，是五合乡培训的骨干，2014年8月荣获"怡园靖远古城杯"秦腔大赛冠军。为了团社的正常发展，刘泉同志出资购买音响、灯光等演出设备，积极组织该社为周边地区群众演出，充分活跃了本地群众的文化生活，农闲时提供场地，组织本社人员排练。在各方面条件不足的情况下，该社全体演职人员紧密团结，克服各种困难，积极配合，不断努力，争取为本地群众文化生活拿出更好的节目。

0120 红月亮文化大院

地　址：靖远县北湾镇北湾村

创建时间：2012-05-01

会员人数：40 人

主要文化活动：民间吹打乐、秧歌表演、舞龙舞狮、花船表演、小戏小品、广场舞、法制宣传、计划生育宣传。

简　介：红月亮文化大院在北湾镇党委、政府、文化部门和社会各界的大力支持关心下，于 2012 年 5 月份成立文艺团队，组织健全，人员稳定，主要从事民间艺术表演，包括民间吹打乐、秧歌表演、舞龙舞狮、花船表演和小戏小品、广场舞、法制宣传、计划生育宣传等。本文化大院能够长年坚持活动，具有一定影响力，尤其是广场舞表演，带动了北湾镇的每个村社广场舞蹈表演队伍积极参与表演活动。

北湾镇"鱼龙杯"群众文艺汇演

（二十三）白银市景泰县

0121 黄河石林演艺公司

地　址：景泰县一条山镇西街32号

从业人员数：20人

演出场次：60场

知名节目：小品《幸福小两口》《匿名信》《亲爹亲妈》等，歌伴舞《我是景泰人》《吉祥如意》等。

总收入：10万元

获奖情况：2013年，在景泰县文化馆的领导下组织参加甘肃省第一届小品大赛，获2个二等奖。

简　介：黄河石林演艺公司成立于2013年8月，公司负责人为农民歌手李哲民，现有演员20人，演出剧目有歌舞、小品、秦腔、快板、器乐等。公司常年活跃在景泰城乡广大农村舞台上，年均演出戏曲节目60余场。

0122 五佛乡秦剧团

地　址：景泰县五佛乡老湾村

从业人员数：18人

演出场次：50场

知名节目：秦腔折子戏《辕门斩子》《铡美案》

总收入：12万元

获奖情况：秦剧团著名表演艺人李晓云、王万花等多次参加陕甘秦腔戏迷争霸赛和群众秦腔大赛并获奖。

简　介：五佛乡秦剧团成立于1980年，现负责人为老湾村村民沈五。剧团现有器乐演奏人员6人，秦腔演艺人员10人，管理人员2人。演出的传统秦腔剧目有《铡美案》《周仁回府》《探窑》《辕门斩子》《拾玉镯》等，以及近10个剧团自导自演的群众娱乐节目。秦剧团自成立以来，常年从事节庆、集贸等传统剧目的演出活动，年均演出50多场次，是景泰县远近闻名的秦腔表演艺术团体。五佛乡秦剧团植根于景泰这片热土，活跃在景泰、靖远、中卫等地的广大城乡戏曲舞台上，推陈出新，与时俱进，把秦腔这一传统的曲艺剧目不断发扬光大。

0123 景泰县百花艺术团

地　　址：景泰县老干部局
从业人员数：22人
演出场次：60场
知名节目：小品《抓阄》《农村趣事》等。
总收入：12万元
获奖情况：2008年8月小品《大实话》《绝不是小事》获甘肃省文化厅全省小戏、小品剧本创作优秀奖。2011年9月在甘肃第三届戏剧红梅奖大赛中，自编和导演的小品《抓阄》获组织奖、表演奖等五个奖项。2012年6月剧本《山花》获白银市"人口文化艺术节"作品一等奖。2012年10月在甘肃省"百姓戏剧小品艺术节"中，小品《抓阄》获二等奖，《农村趣事》获优秀奖。
简　　介：景泰县百花艺术团成立于2006年12月，负责人为退休老干部蒙先，现有演艺人员22人，演出曲目有民歌《山花》《九腔十八调》等，小品《抓阄》《农村趣事》等，歌舞《跑黑驴》《今天是个好日子》等，秦腔折子戏、快板等。艺术团常年活跃在景泰县广大城乡舞台上，年均演出60余场次。艺术团植根于景泰人民之中，搜集、整理本地民间流传的民歌，并出版了《民歌演唱》一、二集，挖掘、抢救将要失传的民歌《九腔十八调》，抢救、改编民间长篇文学手抄本《四姐宝卷》，为繁荣景泰的文艺事业做出了积极贡献。

0124 景泰县秦剧团

地　　址：景泰县体委院内
从业人员数：16人
演出场次：40场
知名节目：秦腔折子戏《铡美案》《周仁回府》
总收入：8万元
获奖情况：1981年"六·一"国际儿童节，与秦腔演员王晓玲合作在兰州为少年儿童募捐福利基金演出，得到了甘肃省妇联及《甘肃日报》、甘肃人民广播电台的表彰和奖励。景泰县秦腔剧团1982年自编的现代剧《车站风雨夜》参加武威地区调演，并获全省剧本创作三等奖。
简　　介：景泰县秦腔剧团前身是1955年成立的景泰县"乌兰牧骑"式文工队，1967年改建为毛泽东思想宣传队，1970年解散。1976年12月，重新恢复景泰县文工队，以演秦腔为主。1980年元月改建为景泰县秦剧团，以演出秦腔、陇剧为主，兼演歌剧、眉户戏。剧团除活跃在景泰县城乡外，还常在兰州、白银、靖远和宁夏一带巡回演出，甘肃人民广播电台为他们的演出进行过实况录音。秦剧团主要演员有李雪琴(正旦)、董彩文(正旦)、冯忠义(花脸)、曹荣贵(须生)、范玉虎(生)、郑九菊、李蜜荣(花旦)、马兆斌、刘树舟(丑)等，主要演出剧目有《狸猫换太子》《窦娥冤》《出棠邑》《游龟山》《五典坡》《恩仇记》《小包公》《洞房案》《假婿乘龙》《屠夫状元》等四十余本。

（二十四）平凉市崆峒区

0125 崆峒笑谈艺术传承演艺中心

地　址：平凉市崆峒区

会员人数：24 人

主要活动："笑谈"民间演唱艺术的排练和演出。

简　介：崆峒笑谈艺术传承演艺中心是平凉市第一个"非遗"传习所。按照国家和省、市深化文化体制改革有关要求，为了推进非物质文化遗产传承发展，崆峒区深入挖掘本区域内传统文化，成立了"崆峒笑谈"传承演艺中心，注册了广成文化艺术有限公司。崆峒笑谈艺术传承演艺中心的建成，将传承传统文化与常规文艺演出相结合，为"乡村舞台"建设中各类文艺社团进行文艺创造、展演搭建了平台，同时还满足了当地群众的文化需求。崆峒笑谈传承演艺中心集保护、展示、培训、研究为一体，在鼓励支持非物质文化遗产传承人开展传习及创作活动、加强非物质文化遗产保护方面发挥了积极作用，为今后"崆峒笑谈"申报国家级文化遗产名录奠定了基础。中心自成立以来，先后挖掘整理、编排演出"崆峒笑谈"传统剧目 20 余出，创作演出现代秦腔戏 2 台，开展千台大戏送农村、进社区等活动 170 余场，开展群众性文艺演出活动 10 余场次，接待各类学习人员 500 余人。目前，该演艺中心已成为乡镇（社区）笑谈业余剧团的培训基地，累计完成演出 65 场次。

（二十五）平凉市崇信县

0126 龙泉文艺演出有限公司

地　址：崇信县东街6号

从业人员数：60人

主要文化活动：编排了《跑旗》《崇信民歌》《弦子腔》《背猴》等传统民俗节目十六个。

简　介：崇信县龙泉文艺演出有限责任公司成立于2012年5月，由原崇信县秦剧团改制组建。公司现有演职人员50人，其中具有初级以上职称的11人。公司成立时，县财政注入资金30万元，投入20万元办公费用于公司运营，原秦剧团资产经评估价值18万元划归公司使用，每年县财政给公司的定额补贴为25万元。原秦剧团2011年在周边市县演出300多场次，演出收入达到60万元。年终新编大型现代眉户剧《大学生村官》，参加平凉市文化惠民工程展演荣获演出和编剧二等奖。公司刚成立就编排了《跑旗》《崇信民歌》《弦子腔》《背猴》等传统民俗节目十六个，在县文化广场向全县人民进行了汇报演出，受到群众的喜爱和好评。今后，公司将继续承担丰富城乡群众精神文化生活的职责，积极参与每年送戏下乡等文化惠民工程，为崇信县城乡群众提供丰富的精神食粮。

（二十六）平凉市庄浪县

0127 庄浪县紫荆文化艺术有限公司

地　　址：庄浪县水洛镇礼堂巷
从业人员数：45 人
演出场次：320 场
知名节目：《大升官》《孟姜女》
总收入：86 万元

简　介：庄浪县紫荆文化艺术有限公司成立于 2012 年 5 月 28 日，公司的前身是庄浪县秦剧团，是根据市委颁发的《平凉市国有文艺演出院团体制改革指导意见的通知》精神经过转企改制而成立的，为县属国有控股文化企业。公司出资人为庄浪县人民政府，县委宣传部对公司实施政治领导，县文体管理中心进行行业管理，县财政局履行资产监管职能，公司负责人列入县委干部管理范围，由县委宣传部、县文体管理中心会同县委组织部考察、推荐提名。公司拥有职工 38 人，其中董事会成员 3 名（董事长兼总经理 1 名，董事 2 名），国家三级演员 5 名，其他员工 27 人。公司建立董事会决策议事制度和党支部、总经理办公会、职工代表大会等决策议事制度。公司按照创新体制、转换机制、面向市场、壮大实力的要求，建立与社会主义市场经济相适应的艺术生产、市场营销、财务管理、人员聘用等运行机制，坚持"二为"方向和"双百"方针，以宣传党的方针政策、为广大人民群众提供健康高雅的文化艺术产品服务为宗旨，以承担全县的文艺创作和演出为己任，以接待承办大型物资交流会、乡村庙会、开业庆典、婚礼庆典、寿宴、宴会、乡村文艺演出等为载体，大力弘扬秦腔、歌舞、小品、曲子戏、庄浪花儿等民俗文化艺术，为建设梯田产业强县和生态文化名县提供强有力的文化支撑。

（二十七）平凉市静宁县

0128 成纪文化传媒有限责任公司

地　址：静宁县城关镇文化街 112 号

从业人员数：50 人

演出场次：410 场

知名节目：《游西湖》《当家》《金果人家》《白蛇传》

总收入：85 万元

获奖情况：荣获 2008 年甘肃省"千台大戏送农村"先进集体，甘肃省"第三届敦煌文艺二等奖"，甘肃省"文化、科技、卫生"三下乡先进集体，新中国成立 60 周年全省新创剧目调演二等奖。

简　介：静宁县成纪文化传媒有限责任公司（原甘肃省静宁县秦剧团）创建于 1951 年，是静宁县唯一的一家专业文艺表演团体。目前，公司拥有各类演职人员 50 人。公司在半个多世纪的发展中曾创造出了许多辉煌的成绩，受到艺术大师梅兰芳先生、原甘肃省省长邓宝珊和原甘肃省委宣传部部长连辑的高度评价。近年来，静宁县成纪文化传媒有限责任公司在静宁县委、县政府和县文体广电局及社会各界人士的大力支持下，发扬李景华、张世军、王桂兰等许多响誉陇上的老一辈著名秦腔表演艺术家的敬业精神，以"出人、出戏、出效益"为宗旨，不断深化内部机制改革，全力打造精品剧目，着力培养青年骨干演职人员，使剧团迈上了和谐、健康、快速发展的轨道。为了让优秀的剧目赢得市场，静宁县成纪文化传媒有限责任公司先后邀请王锡孝、党小平、张江中等著名戏剧导演编排和移植了大型历史传统剧《白蛇传》《游西湖》《赵氏孤儿》《春草闯堂》《穆桂英大破洪州》和折子戏《顶灯》《看女》等一系列优秀作品，并经过锐意创新推出了现代剧、歌舞、快板、小品等许多适应时代的精彩节目。

（二十八）庆阳市西峰区

0129 庆阳市红太阳艺术团

地　　址：西峰区北大街13号华兴美食城七楼

从业人员数：30人

演出场次：40场

知名节目：《映山红》《红色娘子军》《南梁精神放光芒》

获奖情况：1999年9月参加了昆明的"全国首届老年人文化大赛"，《健美操》获特等奖，快板《快乐的炊事员》获一等奖，舞蹈《陇东情》获三等奖；2012年5月在四川参加了全国第三届老人节舞蹈大赛，舞蹈《映山红》获三等奖。

简　　介：庆阳市红太阳艺术团成立于1998年12月28日，艺术团的宗旨是丰富中老年人的文化生活，陶冶情操，促进全民健身事业的迅速发展。为此开展形式多样、丰富多彩的文体活动，强身健体，使他们晚年越来越健康、幸福、快乐。艺术团1999年正月承担了西峰城区春节文艺活动，10天就演了50场，平均一天演5场。同年9月第一次自费参加了在云南昆明的"全国首届老年人文化大赛"，取得了1个特等奖、2个一等奖、20枚金牌、3个奖杯。艺术团在2002年、2003年、2004年连续三年参加了甘肃省老年体协组织的老年人文化大赛，取得了优异的成绩。随着时间的推移，该团不断充实壮大，发展到现在，拥有固定演员38人，业余队员26人。

0130 黄土缘演艺有限责任公司

地　　址：西峰区解放西路33号

从业人员数：90人

演出场次：150场

知名节目：大型陇东民歌歌舞剧《绣金匾》、大型历史陇剧《医祖岐伯》。

总收入：25万元

简　　介：西峰区黄土缘演艺有限责任公司是2012年5月在市陇剧团（歌舞团）基础上改制成立的，属县级建制的市管国有文化企业。庆阳市人民政府出资，市委宣传部对演艺公司实行政治领导，市文化广播影视新闻出版局进行行业管理，市国有资产管理局实行资产监管。公司内设党政办公室、陇剧部、歌舞部、创编部、营销部、舞美部共6个部室。目前，核定编制65人，实有90人（聘用25人）。其中：编制内戏剧占38人，歌舞艺术的正式职工24人，管理岗位和后勤服务人员3人。聘用25人中歌舞占18人、戏剧占2人、行政后勤5人。现有副高以上专业技术人员7人，中级专业技术人员14人，初级专业人员26人，其他均为一般专业技术人员。有总资产880万元（其中：土地23.7万元，房屋建筑物414.31万元，专用设备10.92万元，交通运输设备14.36万元，电器设备296.88

万元，电子产品及通信设备 54.36 万元，文艺体育设备 55.59 万元，家具用具及其他 9.88 万元）。改制前陇剧团创编、移植上演的陇剧、秦腔、眉户等剧目 50 多台，歌舞团拥有节目 30 多个，年平均演出 100 场左右。多次参加了省、市新创剧目调演和歌舞专业大赛，荣获了国家人口文化奖，省委、省政府敦煌文艺一等奖，省、市新创剧目一等奖、特别创作演出奖、"五个一工程"奖等奖项。50 多人次在全省各类专业大赛活动中取得金奖、银奖、一等奖和专业大奖，成为全省备受注目的专业艺术表演团体。

0131 巧儿乐中老年艺术团

地　址：西峰区南大街 3 号

从业人员数：20 人

演出场次：19 场

知名节目：《剪花剪子》《黄花黄》《军民大生产》《喜庆阳光》

获奖情况：2012 年 4 月获"夕阳秀"走进日本暨 2012 第五届国际中老年艺术节樱花大奖，2012 年 5 月在四川绵阳第三届中国老年文化艺术节舞蹈大赛中获金奖。

简　介：庆阳市"巧儿乐"中老年艺术团成立于 1996 年，前身是"老来俏"艺术团。2007 年正式更名庆阳市"巧儿乐"中老年艺术团。2009 年 7 月申请注册，经市民政局批准登记为"民办非企业"社会团体，归庆阳市文化局管理。现有团员 50 多人，年龄最大 66 岁，最小 48 岁，平均年龄 55 岁，骨干团员 20 余人。多年来，本着"健康快乐每一天"的办团宗旨，在无办公地址、无自己的排练场地、无经费保障的情况下，依靠每个团员奉献社会追求艺术的热情，参加了各种演出活动，演出的内容主要突出当地优秀民族民间文化。诸如全市香包艺术节、甘肃庆阳"农耕文化节"都有该团演出节目，并获大奖。每遇逢年过节、主题教育、廉政建设、普法教育等等，依据不同对象、不同内容，编排不同形势的节目，以此歌颂美好社会美好生活。2007 年，经甘肃老龄委筛选推荐，代表甘肃省参加全国"九九"重阳节"红叶风采"文艺演出，所演节目《剪福娃》在央视三台向全国直播。2008 上海世博会演出《党啊，亲爱的妈妈》获一等奖和优秀组织奖。2012 年 4 月份受邀去日本参加"樱花节"获一等奖及最佳舞台奖，9 月份全市农民文艺会演，获舞蹈一等奖。2013 年庆阳市电视台新开栏目"我也上春晚"海选晋级，决赛获二等奖。2014 年庆阳市广场舞大赛演出"喜庆阳光"获西峰区一等奖。演出"军民大生产"获庆阳市一等奖。每年市、区、企业的春晚该团都有演出。

（二十九）庆阳市华池县

0132　华池县华文演艺有限公司

地　　址：华池县东山双塔森林公园
从业人员数：56人
演出场次：135场
知名节目：《三滴血》《回荆州》
总收入：108万元

简　　介：2012年以来，华池县围绕特色文化大县建设，扎实推进文化体制改革，率先完成文艺院团改制，原华池县剧团改制为华池县华文演艺有限公司。改制后，华文演艺有限公司采取了一系列有效措施：一是建章立制。任命几名骨干分别为演艺公司副经理、剧务股长、乐队队长，并建章立制，大刀阔斧地进行一系列制度改革。二是引进人才。采取公开招聘、双向选择的方式，引进艺术功底扎实、有发展潜力的戏曲、舞蹈人才，充实演艺公司实力。返聘退休人员2人，新招聘专业技术人员6人。三是打造精品。完成新剧目《巧儿新歌》编排和大型现代秦腔剧《烽火从这里燃起》剧本创编工作。整理复排传统剧目《烙碗记》《双诰命》等5本。编排了现代舞蹈《欢乐农家》《吉祥谣》等5个。新编南梁说唱剧目《双联架起幸福桥》《说说咱这幸福年》《青春奉献在基层》等5个。《四季情》在省群星艺术节活动中荣获二等奖，《双联架起幸福桥》《说说咱这幸福年》双双登上省、市春晚，《青春奉献在基层》《劳模赞》分别参加了庆阳市大学生村官联谊晚会、庆阳市总工会组织的劳模颁奖晚会等演出活动，进一步提升了演艺公司的知名度和影响力，实现了经济效益和社会效益的共赢。面对激烈的市场竞争，华文演艺公司在完成"三下乡"、双联宣传、"千台大戏送农村"活动等公益性演出任务的同时，公司根据市场需要，时而分散，时而聚合。在联系到台口时，就活跃在周边县区、乡镇；在没有台口时，就组成多个演出小分队，分赴村组、农家进行演出。小分队还编排折子戏、小型舞蹈等前往偏僻村组，把文化送到群众的家门口。华池县华文演艺公司在艰难的改制中，走出了一条适合市场需要和自身发展的道路，推动全县文化事业繁荣发展。

（三十）庆阳市合水县

0133 合水县黄河象演艺有限责任公司

地　　址：县城北区体育馆

从业人员数：50 人

演出场次：260 场

知名节目：《太白枪声》《好年好月》《凤凰沟》《孽缘》

总收入：65 万元

获奖情况：《太白枪声》1999 年获庆阳市第四届新创剧目调演三等奖，作曲获二等奖，舞美二等奖；《新来的客人》获得编剧二等奖；2004 年《孽缘》获导演一等奖、创作二等奖；《好年好月》获庆阳市第六届新创剧目优秀演出奖。

简　　介：黄河象演艺公司的前身是合水县秦剧团，始建于 1958 年，隶属合水县文化广播影视局，2012 年经过改制，更名为合水县黄河象演艺有限责任公司，属国有文化企业。现有职工 13 名，固定资产 217.44 万元，房屋建筑物 146.74 万元，专用设备 40.70 万元，演艺车 30 万元，使用面积 458.56 平方米。2012 年全年演出 260 余场，为丰富合水县群众文化生活、满足广大群众的文化生活需求、弘扬传统戏曲文化做出了贡献。

（三十一）庆阳市庆城县

0134 庆城县金凤凰演艺有限公司

地　址：庆城县东大街4号

从业人员数：50人

演出场次：240场

知名节目：《留守岁月》《高山情》《七月流火》

总收入：36万元

获奖情况：边肖、尚小丽、武金龙、李维峰、段小燕等人主演的《白逼宫》《庵堂认母》等折子戏，分别获得省、市新创剧目调演一、二等奖。全国职工小品大赛一、二、三等奖。2011年该团优秀演员李维峰和李凡两人的折子戏《斩姚期》《劈棺惊梦》在第三届甘肃戏剧"红梅奖"大赛中脱颖而出，同时获得二等奖。红色经典陇剧《留守岁月》被省文化厅评为剧目综合演出一等奖，8名演员被评为表演一、二、三等奖。编剧、导演、舞美等11个单项分别获得二、三等奖，获奖人数达到24人。快板音乐舞蹈《和谐人口赞》获甘肃省首届"人口文化艺术节"文艺节目表演一等奖。情景舞蹈《唢呐声声》、歌舞《陇上荷花》获甘肃省首届"人口文化艺术节"文艺节目表演二等奖。

简　介：庆城县艺术团成立于1978年9月1日，2012年改制为庆城县金凤凰演艺有限公司，经过30多年的发展，在历届县委、县政府的关怀和支持下，艺术团以丰富群众精神文化生活为前提，以提高社会效益为目标，确立了"强化管理、提质增效、多元发展、整体推进"的发展思路，不断深化内部改革，全力打造精品剧目，使艺术团走上了和谐、健康、快速发展的轨道。艺术团发扬老一辈表演艺术家的敬业精神，努力培养青年骨干演职人员，使一批优秀演员脱颖而出。目前有演职人员50多名，其中国家三级演员4名，四级演员10多名。艺术团在编排了60多本精品古典本戏、40多出折子戏的基础上，经过锐意创新，推出了以《留守岁月》《高山情》为代表的近10本现代戏。为了适应市场还创编了歌舞、小品、快板等许多适应时代的精彩节目，并能承办大型文艺晚会、开业庆典、生日祝寿等活动。

0135 综合服务处二站老年大学健身队

地　址：庆城县综合服务处二站

从业人员数：50人

演出场次：30场

知名节目：《火凤凰》

获奖情况：2010年参加矿区主办离退休职工文艺表演大赛，舞蹈《天天好时光》《相约北京》分别获一、二等奖；2013年参加庆城县老年健身大赛，舞蹈《火凤凰》获大赛二等奖。

简　介：综合服务处二站老年大学健身队是

在综合服务处、老年服务中心的领导和支持下，由老年大学的舞蹈爱好者组成的文艺团体。最初成立于2001年，成员仅10多名，发展至今人员已达50多人。每周一至周五在老年活动中心开展活动，聘请专职辅导老师进行培训和排练。宗旨是自娱自乐、强身健体、陶冶情操，并且在庆典活动时演出有一定质量的舞蹈节目，为广大离退休职工助兴添乐，给他们以美的享受。老年大学健身队经过十多年的学习排练和演出实践，已逐步成为在综合服务处退休职工中舞蹈爱好者的一个颇具凝聚力的群体。虽然近10年中一批有些年长的老队员，因年龄或体质等原因先后相继离队，但舞蹈队在大家的支持下，队伍不断扩大，活动越搞越活跃。在辅导老师的指导培养下，队员的舞蹈基础和演出技能普遍得到了提高，演出的节目具有较高的艺术性。每一位队员都热爱集体，平常活动时互学互帮、互相关心、精心排练；在演出时齐心协力、不怕劳累、出谋献策来搞好演出。老年大学健身队是一个团结的集体，温暖的集体，奋进的集体，他们以独有的热情舞出了对生活的热爱。

0136 文化馆业余舞蹈队

地　　址：庆城县北区广场

从业人员数：20人

演出场次：30场

知名节目：荷花舞，扇子舞

简　　介：这里音乐妙曼，舞步轻扬；这里汗水浸染，足尖旋转；这里是庆城最美丽的风景——文化馆业余舞蹈队。舞蹈队吸纳了来自庆城县各个单位热爱舞蹈表演的同志们，在王玉峰老师的指导下，他们接受着最专业，也是最艰苦的训练。台下挥洒汗水，台上尽展风华，舞蹈队的同志们多次代表庆城县参加县、市乃至省级的演出，为庆城县赢得了荣誉。多年来，舞蹈队培养了一大批舞蹈人才。舞蹈队的成员们收获的不仅是表演时的快乐与成就感，更重要的是，在追求艺术的道路上他们磨炼了心志，更自信，更坚强。舞蹈队的成员们跳出了青春的风采，舞动出无尽的生命活力。

0137 陇艺秦剧团

地　　址：庆城县土桥乡南庄塬村

从业人员数：13人

演出场次：105场

知名节目：《斩李广》《狸猫换太子》《三滴血》

总收入：15万元

获奖情况：无

简　　介：陇艺秦剧团于2012年6月由庆城县土桥乡南庄塬村村民林发栋创建成立。该剧团积极吸收民间艺人30多名，还拥有大型舞台、乐队、秦腔戏剧服饰、音乐道具、灯光等硬件设施。剧团成立以来，在上级党委、政府和文化主管部门的正确领导下，为繁荣庆阳传统文化艺术事业做出了积极的贡献。目前保留剧目《斩李广》《狸猫换太子》《三滴血》等 20 多本。在农闲时为群众演出秦腔戏曲、传统舞蹈等喜闻乐见的节目，深受群众欢迎。剧团还开拓创新，积极探索，不断更新剧目，在庆城县辖区内巡回演出多次，得到了群众的肯定和赞扬。

（三十二）庆阳市镇原县

0138 镇原县艺隆演艺有限公司

地　　址：镇原县兴文巷10号

从业人员数：70人

演出场次：280场

知名节目：陇剧《绿叶红花》《古月承华》

总收入：43万元

获奖情况：2004年创作的大型现代秦剧《教坛保尔》，曾获庆阳市第五届新创剧目调演综合一等奖等十三个奖项。2005年创作编排的大型现代纪实陇剧《绿叶红花》，10月份代表甘肃省参加第八届中国映山红戏剧节调演荣获优秀剧目金奖等十个奖项。2006年6月《绿叶红花》一剧代表第八届中国映山红戏剧节组委会优秀剧目进京献演。2006年3月被庆阳市委、市人民政府授予第四届精神文明建设"五个一工程"等奖。2006年8月，被庆阳市委宣传部、庆阳市文化出版局授予"庆阳市优秀艺术团体"称号，并被中国文化报社评为"全国百佳文艺团体"称号。2006年12月，被甘肃省委、省政府授予"敦煌文艺奖——特别贡献奖"。2012年4月17日，镇原县秦剧团创排的大型历史陇剧《古月承华》荣获第22届"上海白玉兰戏剧表演艺术奖"最高奖——集体奖，剧中主人公胡承华的扮演者佟红梅获主角奖。

简　　介：镇原县艺隆演艺有限公司是由原镇原县秦腔剧团改制后形成，由镇原县人民政府出资、县委宣传部实行政治领导、县文化广播影视局进行行业管理、县国资办进行资产监管的县属国有文化企业。公司设总经理1名、副经理若干人，2012年5月22日正式挂牌运营。现有演职人员56人（男23人、女33人），具有中级职称1人，副四级演员7人，演奏员5人，县内聘用人员37人，临时工7人。公司总经理由县文广局副局长慕启隆（原秦剧团团长）担任，部门经理2人，业务主管4人，按照现代企业管理模式管理。该公司自成立以来，立足实际，面向农村，经常巡回在山村田野为农民演出，从未间断。演出形式有秦腔、陇剧、话剧、眉户、歌舞、曲艺、小品、关中道情等。几十年来，该公司（剧团）先后有几十部大、中、小型自创剧（目）在省、市舞台获奖，取得了丰硕的成果。该公司（剧团）自2012年5月改制到2013年大约1年的时间内，演出毛收入43.76万元，其中：公司共开展公益性演出活动126场次，政府每场补助2000元，收入25.2万元；营业性演出58场次，每场市场价3200元，收入18.56万元。

（三十三）庆阳市环县

0139 环县艺龙演艺有限责任公司

地　址：庆阳市环县环城镇中街
从业人员数：46 人
演出场次：272 场
知名节目：大型陇剧《山城堡儿女》
总收入：36 万元
获奖情况：2006 年李城忠执导的折子戏《斩窦娥》参加甘肃省"红梅奖"大赛获导演三等奖，2010 年编导的《山城堡儿女》获甘肃省文艺调演一等奖。
简　介：环县艺龙演艺有限公司，前身为 1943 年 2 月建的环县陇剧团，属县文教科领导，有演职人员 40 人，剧箱 1 副，同年夏天撤销环县陇剧团。1954 年重新组建，1957 年改名为秦腔剧团，1958 年 7 月更名为环县人民剧团，1963 年并入地区剧团，1966 年组建环县文工队，1967 年改名为毛泽东思想宣传队，1973 年又改名为环县文工队，1977 年，历史剧恢复演出，1978 年 1 月改为环县剧团，1979 年 3 月改名为环县陇剧团。自建团以来，共演出秦腔、陇剧、眉户、道情及现代剧等 5 个剧种、140 余本现代剧目，创作剧目《老孟家的婚事》《错点鸳鸯》，小品《真与假》等，在省市调演中曾获奖励，移植剧目《魂断天波府》等曾荣获省市奖励。公司至 2013 年底，有演职人员 46 名，办公楼 1 栋，1500 平方米，现代、历史剧、道情皮影箱具各 1 副，价值 150 余万元。2012 年 6 月，文化体制改革，成立环县艺龙演艺有限公司。环县民间道情皮影艺术团 2005 年 10 月在县委、县人大、县政府、县政协有关领导的关心支持下，环县民间道情皮影艺术团在县陇剧团成立，属剧团下设演出机构，其目的和宗旨是对环县民间道情皮影进行"挖掘传承、改革出新"。当时投入资金为 10 万元，购置箱具一副，有演职人员 20 人。演出剧目有折子戏《断桥》《猫和老鼠》《玉歧怕老婆》《闹社火》《三打白骨精》《深山问苦》等。道情皮影剧团成立以来，先后多次参加庆阳市香包节演出，赴兰州大学、西北民族大学等 5 所高校巡回演出，并在本县接待演出，社会反响良好。

（三十四）定西市渭源县

0140 渭河源演艺公司

地　　址：渭源县清源镇首阳路

从业人员数：14 人

演出场次：260 场

知名节目：《关家庄》《渭水盟》

总收入：30 万元

获奖情况：眉户剧《关家庄》获全市"五个一工程"一等奖，《渭水盟》获全市一等奖。

简　　介：渭河源演艺公司前身为渭源县秦剧团，成立于 1979 年，为自收自支的事业单位，隶属于渭源县文化广播影视局，秦剧团有在编在职人员 14 人。2012 年 6 月按照省市文件精神进行转企改制，成立了渭河源演艺有限责任公司。每年除了配合县上活动和"千台大戏送农村"演出外，目前演艺公司经常在周边兄弟县、市跟庙会演出，收入只能勉强维持日常的开销。为了扶持发展渭河源演艺有限责任公司，县上出台了《渭源县关于扶持发展渭河源演艺有限责任公司的意见》：一、资金扶持。由秦剧团转企改制后，县财政拨付给新成立的演艺公司 5 万元启动资金。由县财政每年给秦剧团拨付的 12 万元专项经费划转给演艺公司继续拨付。给在编在职 14 人一次性拨付转企改制前社会养老保险费 56.8 万元。二、政策扶持。县财政每年给予演艺公司在本县内公益性演出每场补助 800 元，每年在县内公益性演出不少于 80 场次。各乡镇每年原则上组织安排接待县演艺公司演出四场，每场演出费 4000 元。资金由各乡镇负责协调筹集，具体演出时间由各乡镇结合本地物资交流会、山会、庙会等传统节会与演艺公司协商确定。三、办公活动场所扶持。由县文广局管理的流动舞台车提供给演艺公司演出时使用，费用由演艺公司自行解决。原秦剧团的演出设备、服装道具进行登记评估后，作为国有资产划转给演艺公司使用。县上筹集资金重新修建，修建后给演艺公司保证一定数量的演出场所和用房。四、转企后的发展情况。改制后的渭河源演艺有限责任公司基础设施落后，服装音响陈旧，演出困难较大，演出市场不宽。

0141 渭源县老年人体育协会文化艺术团

地　　址：渭源县清源镇

从业人员数：58 人

演出场次：80场

知名节目：23个

获奖情况：《喜锈新农村》《陇上仙境是渭源》分别荣获省级表演和创作三等奖，《难忘的旋律》荣获市上一等奖，《洗衣歌》《红梅赞》荣获市上二等奖，《六唱新国策》《优生优育好国策》获市上三等奖。

简　介：渭源县老年人体育协会文化艺术团成立于2007年，由58位中老年退休干部组成。几年来，艺术团排练节目23个，演出80多场次，服务观众3万余人，从城乡全民健身广场，一步步走上了县、市、省的表演舞台，是一支活跃在定西地区极具影响力的业余文艺团队。多年来，艺术团坚持主题健康向上，内容丰富多彩的演出方针，在退休老干部县老年体协主席、艺术团团长徐春兰同志的大力倡导、热情关怀、悉心呵护和坚强领导下，用心血和汗水荟萃全县中老年人中各类优秀知名文化英才，不断壮大队伍，拓展演出平台，本着精选、精排、精练、精品、精演原则，不断提升演出水平，聘请高级编导教师，创作排练出凝聚、释放、传播正能量的高水平文艺节目，通过舞蹈、音乐、快板、戏曲等群众喜闻乐见、生动活泼的文艺形式，向广大群众宣传党和国家的路线方针政策，宣传公民道德规范，唱响改革开放发展的时代主旋律，热情讴歌渭源秀美山川，赞颂城乡新时代、新发展、新变化、新风貌，为全县经济社会发展和社会各项事业取得进步助推引领、加油鼓劲。艺术团经常参加全省、全市、全县各类大型文艺演出和舞蹈大赛；多次代表县计生局、县文化局、县老干局参加行业调演；经常组织拥军、慰老、助残等公益演出；频频参与县委、县政府组织的旅游文化及双联等重大活动的联欢及演出。《陇上仙境是渭源》《六唱新国策》《红歌映晚霞》《优生优育好国策》《喜绣新农村》《洗衣歌》《难忘的旋律》《健康服务进家庭》《渭水源头的老年人》《红梅赞》《人民公仆》《江山》等自创自演、各具特色的节目脍炙人口，久演不衰，深受人民群众欢迎和赞誉，荣获多项省市县各类大奖。

（三十五）定西市岷县

0142 岷县岷州演义有限责任公司

地　址：岷县文化馆院内

从业人员数：25 人

演出场次：18 场

知名节目：《血洒二郎山》

总收入：13 万元

（三十六）定西市临洮县

0143 临洮洮苑演艺有限责任公司

地　　址：临洮县洮阳镇背斗巷11号

从业人员数：40人

演出场次：550场

知名节目：《金沙滩》《哑女告状》等剧目12本

总收入：160万元

简　介：按照省、市有关文化体制改革精神，临洮县于2012年5月份完成了县秦剧团转企改制工作。原临洮县秦剧团进行改制组建成立临洮洮苑演艺有限责任公司（属国有企业），现有职工40人。演艺公司成立后，按照现代企业制度的要求，已建立起了适应市场竞争需要的艺术生产机制，制定了《劳动合同签订方案》《工资调整的计划》《拓宽市场演出计划》《工作管理制度》等规章制度，规范运营模式，理顺经济关系，增强市场竞争力。该公司现在保持每年演出300场次的情况下，还坚持每年至少排出5台新戏，并作为目标任务固定下来，使该团能达到连演40场不重戏。该团在保留传统剧目的同时，还新排了反映西部大开发退耕还林（草）的现代戏《桃杏花开三月天》《命根子》等，恢复历史剧《金沙滩》《哑女告状》《临江驿》《血冤》等剧目12本。2012年以来，在巩固以往演出网点的基础上，该公司找线索，抓信息，出县跨区主动出击，开拓演出市场，先后应邀到兰州市西固、皋兰县，临夏州临夏市、和政县、康乐县，甘南州临潭县、卓尼县，天水市秦安县、甘谷县，定西市陇西县、岷县进行演出。2012年商业演出222场次，公益性演出69场次，投入12万元，收入47.1万元，支出48.6万元，观众达44.4万多人次。2012年编排了以"双联"为主题的秦腔联唱《小康路上扬风帆》，洮苑演艺有限责任公司在临洮县"两会"上进行了汇报演出，并在定西市2013年春节文艺晚会上特邀演出。

（三十七）陇南市成县

0144 成县秦剧团

地　址：甘肃省陇南市成县

从业人员数：25 人

演出场次：260 场

知名节目：折子戏《三娘教子》《四贤册》《双进山》《古城会》

总收入：20 万元

获奖情况：第二届甘肃戏剧红梅大奖赛《四贤册》荣获表演二等奖、《古城会》荣获表演三等奖、《访白袍》荣获表演三等奖、《见判》荣获表演奖。

简　介：成县秦剧团成立于1976年2月，占地面积1900平方米，建筑面积600平方米。现有职工人数25人，2012年在国内演出260场，观众人数达26万人，累计投入额100万元，收入20余万。4个著名节目在第二届甘肃戏剧红梅大奖赛获奖：王会兰参赛剧目《四贤册》荣获表演二等奖，王社平参赛剧目《古城会》荣获表演三等奖，朱坤参赛剧目《访白袍》荣获表演三等奖，陈晓丽参赛剧目《见判》荣获表演奖。

（三十八）陇南市西和县

0145 西和县乞巧文化演艺中心
地　址：西和县汉源镇青年街
从业人员数：56人
演出场次：960场
知名节目：《七月七》《魏孝文帝》《大香山》《唐王游地狱》《上煤山》《太湖城》
总收入：80万元
获奖情况：2006年，《上煤山》荣获第二届甘肃省"红梅奖"大赛表演二等奖，《向逼宫》荣获第二届甘肃省"红梅奖"大赛表演优秀奖，《传承》荣获甘肃省首届农民文艺调演二等奖，《怕婆娘》《铁冠图》《太湖城》荣获第三届陇南文艺奖银奖、铜奖。2011年9月，《七月七》荣获第三届甘肃戏剧"红梅奖"大赛剧目一等奖，主演一等奖、二等奖，主配二等奖及主配三等奖。

0146 西峪乡上寨村皮影剧团
地　址：陇南市西和县西峪乡上寨村
创建时间：1982-01-19
从业人员数：16人
演出场次：200场
主要文化活动：曾先后赴徽县、成县、漳县、岷县、宕昌、武山、陇西县演出，参加过全国首届、第四届乞巧文化艺术节演出，参加过中央领导来西和县观摩演出。
简　介：西峪乡上寨村位于西和县城北郊，距县城10华里的西祁公路路段，全村539户2410口人。该村是全乡文化最发达村之一，其特有的秦腔剧皮影戏闻名于全省，每年在县内西峪、卢河、姜席、十里、稍峪等近十个乡镇100余个村庄庙会巡回演出。参加过与县剧团的联合演出，年演出200多场次（演出时间多在正月、二月），观众平均每场次1000多人。还先后赴徽县、成县、漳县、岷县、宕昌、武山、陇西县演出，参加过全国首届、第四届乞巧文化艺术节演出。参加过中央领导来西和县观摩演出，受到陇南市原市长王义等领导的亲切接见和高度评价。上寨村皮影剧团追溯到现任团长李大雄爷爷的爷爷以至更远的时候，组建传承演唱至今。在原县委书记马效功、副县长包红梅及副县长许彤等领导的关切和大力支持下，其道具不断更新，艺术效果不断升华，受到广大观众的一致好评。剧团年投入上万元，从西安、苏州等地购买道具、服装、器乐等，还有老艺人对有些道具进行放大改进，大大提高了艺术效果。剧团共有16名团员，有女团员四人，年龄最大的60岁，最小的22岁。他们都是全能艺人，对皮影、木偶、文乐、武乐、演唱、台词等精通，对60多部剧目个个娴熟精练，一套人马，皮影、木偶两套班子，因特殊事情缺席，替补人随时准备，为丰富和活跃农村文化生活发挥了重要作用。

（三十九）陇南市康县

0147 康县梅园演艺有限公司

地　　址：康县城关镇方家坝新区
从业人员数：30 人
演出场次：50 场
知名节目：歌舞剧《幺幺妹》
总收入：35 万元
获奖情况：2012 年 6 月原生态歌舞剧《幺幺妹》参加甘肃省人口文化艺术节获文艺节目表演一等奖。
简　　介：康县梅园演艺有限公司隶属于县文化局领导，国有控股，政府阶段性投资扶持为导向，引导公司逐步走向自主经营、自负盈亏、自我发展、自行市场运作的轨道。公司领导（经理）为事业编制人员组成，其他演职人员和技术、技师一律实行合同聘用制，固定岗位编制，固定经费投入，不固定自然人员身份，以便随时择优汰劣，不断吸收高质新鲜才艺人员，增强公司活力，适应形势发展和社会需求，个别特殊岗位需要固定的人员以及为公司长足发展具有巨大潜力的演职人员，由公司选定，主管局审查，报县政府按照事业人员编制录用相关规定录用解决。康县梅园演艺有限公司在县委、县政府和文化宣传部门的领导下，坚决贯彻执行党的文艺工作方针，服务经济建设和社会发展，为康县精神文明建设提供强劲的精神动力和智力支持，以充分挖掘县域文化资源、打造具有地方特色的地方"大戏"和其它精品节目为己任，抢救、保护、传承康县非物质文化遗产。大力开展文艺培训，提升全县文艺人才水平，指导基层文化活动，加强文艺创作，不断推陈出新，营造康县文化氛围，更好地完成县委、政府交办的各项演出任务，竭尽全力把康县文艺事业的发展推向一个跨越式新阶段，以优异成绩回报县委、县政府和全县人民的厚望。

0148 长坝镇农家秦腔艺术团

地　　址：康县长坝镇李家庄村
创建时间：2012-11-25
会员人数：50 人
主要文化活动：在马年元宵佳节，长坝镇李庄村农民秦腔艺术剧团举办为期四天的秦腔艺术演出活动。
简　　介：在长坝镇党委、政府的关怀和大力支持下，李庄村老街社村民李强宁、李治兴、李俊财等人自筹资金，购置了演出设备和服装，于 2013 年 1 月组建了李庄村老街农民秦腔艺术剧团，老街社的秦腔爱好者在专业老师和老艺人的精心指导下，勤学苦练，加班加点，排练秦腔传统剧目，为群众义务演出，受到了群众的喜爱和欢迎。演出的剧目主要有《铡美案》《三娘教子》《白虎堂训子》《柜中缘》等 20 多个。

（四十）陇南市文县

0149 文县白马人民俗文化艺术团

地　址：陇南市文县韩家坝新区文县剧院
创建时间：2013-01-15
会员人数：50人
主要文化活动：主要从事文县白马人的专场演出。

简　介：文县白马人民俗文化艺术团，创建于2013年1月15日，现有人员50人。主要从事文县优秀民俗文化白马人民俗文化的演出和宣传。

（四十一）临夏回族自治州临夏市

0150 临夏回族自治州民族歌舞剧团

地　　址：甘肃省临夏市北大街 47 号
创建时间：1965-02-14
从业人员数：81 人
演出场次：86 场
知名节目：《高腰灯》《阿哥尕妹笑开颜》、歌舞剧《刘三姐》及花儿、宴席曲等剧目。
获奖情况：多次参加全国全省的调演，10 多个剧（节）目获国家和省级奖励。
简　　介：临夏州歌舞团于 1950 年 2 月陇右地方干校（临夏州党校前身）文艺班与临夏军分区文艺宣传队合并成立"临夏专区文工团"，实有演职员 50 余人，设音乐、戏剧、创作三个组。临夏州歌舞团为配合减租减息和土改运动，排练歌剧《王秀鸾》、眉户剧《大家喜欢》、秦腔《血泪仇》等。1953 年撤销州歌舞团，1959 年成立临夏州歌舞团，演职员从新中国成立初的 30 人增至 50 余人，创作和演出节目 40 多台。1962 年 5 月撤销州歌舞团。1965 年 2 月，州民族歌舞团成立。2010 年 4 月，剧团加挂"甘肃花儿剧院"牌子。2011 年，经中央文化体制改革领导小组批准确定为全省保留事业体制的 7 家国有专业文艺院团之一。团内设文秘科、业务科、演出管理科、创作室四个职能科（室），下设声乐队、乐队、舞蹈队、舞美队、培训部、秦剧队 6 个队（部），核定编制数为 121 人。自成立以来剧团始终"坚持走立足本地，挖掘、整理民族民间文化遗产，创演反映民族精神和时代风貌的花儿、民族歌舞、花儿剧的路子"，曾演出大型舞剧、歌剧、话剧、花儿剧等剧目 50 多部；创演民族舞蹈 100 多个；民族歌曲、器乐作品 300 多个；多次参加全国全省的调演，10 多个剧目获国家和省级奖励；参加了第一、三、四届中国艺术节的演出，积极参加送文化"千台大戏送农村"活动、开展花儿艺术进校园、完成州委州政府安排的全州大型节会活动演出。

（四十二）临夏回族自治州康乐县

0151 甘肃省康乐县民族花儿会所
地　址：甘肃省康乐县阳光家园二楼
从业人员数：15人
演出场次：9场
知名节目：河州花儿《康乐县是我的家乡》《莲花山赞歌》《丈夫劝妻》《出门的阿哥把尕妹的心扯烂》
总收入：5万元
获奖情况：2013年7月在莲花山花儿大奖赛中获团体三等奖。
简　介：康乐县民族花儿会所成立于2012年10月，有演职人员15名，有演出场地300多平方米，每年演出100多场次，是康乐县知名的花儿演出场所。

0152 康乐县宏星花儿艺术团
地　址：康乐县滨河路广场阳光家园25号
从业人员数：66人
演出场次：45场
知名节目：《民间小调》
获奖情况：获得兰州"水车苑"花儿大奖赛优秀奖；获得兰州西北民族大学敦煌优秀奖；2013年获莲花山花儿大奖赛团体优秀奖。
简　介：康乐县宏星花儿艺术团是2011年6月由农民自发组织成立的非营利性民间文化艺术团体。该艺术团发挥康乐县莲花山花儿非物质文化遗产的保护、传承，服务社区，服务大众。康乐县宏星花儿艺术团成立以来，深受人民的欢迎，给康乐县人民增添了新的光彩。

（四十三）临夏回族自治州永靖县

0153 黄河三峡艺术团有限公司

地　　址：刘家峡镇川南路劳务中心五楼

从业人员数：20 人

演出场次：140 场

知名节目：《天河之傩》《河湟鼓舞》

总收入：5 万元

获奖情况：2011 年，舞蹈《彩陶舞》参加全省爱国歌曲大家唱获得三等奖，舞蹈《荷塘月色》参加州上建党 90 周年文艺演出获得二等奖。

简　介：永靖县黄河三峡艺术团成立于 2006 年底，为民办公助形式的文艺演出团体，隶属于永靖县体育局管理，现有演职人员 20 名，其中团长 1 名，由体育局副局长兼任。黄河三峡艺术团是服务永靖文化建设、宣传党的各项方针、政策，宣传黄河三峡、繁荣群众文化生活的窗口单位。该团自成立以来，先后创作《黄河三峡魂》《永靖傩舞剧》等独具地方特色的文艺节目 5 台，在参加省、州文艺会演中均获过二、三等奖。每年共演出 140 多场（次），其中，进行公益性演出活动 80 多场（次），商业性演出活动 60 多场（次），极大活跃了当地群众的精神文化生活。

(四十四)临夏回族自治州和政县

0154 宁河韵演艺有限责任公司

地　　址：和政县

从业人员数：65人

演出场次：300场

知名节目：花儿剧的创编，花儿舞蹈编排、表演，花儿演唱。

总收入：12万元

获奖情况：苟喜霞("花儿美"组合成员)获第七届中国原生民歌大赛银奖(组合奖)。

简　　介：和政县宁河韵演艺有限责任公司成立于2012年5月，是由原和政县花儿艺术团响应国家文化体制改革，于2012年5月完成改制后，划归甘肃云发集团旗下建成了和政县宁河韵演艺有限责任公司。公司主要积极参与县上送文化下乡、公益性文艺演出等工作。

（四十五）甘南藏族自治州舟曲县

0155 舟曲县多地演艺有限公司

地　　址：舟曲县峰迭新区文博大厦
从业人员数：32 人
演出场次：22 场
知名节目：《感恩祖国》《迎亲人》
获奖情况：2012年底创作编排的舞台剧《迎亲人》被选送至2013年甘肃省春节联欢晚会演出。2014年获第三届甘南藏族自治州锅庄舞大赛第三名。
简　　介：舟曲县多地艺术团组建于2006年8月，为原县文体旅游局管理的公益性副科级事业单位（现由文体广电局管理），于2012年5月完成了朵迪艺术团的转企改制工作，正式更名为舟曲县多地演艺有限公司。舟曲县多地演艺有限公司是舟曲县唯一的为发展旅游、丰富城乡群众文化、扩大对外艺术交流的专业文艺演出团体。演出内容以地方藏族民间歌舞为主，艺术团内设有舞蹈队、声乐队、舞蹈编排创作组，现有干部职工30人，工资由县财政供给。

（四十六）甘南藏族自治州卓尼县

0156 卓尼五彩藏族风情演艺有限公司

地　　址：卓尼县柳林镇拥军街
从业人员数：41 人
演出场次：230 场
总收入：300 万元
获奖情况：2005 年参加甘南州民通歌手大赛，获得民族唱法一等奖、通俗唱法二等奖；2006 年《巴郎鼓》等节目参加了甘肃省春节晚会，并获得甘肃省首届农民文艺调演二等奖，原生态节目《三色鸟》获得甘南州农牧民文艺调演二等奖；2007 年在卓尼县大峪沟成功主办了甘南州九色香巴拉艺术节；2008 年参加了甘肃省兰州举办的农牧民文艺调演并获得一等奖；2009 年艺术团演职人员在甘肃省艺术学校学习进修半年，同年参加了甘南州庆祝新中国成立 60 周年专业文艺调演并获得一等奖。

简　　介：卓尼五彩藏族风情演艺有限公司现有从业人员 41 人，在重大节庆点先后深入柳林镇、纳浪乡、扎古录镇、阿子滩乡等 15 个乡镇开展节日展慰问演出活动，为全县农牧民群众送去了文化大餐。2012 年公司完成大小演出 230 场次，演出观看群众达到 8 万余人次。2012 年累计收入达到 300 万元，全部用于演艺厅的舞台设计和灯饰等费用。卓尼五彩藏族风情演艺有限公司担负着满足全县人民群众文化生活需要、弘扬民族文化和建设社会主义精神文明的重任和全县公益性演出，还将卓尼县部分非物质文化遗产内容通过改编以舞蹈及歌唱等形式搬上舞台，使之得以更好地传承和发扬光大。

（四十七）甘南藏族自治州临潭县

0157 冶力关国家森林公园艺术团

地　　址：临潭县冶力关

从业人员数：40 人

演出场次：40 场

知名节目：《森林春晓》《创造者》《扎西德勒》

总收入：50 万元

获奖情况：舞蹈、歌曲类节目多次在州县举行的大型活动中获奖。

简　　介：冶力关国家森林公园艺术团于 2001 年挂牌成立，全团演艺人员共计 40 余人，其中主持人 2 名，歌手 8 名，其余为舞蹈人员。建团 13 年来新创歌舞有《森林春晓》《创造者》《扎西德勒》等，每年接待性演出 30 余场，文化交流演出 5 至 6 场，公益性演出 3 至 4 场，为冶力关的游客提供文化演出，保证了临潭县的正常性接待和迎宾活动，对外树立了冶力关景区的良好人文环境，同时活跃了临潭县的文化气氛。

0158 临潭县山水冶力关演艺有限责任公司

地　　址：临潭县冶力关

从业人员数：48 人

演出场次：148 场

知名节目：《丰收的喜悦》《邦锦梅朵》《吉祥如意》《在一起》

总收入：80 万元

简　　介：临潭县冶力关演艺有限责任公司于 2012 年 5 月挂牌成立，现有演艺人员共计 48 名。公司成立以来，新创舞蹈《丰收的喜悦》《邦锦梅朵》《吉祥如意》《在一起》，新编排歌伴舞 3 个，创作新歌 1 首。公司接待性演出多达 120 多场次，文化交流演艺活动 6 场。配合"千台大戏送农村"活动，开展文化"三下乡"活动 22 场次。文化演艺节目以其艺术性、娱乐性、教育性受到了广大群众的欢迎和喜爱。

（四十八）甘南藏族自治州迭部县

0159 腊子口文艺演出有限责任公司

地　　址：甘肃省迭部县体育场内

从业人员数：47人

演出场次：102场

知名节目：《开仓放粮》《铁吾尕巴》《迭部锅庄》

总收入：300万元

获奖情况：2010年旦巴亚日杰演唱的《天堂迭部》在"音乐·中国——2011中国乐坛盛典"上获词曲金奖

简　介：迭部县腊子口文艺演出有限责任公司前身为迭部县文工队，成立于1979年，1987年更名为迭部县民族歌舞团，2005年再次更名为迭部县腊子口艺术团，是迭部县唯一的藏民族文艺演出团体。34年来，在历届县委、县政府的大力支持和关心下，在三代演职人员的共同努力下，腊子口艺术团响应党和国家的宣传方针政策，挖掘迭部藏族民间文化艺术精髓，创作出了《丁知》《肖央》《喜周玛在》《铁吾尔巴》等优秀文艺作品。2012年5月，响应全国国有艺术院团体制改革，转企改制，成立了迭部县腊子口文艺演出有限责任公司，推向市场。创作了《开仓放粮》《突破天险腊子口》《天堂迭部》《神奇的扎尕那》等优秀作品，得到了社会各界的一致好评。赴北京、天津、长春、西安等国内各大城市，以及人民大会堂、北京大学等地巡回演出以外，腊子口文艺演出公司还承担着全县"千台大戏送农牧村""文化下乡"等群众文艺演出工作，在弘扬藏民族文化，提升迭部形象上做出了突出贡献。

（四十九）甘南藏族自治州夏河县

0160 夏河县拉卜楞艺术团

地　　址：夏河县拉卜楞镇柔扎村319号

从业人员数：55人

演出场次：330场

知名节目：歌舞剧《梦回拉卜楞》

总收入：30万元

获奖情况：甘南州赴京感恩汇报演出获优秀组织奖，2012年度获团支部奖。

简　介：1975年，在夏河这个歌舞之乡，由县政府组织成立了一个专业的文艺团体——拉卜楞文艺宣传队。1981年创作改编大型歌舞剧（南木特）《洛桑王子》，把他们对文艺事业的理解，奉献给基层的父老乡亲，十几年中他们巡回之路的热情在藏区上空停留。1986年老一批演员逐渐退役走向新的工作岗位，又一批新生力量开始新的艺术生涯。从1986年10月至1989年7月，县人民政府将16名新学员送往西北民族大学艺术系深造与强化，整整三年这批演员学成而归，有舞蹈、有声乐、有器乐，更多的是一专多能，根据这些"乌兰牧骑"式的特点和时代发展的需要，文工队随之更名为拉卜楞民族歌舞团。1989年9月，拉卜楞民族歌舞团一举获得由省文化厅、省民委联合颁发的四个优秀节目奖，一个先进集体奖，其中获奖节目有白格尔《从雪山那边来的人》，藏族特色的鹰笛独奏《神鹰》等。1990年编排的大型歌舞剧《格萨尔诞生》，在当年的拉卜楞寺大经堂重建开光典礼上献演，由青海西海音响出版社拍摄录制公开出版发行，由此而获得"发扬拼搏精神，弘扬优秀民族文化传统"的美誉；2000年参加在珠海举行的庆祝澳门回归大型音乐舞蹈晚会，并对驻澳部队进行慰问演出；2001年应甘南州歌舞团邀请，派演员参加了大型歌舞剧《扎西德杰》的演出活动；2002年参加在江苏无锡市举办的第11届中国金鸡百花奖电影节的开幕式。三十年来用自己的努力践行了文艺的"双百"方针和"两为"方向，践行了代表先进文化前进方向的三个代表重要思想。三十年的历程，三十年的风雨，夏河歌舞团在前进中发展，在发展中不断创新。

(五十)甘南藏族自治州碌曲县

0161 碌曲县文化演艺公司

地　　址：碌曲县秀隆扎西广场东侧
从业人员数：55 人
演出场次：30 场
知名节目：大型歌舞诗《碌曲神韵》
总收入：100 万元
获奖情况：《碌曲神韵》荣获表演类一等奖，音响设计、化妆、配器、道具制作分别荣获一等奖，舞美设计、作曲、服装设计、编剧、导演、灯光设计分别荣获二等奖。
简　　介：碌曲县文化演艺有限公司其前身成立于 1975 年 3 月，当时为则岔文工团，1998 年 9 月更名为则岔艺术团，2012 年 5 月转制改企，隶属碌曲县文体广电影视局。目前，有职工 55 人（包括县民间艺术团 8 人），为了弘扬碌曲民族传统文化，提高碌曲知名度，2012 年演出 95 次，主要在甘肃、青海、四川等地区和临近兄弟县（市）进行巡回演出及赴外地宣传文化交流演出，2012 年演出 12 万多人次，无演出收入，年累计支出 200 多万元。近几年县委、县政府投资 300 多万元，正式启动了《碌曲神韵》大型歌舞诗的编排工作，荣获表演类一等奖；音响设计、化妆、配器、道具制作分别荣获一等奖；舞美设计、作曲、服装设计、编剧、导演、灯光设计分别荣获二等奖。公司担负着全县的民歌、弹唱、民间舞蹈的搜集、整理、改编、创作、整合、出版发行、对外宣传以及县委、县政府和上级业务部门交办的文化下乡、接待演出、巡回演出、旅游宣传推介等歌舞表演工作。并挖掘内部潜力，发扬我公司应有的实力，安排团内艺术造诣较深的人员编排牧民群众喜闻乐见的舞蹈、歌曲节目。作为基层艺术团，发扬"立足基层、为基层群众服务"的宗旨，在县委、县政府的大力支持下，克服种种困难，为碌曲县文化艺术事业繁荣发展做着不竭的努力。

（五十一）甘南藏族自治州玛曲县

0162 玛曲县牛角琴文化演艺公司

地　　址：甘南州玛曲县兴隆路 2 号
创建时间：1973-09-11
会员人数：67 人

主要文化活动：担负全县的民歌、弹唱、民间舞蹈的搜集、整理、改编、创作、整合、出版发行、对外宣传；县委、县政府和上级业务部门交办的文化下乡、各类接待演出、赛马会期间和州庆期间的文艺演出、旅游宣传推介等歌舞表演工作；并在"甘、青、川"等地区和邻近兄弟县（市）进行巡回演出及赴外地宣传文化交流演出。

简　　介：玛曲县牛角琴文化演艺有限公司成立于 1973 年 9 月，当时为玛曲县文工队，到 1994 年 6 月更名为玛曲县藏族歌舞团，2012 年转制改企，隶属于玛曲县文化体育广播影视局。目前现有职工 67 名（包括县民间艺术团 15 人）。玛曲县牛角琴文化演艺公司担负着全县的民歌、弹唱、民间舞蹈的搜集、整理、改编、创作、整合、出版发行、对外宣传以及县委、县政府和上级业务部门交办的"文化下乡"接待演出、巡回演出、旅游宣传推介等歌舞表演工作，并挖掘内部潜力，发扬公司应有的实力，安排团里艺术造诣较高人员编排牧民群众喜闻乐见的舞蹈、歌曲节目。作为基层的艺术团，发扬立足基层、为基层群众服务的宗旨，为玛曲的文化艺术繁荣发展做出贡献。

甘肃省文化资源名录
第四十二卷 文化类高等教育、文化艺术机构团体Ⅰ

文艺场馆

（一）兰州市城关区
（二）兰州市红古区
（三）酒泉市敦煌市
（四）酒泉市肃北蒙古族自治县
（五）嘉峪关市
（六）张掖市山丹县
（七）张掖市高台县
（八）张掖市肃南裕固族自治县
（九）白银市会宁县
（十）白银市靖远县
（十一）白银市景泰县
（十二）平凉市崆峒区
（十三）庆阳市西峰区
（十四）定西市岷县
（十五）陇南市西和县
（十六）陇南市康县
（十七）甘南藏族自治州玛曲县

（一）兰州市城关区

0001 金城大剧院

地　址：兰州市城关区大众市场 26 号

从业人员数：50 人

演出场次：173 场

观众数：16 万人

场地面积：10000 平方米

总收入：908.59 万元

简　介：剧院观众厅净宽 25.5 米，净深 32.5 米，分一、二层，安装有 968 个无声高靠背座椅，其中包含 40 个高级豪华座椅，并配备地排灯、排号灯，剧院内采用美国"开利"牌中央空调供冷、暖系统和全自动监控系统、自动消防喷淋报警系统，设有全套电脑灯光音响监控室。观众厅内电声的设计居国内先进水平，混响时间可调，能满足歌剧、舞剧、音乐会、戏曲演出的高标准要求，也能举行各种大型会议及电影放映。电声设备全部采用国际名牌先进产品，配以先进的传声器及信号处理器。剧院还配有闭路彩色电视摄像监控系统，整个舞台演出由一套功能完备的舞台监控系统实行监控。剧院拥有目前西北一流的舞台设施，舞台口宽 16 米，台高 9 米，台深 20 米，装有国内先进的自动吊杆 53 道，设有能容纳 80 人乐队演出的升降乐池及升降栏杆。舞台上安装有电动对开大幕和需用的各种幕布，舞台两侧副台面积 245 平方米。舞台内设有 5 间演员化妆室和主要演员化妆室、大型服装间。剧院三楼设有交响乐团排练厅，四楼设有多功能厅，五楼设为机关办公室。剧院附楼还建有招待所，均为标准间，可供 30 人演出团体住宿。

（二）兰州市红古区

0002 红古区影剧院

地　　址：红古区海石湾镇
从业人员数：10 人
演出场次：100 场
观众数：1500 人
场地面积：1000 平方米
总收入：10 万元
简　　介：影剧院隶属于红古区文广局，是自收自支事业单位，建筑面积有 1000 平方米，是集放映电影、会议占场、文艺演出、餐饮娱乐为一体的综合性文化活动场所。

（三）酒泉市敦煌市

0003 敦煌大剧院

地　址：敦煌市阳关中路777号
从业人员数：130人
演出场次：230场
观众数：10万人
总收入：1000万元
简　介：2008年敦煌大剧院改建成功，《敦煌神女》成功上演，成为甘肃省继《丝路花雨》《大梦敦煌》之后又一部精品力作。《神女》的演出在敦煌这片热土已经有了很深的底蕴和厚重的感情。近年来，每年平均演出200余场，深受广大游客的赞赏和欢迎。大剧院每年承接大量来自全国各地各大演艺团体的演出，并承担敦煌市群众文化活动。2013年内接纳大小型演出几十场次，其中，6月澳门交响乐团在敦煌成功演出；8月，国家旅游局和甘肃省人民政府举办第三届"敦煌行·丝绸之路"国际旅游节开幕演出；9月陕西戏剧研究院的秦腔名家和国家一级演员来敦煌演出；10月第四届中国民族声乐敦煌奖决赛成功举办。敦煌文化的发展和传承任重而道远，敦煌大剧院的发展也是如此。

0004 百姓剧场

地　址：敦煌市沙州镇北路5号
从业人员数：2人
演出场次：180场
观众数：18000人
场地面积：200平方米
简　介：百姓剧场是敦煌市文化馆内设的一个重要的群众文化活动场所，面积200平方米，主要用于开展全市各群众文艺团体的日常演出、排练以及专业老师的讲座等活动。百姓剧场安排严谨，始终坚持周一到周五不间断演出，周六彩妆演出，节目形式不拘一格，不仅增强了城乡百姓的向心力和凝聚力，也丰富了广大人民群众的文化生活。

（四）酒泉市肃北蒙古族自治县

0005 肃北数字影城

地　　址：肃北县梦柯路南会展中心

从业人员数：10 人

演出场次：750 场

观众数：25000 人

场地面积：4500 平方米

总收入：50 万元

简　　介：甘肃省第一家少数民族 3D 数字影城，是自治县一项重大文化产业，在县委县政府的高度重视和大力支持下，先后投资 500 万元，通过对会展中心及影院四楼进行装修改造，建成了一大一小两个数字放映厅，配备巴可 2K 数码高清放映设备，超宽大屏幕和环绕音响设备，可容纳 391 人同时观看，厅外设有电影画廊、休闲区，以便观众休闲及欣赏电影海报。肃北电影城的正式运营，不仅是肃北电影史上的一件大事，填补了肃北数字电影建设的空白，而且也是肃北县文化产业发展的重要成果，标志着肃北电影产业迈上了新的台阶，对于提升肃北县城市文化品位，满足居民文化娱乐需求，有着重要的引领和示范作用。

（五）嘉峪关市

0006 嘉峪关大剧院

地　址：嘉峪关市文化中路1598号

从业人员数：30人

演出场次：56场

观众数：6万人

场地面积：63900平方米

总收入：80万元

简　介：嘉峪关大剧院投资1.98亿元，占地面积63900平方米，是全国十大剧院之一，内部功能齐全，目前居西北之首。嘉峪关大剧院于2007年3月1日破土动工，由剧院本体、健身中心、露天演艺广场及水景观三部分组成。嘉峪关大剧院设有咖啡屋、茶坊、书吧及观众厅和休息大厅等，还设有健身中心、网球、篮球等场地。开放式的广场有音乐喷泉，整个广场看上去错落有致，独具匠心。嘉峪关大剧院舞台可自动升降，能容纳130人就座，观众席位1199座；舞台部分有65道自动吊杆，每个吊杆可负800公斤幕布或灯光；有升降乐池，可容纳100人左右；舞台灯光系统全部从国外进口，有国际一流的音箱设施。嘉峪关大剧院是集大中型会议、演出、电影放映、娱乐休闲于一体的多功能文化活动场所，可承担高规格的大型演出，是嘉峪关又一个旅游新亮点。

（六）张掖市山丹县

0007 山丹县金海源文化广场

地　　址：山丹县金海源文化广场

从业人员数：3 人

演出场次：4 场

观众数：6 万人

场地面积：1400 平方米

总收入：200 万元

(七) 张掖市高台县

0008 高台影剧院

地　　址：高台县城关镇解放北路
从业人员数：4人
演出场次：600场
观众数：16万人
场地面积：2600平方米
总收入：27万元
简　　介：高台县新影剧院于2007年建成，影院总面积2600平方米，现有职工4人，2012年累计放映100多场次，承办大型文艺演出15场次，全年累计收入27万余元。剧院放映优秀影片，承办大型文艺演出，丰富了群众文化生活，提高了人民文化素养。

0009 高台县中心广场

地　　址：高台县城关镇人民东路1号
从业人员数：/
演出场次：300场
观众数：4万人
场地面积：9000平方米
总收入：/
简　　介：高台县中心广场是在城市区域开辟为市民提供休闲娱乐的公共空间与文化活动的场所，属于市民广场中体现更多文化特征的广场。中心广场2010年建成，占地9000平方米。2012年在中心广场举办各类文化活动30多场次。中心广场向当地群众渲染文化内涵，是群众休闲、娱乐、文化活动的场所。

（八）张掖市肃南裕固族自治县

0010 肃南裕固族自治县影剧院

地　址：肃南县红湾寺镇

从业人员数：4 人

演出场次：320 场

观众数：11 万人

场地面积：6264 平方米

简　介：县影剧院管理中心，副科级建制事业单位，与"电影公司"一套人马、两块牌子。从业人数 4 人，场馆面积 6264 平方米，2012 年度累计演出 64 场次，累计收入 9 万元，累计支出 23 万元。

（九）白银市会宁县

0011 红堡子孝道文化园

地　址：郭城驿镇红堡子村

从业人员数：3 人

观众数：40000 人

场地面积：1000 平方米

简　介：会宁郭城红堡子孝道文化园建设总投资 200 多万，占地 10 亩，建筑面积 1000 多平方米，园内有展示中国工农红军长征途中会宁会师前后在红堡子生活、居住、战斗及地方支援革命的红色文物 1000 多件的红色文化展览馆，有展示农耕、民俗、古陶、秦腔戏曲服装道具等 1000 多件文物的博物馆，有展示中华传统文化和进行孝德文化宣讲交流及践行孝德文化的中华孝道讲习堂。有各种图书资料一万多册可供红堡子村民阅读学习交流的红堡子图书馆，有农村传统体育竞技项目（武术、跳方、打腿、抓五子等）进行健身竞技活动的传统体育文化交流的场所。可以为举办会议、学术研究、社会教育、休闲度假、农村旅游等提供社会服务。

（十）白银市靖远县

0012 五合乡贾寨柯村崇文剧场

地　　址：靖远县五合乡贾寨柯村
从业人员数：50 人
演出场次：100 场
观众数：10000 人
场地面积：2600 平方米

简　介：贾寨柯村崇文健身广场占地面积2600多平方米，建成400平方米剧场，整个场地安放了可容纳400人观看演出的凳子，100平方米的舞台、各种灯光（舞台固定安放有一套、外出演出两套）、演出道具、背景幕等一应俱全，可以举办各种演出。50平方米的游艺室设备齐全，是群众农闲时玩麻将、扑克、象棋、军棋等的活动场所；建成50平方米的多功能厅，配备有电视、EVD、无线电视机顶盒、投影仪、点歌机等设备。整个剧场还有20平方米的化妆室、50平方米图书阅览室、20平方米电子阅览室、30平方米的3间办公室、20平方米的厨房、健身器材2套、篮球架一套、乒乓球案一套、办公电脑4台，铺设彩砖2000平方米，剧场周围安装节能路灯15个，中央安装有一个大功率灯可以照亮整个广场。贾寨柯村群众文化健身广场已是五合乡文化、体育汇聚、展示、交流、学习的中心。双联行动以来，村上充分利用文化健身广场的有利条件，举行了社火、戏曲、广场舞等演出比赛，赢得了广大群众的好评，极大地丰富了村民的精神文化需求。

（十一）白银市景泰县

0013 景泰县电影院

地　　址：景泰县一条山镇西街

从业人员数：10 人

演出场次：110 场

观众数：4 万人

场地面积：2000 平方米

总收入：20 万元

简　　介：景泰县电影院有立体声环音设备和高清数字放映机系统，绝佳的视听配以逼真的超大银屏，具有超强的视觉冲击及绝妙的声场效果，让观众体验完美、梦幻的电影之旅。另外，影院在设计上还有很多人性化的体现：影院内部配有舒适的休息区、吸烟室，让观众在观影之余有更好的享受。影院南北入口各有一个大型的免费停车场，为观众解决了泊车之忧，使观众能更好地融入电影的奇幻旅程。

（十二）平凉市崆峒区

0014 平凉市崆峒大剧院

地　　址：平凉市崆峒区东大街58号
从业人员数：18人
演出场次：1000场
观众数：50000人
场地面积：2147平方米
总收入：16万元
简　　介：平凉市崆峒大剧院数字影城建设是市区政府2012年"十大惠民工程"之一。该院与甘肃新视界院线联合建设数字影城，实行公司化运作，市场化经营。平凉市崆峒大剧院机构数1个，从业人员18人，场馆面积2147平方米，设置一个综合大厅，三个电影放映小厅。2012年度，大剧院数字影城累计投入额480万元，累计演出8场，电影放映场次256场，累计收入额16.1万元，累计支出额18万元。大剧院的建成提高了城市品味，填补了平凉城区无数字影院的空白，实现了平凉市首轮影片与全国同步放映。

(十三)庆阳市西峰区

0015 西峰区民俗文化产业精品展厅

地　址：西峰区九龙南路锦绣坊一条街21号

从业人员数：15人

观众数：10000人

场地面积：600平方米

总收入：100万元

简　介：西峰区民俗文化产业精品展厅坐落在西峰区九龙南路锦绣坊一条街中，展厅面积600平方米，内设香包刺绣、剪纸、皮影、泥塑、木雕、收藏品等6个版块，展出各类精品1万多件，年收入达100多万元，隶属区文广局。目前依托岐黄民间工艺品有限公司具体管理开放。精品展厅自2005年开放以来，先后接待中央、省、市各级各类领导、专家、学者参观上万人，受到有关领导和市民的一直好评，为庆阳民俗文化产业发展起到了积极的作用。

（十四）定西市岷县

0016 电影发行放映公司

地　　址：岷县岷阳镇新民街文广局二楼
从业人员数：19 人
演出场次：49 场
观众数：5000 人
场地面积：1300 平方米
总收入：12 万元
简　　介：岷县电影公司原名岷县电影管理站，1982 年更改为岷县电影发行放映公司，主要管理和从事岷县农村 16 毫米电影的发行工作，现有一座影池，建筑面积约 1300 平方米。主要从事营业电影放映、会议接待、文艺演出、场地出租、接待外来歌舞演出等活动。公司属于两个机构一套人员合署办公，事业单位企业化管理，副科级编制单位，隶属文化广播影视局管理。公司现有职工 19 名，临时工 3 名，领抚恤金费人员 1 名。2012 年文艺演出 6 场，收入 18000 元，放映各部政策性教育片及优秀大片 31 场，收入 12395 元；接待外来演出 12 场，收入 31200 元。全年共创收入 121595 元，其中发放职工工资 54895 元，上缴税金 30800 元，支出公用经费 35900 元。

（十五）陇南市西和县

0017 西和剧院

地　址：西和县汉源镇青年街

从业人员数：56 人

演出场次：40 场

观众数：36000 人

场地面积：2907 平方米

总收入：2 万元

简　介：西和县剧团历史悠久，魏启元老先生，号称魏八佰，身怀绝技，嗓音宏亮，演技精湛，使原西和福德剧社誉满陇原，1955 年改为西和红光剧社，"文革"期间改为西和县文艺宣传队，1978 年恢复成立了西和剧团。该团历史悠久、人才辈出、领导有方、演职员工德才兼备，先后上演秦腔历史剧，新编历史剧和现代戏共一百五十多本，在甘肃、陕西各地巡回演出，深受广大观众和同仁的爱戴和好评。该团注重剧目创作，新编历史剧《百花曲》荣获国家剧本创作铜牌大奖，为全国第四届艺术节演出剧目之一，新编历史剧《上煤山》《黄河阵》《唐王游地狱》，神话剧《万寿图》《大香山》等，二十二部剧目被甘肃省百通影碟公司录制成碟片在西北五省公开发行。该团迈着文化大发展大繁荣的步伐，打造了精品剧目《七月七》《魏孝文帝》荣获省第三届红梅杯一等奖，受到了省市领导同仁和广大观众的高度赞誉。该团演出实力雄厚、作风过硬、剧目繁多、台风严谨。

（十六）陇南市康县

0018 康县影剧院

地　　址：康县城关镇方家坝新区

从业人员数：/

演出场次：/

观众数：/

场地面积：7800平方米

简　　介：康县影剧院为戏剧院和城市数字化电影院整合项目。该项目总投资4250万元，建设地点位于城关镇方家坝，2011年8月28日开工建设，2013年12月完成主体工程，2014年10月全面完工投入使用，总建筑面积7800平方米，为四层框架结构和轻型钢结构建筑，室内设观众座位席600座，设观众厅、排练室、大小数字化电影厅，是城乡群众观赏歌舞、戏剧和数字电影的文化娱乐场所。

（十七）甘南藏族自治州玛曲县

0019 玛曲县格萨尔民俗文化中心

地　　址：玛曲县格萨尔广场

从业人员数：5 人

演出场次：5 场

观众数：5000 人

场地面积：6600 平方米

总收入：/

简　介：玛曲县格萨尔民俗文化中心于 2004 年投资 3460 万元建设，2011 年建设完成。影剧院总建筑面积 6600 平方米，中心西侧为牛角琴演艺公司，内部正中是可容 788 人的放映厅（大会议室），入口两侧设有两个接待室，一个为藏式布局，一个为欧式布局，东侧为小影剧院，一、二楼为六个小会议室，两个办公室，三楼拟建一个 3D 放映室。民俗文化中心是宣传玛曲地方民族文化，促进地方旅游业发展，开展各类民俗演艺、民间说唱、群众活动的平台。民俗文化中心的建设填补了玛曲县文艺活动没有场地的局面，已成为玛曲县举行重大会议和活动的重要场所，成为玛曲县文化产业园区一张亮丽的名片。

后 记

在甘肃进行全面性的文化资源普查属于首次，将普查成果汇编成大型的文化资源名录在国内也属于前列。《甘肃省文化资源名录》是按照《甘肃省文化提升行动协调推进领导小组工作方案》和《甘肃省文化资源普查和分类分级评估工作实施方案》要求推出的重要成果。经过甘肃省文化资源普查和分类分级评估工作领导小组办公室组织40多名专家学者，在甘肃省文化资源普查平台数据库基础上，历时两年精心编排，终于完成书稿，这是参与全省文化资源普查的所有工作人员集体智慧的结晶。

甘肃省委原常委、省委宣传部原部长连辑，甘肃省委常委、省委组织部部长梁言顺，甘肃省委常委、省委宣传部部长陈青，先后领导和部署了本名录的编辑出版工作。省委宣传部原副部长、省社科院原院长范鹏研究员协调推进了本名录的编写。甘肃省社科院院长王福生研究员组织实施了本名录的策划设计、内容编排、审定并最终定稿。甘肃省社科院副院长马廷旭研究员负责了审稿、统稿和出版发行事宜。刘玉顺同志全程负责了书稿编排工作。

在《甘肃省文化资源名录》面世之际，感谢甘肃省文化提升行动协调推进领导小组各位领导的大力支持与关心，感谢参与普查工作的各市（州）县（区）、有关省直厅局的鼎力相助，感谢参与普查的专家学者和基层工作人员的辛勤付出，感谢中国书籍出版社为本名录的出版所做的努力，感谢所有关心关注本名录的人们。《甘肃省文化资源名录》是从盘清全省文化资源家底的角度入手，收录范围极其宽泛，有部分内容还存在缺项，有的资源没有资源简介，有的资源缺图片等等，给该书的出版留下了遗憾（该套丛书普查数据截至2012年12月31日）。同时，由于我们的水平有限，可能还有错讹疏漏之处，恳请读者随时批评指正，以便在将来进一步完善和修订。

甘肃省社会科学院
2017年7月

甘肃省文化资源名录
总书目

第 一 卷　　可移动文物Ⅰ（金银器、铜器）
第 二 卷　　可移动文物Ⅱ（铜器）
第 三 卷　　可移动文物Ⅲ（铜器、铁器）
第 四 卷　　可移动文物Ⅳ（陶泥器）
第 五 卷　　可移动文物Ⅴ（陶泥器）
第 六 卷　　可移动文物Ⅵ（陶泥器）
第 七 卷　　可移动文物Ⅶ（陶泥器）
第 八 卷　　可移动文物Ⅷ（陶泥器）
第 九 卷　　可移动文物Ⅸ（砖瓦、瓷器）
第 十 卷　　可移动文物Ⅹ（瓷器）
第十一卷　　可移动文物ⅩⅠ（宝、玉石器，石器、石刻）
第十二卷　　可移动文物ⅩⅡ（纺织品、皮革、漆木竹器、珐琅器、玻璃器、骨角牙器、文具乐器法器、绘画）
第十三卷　　可移动文物ⅩⅢ（书法、拓片、玺印、货币、雕塑、造像）
第十四卷　　可移动文物ⅩⅣ（文献图书、徽章、证件、票据、邮品、度量衡器、交通运输工具、武器装备、航天装备、古脊椎动物化石、人类化石、其他）
第十五卷　　不可移动文物Ⅰ（古墓葬、古遗址）
第十六卷　　不可移动文物Ⅱ（古建筑、石窟寺及石刻、其他）
第十七卷　　红色文化（故居、旧址、纪念地、纪念设施、烈士墓、其他）
第十八卷　　历史事件与人物Ⅰ（历史事件、历史人物）
第十九卷　　历史事件与人物Ⅱ（历史人物）
第二十卷　　历史文献Ⅰ（古籍）
第二十一卷　历史文献Ⅱ（古籍、志书、档案、其他）
第二十二卷　非物质文化遗产Ⅰ（民间文学、民间音乐、民间舞蹈、民间戏剧、曲艺）
第二十三卷　非物质文化遗产Ⅱ（民间杂技、游艺传统体育与竞技、民间美术、民间技艺）
第二十四卷　非物质文化遗产Ⅲ（民间技艺、民间医药、民间信仰、岁时节令、生产商贸习俗、消费习俗、民间知识、人生礼俗）
第二十五卷　建筑、自然景观文化（建筑文化、自然景观文化）

甘肃省文化资源名录
总书目

第二十六卷　文学艺术Ⅰ（文学、艺术）
第二十七卷　文学艺术Ⅱ（艺术）
第二十八卷　饮食文化（酒、茶、饮料、特色饮食、饮食器皿）
第二十九卷　节庆、赛事、文化之乡（节庆、赛事、文化之乡）
第 三 十 卷　地名文化Ⅰ（特色自然地理地名、市州、市县区、乡镇街道、村、社区）
第三十一卷　地名文化Ⅱ（村、社区）
第三十二卷　地名文化Ⅲ（村、社区）
第三十三卷　地名文化Ⅳ（村、社区）
第三十四卷　地名文化Ⅴ（村、社区）
第三十五卷　地名文化Ⅵ（村、社区）
第三十六卷　文化产业、传媒Ⅰ（新闻出版发行服务、广播电视电影服务、文化用品的生产、文化产品生产的辅助生产）
第三十七卷　文化产业、传媒Ⅱ（文化艺术服务、文化信息传输服务、文化休闲娱乐服务、工艺美术品的生产）
第三十八卷　文化产业、传媒Ⅲ（文化创意和艺术服务、文化专用设备的生产、传媒）
第三十九卷　社科研究Ⅰ（机构和团体、著作类、研究报告、学术活动、社科刊物、获奖成果）
第 四 十 卷　社科研究Ⅱ（论文）
第四十一卷　社科研究Ⅲ（论文）
第四十二卷　文化类高等教育、文化艺术机构团体Ⅰ（文化类高等教育、文化艺术机构、文艺团体、文艺表演团体、文艺场馆）
第四十三卷　文化类高等教育、文化艺术机构团体Ⅱ（群众文化艺术馆）
第四十四卷　文化人才Ⅰ（社科人才）
第四十五卷　文化人才Ⅱ（社科人才）
第四十六卷　文化人才Ⅲ（图书情报人才、档案人才、文博人才、新闻人才、出版人才、文艺人才）
第四十七卷　文化人才Ⅳ（体育人才、网络文化人才、动漫人才、民间文化人才）
第四十八卷　宗教文化、民族语言文字Ⅰ（教职人员、宗教经卷）
第四十九卷　宗教文化、民族语言文字Ⅱ（宗教活动场所）
第 五 十 卷　宗教文化、民族语言文字Ⅲ（宗教活动场所、民族语言文字）